胡铭 汪世荣 主编

"枫桥经验"史料整理与研究 第九卷

枫桥经验
企事业单位和社会组织参与治理史料与研究

汪世荣 编著

商务印书馆
The Commercial Press

浙江省文化研究工程指导委员会

主　任

王　浩

副主任

彭佳学　邱启文　刘　非　赵　承
胡　伟　张振丰　任少波

成　员

高浩杰	朱卫江	梁　群	来颖杰	陈柳裕
杜旭亮	陈春雷	尹学群	吴伟斌	陈广胜
王四清	郭华巍	盛世豪	程为民	余旭红
蔡袁强	蒋云良	陈　浩	陈　伟	施惠芳
朱重烈	高　屹	何中伟	沈铭权	吴舜泽

浙江文化研究工程成果文库总序

有人将文化比作一条来自老祖宗而又流向未来的河,这是说文化的传统,通过纵向传承和横向传递,生生不息地影响和引领着人们的生存与发展;有人说文化是人类的思想、智慧、信仰、情感和生活的载体、方式和方法,这是将文化作为人们代代相传的生活方式的整体。我们说,文化为群体生活提供规范、方式与环境,文化通过传承为社会进步发挥基础作用,文化会促进或制约经济乃至整个社会的发展。文化的力量,已经深深熔铸在民族的生命力、创造力和凝聚力之中。

在人类文化演化的进程中,各种文化都在其内部生成众多的元素、层次与类型,由此决定了文化的多样性与复杂性。

中国文化的博大精深,来源于其内部生成的多姿多彩;中国文化的历久弥新,取决于其变迁过程中各种元素、层次、类型在内容和结构上通过碰撞、解构、融合而产生的革故鼎新的强大动力。

中国土地广袤、疆域辽阔,不同区域间因自然环境、经济环境、社会环境等诸多方面的差异,建构了不同的区域文化。区域文化如同百川归海,共同汇聚成中国文化的大传统,这种大传统如同春风化雨,渗透于各种区域文化之中。在这个过程中,区域文化如同清溪山泉潺潺不息,在中国文化的共同价值取向下,以自己的独特个性支撑着、引领着本地经济社会的发展。

从区域文化入手,对一地文化的历史与现状展开全面、系统、扎实、有序的研究,一方面可以藉此梳理和弘扬当地的历史传统和文化资源,繁荣和丰富当代的先进文化建设活动,规划和指导未来的文化发展蓝图,增强文化软实力,为全面建设小康社会、加快推进社会主义现代化提供思想保证、精神动力、智力支持和舆论力量;另一方面,这也是深入了解中国文化、研究中国文化、发展中国文化、创新中国文化的重要途径之一。如今,区域文化研究日益受到各地重视,成为我国文化研究走向深入的一个重要标志。我们今天实施浙江文化研究工程,其目的和意义也在于此。

千百年来,浙江人民积淀和传承了一个底蕴深厚的文化传统。这种文化传统的独特性,正在于它令人惊叹的富于创造力的智慧和力量。

浙江文化中富于创造力的基因,早早地出现在其历史的源头。在浙江新石器时代最为著名的跨湖桥、河姆渡、马家浜和良渚的考古文化中,浙江先民们都以不同凡响的作为,在中华民族的文明之源留下了创造和进步的印记。

浙江人民在与时俱进的历史轨迹上一路走来,秉承富于创造力的文化传统,这深深地融汇在一代代浙江人民的血液中,体现在浙江人民的行为上,也在浙江历史上众多杰出人物身上得到充分展示。从大禹的因势利导、敬业治水,到勾践的卧薪尝胆、励精图治;从钱氏的保境安民、纳土归宋,到胡则的为官一任、造福一方;从岳飞、于谦的精忠报国、清白一生,到方孝孺、张苍水的刚正不阿、以身殉国;从沈括的博学多识、精研深究,到竺可桢的科学救国、求是一生;无论是陈亮、叶适的经世致用,还是黄宗羲的工商皆本;无论是王充、王阳明的批判、自觉,还是龚自珍、蔡元培的开明、开放,等等,都展示了浙江深厚的文化底蕴,凝聚了浙江人民求真务实的创造精神。

代代相传的文化创造的作为和精神,从观念、态度、行为方式和价值取向上,孕育、形成和发展了渊源有自的浙江地域文化传统和与时俱进的浙江文化精神,她滋育着浙江的生命力、催生着浙江的凝聚力、激发着浙江的创造力、培植着浙江的竞争力,激励着浙江人民永不自满、永不停息,在各个不同的历史时期不断地超越自我、创业奋进。

悠久深厚、意韵丰富的浙江文化传统,是历史赐予我们的宝贵财富,也是我们开拓未来的丰富资源和不竭动力。党的十六大以来推进浙江新发展的实践,使我们越来越深刻地认识到,与国家实施改革开放大政方针相伴随的浙江经济社会持续快速健康发展的深层原因,就在于浙江深厚的文化底蕴和文化传统与当今时代精神的有机结合,就在于发展先进生产力与发展先进文化的有机结合。今后一个时期浙江能否在全面建设小康社会、加快社会主义现代化建设进程中继续走在前列,很大程度上取决于我们对文化力量的深刻认识、对发展先进文化的高度自觉和对加快建设文化大省的工作力度。我们应该看到,文化的力量最终可以转化为物质的力量,文化的软实力最终可以转化为经济的硬实力。文化要素是综合竞争力的核心要素,文化资源是经济社会发展的重要资源,文化素质是领导者和劳动者的首要素质。因此,研究浙江文化的历史与现状,增强文化软实力,为浙江的现代化建设服务,是浙江人民的共同事业,也是浙江各级党委、政府的重要使命和责任。

2005年7月召开的中共浙江省委十一届八次全会,作出《关于加快建设文化大省的决定》,提出要从增强先进文化凝聚力、解放和发展生产力、增强社会公共服务能力入手,大力实施文明素质工程、文化精品工程、文化研究工程、文化保护工程、文化产业促进工程、文化阵地工程、文化传播工程、文化人才工程等"八项工程",实施科教兴国和人才强国战略,加快建设教育、科技、卫生、体育等"四个强省"。作为文化建设"八项工程"之一的文化研究工程,其任务就是系统研究浙江文化的历史成就和当代发展,深入挖掘浙江文化底蕴、研究浙江现象、总结浙江经验、指导浙江未来的发展。

浙江文化研究工程将重点研究"今、古、人、文"四个方面,即围绕浙江当代发展问题研究、浙江历史文化专题研究、浙江名人研究、浙江历史文献整理四大板块,开展系统研究,出版系列丛书。在研究内容上,深入挖掘浙江文化底蕴,系统梳理和分析浙江历史文化的内部结构、变化规律和地域特色,坚持和发展浙江精神;研究浙江文化与其他地域文化的异同,厘清浙江文化在中国文化中的地位和相互影响的关系;围绕浙江生动的当代实践,深入解读浙江现象,总结浙江经验,指导浙江发展。在研究力量上,通过课题组织、出版资助、重点研究基地建设、加强省内外大院名校合作、整合各地各部门力量等途径,形成上下联动、学界互动的整体合力。在成果运用上,注重研究成果的学术价值和应用价值,充分发挥其认识世界、传承文明、创新理论、咨政育人、服务社会的重要作用。

我们希望通过实施浙江文化研究工程,努力用浙江历史教育浙江人民、用浙江文化熏陶浙江人民、用浙江精神鼓舞浙江人民、用浙江经验引领浙江人民,进一步激发浙江人民的无穷智慧和伟大创造能力,推动浙江实现又快又好发展。

今天,我们踏着来自历史的河流,受着一方百姓的期许,理应负起使命,至诚奉献,让我们的文化绵延不绝,让我们的创造生生不息。

2006 年 5 月 30 日于杭州

目 录

导　论　企事业单位及社会组织等共同体合作治理"枫桥经验"研究　/　001

第一章　企业参与社会治理的"枫桥经验"　/　041
　　1.1　企业参与社会治理的政策规定　/　042
　　1.2　国企参与社会治理案例　/　077
　　1.3　民企参与社会治理案例　/　109

第二章　事业单位参与社会治理的"枫桥经验"　/　123
　　2.1　事业单位参与社会治理的政策规定　/　123
　　2.2　发挥事业单位在社会治理中的作用　/　141
　　2.3　事业单位参与社会治理的案例及成效　/　161

第三章　社会组织参与社会治理的"枫桥经验"　/　178
　　3.1　社会组织参与社会治理的政策规定　/　178
　　3.2　社会组织参与社会治理的典型案例　/　238

3.3 社会组织参与社会治理的成效 / 267

第四章 党政部门推动多元主体合作共治的"枫桥经验" / 295

4.1 加强基层基础建设,发挥多元主体参与社会治理的作用 / 296

4.2 推进平安创建,形成多元主体参与社会治理合力 / 325

4.3 丰富治理方式,为多元主体参与社会治理创造条件 / 358

参考文献 / 383

编写说明 / 386

导　论
企事业单位及社会组织等共同体合作治理"枫桥经验"研究

社会治理涉及人们生产和生活的各个方面。在中央立法、地方立法和社会规范三位一体的制度体系中,社会规范涵盖了广泛的内容,包括产品及服务质量标准、公共产品和服务的供给、矛盾纠纷预防化解等等。社会规范最大的特点是总结、提炼和呈现治理经验,因而是人们生产和生活智慧的结晶。作为共同体,各类主体内部的整合、相互之间的协作、整体的系统集成,是社会治理的重要内容。充分发挥企事业单位及社会组织作用,建构科学有效的多元主体联动机制,形成治理"共同体",增强社会治理的合力,是"枫桥经验"的鲜明特点之一。

0.1 "枫桥经验"重视制度机制的建立完善

"枫桥经验"蕴含的社会规范十分丰富,现有研究的重心是矛盾纠纷化解,对治理蕴含的理念、方式方法、共同体规范及运行机制进行研究,有助于加强基层治理创新。充分发挥多元主体的作用,呈现治理共同体运行机制发生作用的过程,揭示其中蕴含的原理,需要从学理上进行治理理论、方式及模式的建构。

"枫桥经验"治理范式的研究,涉及理念、方式方法、共同体规范及运行机制等方面。只有立足治理有效,明确治理目标,确立预防机制的作用,通过广泛的多元主体参与,改善社区文化,实现规范化治理,完善治理体系,才能有效提高治理能力。

中国具有多元主体参与社会治理的历史文化传统。家族组织、村落组织和行业组织都是社会基层治理的有机组成部分,不同性质的自治组织都发挥着重要的作用。[1] 企业是现代社会的产物,但商业在中国具有悠久的历史:在长期的商业活动中,形成了顺天应人、敦亲睦邻的商人精神。"一帮背井离乡的商人,为了打拼天下、赚取银两、建功立业的要求,把来自某一地方居有定所的商人们都召集起来,聚沙成丘,建立一个乡人同业者间的自治机构。在这个自治机构内,人们公推会首、公议规则、调处纠纷、统一信仰、敦俗教化、和谐自处。"[2] 只有揭示商人组织的内部运作机制和逻辑,才能更好地理解其作用和功能。

中国近代社会转型过程中,传统的商人会馆、公所如何向近代商会、同业工会演进?商会等组织发挥了哪些积极的作用?如何理解现代化过程中商会等社会组织的作用?这些问题都需要我们认真地进行研究和探索。

法律社会学的研究立足社会,以社会的视角观察法律现象,重视法律的社会功能。基层治理需要深刻体现世道人心,立足社会治理对学术研究提出了新的要求:研究成果应当充分考虑地域性、历时性和规律性的有机统一。新制度主义则更加关注具体的人、具体的事,重视社会规范的作用,坚持效果导向。对于制度在基层社会治理中的重要性,学者进行了深刻揭示:"中国当前的城乡差距及贫困是一种制度性贫困。""据不完全统计,在中国,城市居民与农民的待遇差别达47项之多。社会等级制度在中国表现为'一国多制',具体包括户籍制度、生产资料占用制度、教育制度、就业用工制度、医疗制度、社会保障制度、养

---

[1] 这方面的研究成果主要包括:费孝通:《乡土中国》,华东师范大学出版社2018年版;窦竹君:《传统中国的基层社会治理机制》,中华书局2021年版;赵秀玲:《中国乡里制度》,社会科学文献出版社1998年版;等等。
[2] 李学兰:《中国商人团体习惯法研究》,中国社会科学出版社2010年版,谢晖"序"。

老保险制度、兵役制度、婚姻生育制度、劳动保护制度、居住迁徙制度、政治权利、公民权利等,中国的社会资源和经济资源的分配是按照等级序列高低的顺序进行的,所有国民的基本权利、生产条件与发展空间都深深依赖于这种社会等级关系。"[1]制度体现的是互惠原则,在罗马法中,法律的基本原则是:"为人诚实,不损害别人,给予每个人他应得的部分。"[2]制度的内容包括正式约束、非正式约束及实施机制等三个方面,也可以分为正式制度和非正式制度两种。诺斯把非正式制度分为三类:其一,对正式制度的扩展、丰富和修改;其二,社会所认可的行为准则;其三,自我实施的行为标准。非正式制度也称软制度,是人们对其他人行为方式的稳定预期,这种预期来源于社会共同知识,传统文化可以说是软制度的主要来源之一。[3]正式制度和非正式制度具有内在的一致性:"在信息、知识和偏好既定的情况下,能够被制度化的社会规则只是那些每个人都发现去遵循最有利的规则。在制度产生行为的情形中,制度化规则和相关的信念都与自我实施的行为相对应,并且这些规则和信念可以由此行为重复产生,而不是被行为拒绝。"[4]

在社会治理中,必须同时发挥中央和地方两个积极性,坚持顶层设计,鼓励基层创新。[5]通过区域试点总结和提炼经验并推广实施,是基层社会治理的基本模式之一。"枫桥经验"正是基层社会治理试点—总结—推广模式的创新探索。[6]不同时期对基层群众自治制度的表述存在差异。宪法和法律关于这一制度的内涵

---

[1] 卢现祥:《论制度的正义性》,载《寻找一种好制度——卢现祥制度分析文选》,北京大学出版社2012年版,第59、60页。

[2] 查士丁尼:《法学总论——法学阶梯》,张企泰译,商务印书馆1989年版,第5页。

[3] 参见卢现祥:《论中国人的制度观》,载《寻找一种好制度——卢现祥制度分析文选》,北京大学出版社2012年版,第265页。

[4] 阿夫纳·格雷夫:《大裂变——中世纪贸易制度比较和西方的兴起》,郑江淮等译,中信出版社2008年版,第12页。

[5] 这同《中华人民共和国地方各级人民代表大会和地方各级人民政府组织法》第5条所规定的中央与地方关系原则相一致,即"遵循在中央的统一领导下,充分发挥地方的主动性、积极性"。

[6] 1963年10月20日,毛泽东同志作出批示:"经过试点,推广去做。"

规定具有其特点。"枫桥经验"是对宪法制度创造性的实践,是基层群众自治制度的展开。在不同发展阶段,适应不同环境和条件,具有与时俱进的特点。

坚持和发展新时代"枫桥经验",需要研究者实现研究视角的转变:从社会需求的视角思考制度的供给,从社会运行的角度构建制度的内涵,从社会效果的层面观察制度的功能。社会法学要求立足社会,坚持社会本位,开展制度研究,关注社会生活中的制度,而非仅仅阐释法典本身;不仅阐释制度的学理和内涵,还关注制度的运作状况,描述制度的实际效果,研究动态的而非静态的制度。诸暨市创造性地提出并推行新市民政策,破除城乡藩篱,实现平等原则;实行公职人员和企事业单位职工返乡走亲,融入城乡社区,服务社区建设。这些制度和规范虽然并非地方立法,但其对地方经济、社会、文化的发展起到了重要的推动作用,一定意义上促成了相关制度的变革。

0.2 多元主体参与社会治理是"枫桥经验"的鲜明特点

多元主体内涵丰富,其中企业、事业单位和社会组织是多元主体的有机组成部分。从2006年开始,诸暨通过"平安八进"创建活动,强化治理单元的内部治理功能,规范各行各业的产品和服务供给。支持企事业单位参与和其他主体的共建共治,实现了"枫桥经验"从"乡村安宁"到"企业和谐"的转变。范围的扩展,不仅使"枫桥经验"的内涵得到拓展,也为社会基层治理现代化奠定了基础。

0.2.1 企业及其参与社会治理的任务

2003年初,浙江省诸暨市在全市各镇乡建立人民调解委员会,完善村、企、社区特别是袜业、珍珠业等专业市场的调委会工作。[1]在诸暨市人民医院推出

---

[1] 参见中共诸暨市委、诸暨市人民政府编:《与时俱进的枫桥经验》,内部资料,2003年,第52页。

"手术见证"服务,办理"手术见证"633件,预防和减少大量医患矛盾的发生,有力地维护了当事人的利益。[1]专业调解发挥行业和专业组织的作用,充分重视行业领域专家的作用,提高了矛盾纠纷预防化解的效能。专业调解有助于规范行业生产和服务,保证产品品质,提升服务质量,有效预防、减少矛盾纠纷。

"综治进民企"是枫桥镇的创新举措,[2]其根源主要是枫桥镇的经济状况和人口结构发生了重大变化:截至2006年上半年,枫桥镇民营企业达6 287家,企业员工达40 000人,占常住人口76 000人的一半以上。当时仅外来人口就达20 000人。促进企业规范管理、依法治企成为社会治理的重要议题,也成为社会安定有序的前置条件。枫桥镇扩展参与社会治理的主体范围,适应了社会变革的新要求。

劳动争议作为企业治理的重要内容之一,预防这类纠纷具有重要的意义。2013年10月,人力资源保障部、全国工商联决定在40家非国有制企业、34家商会(协会)开展劳动争议预防调解示范,其中就包括诸暨市的步森集团。[3]

国家电网诸暨市供电公司通过企业综治中心建设,强化供电安全教育,将生产、服务和企业文化建设有机结合。在追求企业经济指标的同时,重视生产环境、条件的塑造。重视和谐劳动关系的构建,通过电力"老娘舅"有效化解各类涉电矛盾和纠纷。"人民电力为人民,专业服务到家门",通过提高服务质量,预防矛盾纠纷的产生。[4]

0.2.2 事业单位及其参与社会治理的任务

事业单位(public institution)是为了服务社会公益,由政府利用国有资产设

---

[1] 参见中共诸暨市委、诸暨市人民政府编:《与时俱进的枫桥经验》,内部资料,2003年,第57页。
[2] 参见裘浙锋等:《为实现从乡村安宁到企业和谐:"枫桥经验"发源地探索"综治进民企"》,《绍兴日报》2006年9月26日。
[3] 参见李和锋:《步森集团入列全国劳动争议预防调解示范企业》,《诸暨日报》2013年10月10日。
[4] 参见汪世荣主编:《企业"枫桥经验"研究——国家电网诸暨市供电公司的实践》,陕西人民出版社2010年版,第40页。

立的,从事教育、科技、文化、卫生等活动的社会服务组织。事业单位接受政府领导,其表现形式为组织和机构的法人实体。事业单位一般带有公益性,工作人员为事业编制,经费来源为国家事业经费开支。国家对事业单位的财政补贴,有些为全额拨款,有些为差额拨款,有些则不予拨款。

事业单位包括教育事业单位、科技事业单位、文化事业单位、卫生事业单位、社会福利事业单位、体育事业单位、交通事业单位、城市公用事业单位、农林牧渔水事业单位、信息咨询事业单位、中介服务事业单位、勘察设计事业单位、地震测防事业单位、海洋事业单位、环境保护事业单位、检验检测事业单位、知识产权事业单位、机关后勤服务事业单位等18个门类,包括教育、科研、勘察设计、勘探、文化、卫生、体育、新闻出版、农林牧渔水、交通、气象、地震、海洋、环保、测绘、信息咨询、标准计量、知识产权、进出口商检、城市公用、物资仓储、社会福利、经济监督、机关后勤及其他等25个行业类别,主要提供非物质生产和劳务服务。事业单位接受政府领导,作为法人实体独立承担责任。

事业单位的明显特征为以中心、会、所、站、队、院、社、台、宫、馆等字词结尾,例如会计核算中心、卫生监督所、银保监会、质监站、安全生产监察大队、住房公积金中心等。按性质和特点分类,可分为:具有非政府公共机构性质的事业单位,如社会科学联合会、社会科学院、基础理论研究所、图书馆、博物馆、计划生育协会等;具有一定经济效益的公益性事业单位,如养老院、大专院校、中小学校、重要的医疗卫生单位、疗养院、考试管理中心等;具有生产经营性质和能力的事业单位,如从事应用技术研究的科研院所、广播电视台、报纸、刊物和出版社、城市公用方面的市政管理、房产管理、园林设计等单位。

事业单位以政府职能、公共服务为主要宗旨,参与社会治理,履行管理和服务职能,在社会治理中扮演重要的角色。事业单位提供公共事业产品,保障国家政治、经济、文化生活的正常进行,加快国民经济和社会发展,是社会服务支持系统。其从事的事业为政府职能派生出来的具体事务,不属于公权力范畴。

其对行政区划内的其他部门或个人,不具有行政管理职能,而是利用自身的专业知识和专门技能,向社会提供专业性服务。事业单位参与社会治理,同样包括内部治理体制机制的完善,也以提供高质量的产品和服务,预防矛盾纠纷的产生。

0.2.3 社会组织及其参与社会治理的任务

社会组织本身具有公益性优势,以孝老爱亲、与邻为善、守望互助为原则,例如乡贤理事会、红白理事会等社会组织,有助于推动文明新风建设。社会组织的服务具有专业性优势,例如,为老年人提供日间照料和居家养老服务,对独居和纯老家庭进行结对关爱、心理关怀,满足老年人实际需要。社会组织还可以参与助残项目、青少年服务等,通过专业服务,满足社会需要。

诸暨市公布了《关于创新发展新时代"枫桥经验"加强和改进社会组织建设管理推进社会组织参与社会治理的实施意见》,建立了诸暨市社会组织服务中心,该中心是集社会组织培育孵化、能力建设、公益理念普及、公共资源共享、成果展示等功能于一体的综合服务平台。实行党组织与社会组织同步培育,"同登记,同年检,同评估",建立活跃度、规范性、覆盖率、影响力4个维度的标准化评价体系,配套实行5项工作机制,促进社会组织专业化、规范化发展。推动社会组织功能型党组织建设,加强公益慈善类、城乡服务类社会组织建设力度,将部分政府职能转移至社会组织,促进政府服务和管理更加科学、合理、高效。

诸暨市社会组织建设坚持实体运作、资源共享、自我发展的原则,依托党群服务中心等平台,全市27个镇乡(街道)社会组织服务中心已实现登记全覆盖,为做好社区社会组织的备案管理、服务协调、项目托管、骨干培养等工作奠定了基础。在社区以共建共享、开放空间的理念,把社会组织和社区管理服务有机结合,有助于提高社区服务能力和水平。

0.3 共同体理论为坚持和发展新时代"枫桥经验"提供学理支撑

共同体是指个体、组织等基于相似的价值认同、目标追求等,自觉形成的相互关联、相互促进且关系稳定的群体。[1]"共同体"概念广泛应用于经济、社会、文化等领域的研究。马克思关于社会治理的研究,根植于当时高度发达的资本主义表现出的诸多深层次矛盾和社会问题,马克思将共同体作为分析人类社会发展阶段的基础性概念,认为未来社会是建立自由人联合的共同体。马克思的共同体概念,"包括最初的'自然共同体'、以资本主义国家为代表的'虚幻共同体'以及作为自由人联合体的'真正共同体'。在《德意志意识形态》等著作中,马克思着力批判了体现阶级统治、资本逻辑和物的依赖性的资本主义'虚幻共同体',阐释了走向'真正共同体'的条件与路径"[2]。共同体理论是马克思分析社会治理的基本方法。习近平总书记对社会治理共同体建设给予高度重视,立足马克思关于社会治理共同体的研究成果,结合中国实际和新时代历史方位,发表了重要论述。社会治理共同体建设是新时代"枫桥经验"的鲜明特征,代表着"中国之治"社会基层治理的成功范例。

0.3.1 习近平总书记的重要论述为社会基层治理现代化提供了根本遵循

习近平总书记坚持马克思主义原理,重视"共同体"分析方法,提出了"人类命运共同体""生命共同体""社会治理共同体""中华民族共同体"等概念,在新的历史环境和时代方位上,继承、发展、创新了马克思主义共同体理论。其中,"社会治理共同体"重要论述,结合了中国特色社会主义伟大实践,体现了马克

---

[1] 参见郁建兴:《社会治理共同体及其建设路径》,《公共管理评论》2019年第1期。
[2] 胡小君:《马克思共同体思想诠释》,《中国社会科学报》2020年9月29日。

思主义中国化时代化成果。习近平总书记关于社会治理共同体的重要论述,为分析新时代"枫桥经验"社会基层治理提供了方法论指引。其主要观点包括以下四个方面:

0.3.1.1　共同体建设要重视文化价值塑造

在 2019 年 1 月 16 日至 17 日召开的中央政法工作会议上,习近平总书记指出:"调动城乡群众、企事业单位、社会组织自主自治的积极性,打造人人有责、人人尽责的社会治理共同体。要健全社会心理服务体系和疏导机制、危机干预机制,塑造自尊自信、理性平和、亲善友爱的社会心态。"[1]治理主体包括城乡群众、企事业单位、社会组织等,自主自治参与社会治理是共同体建设的前置条件。共同体建设的方法是全员参与,"人人有责,人人尽责"。文化滋润是良好社会风尚和优良"社会心态"得以形成的关键。

0.3.1.2　共同体建设的重心是建设更高水平的平安中国

党的十九届四中全会通过的《中共中央关于坚持和完善中国特色社会主义制度、推进国家治理体系和治理能力现代化若干重大问题的决定》提出:"必须加强和创新社会治理,完善党委领导、政府负责、民主协商、社会协同、公众参与、法治保障、科技支撑的社会治理体系,建设人人有责、人人尽责、人人享有的社会治理共同体,确保人民安居乐业、社会安定有序,建设更高水平的平安中国。"共同体建设重视党领导下的多元主体共治,形成一核多元格局,不仅全员参与,调动各方积极性,而且建设的成果由全体人民共同享有。

0.3.1.3　共同体建设的目标是促进人的全面发展、社会全面进步

2020 年 8 月 24 日,习近平总书记在经济社会领域专家座谈会上指出:"一个现代化的社会,应该既充满活力又拥有良好秩序,呈现出活力和秩序有机统一。要完善共建共治共享的社会治理制度,实现政府治理同社会调节、居民自

---

1 《习近平:全面深入做好新时代政法各项工作　促进社会公平正义保障人民安居乐业》,《人民日报》2019 年 1 月 17 日。

治良性互动,建设人人有责、人人尽责、人人享有的社会治理共同体。要加强和创新基层社会治理,使每个社会细胞都健康活跃,将矛盾纠纷化解在基层,将和谐稳定创建在基层。要更加注重维护社会公平正义,促进人的全面发展和社会全面进步。"[1]共同体建设的原则是政府治理同社会调节、居民自治良性互动,社会基层治理是基础性的工作。

0.3.1.4 共同体建设是一项系统工程,要坚持效果导向

党的二十大报告指出:"要完善社会治理体系,健全共建共治共享的社会治理制度,提升社会治理效能,畅通和规范群众诉求表达、利益协调、权益保障通道,建设人人有责、人人尽责、人人享有的社会治理共同体。"强调社会治理共同体建设是一项系统工程,通过社会治理体系、制度建设,实现对公民合法权利的保护。

0.3.2 专家学者的研究成果推动治理共同体不断完善

"基层社会治理在国家治理中占据基础地位。多元、多渠道的微观民主的推行,有利于将基层民众组织吸收、包容到与其自身利益密切相关的地方性事务之中,通过治理技术层面上的信息开放和沟通理性,催生一个个'治理细胞'(可以是村、社区、乡镇乃至县域)的发育,并在此过程中提升民众的参政能力、地方性自治能力和对国家政治的理性认同程度。"[2]学界关于社会治理共同体的研究成果较多,内容涵盖共同体的多元主体、共同体的建构逻辑、共同体建设的基本路径、共同体建设的制度保障等多个方面,为新时代"枫桥经验"治理共同体研究奠定了坚实的基础。

---

1 《习近平在经济社会领域专家座谈会上的讲话》,《人民日报》2020年8月25日。
2 王锡锌:《参与式治理与根本政治制度的生活化——"一体多元"与国家微观民主的建设》,《法学杂志》2012年第6期。

0.3.2.1 治理共同体的多元主体研究

构建社会治理共同体模式,系解决城市社区治理问题的有效理念,"社区治理共同体的建构需要重塑政府、市场、组织与居民构成的治理结构",从而"克服政府与居民、市场与居民之间的单线供给之逻辑,将政府、市场和社会组织的力量共同聚集在社区空间内为居民所需求的公共服务供给提供保障,并激发社区居民的参与意识实现四大主体的协同合作之势"。[1]不同主体在共同体中的作用不同,充分发挥党组织的作用,以基层党建助推多元主体关系链接为组织领导,坚持把党的领导贯穿到治理全过程各方面。[2]强调基层政府在治理中要及时完成角色转变,成为良性运行的指导者、宣教工作的培育者、公共服务资源的有力提供者、社区治理共同体的组织者和社区购买服务的监督者。[3]充分发挥党委、政府的作用,引领、带动多元主体共同参与。

0.3.2.2 治理共同体的建构逻辑研究

情感因素在社区治理中具有特殊地位,"社区治理共同体的情感治理过程,本质上是多元治理主体之间关系互动过程","增强居民主体意识和自主参与意识,侧重在实现居民主体价值认同、多元主体关系重构、实现居民社区认同和主动参与的增加,聚焦在社区情感'再造',而不是简单的情感维系"。[4]

0.3.2.3 治理共同体建设的基本路径研究

治理方法的优化,体现了治理的路径依赖,共同体建设是其中重要的环节。当前社区治理主要由政府主导,较为普遍地存在着多元主体有效参与不足的现象。要解决治理碎片化的问题,需要在发挥多元主体作用上下功夫。从治理共

---

[1] 李永娜、袁校卫:《新时代城市社区治理共同体的建构逻辑与实现路径》,《云南社会科学》2020年第1期。

[2] 参见陈进华、余栋:《城市社区治理共同体的系统审视与实践路径》,《东南大学学报》(哲学社会科学版)2022年第1期。

[3] 参见刘洁:《基层政府在社区治理共同体中的角色定位》,《人民论坛》2021年第26期。

[4] 贺芒、李明洋:《要素协同与情感治理:社区治理共同体构建的"双重"逻辑》,《湖南行政学院学报》2022年第2期。

同体的主体构成与治理方式角度出发,"以基层党建的'组织逻辑'形塑'一核多元'的治理网络,推动社区多元主体再组织化;以国家与社会的'双向互构'逻辑推动社区内生力量有机发育;以公共理性推动城市社区民主协商与集体行动,进而实现'社会团结'"[1]。从治理的技术手段角度出发,互联网是推动社会治理创新的利器,为社区治理共同体的建设提供强大科技支撑。因而,需要通过"互联网联结党政商社群,促使治理主体从单一转向多元;互联网搭建平台促共享,治理资源从分散转向整合;互联网消除孤岛促融合,治理方式从孤立转向协同;互联网对接供需促匹配,治理效能从粗放转向精准"[2]。借鉴社会信任、情感治理、制度供给、行动者网络等理论,也是治理共同体建设的参照路径。

0.3.2.4 治理共同体建设的制度保障研究

国家治理现代化包括治理体系和治理能力现代化两个方面,社会治理共同体强调责任共担和制度保障,明确"以主体有责、行动尽责、善治履责为基本要义的责任共同体"。制度规范不仅是"社区治理共同体的根本内核与内在意蕴","也是社区治理共同体发挥治理效能的基本理路和作用机制"[3]。在推动社区治理共同体的制度建设方面,"提升和推动社区治理和服务的法治化水平和信息化建设,进而建设人人有责、人人尽责、人人享有的社区治理共同体"[4]。制度保障有助于调动各类主体的积极性,促进多元主体共同参与。

0.3.3 社会治理共同体建设确保新时代"枫桥经验"名片更加亮丽

作为社会基层治理的典型案例,"枫桥经验"受到党和国家的高度重视,其

---

1 陈进华、余栋:《城市社区治理共同体的系统审视与实践路径》,《东南大学学报》(哲学社会科学版)2022年第1期。
2 周红云:《社区治理共同体:互联网支撑下建设机理与治理模式创新》,《西南民族大学学报》(人文社会科学版)2021年第9期。
3 姬赞璐、王东:《责任共同体:社区治理共同体的内生逻辑及构建路径》,《重庆工商大学学报》(社会科学版)2022年第1期。
4 曹海军、鲍操:《社区治理共同体建设——新时代社区治理制度化的理论逻辑与实现路径》,《理论探讨》2020年第1期。

所包含的"小事不出村,大事不出镇,矛盾不上交",更是预防化解矛盾纠纷、维护社会和谐稳定的典范。新时代"枫桥经验"是在党的领导下,由枫桥等地干部群众创造和发展起来的化解矛盾、促进和谐、引领风尚、保障发展的一整套行之有效且具有典型意义和示范作用的社会基层治理方法,其基本元素包括党建统领、人民主体、"三治"(自治法治德治)结合、平安和谐等。[1] 从共同体视角解读"枫桥经验"治理密码,呈现其运行的具体过程,发掘其内涵、运行机制及作用,对于"枫桥经验"的理论阐释、实践推动都具有重要的价值。"新时代'枫桥经验'的根本价值是平安、和谐,新时代社会治理的目标是构建和谐社会、建设平安中国,其蕴藏着'平安''和谐'等中华民族优秀传统的核心价值。"[2] 通过治理共同体的运行机制剖析"枫桥经验"案例,对深化社会基层治理研究意义深远。

假定社会基层治理共同体建设的运行机制科学完备,将促成治理单元内部自治、治理单元之间协同、治理单元整体系统集成,促进社会成员互信互赖,改善人际关系,降低交易成本,提高治理效能。构建信息透明、信用充盈、信任牢固、信仰支撑的治理单元,有助于促进治理目标任务的实现。同样,通过契约化方式,建立不同治理主体单元之间的协同机制,做到纵向贯通、横向联动,促进信息共享、相互配合,有助于取长补短、合作共赢。通过凝聚文化,提高认识,制度得到公平公正实施,有助于推动治理主体信念坚定,形成合力,取得良法善治成效。

新时代"枫桥经验"形成的自治机制、协同机制和系统集成机制,推动社会整合、社会内聚、社会和谐,保证治理单元内部自治、治理单元之间局部协调、治理单元整体统筹衔接。塑造的新型共同体文化观念,增强了价值认同、目标认同、效果认同,形成共建共治共享治理格局。治理机制是新时代"枫桥经验"的

---

[1] 参见中国法学会"枫桥经验"理论总结和经验提升课题组:《"枫桥经验"的理论构建》,法律出版社 2018 年版,第 17—18 页。
[2] 张文显:《新时代"枫桥经验"的核心要义》,《社会治理》2021 年第 9 期。

重要制度成果,聚焦社会中的法律及法律的社会治理功能发挥。"对体制结构进行变革的敏感和能力,即国家的'制度化能力',是国家现代化的一个重要标志。"[1]关注社会及其运行机制、法律实施机制,将研究的视角从静态规范扩展到动态运行以及治理效果。立足社会基层,预防化解矛盾纠纷,促进社会和谐,既重视规范、价值,也重视实施效果。坚持结果导向,探求科学的评价机制。治理共同体建设是"枫桥经验"的鲜明特点,拓展了公众参与的渠道。制度创新和变迁中,影响和制约的因素多种多样,但是,总的来说,"公众参与度越高,制度的公平性也会越高"[2]。治理共同体建设的目标,是推动社会基层治理高质量发展,加快现代化进程,并最终促进人的全面发展、社会的全面进步。

0.4 治理单元内部自治机制激发共同体活力

虽然在不同历史时期,由于面对的治理困境不同,"枫桥经验"社会基层治理的重点也有差异,但始终坚持优化组织结构,拓展治理主体范围,建立有效治理单元。熟人社区建设是中国传统文化的重要内容,《孟子·滕文公上》云:"乡田同井,出入相友,守望相助,疾病相扶持,则百姓亲睦。"在"枫桥经验"的形成和发展过程中,通过社会结构的整合,践行基层群众自治制度,强化家庭、企事业单位等参与,实现了治理单元的优化,夯实了治理基础。

0.4.1 促进城乡社区发展以完善社区功能的机制

改善村容村貌的"千村示范万村整治"工程、完善社区民主决策的"三上三下三公开"程序、促进社区服务的党群服务中心建设、促进乡村振兴发展的返乡

---

[1] 王锡锌:《参与式治理与根本政治制度的生活化——"一体多元"与国家微观民主的建设》,《法学杂志》2012年第6期。

[2] 卢现祥:《论制度的正义性》,载《寻找一种好制度——卢现祥制度分析文选》,北京大学出版社2012年版,第58页。

走亲等措施,旨在培养公益意识,维护公共利益。需要包括社区居民在内的各类主体广泛参与,共同行动,完善社区功能。民主参与的深度和广度,决定了社区治理的效度。高质量的社区服务,能够凝聚公益意识,丰富公益服务,创新公益实践,促进社区政治、经济、文化全面协调可持续发展。

"千村示范万村整治"又称"千万工程",改变村容村貌,解决乡村环境脏乱、污水横流等问题,优化生活空间。"千万工程"克服联产承包责任制实施后所形成的浓重的家庭本位、个体本位思想,重塑共同体意识,强化集体精神。改变社区居民的生活方法,从只注重个体和家庭生活,拓展为关注和参与公共生活。激发村干部积极担当作为的勇气,通过改变生存环境,优化公共空间,提升生活质量,增强幸福感受。"千万工程"是典型的共同体建设机制,物理空间的硬件升级为软件提升奠定基础。

发源于诸暨市枫源村的"三上三下三公开"民主决策程序,其对核心信息的有效治理,成为民主治村建设取得成功的关键。"三上三下"是指,"'一上一下'为收集议题,村两委会从村民中收集议题,并通过上门下访征求意见;'二上二下'为酝酿方案,通过召开民主恳谈会,对方案进行深入讨论,进一步完善;'三上三下'为审议决策,方案提交党员会议审议,经村民代表会议表决通过后组织实施"[1]。"三公开"则包括测评情况公开、实施方案公开、表决结果公开。无论是"三上三下"还是"三公开",都有助于建立规范的信息收集、分析、利用制度。治理的对象是信息,通过信息传递实现决策公开透明,村民和村干部之间建立信任关系。[2] 新时代"枫桥经验"更加注重信息化手段,实现决策的民主化、

---

[1] 《新时代"枫桥经验"基层社会治理的诸暨范本》编写组:《新时代"枫桥经验"基层社会治理的诸暨范本》,新华出版社 2018 年版,第 48 页。

[2] 基层民主是直接民主,其最大的特点是社区居民平等参与。"枫桥经验"践行基层群众自治制度,丰富自治实践。杭州市余杭区小古城村坚持"村里的事情大家商量",规范村民会议"议的主体""议的内容""议的程序""议的效果",形成了村级事务提出、讨论、决策、执行、监督、评价等"四议六步法"。信息治理便利了基层群众尤其是多元主体参与社会基层治理,彰显了基层群众自治制度强大的生命力。参见《径山镇基层治理案例选编》,内部资料,2022 年。

规范化和科学化,避免决策失误,保证决策的质量。

党群服务中心建设拓展了服务领域,完善了社区功能,是坚持和发展新时代"枫桥经验"的重要举措。党群服务中心是社区服务群众的载体,其整合了各种服务群众的力量,促进了社区功能的完善。党群服务中心的功能主要包括:为党员、群众开展读书、学习、文体等活动提供场所;为各类社会组织、社会工作者服务群众提供窗口;为各类便民服务信息发布提供便利条件;等等。社区居民充分参与,体现了基层群众自治制度的要求,各种形式的志愿活动拓展了社区居民参与的渠道和空间,"随手做志愿"业已成为诸暨市民的自觉行动。[1]

发挥公职人员在社区治理中的引导、示范和带动作用。诸暨市2015年在全市推行返乡走亲活动,主要内容是公职人员、企事业单位工作人员要主动回到出生地,向所在村(居)党支部报到,进行走访、调研、宣讲、服务,其职责为"每季度返乡走亲不少于一次,联系5户以上农户,认领一项以上'返乡项目',推动'五个争创''三改一拆''五水共治'等中心工作开展,发挥返乡干部'重点工作推进员、家乡建设参谋员、政策法规宣传员、家乡民情收集员、文化和谐调解员'作用,推动乡村振兴战略贯彻落实"。将"返乡走亲"干部的照片、职务、联系方式张贴在村务公开栏,以便于群众监督。这一制度"让机关干部的'能人'从幕后走向前台,在阳光下参与基层治理……除走访联系户外,主动与其他普通群众交朋友、拉家常;掌握群众思想上存在的倾向性、苗头性问题,收集民情信息于走访当月向所在镇、村反馈……据统计,截至目前,诸暨市已有4 000名机关干部参与其中"[2]。

根据中共诸暨市委组织部、中共诸暨市直属机关工作委员会文件的规定,

---

[1] 随手翻看《诸暨日报》内容,2023年5月30日第2版"本地新闻"就报道了两个重要的志愿服务活动:"市'文明杯'篮球邀请赛落幕,冠军队1万元奖金捐给文明实践基金""共享菜园迎丰收,新鲜蔬菜'直送'爱心食堂"。

[2] 《返乡走亲助力和谐新农村》,载《新时代"枫桥经验"基层社会治理的诸暨范本》编写组:《新时代"枫桥经验"基层社会治理的诸暨范本》,新华出版社2018年版,第14页。

诸暨市"市级机关各部门机关干部和企事业单位在编人员（以下简称返乡干部）利用双休日、节假日，到出生地或成长地积极参与返乡走亲，重点做好四方面工作"，即"走乡亲""访乡情""助乡建""促乡风"。返乡干部要积极回应群众诉求，相关部门要大力选树先进典型，市委组织部要加大考核激励力度。[1]"返乡走亲"吸收借鉴中国古代"告老还乡"的传统，推动城市反哺乡村，实现城乡社区一体化发展。

0.4.2 发挥家风家教和家训作用以浇筑善良淳朴民风的机制

中国古代社会基层治理强调家庭的作用，家庭既是生产和生活的单元，也承担着教育功能。俗话说："家和万事兴。"诸暨的家训源远流长，内容包括信、礼等价值倡导内容，主张"信也者，诚也。诚之为道，天道也。天惟信于四时而不易，则天道诚；人能信于五伦而不背，则人道得。凡为人者，当以信为本。孔子曰：'人而无信，不知其可也'"，"礼，所以维世教、秩伦纪者也。小则坐作进退，严于步矩；大则升降拜跪，端于朝常。故先圣云：'先王之道，斯为美'"。[2]家风家训主要规范家庭成员的行为，其"在本质上属于道德传统的表现形式，并将道德的基本要求转化为人们日常生活习惯和基本生活方式，从而实现道德的生活化图景"。浙江家风家训"秉持'平民'立场，注重'事功''效用'；又如内在义务论品格：发扬光大了原始儒家精神，恪守内在道德义务等"[3]。待人接物、处世态度、人生哲理，无不在家训中得到重视。

诸暨人重视家庭教育，时至今日，许多家庭的门联内容还是"诗书门第""耕读传家"。诸暨人民的传统生活可以用"读书"和"耕田"来概括，诸暨是农业大县，"所以种田自然是生活上最重要的一桩事。可是读书，也成了风尚，一个种

---

[1] 诸组通〔2016〕2号。
[2] 诸暨市档案馆编译：《诸暨谱牒家训文选译注》，南京大学出版社2016年版，第108页。
[3] 浙江文明办编：《浙江优秀家训选编》，内部资料，陈寿灿"序"。

田的父亲,很喜欢把自己一锄一锄的汗血,去培植儿子;有的连一家衣食不能周全,也血心栽培子弟;'耕读家风'大家确以为无上美誉。所以有很多氏族,特别提出一笔财产来,奖励族内子弟读书,这种产业,在前清叫作贤产和庠产,现在还是一样地称呼着"[1]。文化教育中的传统做法,培植了家庭、宗族的集体精神。对作为学田的"公产"管理,保证了乡村教育的可持续发展,制度性地强化了公共意识,增强了社会凝聚力。

枫桥镇在"平安诸暨""法治诸暨"建设过程中,组织动员群众积极参与"平安家庭"建设。2006年中共枫桥镇委员会发布了《关于在全镇开展"平安家庭"创建活动的意见》[2],明确提出10条创建标准,以及《枫桥镇行政村(社区)开展"平安家庭"创建活动考核评分表》。2010年枫桥镇人民政府发布《关于枫桥镇2010年度"平安家庭"创建活动的实施方案》[3],并发布《枫桥镇开展创建"平安和谐家庭,绿色低碳生活"活动倡议书》。与2006年的意见相比,当初的"五个意识"即增强家庭成员的学法守法意识、安全防范意识、健康文明意识、和睦相处意识、男女平等意识,又发展了"增强家庭成员的懂法守法意识、低碳生活意识",并对"健康文明意识"进行了界定和说明。

新时代"枫桥经验"重视发挥中国传统文化的作用,重视"自治法治德治"结合,充分发挥道德对乡风的滋养作用。诸暨市孝德文化研究会(原名"诸暨市孝文化研究会")成立于2015年,其成立目的是"挖掘和弘扬传统文化"。研究会有团体会员和个人会员,编写了会歌,注册了会标和会徽,编辑出版了《诸暨孝德文化年鉴》[4]。由周增辉、赵林中作词,谢立鹏作曲的会歌,歌名为《孝歌》,歌词如下:

---

1 祝志学编:《诸暨乡土志》,1933年印制。本书为"省立绍兴初中附小"社会课程的教材,保存于诸暨市图书馆。
2 枫委〔2006〕331号。
3 枫镇〔2010〕74号。
4 赵林中、周增辉(执行)主编:《诸暨孝德文化年鉴(2015—2019)》,中国文艺出版社有限公司2019年版。

拉一把,扶一把,父母把我养育大。

病痛饥寒都操心,一年四季都牵挂。

人生第一幸运事,高堂父母守着家。

这人间,说好好不过我们的爸,说亲亲不过我们的妈。

山高水长江河宽,父母的恩情比天大。

人在做,天在看,我为父母干点啥?

嘘寒问暖多上心,常陪父母说说话。

人生第一紧要事,心中记着爸和妈。

这世上,要敬先敬我们的爸,要孝先孝我们的妈。

冬去春来岁月新,孝歌一曲响天下。

习近平总书记强调家庭、家教、家风建设,他在2015年春节团拜会上的讲话中指出:"家庭是社会的基本细胞,是人生的第一所学校。不论时代发生多大变化,不论生活格局发生多大变化,我们都要重视家庭建设,注重家庭、注重家教、注重家风,紧密结合培育和弘扬社会主义核心价值观,发扬光大中华民族传统家庭美德,促进家庭和睦,促进亲人相亲相爱,促进下一代健康成长,促进老年人老有所养,使千千万万个家庭成为国家发展、民族进步、社会和谐的重要基点。"[1] 2016年12月12日他在会见第一届全国文明家庭代表时的讲话中指出:"我们要认识到,千家万户都好,国家才能好,民族才能好。国家富强,民族复兴,人民幸福,不是抽象的,最终要体现在千千万万个家庭都幸福美满上,体现在亿万人民生活不断改善上。"[2] 2018年11月2日他在同全国妇联新一届领导班子成员集体谈话时的讲话中指出:"要注重家庭、注重家教、注重家风,认真研究家庭领域出现的新

---

[1]《习近平在2015年春节团拜会上的讲话》,《人民日报》2015年2月18日。
[2] 习近平:《在会见第一届全国文明家庭代表时的讲话》,《人民日报》2016年12月16日。

情况新问题,把推进家庭工作作为一项长期任务抓实抓好。"[1]正如习近平总书记所言,家庭、家教、家风建设具有重要意义。因此,诸暨市孝德文化研究会将此作为重点工作之一,其长期坚持开展的"好媳妇""好婆婆"等评选活动,对于构建和美家庭、乡风文明,产生了重要推动作用。

0.4.3　发挥社会组织、民营企业等主体作用的机制

社会治理共同体单元构成随着历史环境和条件发生变化,不同时期呈现不同特点,反映着特定社会经济基础对上层建筑的决定性作用。新时代城乡社区是社会治理的基本单元,但社会组织和企业等主体的作用也不可小觑。关注新型主体单元,有效动员其参与社会治理,建立社会基层治理的参与主体拓展、动员机制,十分必要。

社会组织具有群众性、专业性、公益性等优势,其在社会治理中发挥参与平安建设、优化社会服务、助推文明新风的作用,推动形成共建共治共享治理格局。社会组织通过互动式、说服式、接纳式、建设式等柔性方式,从源头上预防化解矛盾纠纷。而且,其也可以参与对特定人员的帮教、应急救援等活动。截至2022年12月底,诸暨市注册的各类社会组织达到5 000余家,在经济、社会、文化领域发挥着举足轻重的作用。社会组织提供专门的服务,一方面弥补行政机关和司法机关的不足;另一方面满足社会需求,为城乡社区居民参与社会治理拓展渠道。

随着工商社会的到来,企业在现代社会治理中的作用越来越重要。浙江民营企业发达,"综治进民企"的内容包括6个方面:推行企业治安法人责任制,建立企业综治组织(企业综治室),完善企业综治网络,健全和落实形势分析、治安防范、矛盾化解、安全检查、法制教育、劳动用工、检查考评等7项工作制度,实现事故少、案件少、秩序好,达到企业发展、社会稳定、职工满意"三赢"目标。"综

---

1 《坚持中国特色社会主义妇女发展道路　组织动员妇女走在时代前列建功立业》,《人民日报》2018年11月3日。

治进民企"实施的结果是企业作为社会治理主体的地位得到确立,共建共治共享提升到一个新的阶段。"人民调解进民企"、企业文化建设、职工安全教育、道德课堂等等,强化了企业参与社会治理的意识,拓展了社会治理共同体的范围。行规行风建设、企业服务态度改善、行业标准提升,不仅保证高质量的产品和服务,推动规范服务、优质服务、高效服务,提升用户体验,增加社会和谐,还有效预防化解矛盾纠纷,维护社会和谐稳定。

治理单元建设能够优化治理工具,强化治理评价,加强治理效果。社会基层治理重在形成和睦的人际关系,构建包容、开放、平等的新型治理文化,凝聚广泛治理共识。"人民是评卷人",提高整个社会的开放度、和谐度、宽容度,就是获得感的最佳体现。提高治理共同体认知,既是治理成效的前提条件,也是治理有效的实践成果。

0.5 治理单元局部协同机制有效实现共同体目标任务

新时代"枫桥经验"通过法治政府建设,强化政府服务职能,营造良好营商环境。通过实行治安联防、平安联创、纠纷联调,增强治理合力。通过社会组织孵化、领导干部接访、社区矫正等方式,实现治理单元之间的协同。治理共同体要求目标明确,通力协作,取得最佳治理成效。

0.5.1 打造政府与社会良性互动机制

党委、政府在社会基层治理中发挥着不可替代的作用,"公众信任基层政府,意味着公众对基层政府拥有正向的心理预期,普遍地相信基层政府重视公众利益,并且能够公平地处理公众的维权诉求,从而产生自愿性的认同和服从"[1]。信

---

1 姜晓萍主编:《社会风险治理》,中国人民大学出版社2017年版,第74页。

任机制对社会主体发挥黏合作用,有助于降低交易成本。信任机制的建立,有赖于社会治理主体之间的沟通与合作。通过信任机制建设强化治理效果,中国共产党领导人民成功实践,取得宝贵的经验。抗日战争时期,共产党领导的抗日民主政权中实行"三三制"原则,在政权机构和民意机关的人员名额中,共产党员、民主党派和无党派人士各占三分之一。"三三制"体现了团结、信任、合作精神,最大限度地凝聚了抗日战争的共同体意识,形成了最广泛的统一战线。多元参与,协商共治,塑造了抗日民众的崭新风貌,形成了全民抗战共同意识,实现了广泛的动员。

诸暨市委组织部、直属机关工作委员会开展的"双进共建"社区活动,要求各街道党委、市级机关各部门、有关企事业单位党组织,开展共建单位党组织和在职党员主动参与社区建设和管理。[1]中共诸暨市委组织部还实行"联镇结村(企)帮户"活动,结对关系确定后,原则上三年不变,持续实施。[2]市委、市政府开展"双百结对、共建新家园"百部门联百村活动,按照新农村建设要求,进行结对共建工作。[3]这些措施,通过治理单元相互之间的协同,明确了共同体的目标任务,补齐治理短板,提升治理效能。

法治是最好的营商环境,是治理共同体取得共识的最大公约数。依法治理是现代社会治理的基本要求。基层政府在共同体建设中负有特殊责任,浙江省全域推行的基层社会治理"141"(一中心、四平台、一网格)模式,一中心即县级社会治理中心,四平台即乡镇(街道)基层治理综治中心、市场监督、综合执法、便民服务四个平台,一网格即村社网格,体现了党委和政府建设社会治理共同体的理念、思路和举措。在社会治理格局中,"政府负责"不仅强调政府本身依法行政,行政决策透明、公开、公正,自觉接受社会监督,还包括政府支持其他各

---

1 诸组通〔2006〕14号。
2 诸组通〔2007〕16号。
3 市委办〔2009〕52号。

类主体依法参与治理,进行政策引导、经费支持等等。例如,供电局施工人员接错线路损害赔偿调解案,[1]通过供电局施工单位承担部分责任,体现了其过错行为导致的后果分担。该案案情是:村民阮甲和阮乙系邻居,每月用电缴费金额差不多。后来阮甲家里增加了加工设备,每月的用电量却没有变化,而阮乙还是以前那么多电器,电费却涨了不少。两个邻居之间由此发生了误会。电力"老娘舅"边某知道后,仔细检查,发现是因为整改线路过程中施工人员接错了两家线路。他向两邻居承认错误,"勇于纠正不护短"。边某将发现的问题及时向上级汇报,并提出初步解决办法:首先将接错的表后线进行纠正;接下来两家人按照电费清单多退少补。但是,两邻居观点一致,都认为供电局有过错,应当承担部分责任。诸暨市供电局领导认真听取了两位用户的意见,认为他们的主张有一定道理。电力"老娘舅"边某一边代表供电局向两邻居道歉,一边查找到线路整改的施工队,并转达两位用户的诉求。最终,施工队承担了部分责任,两邻居之间的纠纷得到妥善化解,他们和好如初。供电局进行线路整改,施工人员错接线路,造成阮某两邻居之间的矛盾和纠纷,严重影响了睦邻友好关系,对自己行为造成的损失承担相应责任,合情合理。调解结果也强化了施工人员的责任担当。

0.5.2 营造共同体成员相互信任机制

"枫桥经验"与时俱进,传承创新,坚持社会基层治理的规律,凝聚治理共识,形成治理合力,优化治理方式,增强治理动力。早在春秋战国时期,孔子就强调社会诚信的重要性,《论语·颜渊》中记载:"子贡问政。子曰:足食,足兵,民信之矣。子贡曰:必不得已而去,于斯三者何先? 曰:去兵。子贡曰:必不得已而去,于斯二者何先? 曰:去食。自古皆有死,民无信不立。"

---

[1] 诸暨市枫桥镇供电所2020年调解档案。

征信建设需要制度化表达,道德银行、信用积分制就是征信建设的探索和实践。征信制度建设中,失信惩戒包括三个层面:自治组织内部的惩戒、执法司法机关的惩戒、社会舆论的惩戒。实践中,需要多管齐下,增强其效力,例如强化心理作用,发挥激励、同情和确认的作用:"其一,激励。这是由于某些强烈的手段使得人们突然醒悟:已经做了某事的人,'应该'这样做。其二,同情和确认。某人态度对他人具有同情性的影响。"[1]

为建立全社会共享的不良信用记录平台,红黑榜是诸暨凝聚社会共识的重要手段,通过身边的事教育身边的人,追求最佳治理效果。诸暨好人、道德模范的评选、宣传,是征信建设的有益尝试。治理共同体既重视社区居民素质的提高,也重视治理单元的优化,还强调整体配合和效益最大化原则。"组建邻里守望志愿巡逻队、评选和睦单元、认领爱心花盆、设置公益菜存放点、筹建儿童游乐场……近年来,暨阳街道江北社区坚持新时代'枫桥经验'精髓,积极探索与创新小区治理新途径,党员干部主动作为,全区业主踊跃参与,激活小区治理'一盘棋',助推和美家园建设。"[2]

诸暨市暨阳街道江新社区实行社区与驻地单位、机关合作进行党建项目政策,要求合作部门、单元的党员干部向社区报到。通过党员干部参与社区活动,进行"亮旗"行动,引导广大在职党员干部,积极投身社区建设,发挥党员干部在社区建设中的积极作用。"项目"制每年解决社区治理中的重点问题,推动社区治理机制持续改善。[3]

驻村干部工作制度成为城乡社区规范管理、民主管理的示范,诸暨市委办公室、市人民政府办公室印发的《关于进一步加强驻村工作的意见》,明确规定了驻村干部"实施驻村办公",并实行"三督促""四必到""五不准",将驻村干部

---

[1] 马克斯·韦伯:《论经济与社会中的法律》,张乃根译,中国大百科全书出版社1998年版,第14页。
[2] 《新时代"枫桥经验"基层社会治理的诸暨范本》编写组:《新时代"枫桥经验"基层社会治理的诸暨范本》,新华出版社2018年版,第78页。
[3] 暨阳街道资料。

的工作规范予以细化。[1] 驻村干部是居民观察、认识公职人员行为、作风的直观方面，也是向村（居）干部示范工作态度、作风和效果的载体。驻村干部的规范化管理、高效率工作，对于形成社会治理共同体具有权威塑造的作用。科学、有效的政府管理，为社区治理机制建设做出良好示范。

0.5.3 促进政社协同共治机制

诸暨市三级社会治理中心建设有效整合了各类治理单元，形成了新时代社会治理的"主体协同"方式。社会治理中心的前身，先后是综治办、综治中心、矛盾调解中心、诉讼服务中心等。20世纪80年代，随着经济的发展、流动人口的大量出现，社会治安成为群众关注的焦点。枫桥的干部群众把正确处理人民内部矛盾，预防、化解纠纷，作为维护社会稳定的基础性工作和重点。综治办作为一个专门的机构，重塑治理空间，强化主体担当：综治办由一名政府副职专抓综治工作。重视村（居）、企业治保组织建设，做到网络健全，力量精干，有人管事。[2] "治调干部"成为维护社会稳定、化解矛盾纠纷的有生力量，为了提高治调干部的积极性，镇乡政府规定对连续担任治调干部10年以上的发给荣誉证书，由镇、村投保养老保险，解除他们的后顾之忧。每年都要表彰先进，增强治调干部的自豪感，激发他们的工作热情。

---

1 市委办〔2013〕29号。"三督促"是驻村干部的工作职责，指"督促村级班子按时完成上级党委政府布置的中心工作、重点任务，抓好镇乡（街道）职能线办的各项任务和新农村建设的各类实事工程；督促村干部规范村内日常管理，重点抓好信访、'四不'公开承诺、'四违'管理、小额工程和'三资'管理、计划生育、安全生产等工作，确保各项违反规定的行为发生数不高于上一年度；督促村党组织加强基层组织建设，开展'星级管理'创建，落实'三会一课''五议两公开'等制度，推进基层民主政治建设"。"四必到"是驻村干部的工作程序，指"村内各类会议必到，指导有关会议按时按规召开；村级招投标、宅基地放样、工程开工验收等各重大活动、重要工作、重点项目实施时必到；村内发生急事、难事、群体性事件、突发性事件或处理不稳定事件必到；因工作需要，……参与的场合必到"。"五不准"是驻村干部的工作纪律，指"不准在下村工作时接受所驻村公款宴请和报销各种应由个人支付的费用；不准收受所驻村发放的各种补贴、有价证券、农副产品；不准收受、廉价购买所驻村的物品或以村推销个人营利性商品；不准做违背群众意愿，侵害群众利益和不利于所驻村开展工作的事情；不准参与赌博等有损形象的活动"。

2 参见中共绍兴市委、浙江省公安厅党委：《预防化解矛盾，维护农村稳定——"枫桥经验"新发展》，载政协诸暨市文史资料委员会、诸暨市公安局编：《枫桥经验实录》，中共党史出版社2000年版，第53页。

枫桥镇通过制定治安公约，动员社区干部群众参与社会治安综合治理。"红枫义警协会是枫桥镇第一支参与基层社会治理的平安类社会组织，'红枫义警'群众性社会自治项目运行后，将热心公益的枫桥群众带入到社会治理工作中来，积极投身治安防范、法制宣传、安防教育、纠纷调解、文明劝导和疫情防控等工作之中，形成了社会治理社会参与的良好氛围。"[1]专群结合就是社会治安综合治理的最早形态，干部群众在民警的指导下，自主开展治安巡逻，"我为大家巡一夜，大家为我巡一年"，公安机关依靠治保组织获得大量线索，决策更加精准，社会治安的维护更加具有针对性，既包含政府和社会的互动，也及时回应了社区居民的需求，通过共同参与形成了共同体的雏形。对于情节轻微的违法犯罪行为，基层群众自治组织根据相关社会规范进行处理；对于严重破坏社会秩序、后果严重的行为，送交司法机关惩办。[2]政府部门和基层群众紧密配合，避免轻微违法犯罪行为得不到惩治从而对社会秩序造成冲击，杜绝轻微违法犯罪演变、转化为严重刑事犯罪，维护共同体利益。社会治安综合治理中，对轻微违法犯罪行为由社区民警、家长、社区干部组成帮教小组，进行长期的帮助、教育和感化，帮教小组明确分工，相互配合，取得良好的效果。[3]社会治安综合治理还通过诸如治安责任书、安全责任书等形式，明确职责，强化治理共同体的责任担当。[4]

---

1 《诸暨党建引领社会组织参与社会治理优秀案例》，内部资料，第8页。

2 1999年5月制定的《枫桥镇枫溪村村民自治章程》第26条规定："严禁偷盗。偷盗者经查获，要写出书面检讨，退出全部赃款、赃物，情节严重的，报司法机关处理。"第27条规定："对无理取闹、聚众闹事、行凶殴打他人的寻衅者和为首者，情节轻微的，应负担受害者的一切经济损失，情节严重的，报司法机关处理。"第28条规定："对不赡养老人或虐待老人和妇女的，不抚养子女和虐待子女的，先由村调解组织负责调解，给予批评教育，使其改正错误。情节恶劣，造成后果的，报司法机关处理。"参见汪木伦主编：《诸暨民政志》，中华书局2002年版，第207—208页。

3 帮教责任书是枫桥镇关于联合调解、联合预防、联合各部门值勤备勤、联合维护社会治安、联合各部门进行"平安创建"的"五联机制"内容。"在钟瑛村，就制定有'三联保'帮教责任书，即派出所、治保主任、家长，本着'教育、帮助、挽救'的方针，对违法人员，在原有帮教措施的基础上，签订由派出所、治保主任、家长共同参加的'三联保'帮教责任书。"相关的论述，参见汪世荣主编：《"枫桥经验"：基层社会治理的实践》（第2版），法律出版社2018年版，第11页。

4 诸暨市东白湖镇斯宅村保存有上百年历史的古建筑群，为了将安全责任落实到户到人，"镇里与住户签订了安全责任书"，相互督促，共同完成消防安全任务。参见《斯氏文化花开如斯》，载《新时代"枫桥经验"基层社会治理的诸暨范本》编写组：《新时代"枫桥经验"基层社会治理的诸暨范本》，新华出版社2018年版，第234页。

新时代"枫桥经验"有效强化了基层政权建设。诸暨市开展从"最多跑一次（地）"到"数据多跑路，群众少跑路"，再到"一次也不跑""一证通办一件事"等改革，充分利用互联网技术，线上线下结合，便利群众，服务基层。数据技术为社会基层治理提供了坚实的支撑，"智治"使社会治理共同体的沟通、参与、监督等更加便捷，为共治主体广泛参与提供了技术支撑。数据时代的社会基层治理比以往任何时代都更加有利于强化共同体观念，实现治理单元协同联动。服务对象通过网络表达感受，对服务效果进行网上评价，生成了新型的治理路径。[1]

市（县）、镇乡（街道）、城乡社区三级社会治理中心建设，避免了分散办公可能出现的相互推诿等弊端。"一站式"解决，不仅改变了服务的空间结构，而且优化了履职方式，缩短了处理时间，提升了处置效率，增强了群众获得感。社会治理中心整合了各类矛盾纠纷的预防化解和处置资源，发挥党委、政府在治理共同体建设中的引领作用，"一核多元"治理格局重塑治理空间，强化主体担当，凸显治理单元之间的协同，取得了良好的治理成效。

0.6 跨单元系统集成机制塑造共同体文化价值

社会治理共同体构建的原则是实现人人有责、人人尽责、人人享有，实施多元共治，强化主体意识、责任意识、参与意识、担当意识。这就需要通过政策和法律，发挥党委和政府的宏观统筹作用，聚焦平安社会治理、党建引领社会治理、文化浸润社会治理，发挥系统集成作用。例如，1998年枫桥镇开展"创建安全村、安全单位、安全小区、安全路段的'四创建'活动"[2]。2005年开展创建"平

---

[1] 浙江省丽水市中级人民法院推行当事人评价司法体系机制，运用当事人评价，促进司法公正、高效、权威，取得了积极成效。参见余建华等：《让人民群众对公平正义更"有感"》，《人民法院报》2022年12月23日。

[2] 公安部"枫桥经验"调研组：《关于浙江省诸暨市"枫桥经验"的调查报告》，载政协诸暨市文史资料委员会、诸暨市公安局编：《枫桥经验实录》，中共党史出版社2000年版，第72页。

安村""平安社区""平安企业""平安校园""平安医院""平安市场""平安矿山"和"平安路段"的"八创建"活动,并明确创建标准。[1]"党建+社会治理"形成一核多元的治理格局,通过党建将社会主义核心价值观融入社会治理的全领域、各方面,实现社会和谐稳定。[2]大力开展文化建设,以文化人,向文而化,实现了国家宏观层面的价值导向、基层治理层面的价值渗透和村民自主性的价值发现有机统一。强化社会基层治理目标同向,凝心聚力,合作共赢,绘就治理同心圆。

0.6.1 法治文化保证社会基层治理实现最大公约数的机制

制度的重要意义,早在唐代就受到充分重视。在《贞观政要》中,记载了渔者拒绝晋文公厚赐的案例:晋文公对帮助自己走出沼泽的渔夫进行赏赐,渔夫认为,君主"慈爱万民,薄赋敛,轻租税,臣亦与焉。君不尊天,不事地,不敬社稷,不固四海,外失礼于诸侯,内逆民心,一国流亡,渔者虽有厚赐,不得保也。遂辞不受"[3]。魏徵引用这个案例,劝说唐太宗认识到制度的重要性。法律作为构建秩序的手段,既是取得财产的方式,也是保护财产的依据。对法律秩序的维护,受益的是整个社会,是多元的社会主体。法律是规范人们行为的最大公约数,法治是治理共同体得以形成的环境和条件。早在汉朝,廷尉张释之就强调法律的公共属性以及对社会共同体的平等保护:君臣上下,一体守法。[4]

20世纪90年代,诸暨市人民检察院办理案件中,坚持及时返还被侵犯的企业财产,体现了依法保护产权的原则,有利于促进经济发展、维护社会稳定。例

---

[1] 枫委〔2005〕51号。
[2] 根据绍市综治〔2000〕8号,平安创建的具体工作目标包括:(1)政治稳定,不发生影响稳定的重大群体性事件。(2)刑事发案和"八类"刑事案件上升幅度有所下降,入室盗窃案件发案率低于本县(市、区)平均数。(3)不发生重大恶性治安灾害事故。(4)案件高发、多发,治安问题较多的村居和单位得到及时有效的整治。(5)落实"四前"工作法,做到小事不出村,大事不出镇,矛盾不上交,民间纠纷调处成功率达95%,无"两转"案件。(6)80%的居民小区、60%的村能根据地区和季节特点,组织力量进行治安巡逻,有效遏制多发性案件。(7)外来人口管理措施得到落实,制度完善,外来人口违法犯罪得到控制。
[3] 《贞观政要·政体二》。
[4] 《史记·张释之冯唐列传》:"释之曰:'法者,天子所与天下公共也。今法如此而更重之,是法不信于民也。'"

如，其对金某某等贪污企业资金追回返还案的审理，坚决维护企业合法权利，取得了良好的效果。该案案情是：诸暨某厂是一家乡镇骨干企业，但几年来一直亏损。诸暨市检察院根据群众的举报，立案查处了该厂厂长金某某、会计赵某某、副厂长马某某三人合伙贪污集体经济201 000余元的特大案件。在办理此案的过程中，检察机关建议主管部门加强对该厂的领导，配备了新的领导班子，并将追回的17万元赃款迅速返还转入生产费用，解决了该厂资金短缺的困难，使该厂生产很快有了起色。办理一案，救活一厂。[1]该案件办理的亮点在于诸暨市人民检察院不仅依法返还被犯罪分子贪污、侵占的财产，而且在返还中体现及时原则。贪污行为并不能合法取得财产，因而，企业对该项财产的所有权并没有丧失。既然案件告破，第一时间返还财产，就是法治原则的体现。同时，协助有关管理部门及时配备企业领导班子，维持正常生产经营，体现了担当精神。反之，如果将涉案财产认定为赃款，予以罚没，就没有体现对企业产权的有效保护。

诸暨是篮球之乡，体育运动对社会治理发挥着潜移默化作用。"多一个球场，少一个赌场"，通过体育比赛，深化交流和沟通，也有成功的实践。[2]所有体育比赛都只有在明确的规则支配下才能顺利进行，规则不明确或者规则得不到执行的所谓体育比赛，难以形成体育文化，也难以持续推动。"最理想的球赛，是裁判员形同虚设（除了做个发球或出界的信号员）。为什么呢？因为每个参加比赛的球员都应当事先熟悉规则，而且都事先约定根据双方同意的规则比赛，裁判员是规则的权威。他的责任是在察看每个球员的动作不越出规则之外。"[3]

---

[1] 浙江省人民检察院贪污贿赂侦查局：《关于转发诸暨市院〈充分发挥检察职能为振兴经济尽职尽力〉的通知》（检侦字〔1990〕第5号），1990年9月10日，档案编号：J086-W1990-1-0006-104。
[2] 国网诸暨市供电局在与村征地拆迁过程中，通过篮球比赛，拉近了双方的距离，较好解决了存在的争议。案例参见汪世荣主编：《企业"枫桥经验"研究——国家电网诸暨市供电公司的实践》，陕西人民出版社2010年版，第126—129页。
[3] 费孝通：《乡土中国》，华东师范大学出版社2020年版，第58页。

《国际足联章程》中,足球运动的本质是:实现团结、教育、文化和人道主义价值。[1] 所以,在社区开展体育运动,不仅有助于强壮社区居民的身体,还有助于强化其规则意识。

0.6.2 自治文化促进"自治法治德治"结合、尊重常情常理常识的机制

城乡社区的规范化治理和基层群众自治制度的践行,有利于满足基层群众参与社会公共事务、社会公益事业的愿望和要求,并保护其政治参与和政治权利。通过信息公开实现信息共享,不仅能够实现民主监督,而且能够促进公平公正。民主决策、民主管理、民主监督,实质是信息治理。社会基层治理中的信息包括城乡社区党务、村务、财务等三个方面,新时代"枫桥经验"充分发挥数据作用,实现"智治",通过治理空间优化,破除了信息茧房。

制度创新亦称制度变迁,旨在揭示制度选择及其结果。制度观在制度变迁中的作用受到学者重视:"制度观实质是人们对制度、制度选择及尊重等的基本认识。思想观念在多大程度上起着制约或促进革命性或演化性的制度变迁的作用,取决于何种思想观念在特定决策阶段起着多大的作用。正如诺斯指出的,行动者根据意识形态、规范和价值观理解其周围世界,进而影响对他们自己物质利益的界定,并最终影响制度变迁。"[2]

自治文化要求治理过程中照顾风俗、习惯,将自治、法治、德治相结合,充分关注社会规范,实现情、理、法的有机统一。新时代涉及行业的矛盾纠纷占比提高,强化行业内部治理成为行业现代化发展的必然要求。各行各业建立调解组

---

1 2004年1月1日起生效的《国际足联章程》,共计14章、81条,其中,第6条"比赛规则"规定:"所有国际足联的会员都应遵守国际足协理事会制定的《比赛规则》。只有国际足协理事会可以制定和修改《比赛规则》。"

2 卢现祥:《论中国人的制度观》,载《寻找一种好制度——卢现祥制度分析文选》,北京大学出版社2012年版,第265页。

织,预防化解行业内部的矛盾纠纷、行业服务纠纷、行业发展中产生的矛盾纠纷,将行业规划、行业利益维护、行业合规、行业标准提升、行业风气优化等作为建设的重心,发挥行业参与社会治理的作用,拓展了社区治理的单一视角。一方面,行业内部要有共同体意识,相互激励、相互监督;另一方面,行业要融入社会治理,大力推动公益事业、公共事务发展,为行业发展创造良好环境和条件。商事调解有效拓展了新时代人民调解的内涵,以专业化、专门化、市场化为特征的商事调解,在诸暨市得到快速发展。[1]

0.6.3　互助文化推动形成患难相恤、扶危济困的机制

互助文化旨在建立信任机制,解决个体和个体、个体和群体、社会和国家的相互依赖关系。诸暨的地方文化中,合作互助、崇尚慈善等观念源远流长。早在民国癸亥年(1923),诸暨就成立了慈善组织"暨邑济生会","视灾情之轻重,分赈款之多寡",运用社会力量,应对螟虫、水旱灾害,扶弱济贫。诸暨民风淳朴,乐善好施,参与慈善,"罔不争先恐后,足见人之好善,谁不如我"。[2] 1931年公布的《中国济生会诸暨分会修正章程》共计19条,《续订中国济生会诸暨分会章程》共计20条。关于诸暨重视慈善传统的记载很多,例如,清代"盛行义冢施棺。诸暨共有义冢地18处、125.43亩,义冢山31处、168.10亩。光绪《诸暨志》道光六年(1826),钟步翰捐银1 200元创办济阴堂,建寄柩所积骨亭于西门外。……其他各乡大多有社会集资或私人出资或义务收埋暴尸施棺处"[3]。

在革命战争年代,诸暨人以特殊的方式,互助从事革命工作,推动革命事业

---

[1] "诸暨市的行业调解涵盖了劳动争议、消费纠纷、婚姻家庭、学生伤害、商会纠纷、环境保护纠纷、医疗纠纷、道路交通、电力、装修纠纷、法院联合调解、江西商会调解及物业纠纷等各个领域。"汪世荣、朱继萍:《人民调解的枫桥经验》,法律出版社2018年版,第101页。
[2] 沈睿等编:《云觉轩云霄玄谱志》(上),民国二十八年印行,第573页。
[3] 汪木伦主编:《诸暨民政志》,中华书局2002年版,第511页。

的发展。"诸暨作为老区县(市),在各个革命历史时期都涌现出大批革命志士。《诸暨革命烈士英名录》共收录1927年4月至2001年12月牺牲的革命烈士1 049名(女烈士10名)。其中全省乃至全国的著名烈士有俞秀松、宣中华、张秋人、汪寿华、宣侠父等26名。"[1]抗日战争时期,全国各地的热血青年奔赴延安,1937年6月诸暨"党组织决定,派陈伯青、钱芝良、赵曙光等同志去延安陕北公学学习。大家都没有路费,赵曙光毅然卖掉家里4亩好田作路费。怕还不够,赵曙光同妻郭秋娥商量,把妻的嫁妆金银首饰也卖掉,以凑足路费。结业后,回到诸暨开展党的秘密联络工作。解放初,赵曙光担任过枫桥区区长"[2]。赵曙光资助同伴求学上进,更好从事革命工作,为互助行为增添了理想色彩。

"枫桥经验"重视慈善在社会治理中的作用,枫桥镇枫溪村"毅然于2002年首创建立'村慈善协会'。新制定的村慈善协会章程规定:每年提取村公益金的20%(约8 000元)投作慈善协会基金;协会随时吸纳社会捐助(当时的村党支部、村委干部和一批青年积极分子曾带头义务献血,把发给自己的200元营养补助费作为第一笔捐款转赠给村慈善协会)。村慈善协会规定专款专用,随时对病贫灾祸及突发事故的当事人实施救助"[3]。新时代"枫桥经验"重视慈善事业的推动,慈善基金会(邻里互助基金会)全方位覆盖。慈善基金使用灵活、救助及时,扶危济困的功能得到了充分发挥。

0.6.4 和合文化推动完善矛盾纠纷多元化解的机制

和合文化体现的是圆融通达智慧,"和"的本意为声音的相互应和,《说文解字》中说"和,相应也",引申为群己关系紧密,人与人之间和谐。"和"的具体展开,即"和合",涵摄社会生活各个方面:家和万事兴、和气生财、政通人和、协和

---

1 汪木伦主编:《诸暨民政志》,中华书局2002年版,第283页。
2 赵校根主编:《浙江诸暨赵家镇教育志》,中华博物院出版社有限公司2022年版,第168页。
3 汪世荣主编:《"枫桥经验":基层社会治理的实践》(第2版),法律出版社2018年版,第200页。

万邦等等。习近平总书记指出:"我们的祖先曾创造了无与伦比的文化,而'和合'文化正是这其中的精髓之一。'和'指的是和谐、和平、中和等,'合'指的是汇合、融合、联合等。这种'贵和尚中、善解能容,厚德载物、和而不同'的宽容品格,是我们民族所追求的一种文化理念。"[1] 和合文化推动下的矛盾纠纷化解机制,必然强调多元主体参与、多种方式并用。

多元主体参与矛盾纠纷化解是新时代"枫桥经验"的重要内容。在经济社会发展过程中,必然出现各种矛盾纠纷。新时代社会治理呈现的特点是人民内部矛盾大量涌现,诉求多元。各种利益冲突的有效预防和化解,直接关系社会和谐稳定。只有倡导和合文化,发挥多元主体的作用,才能有效化解矛盾纠纷,维护社会稳定。

人民调解主要解决民间矛盾纠纷,建立和谐的人际关系。但是,新时代突出的矛盾纠纷是土地征用、拆迁引起的诸如征地补偿纠纷、建设工程结算纠纷、劳动报酬纠纷等,这些矛盾纠纷均与政府拆迁活动直接相关,传统的人民调解化解此类矛盾纠纷的方式方法显得力不从心。行政调解、行业调解、诉讼和信访等方式,成为化解此类矛盾纠纷的有效手段。诸暨市通过干部"下访",主动发现问题,受理并处理矛盾纠纷,推动了社会基层治理共同体意识的培养。枫桥镇针对新时期群众信访多元化的特点,切实改进工作方式,"变群众上访为干部下访,变坐等来访为主动走访,对疑难信访实行联动息访",畅通了人民群众信访申诉、反映呼声的途径。凡是出现土地征用、用电用水、公共设施建设等信访问题,司法所、土管所、供电所等职能部门都主动积极参与,共同解决。镇里实行部门联动,村级组织积极参与,例如大竺村干部曾提出要把群众的"信访"转化为群众的"信任",一字之差,观念全新。[2]

---

[1] 习近平:《文化育和谐》(2005年8月16日),载习近平:《之江新语》,浙江人民出版社2007年版,第150页。
[2] 参见《诸暨公安志》编撰委员会:《诸暨公安志》,内部资料,2008年,第294页。

0.6.5 契约文化保证共同体互利互惠承诺践诺的机制

从社会经济视角分析,制度"就是人们在社会分工与协作过程中经过多次博弈而达成的一系列契约的总和。制度为人们在广泛的社会分工中的合作提供了一个基本的框架。制度的功能就是为实现合作创造条件,保证合作的顺利进行"[1]。如果说多元治理主体的个体相互之间协同可以通过契约实现,那么治理单元整体的系统集成只能通过制度予以实现。制度的原理就建立在契约文化基础之上。

1964年3月25日,枫桥工作队转发了新枫公社工作队《关于搞好档案资料工作的通知》,共计5章、17条。[2] 诸暨的村级档案管理非常正规,有些村诸如钟瑛村、新农村等,20世纪60年代的村级档案完整保留至今。涉及村里资产、资金、资源交易的所有活动,都以契约方式进行,契约、单据等全部长期保存。俗话说,"千年的纸条会说话",大至工厂承包,小至民间纠纷,只要经过村委会调解或者鉴证,村档案馆都完整保留相关文书,令人感叹。

2018年,诸暨市开展"千企结千村,消灭薄弱村"活动。该项活动由诸暨市工商联发起,组织参与结对的企业家在各村进行详细交流,立足村和企业自身实际,积极探讨短期、中期、长期发展项目,探讨通过发展村级联建物业经济、光伏产业、农产品合作社等产业模式,助力村集体增收,确保早日实现"消薄摘帽"。项目的确定、实施和评价标准,均通过双方协议加以明确。协议签订过程中,充分吸收村民和企业职工的意见、建议,强调信守承诺,履约践约。2022年10月,诸暨市工商联积极引导23家民营企业(商协会)与四川省沐川县26个行政村签订"村企结对"协议,并向结对村捐赠价值54万元的保障物资,经由沐川

---

1 卢现祥:《论制度的正义性》,载《寻找一种好制度——卢现祥制度分析文选》,北京大学出版社2012年版,第55页。
2 参见钟瑛村档案(1964年):枫桥工作队办公室文件及新枫公社工作队《关于搞好档案资料工作的通知》。

县工商联发放到结对村的村民手中。开展乡村振兴"万企兴万村"行动工作,积极引导商(协)会、企业充分发挥自身资源优势,探索建立促进结对村发展的长效机制,同时拓宽帮扶思路,以"企村优势相加"促"企村发展相融",为乡村振兴赋能添彩。合作过程中具体项目的推动,全部以契约化方式明确约定,严格遵守。

契约文化体现了诸暨人爱说理、会说理的特点,"说理斗争"所要达到的就是通过讨论,达成共识。双方均能够认识到存在的共同利益,且换位思考,互谅互让。契约文化是共同体得以建立的前提,信守承诺是共同体运行的内在机理。诸暨普遍实行土地流转,农户将土地流转到村民委员会,再流转到公司集约化经营,就是契约化治理的体现。

新时代"枫桥经验"重视契约文化在社会基层治理中的运用,在基层自治组织领域实行承诺践诺制度,社区干部实行"四不"公开承诺。[1]"一诺千金",契约文化在社会治理中的作用受到各类社会治理主体的重视。诚实守信,承诺践诺,契约机制有效降低交易风险,减小交易成本。

0.6.6 包容文化推动形成海纳百川、有容乃大的机制

无论在产生阶段还是在发展阶段,"枫桥经验"都体现了包容文化,"得容人处且容人",形成了大仁大爱精神。在产生阶段,"枫桥经验"重点解决剥削阶级和被剥削阶级之间的"敌我矛盾",新时代"枫桥经验"则主要解决"人民内部矛盾"。[2]

枫桥镇(当时为枫桥区)干部群众通过"戴帽"的方式,对"四类分子"进行认定;通过"摘帽"的方式,确认改造的成功结果。对"四类分子"的政策,不是通

---

[1] "四不"公开承诺的内容包括:不违规发展党员,不承包村里工程,不违规审批宅基地,不履职就辞职。
[2] 矛盾的两分法将矛盾分为敌我矛盾和人民内部矛盾两类。敌人之间的矛盾,既不是敌我矛盾,自然也不是人民内部矛盾,但并不存在"敌人内部矛盾",或者说,敌人内部没有矛盾吗? 这一问题需要进一步思考。

过强制的手段予以逮捕、判刑,甚至判处死刑,而是通过发动群众、说服教育、政策攻心,促成思想转变。以"文斗"这一和风细雨的方式,解决了"武斗"(打骂、体罚等)难以解决的问题,有效化解敌我矛盾,化消极因素为积极因素,成为社会治理共同体建设的成功尝试。

用说理斗争的方式解决敌我矛盾,创新了人民民主专政的实践路径。[1] "枫桥经验"不仅创新了化解矛盾纠纷的手段和方法,而且引入了成本核算方式,形成了更广泛的共识:将"四类分子"放在群众之中监督改造,"管好了是队里一个劳动力,对集体有利,对他们的家属子女的教育也好办一些"[2]。包容文化从个体到集体、从集体到整体,取得系统集成效果。

"枫桥经验"通过戴帽、评审、摘帽等环节,符合"改造"规律,体现了社会治理的内在要求,例如,枫溪大队坏分子汤某某,上级公安机关把逮捕证都填好了,该大队党支部书记陈友堂知道后,亲自到县里去"保",提议"还是就地改造好",解释说:"一个人去劳改,给国家增加一分负担;留下一群老婆孩子要吃饭,又给生产队增加一分负担;劳改队只有几个人管,这儿有上千人管,还怕管不住一个汤某某。"上级同意就地改造,实践证明效果很好。[3] 将消极因素转变为积极因素,例如,枫溪村发现了"白泥"(陶土),据说运到上海可以作为橡胶辅助原料。村里有个新中国成立前当过县长、学过测量的人,按说就是"四类分子",但群众相信他,让他担任设计人员,办起了加工厂。办工厂、当工人、领工资,不仅改变了群众的生产、生活方式,还给集体每年创收上万元。[4] 经济的发展极大改善

---

[1] 早在陕甘宁边区时期,根据抗日战争阶段形势的变化,中国共产党创造性提出了抗日民族统一战线的主张,实际上是缓和敌我矛盾的成功尝试。"统一战线"就是利益共同体,在日本侵略者悍然发动侵华战争的背景下,民族矛盾上升为主要矛盾,表现为敌我矛盾的阶级矛盾退居次要。正是在这样的条件下,以国共合作为基础的抗日民族统一战线成为由中华各民族组成的抗战共同体。陕甘宁边区定制法律,保护一切抗日人民的民主权利、财产权利和自由。抗日民族统一战线是中国共产党领导下共同体建设的雏形。

[2] 《诸暨县枫桥区社会主义教育运动中开展对敌斗争的经验》,载政协诸暨市文史资料委员会、诸暨市公安局编:《枫桥经验实录》,中共党史出版社2000年版,第15页。

[3] 参见《诸暨公安志》编撰委员会:《诸暨公安志》,内部资料,2008年,第251页。

[4] 参见《诸暨公安志》编撰委员会:《诸暨公安志》,内部资料,2008年,第251页。

了群众的生活,增强了社会共识,取得了积极的效果。[1] "捕人少,治安好,发展快","摘掉一顶帽,调动几代人"[2],描述了诸暨社会治理取得的成效。改革开放何尝不是一场确立"实践是检验真理的唯一标准"、促进人的全面发展的伟大实践?新时代"枫桥经验"重视广泛动员,通过互联网技术,实现全员参与,增强治理的力量,凝聚社会治理共同体共识。

《易·贲》有言:"观乎天文,以察时变,观乎人文,以化成天下。"这句话强调了"教化"的效果。司马迁在《史记》中,对子产、宓子贱、西门豹治理社会基层的方式进行了比较:"传曰:'子产治郑,民不能欺;子贱治单父,民不忍欺;西门豹治邺,民不敢欺。'三子之才能谁最贤哉?辨治者当能别之。"[3] 司马迁对宓子贱进行了高度赞赏,对其"抚琴而治"的教化策略以及成效给予了充分肯定。新时代"枫桥经验"以"润物细无声"的方式,使蕴含其中的文化价值理念融入社会基层生活的各个方面,并转化为集体的"情感认同"和"行为习惯",内化为个体的"精神信念""品质特征"和"行为准则",渗透到国家、民族的核心价值观念,从而起到改良民风、教化民众的作用。

0.7 结 论

新时代"枫桥经验"共同体机制作为新时代基层社会治理能力治理体系现代化建设的重要组成部分,是在马克思主义指导下,吸收中国优秀传统文化、红色革命文化与社会主义先进文化而形成的具有鲜明时代性与民族性的基层社

---

[1] 评审典型案例:"东溪公社山口大队有个老富农分子何荣祥,往年评审时,有人说他'肩不能挑,手不能提,参加集体生产不积极'。这次评审,群众说:这个富农分子80岁出头了,不参加劳动也可以,而他主动给生产队拾猪粪管秧田,这是劳动好的表现。经过评议,摘了他的富农分子帽子。"《摘掉一顶帽,调动几代人——记诸暨县枫桥区落实党对四类分子的政策》,《人民日报》1979年2月5日。

[2] 《摘掉一顶帽,调动几代人——记诸暨县枫桥区落实党对四类分子的政策》,《人民日报》1979年2月5日。

[3] 《史记·滑稽列传》。

会治理智慧。其中,中国优秀传统文化中的整体性思维构成其民族性之基,马克思主义信仰是其统帅与灵魂,红色革命文化与习近平新时代中国特色社会主义思想中的法治思想构成了其现代性之基。中国传统文化重视整体思维,强调正确处理整体和部分之间的关系,与治理共同体建设存在神似:"整体思维注意从整体上把握事物的性质、事物之间的关系及其规律。部分是整体中的一部分,任何一个部分都反映整体。"[1]强调国家治理中合作共赢,"君臣契合":"主纳忠谏,臣进直言",上下一心,目标同向,"这种认识在唐代士大夫那里也得到了认同"[2]。社会治理共同体关注效果导向,必然是综合为治:"礼乐刑政,其极一也,所以同民心而出治道也。"[3]《系统之美:决策者的系统思考》中强调"追求整体利益",认为"层级组织存在的目的是服务于最底层,而非最顶层"[4]。

制度变迁、制度实施及制度评价是一个整体。从治理主体看,制度发挥着对人的行为进行规制的作用,包括行为预期、行为规范和行为认同;一种制度可以被界定由认知性、协调性、信息性和规范性社会要素构成,它们通过促成、引导和激励行为,共同产生了一个(社会)行为秩序。[5]法律社会史关注具体的事、具体的人,以及问题解决的方式、途径和效果,将具体问题的解决与制度机制结合,将纠纷的预防与化解结合,将纠纷的化解与制度完善结合。国家治理视角重视制度构建和制度实施的过程、结果,顶层设计是决定制度质量的关键要求。站在社会的角度考察制度及其功能,基层社会治理视角对制度效能产生了特殊的要求,只有建立和完善制度评价环节,取得良好的效能,才能实现良法善治的治理目标。

---

1 袁行霈等主编:《中华文明史》第一卷,北京大学出版社2006年版,第10页。
2 傅绍良:《唐代谏议制度与文人》,中国社会科学出版社2003年版,第61页。
3 《史记·乐书》。
4 德内拉·梅多斯:《系统之美:决策者的系统思考》,邱昭良译,浙江人民出版社2012年版,第250页。
5 参见阿夫纳·格雷夫:《大裂变——中世纪贸易制度比较和西方的兴起》,郑江淮等译,中信出版社2008年版,第12、88页。

"党建+社会治理",强化治理目标,丰富治理实践,拓展社区居民参与社区建设的渠道,赋予治理活动信仰的意蕴,形成向上向善的社会风气,增强社会基层治理共同体的文化价值认同。充分发挥包括企事业单位在内的多元治理主体的作用,调动多元治理主体的积极性、主动性、创造性,有助于降低治理成本,增强治理效能。单元内部自治,单元之间协同,单元整体系统集成,既要重视宪法、法律规范的作用,也要发挥党内法规、社会规范的作用,重视软法治理,发挥"自治法治德治"作用,最终形成科学完备的运行机制。[1] 共产主义信仰的最大特征是解放人、发展人、完善人,强调人的主体地位,树立人民中心思想。马克思的共同体思想及理论为新时代"枫桥经验"社会治理共同体研究提供了指引。习近平总书记关于社会治理共同体的重要论述,作为马克思主义中国化时代化的最新理论成果,是新时代"枫桥经验"社会治理共同体建设的根本遵循。治理共同体建设,有赖于法治保障和推动,潜移默化地塑造有品位、有情趣、有理想、有追求的社区居民,形成命运与共、休戚相关的治理主体,建构治理单元内部自治机制、治理单元之间相互协同机制以及治理单元整体系统集成机制。

总之,"枫桥经验"社会治理共同体建设的独特运行机制,促进了社会基层发展,提高了治理成效。新时代"枫桥经验"汲取优秀传统法治文化精华,弘扬红色革命法治文化传统,遵循习近平法治思想的指导,取得令人瞩目的成效,"深厚的文化底蕴、优良的教育环境造就了较高素质的现代公民,使枫桥(经验)更富内涵,(枫桥的)发展更好更快"[2]。改革开放就是文明开化的过程,通过学习提高,实现自主创新。习近平总书记在会见第一届全国文明家庭代表时的讲话中指出:"要积极传播中华民族传统美德,传递尊老爱幼、男女平等、夫妻和睦、勤俭持家、邻里团结的观念,倡导忠诚、责任、亲情、学习、公益的理念,推动

---

[1] 软法的概念及其在社会治理中的作用,请参见罗豪才、宋功德:《软法亦法——公共治理呼唤软法之治》,法律出版社2009年版。
[2] 《诸暨公安志》编撰委员会:《诸暨公安志》,内部资料,2008年,第249页。

人们在为家庭谋幸福、为他人送温暖、为社会作贡献的过程中提高精神境界、培育文明风尚。"[1]新时代"枫桥经验"治理共同体建设,追求最大限度共识,凝聚民族复兴强大动力。治理共同体既是社会基层治理成效的体现,也是治理有效的保障,促成规则的认同、社会的认同、文化的认同,有助于整合社会结构,形成广泛共识,促进社会和谐稳定,彰显以凝聚信仰为特征的"中国之治"基层风貌。

---

[1] 习近平:《在会见第一届全国文明家庭代表时的讲话》,《人民日报》2016年12月16日。

第一章
企业参与社会治理的"枫桥经验"

提要: 企业参与社会治理是"枫桥经验"多元主体参与社会治理的有机组成部分。企业作为社会治理共同体,其参与社会治理的主要途径是参与社会治安综合治理、矛盾纠纷预防和化解、营商环境营造和优化,并通过建立企业治安、调解组织,以及参与行业治理等方式,维护良好生产、生活秩序。诸暨市重视调动企业参与社会治理的积极性,创造性开展企业和政府部门定期交流、沟通制度,打造企业相互之间、企业和村社之间的合作机制,建立企事业单位职工评议干部等制度,优化营商环境,共建共治共享,强化企业民主管理、民主决策、民主监督,构建和谐劳动关系。发挥企业在乡村振兴中的作用,加强企业和城乡社区的联系,促进个体户企业化建设,推动企业规范化管理。诸暨市企业参与社会治理"枫桥经验",扩展了社会治理的主体范围,推动了企业文化建设,形成了源头预防矛盾纠纷、及时化解矛盾纠纷机制,调动了企业职工的积极性、主动性,无论国企还是民企,均在社会治理中发挥着积极的作用。

1.1 企业参与社会治理的政策规定

1.1.1 在民营企业中开展社会治安综合治理

提要：《意见》明确要求，通过调动基层党组织、企业经营者和员工三方面的积极性，预防和减少涉及民营企业的违法犯罪案件。确立企业发展、社会稳定、职工满意的"三赢"治理目标，调处化解矛盾纠纷、落实治安防范措施、加强法律宣传服务、预防违法犯罪现象、开展安全生产活动。明确规定了工作步骤、工作措施，提出了工作要求。"综治进民企"工作是新形势下促进经济发展、保持社会稳定的重要工作之一，对于建设"平安绍兴"、构建和谐社会具有十分重要的意义。人民调解进民企，有效预防和化解企业内部的矛盾纠纷，完善了民营企业参与社会治理的职能。

中共绍兴市委办公室 绍兴市人民政府办公室印发
《关于在民营企业中开展社会治安综合治理工作的实施意见》的通知

各县(市、区)委、人民政府，市级各部门：

《关于在民营企业中开展社会治安综合治理工作的实施意见》已经市委、市政府领导同意，现印发给你们，请结合实际，认真贯彻执行。

中共绍兴市委办公室 绍兴市人民政府办公室
2006年6月29日

关于在民营企业中开展社会治安综合治理工作的实施意见[1]

为进一步加强基层社会治安综合治理工作,认真贯彻落实国务院《企业事业单位内部治安保卫条例》和《浙江省社会治安综合治理条例》,根据《关于大力推进企业治安综合治理工作的意见》(浙委办〔2006〕67号)的要求,现就在全市民营企业中开展社会治安综合治理工作(以下简称"综治进民企")提出如下实施意见:

一、指导思想

坚持以邓小平理论和"三个代表"重要思想为指导,认真贯彻落实科学发展观,按照综治工作要落实到基层、覆盖到全社会的要求,结合创新发展"枫桥经验"、深化乡镇(街道)综治工作中心建设,大力推进"综治进民企"工作,突出规模企业和问题较多企业两个重点,充分调动基层党组织、企业经营者和员工三方面的积极性,有效预防和减少涉及民营企业的违法犯罪案件、突发性群体性事件、安全生产事故和公共安全事故,切实维护企业及其周边治安稳定,促进企业健康发展,为建设"平安绍兴"、构建和谐社会奠定基础。

二、工作目标

总体目标:通过三年的努力,到2008年底前,在全市民营企业中全面推行企业治安法人责任制,设立企业综治室,完善企业综治组织网络,健全和落实形势分析、治安防范、矛盾化解、安全检查、法制教育、劳动用工、检查考评等七项综治工作制度,推进综治工作在企业全面有效运行,实现事故少、案件少、秩序好,达到企业发展、社会稳定、职工满意的"三赢"目标。

具体目标:2006年,完成部分企业"综治进民企"试点工作;建立组织机构,其中一类民营企业(职工人数200人以上)完成30%,二类民营企业(职工人数100人以上)完成20%,其他民营企业完成10%。2007年,一类民营企业完成

---

[1] 绍市委办〔2006〕19号。

70%,二类民营企业完成60%,其他民营企业完成40%。2008年,一、二类民营企业完成95%以上,其他民营企业完成70%。

三、工作内容

1. 调处化解矛盾纠纷。①建立健全企业调解组织,及时排查调处企业内部的矛盾纠纷,98%的企业内部矛盾得到有效解决;②建立企业与乡镇(街道)综治工作中心、村(居)综治工作站(组)矛盾纠纷信息互通等工作机制;③建立预防和减少矛盾纠纷,特别是集体访、越级访及严重影响社会稳定的突发性群体性事件应急预案。

2. 落实治安防范措施。①定期分析企业治安情况,加强治安防控力量,完善重点部位的物防技防设施;②建立健全内部安全保卫制度,在一、二类民营企业中落实国家安全人民防线信息员,增强企业安全防范能力,维护社会政治稳定、经济安全;③做好区域治安联防、协防工作,形成与乡镇(街道)、村(居)、社区各种治安防控力量相衔接的治安防控网络。

3. 加强法律宣传服务。组织开展经常性的法制宣传和法律服务活动,维护职工合法权益,增强企业主和员工依法经营、学法守法的意识。

4. 预防违法犯罪现象。按照"谁用工、谁负责"的原则,加强对企业员工特别是外来务工人员的教育、服务和管理,落实企业内吸毒人员、归正人员、"法轮功"人员等的帮教措施,积极预防和处理违法犯罪现象。

5. 开展安全生产活动。①开展以安全生产为主要内容的平安创建活动;②建立健全各项安全生产制度,落实各种安全措施,积极防范环境污染、职业病、传染病、职业中毒等公共安全事故。

6. 认真抓实抓好其他综治工作。

四、工作步骤

"综治进民企"工作步骤分五个阶段进行。

1. 调查准备阶段(2006年4月下旬):县(市、区)组织人员对辖区内民营企业进行调查摸底,按照一、二、三类民营企业分类标准进行分类登记统计;根据调查摸底情况,拟订工作计划;召开有关部门及试点乡镇(街道)、企业负责人会议,布置工作任务。

2. 组织试点阶段(2006年4月下旬至6月中旬):根据"综治进民企"的工作内容,结合民营企业实际,研究确定相关的工作内容,主要包括确定组织机构名称、建立组织机构、确定人员编配、明确工作职责、制定工作制度、落实有关保障等;市县两级各选择1至2个有代表性的民营企业(一、二类)按确定的相关工作内容进行试点;对试点成果进行整理,确定基本工作模式。

3. 启动部署阶段(2006年6月下旬至12月底):在试点的基础上,组织召开现场会,部署"综治进民企"工作;各县(市、区)按市"综治进民企"现场会要求,制定"综治进民企"工作具体落实计划,有重点地选择一、二类部分企业落实"综治进民企"工作;11月中旬,市综治委组织有关部门对各县(市、区)"综治进民企"工作进行督查。

4. 全面实施阶段(2007年):上半年,各县(市、区)按具体目标任务和制定的"综治进民企"工作计划抓好落实工作;下半年,进一步修改完善工作措施,确保目标任务的落实;11月中旬,市综治委对各县(市、区)落实"综治进民企"工作目标情况进行全面考核。

5. 巩固提高阶段(2008年):上半年,组织召开全市"综治进民企"工作经验交流会,表彰一批"综治进民企"工作先进企业,进一步推动工作的深入开展;11月中旬,市综治委组织对全市"综治进民企"工作目标落实情况进行全面考核,并转入常规性工作。

五、工作措施

1. 加强领导,健全组织机构。切实加强对"综治进民企"工作的领导,成立由市委、市政府分管领导为正副组长,组织、宣传、政法、综治、公安、检察、法院、司法、财政、经贸、劳动保障、工商、安监、质监、文广、工会、共青团、妇联等部门分管领导为成员的"综治进民企"工作领导小组。领导小组办公室设在市综治委办公室,具体负责实施各项工作。县(市、区)、乡镇(街道)、村(社区)也要成立相应的领导机构和工作机构,具体负责抓好辖区内的"综治进民企"工作。

2. 明确责任,落实奖惩措施。把开展"综治进民企"工作情况列入基层平安创建和综治目标管理考核范围,乡镇(街道)要定期与辖区民营企业签订综治目标管理责任书,明确企业治安综合治理目标任务和奖惩措施。对综治工作成绩显著、为维护稳定作出突出贡献的企业及企业经营者,给予表彰奖励;对工作不力,导致发生严重危害社会稳定的重大案(事)件的,要严肃查究有关责任人的责任,对其评先、表彰、奖励等资格实行"一票否决",构成犯罪的依法追究刑事责任。

3. 完善组织,增强工作能力。各级和有关部门要指导企业建立健全具有企业特点的综治组织领导体制,并根据需要建立保卫、调解、安全生产、外来务工人员管理等专项配套组织,以及治安信息员、专职保安队、治安巡防队、消防队等群防群治队伍,确保企业综治工作有人管、有事干、有人干、有明确的责任。企业综治组织机构的建立要根据企业的自身特点,即规模的大小、职工人数的多少、企业现有组织机构的现状来确定。原则上,一类民营企业建立社会治安综合治理领导小组及其办公室,二类民营企业建立社会治安综合治理办公室,其他民营企业则建立综治工作室(员)。同时,加强对企业综治工作人员的教育培训,提高他们的整体素质和工作能力。

六、工作要求

1. 统一思想,提高认识。"综治进民企"工作是新形势下促进经济发展、保持社会稳定的重要工作之一,对于建设"平安绍兴"、构建和谐社会具有十分重要的意义,各级党委、政府和综治委要高度重视这项工作,把它列入社会治安综合治理目标管理责任制考核范围,纳入各级政府岗位目标考核范围。企业要消除"综治进民企"工作是负担、是包袱、是政府干预企业等思想顾虑,认识到"综治进民企"既为企业的社会治安环境和投资环境创造良好条件,也为其可持续发展、确保稳定提供保障。

2. 相互配合,密切协作。"综治进民企"工作涉及面广,各级综治委(办)要加强协调,把工作任务分解落实到具体的相关部门。各部门要密切配合,根据自身的工作职能和工作权限为企业开展工作创造条件,坚决杜绝能办而不办、该办而不办、该配合而不配合的现象发生。同时,有关部门要运用政策杠杆来调动企业开展工作的积极性。各地综治委要依据两个《条例》的有关条款和考核细则,对工作情况进行考核,并落实奖惩措施,以确保这项工作的顺利开展。

3. 突出重点,强化指导。要重点针对规模以上、人数较多,特别是外来务工人员较多的劳动密集型等企业,从建立健全工作机构、工作制度、工作职责入手,在治安防控、矛盾纠纷摸排调处、预防违法犯罪、创建平安企业等方面形成镇(乡、街道)企联动、村企联动的综治工作格局。各县(市、区)要认真组织好不同类型企业的试点工作,通过试点来指导面上工作的开展。

主题词:社会治安综合治理、企业治安、通知

中共绍兴市委办公室

2006年6月29日印发

1.1.2 政府和企业有效沟通,共同营造良好营商环境

1.1.2.1 诸暨市人民政府关于建立政府与企业定期沟通协调制度的意见

提要: 加强政府职能部门与企业之间的联系,及时了解企业需求,解决企业发展中面临的各类问题,是营商环境建设的重要内容,也是提高政府服务水平的需要。诸暨市通过建立政府与企业定期沟通协调制度,既向企业介绍经济社会发展中的战略、目标、产业发展规划及相关政策,也主动听取企业的意见和建议,实现了必要的互动和交流。定期沟通制度是政务公

开的有机组成部分,是领导作风改革的体现,也是坚持以"枫桥经验"促进经济社会发展的尝试。

诸暨市人民政府关于建立政府与企业定期沟通协调制度的意见[1]

各镇乡人民政府,各街道办事处,市政府各部门,市属各企事业单位,市级规模企业、"苗子"企业:

为进一步转变政府职能,密切政府与企业的联系,及时了解企业需求,提高和改善政府服务水平,优化发展环境,支持促进企业发展壮大,现就建立市政府与企业定期沟通协调制度提出如下意见。

一、政府与企业定期沟通协调的内容

(一)向企业介绍和通报我市经济社会发展战略、目标、产业发展规划及相关政策;

(二)向企业介绍、通报上级和国家有关重大政策及调整情况;

(三)听取企业对我市经济社会发展、政府及其部门工作及其他方面的意见和建议;

(四)协调解决企业发展过程中需要政府及其部门帮助支持的相关问题。

二、政府与企业定期沟通协调的主要形式

(一)接待企业来访;

(二)深入企业调研;

(三)定期召开专题座谈会;

(四)网上信箱。

三、政府与企业定期沟通协调的机制

(一)市政府确定专题,每年分线安排4至6次企业代表座谈会,市长、分管

---

[1] 诸政发〔2004〕34号。

副市长和相关职能部门负责人参加;

（二）市长至少每季度深入企业调研 1 次;

（三）分管副市长至少每季度与相关企业座谈 1 次,每月赴企业调研 1 次;

（四）市政府主要经济职能部门要经常性地与相关企业座谈沟通,并按企业要求或预约,随时赴企业调研或接待其来访。

四、确保政府与企业定期沟通协调制度落到实处

（一）必须把与企业开展定期沟通协调活动,为企业提供优质服务作为转变机关工作作风、加强效能建设的重要内容。有关部门平时要注意收集企业的意见和建议,与企业保持及时畅通的联系渠道。

（二）重大政策实施前必须征询企业意见。在研究制定有可能对企业生产经营活动产生重大影响或涉及企业重大利益的经济政策时,要事先广泛征询企业的意见和建议。

（三）政府信息必须公开透明。要按照政务公开的有关规定,通过文件资料查阅服务中心、新闻媒体、诸暨市政务信息网、中国诸暨政府门户网站、各部门网站等方式向企业发布相关政府信息。市信息中心负责诸暨市政务信息网、中国诸暨政府门户网站有关政府信息的更新和充实,并通过网上信箱收集企业的意见和要求,及时发布市政府对企业反映的普遍性问题的解决意见及相关政策措施。

（四）帮助解决企业发展过程中的重大问题。对企业反映的问题,有关部门要认真协调解决;需跨部门协调解决的问题,要及时提请市政府分管副市长协调解决;特别重大的问题,应提请市长协调解决。

（五）充分发挥行业协会等中介机构的联系沟通作用,加强行业协会在行业发展中的自律与协调作用。

附件：

2004年市政府与企业专题座谈会安排

序号	时间	参与企业	参加领导	牵头协调
1	4月份	工业企业	寿炳尧	孟桂明
2	5月份	农业企业	阮建明	郦国忠
3	6月份	外向型企业	俞杨芳	戴 华
4	7月份	综合性座谈	张仲灿	楼保明
5	8月份	建筑企业	应明焕	何平光
6	9月份	流通企业	俞杨芳	戴 华
7	10月份	工业企业	寿炳尧	孟桂明
8	11月份	农业企业	阮建明	郦国忠
9	12月份	综合性座谈	张仲灿	楼保明

注：1. 由牵头协调人落实座谈会具体参与企业名单、时间、地点及议题。2. 座谈会由牵头协调人主持，市长、分管副市长和有关部门负责人参加。

1.1.2.2 诸暨市开展"企业评部门（单位）"活动纪实

提要："企业评部门（单位）"活动的目的，是加强机关思想作风建设，切实增强服务意识，强化内部管理，提高办事效率，为广大投资者、创业者和企业营造良好的发展环境，为人民群众提供优质高效的服务。"让企业评议，让人民满意"，是构建良好营商环境的需要。2002年8月27日，诸暨市委、市政府公布了《关于开展"企业评部门"活动的通知》（市委〔2002〕42号），通过"企业评部门（单位）"活动，政府部门和企业建立了沟通、交流的渠道。2002年8月29日，召开了动员大会，被评议部门（单位）是市级机关中被列为行政审批制度改革范围的政府部门、司法部门及其他服务部门，包括这些部门的基层站、所，评议内容包括全局观念、服务质量、办事效率、勤政廉洁、工作业绩等5个方面。47个被评议的市级机关部门（单位）积极改进工作作风，切实解决群众关切的问题，优化了环境，方便了群众，使诸暨在块状经济升级、招商引资、城市建设、社会稳定等方面都有了新的进展。全市企业和社会各界代表积极参加了投票评议,发出评议表6 381张,收回评议表6 095张,参与率达95.52%。评议结果满意率达93.98%,收到意见建议1 431条,"企业评部门(单位)"取得了明显的成效。

"企业评部门(单位)"活动纪实[1]

2002年8月下旬至11月底,中共诸暨市委、诸暨市人民政府在全市组织开展了"企业评部门(单位)"活动。这次评议活动的指导思想是:以邓小平理论和江泽民"5·31"讲话为指导,按照"三个代表"重要思想的要求,以"务实、开拓、廉洁、高效"为目标,进一步加强机关思想作风建设,切实增强服务意识,强化内部管理,提高办事效率,为广大投资者、创业者和企业营造良好的发展环境,为人民群众提供优质高效的服务。评议活动的原则是:坚持走群众路线、坚持实事求是、坚持公开公平公正的原则。

8月29日,召开了"企业评部门"动员大会,市委书记王国伟作了题为《让企业评议,让群众满意,以优良的环境推动跨越式发展》的动员报告;市委专门下发了《关于开展"企业评部门"活动的通知》,对评议活动的目的意义、方法步骤进行了明确的规定;建立了"企业评部门(单位)"活动领导小组,由蔡汉良任组长,张振华、孟法明任副组长,宣方乐、金伟国、阮建明、石全璋、蒋建军、陈伯永、应保健、赵忠虎、杨天夫等为成员,负责全市评议的组织领导工作。领导小组下设办公室,由蒋建军兼任办公室主任,陈伯永、赵忠虎兼任办公室副主任,负责评议活动的日常工作,分别从市纪委、市委宣传部、市纠风办、市直机关党工委、市统计局等部门抽调8名人员,建立具体工作班子。

被评议部门(单位)是市级机关中列为行政审批制度改革范围的政府部门

---

[1] 诸暨市地方志编纂委员会编:《诸暨年鉴》,内部资料,2003年,第17—18页。

和司法部门及其他服务部门,包括这些部门的基层站、所。评议内容具体分为五个方面:全局观念,包括政令畅通情况、围绕中心服务大局情况、依法行政和行政审批制度改革及运转情况;服务质量,包括机关作风建设、对待群众和企业的态度、各项服务承诺的兑现落实情况和服务对象的满意情况;办事效率,包括办事的速度、特事特办,急事急办、重事重办的落实情况;勤政廉洁,包括政务公开情况、"从政十德"教育情况、廉洁自律情况;工作业绩,包括求真务实的实干精神、服务中心工作的实绩、完成本部门工作的实绩、目标管理考核的实绩。

整个评议活动在市委、市政府的领导下,由评议活动领导小组组织实施。评议分四个层面展开。一是向全市6 000多家企业(国有、民营企业)和200名社会各界代表(部分党代表、人大代表、政协委员,镇乡[街道]领导、老干部,村民、居民代表)分发评议表和征求意见表,进行书面评议;二是邀请部分企业负责人和市民代表召开座谈会进行集中评议;三是组织新闻媒体单位开展热线对话、读者热线进行评议;四是利用"暨阳廉政网"和诸暨市经济发展环境投诉中心等渠道开展投诉活动。

47个被评议部门(单位)对本次评议活动十分重视,都建立了由主职领导任组长、其他班子成员为组员的领导小组。"企业评部门(单位)"活动在全市铺开后,各部门(单位)结合自身实际,设计载体,创新方法,坚持"重在过程、重在创建、重在整改、重在提高"的原则,进行自查自纠,变压力为动力,自觉接受群众评议,在工作中切实采取整改措施,努力加以改进提高。不少部门和单位通过下基层走访、接受投诉、召开恳谈会、建立联系卡制度等方式,主动上门征求群众意见,把群众提出的问题当作部门(单位)自身的不足加以整改,把群众的合理化建议当作自己的努力方向加以实践,把群众关注的热点当作今后工作的重点加以重视。通过下基层走访、调研,不仅收集到了不少意见、建议,而且促使党员干部进一步解放了思想,提高了认识。在这次"企业评部门(单位)"活动中,各部门(单位)把群众的意见作为改进作风的第一信号,把满足群众的需求作为一切工作的落脚点,紧紧抓住群众最盼、最缺、最急的问题,主动想方设法去解决,开通"市长绿色通道",开展"科技、法律、卫生、文化"四下乡,削减行政审批项目,简化行政审批手续,设立电力"95598"、财政"12366"等热线,优化了环境,方便了群众,使诸暨在块状经济升级、招商引资、城市建设、社会稳定等方面都有了新的进展。

11月2日、3日是"企业评部门(单位)"活动集中投票日,全市在各镇乡、街道社区设立了59个投票站,专门从不参评的部门中抽调了65名干部,进行业务培训后,分派到各投票站做好投票指导工作,各镇乡、街道也组织人员落实投票场地、负责联络协调、动员企业参加投票等有关工作,整个投票工作坚持了公开、公平、公正的原则,全市企业和社会各界代表积极参加了投票评议,共发出评议表6 381张,收回6 095张,参与率达95.52%。47个被评议的市级机关部门(单位)平均满意率达93.98%,在整个评议活动中,共收到意见、建议1 431条,评议结果由市委办〔2002〕112号文件进行了通报,并在《诸暨日报》上向全社会公布。

"企业评部门"活动取得了较为明显的成效。市级机关党员干部的理论素养和思想境界有了新的提升,工作作风和自身形象有了新的转变,整体素质和工作水平有了新的提高,服务大局和服务群众的意识有了新的增强,使诸暨经济发展环境有了新的改善。(赵桂英、黄海平)

附件:

关于开展"企业评部门"活动的通知[1]

中共诸暨市委　诸暨市人民政府

各镇乡党委、政府,各街道党委、办事处,市级机关各部门,市属企事业单位,市级规模企业、"苗子"企业:

为深入贯彻落实江总书记"三个代表"重要思想和党的十五届六中全会精

---

[1] 市委〔2002〕42号。

神,切实加强机关作风建设,提高办事效率,优化发展环境,促进我市跨越式发展。市委、市政府决定,组织开展"企业评部门"活动。现将有关事项通知如下:

一、指导思想

以邓小平理论和江总书记"5·31"讲话为指导,按照"三个代表"重要思想的要求,以"务实、开拓、廉洁、高效"为目标,进一步加强机关思想作风建设,切实增强服务意识,强化内部管理,提高办事效率,为广大投资者、创业者和企业营造良好的发展环境,为人民群众提供优质高效的服务。

二、评议对象

市级机关中列为行政审批制度改革范围的政府部门和司法部门及其他服务部门,包括这些部门的基层站、所,均为被评议对象。

三、评议内容

根据市委十二届十三次全体(扩大)会议精神,按照"部门围绕基层转,一切围绕经济转"的总体要求,具体分五个方面:

(一)全局观念,包括政令畅通情况、围绕中心服务大局情况、依法行政情况和行政审批制度改革及运转情况;

(二)服务质量,包括机关作风建设、对待群众和企业的态度、各项服务承诺的兑现落实情况和服务对象的满意情况;

(三)办事效率,包括办事的速度,特事特办、急事急办、重事急办的落实情况;

(四)勤政廉洁,包括政务公开情况、"从政十德"教育情况、廉洁自律情况;

(五)工作业绩,包括求真务实的实干精神、服务中心工作的实绩、完成本部门工作的实绩、目标管理考核的实绩。

四、评议办法

(一)评议活动每年开展一次。今年的评议从 8 月下旬开始到 11 月底结束,时间共三个月。整个评议活动在市委、市政府的领导下,由市评议活动领导小组组织实施。

（二）评议分四个层面展开。一是向全市6 000多家企业（国有、民营企业）和200名社会各界代表（部分党代表、人大代表、政协委员，镇乡［街道］领导、老干部，村民、居民代表）分发评议表和征求意见表，进行书面评议；二是邀请部分企业和市民代表召开座谈会进行集中评议；三是组织新闻媒体单位开展热线对话、读者热线进行评议；四是利用"暨阳廉政网"和诸暨市经质发展环境投诉中心等渠道开展投诉活动。

（三）评议结果公布，根据问卷调查评议表的汇总结果排列名次，并在新闻媒体上向全社会公布。

五、具体要求

（一）统一思想。开展"企业评部门"活动，是贯彻落实市委十二届十三次全体（扩大）会议精神的实际举措，是切实转变机关思想作风、改善投资环境的重要载体，各单位要充分认识这项工作的重要性。要把开展这项活动与改善经济发展环境结合起来，与"从政十德"教育结合起来，与干部人事制度改革结合起来，与转变机关作风结合起来，与领导干部的警示教育结合起来。

（二）加强领导。市委、市政府建立"企业评部门"活动领导小组，由蔡汉良同志任组长，张振华、孟法明同志任副组长，宣方乐、金伟国、阮建明、石全璋、蒋建军、陈伯永、应保健、赵忠虎、杨天夫等同志为成员，负责全市评议的领导组织工作。领导小组下设办公室，由蒋建军同志兼任办公室主任，陈伯永、赵忠虎同志兼任办公室副主任，负责评议活动的日常工作。评议活动还将专门建立具体工作班子，成员从市纪委、市委宣传部、市纠风办、市直机关党工委、市统计局等单位抽调。所有被评议部门的主要领导要切实负起第一责任人责任，落实专人负责，并根据评议活动的要求，制定具体实施方案，从组织发动、自查自评、接受评议到落实整改，都要科学安排、周密部署。

（三）奖优罚劣。对被评为前五名的单位，由市委、市政府予以表彰奖励；对被评为后三名的单位，市委、市政府予以通报批评，并扣发班子成员一定比例的岗位考核奖(具体奖惩办法另行制定)。对后三名的单位,将派驻调研指导组,帮助抓好整改。垂直管理部门如被评为后三名的,由活动领导小组发函,建议上级主管部门进行整改。对连续两年被评为末位的单位,依照有关规定和干部管理权限,对领导班子进行调整。

(四)认真整改。这次评议活动的根本目的,是为促进政府部门转变工作作风,提高工作效率,切实履行"服务群众、服务经济"的职责,努力创造优良的经济发展环境。各部门要紧紧围绕这一主题,通过接受评议,认真找出自身存在的问题,扎扎实实搞好整改。对评议中反映的情节恶劣、后果严重的人和事,要抓住典型,严肃查处。

1.1.2.3 诸暨市人民政府办公室:关于进一步促进"个转企""下升上"工作实施意见

提要: 诸暨积极支持、引导个体工商户转型升级为企业,规模以下(限额以下)企业升级为规模以上(限额以上)企业。"个转企""下升上"是实现企业规范经营、适应并融入市场经济,培育和保护品牌,拓宽融资渠道等改革的体现。通过市场主体的改革,提升其参与市场活动的能力,遵循市场规律,进行市场主体的规范化建设十分必要。将特定时期个体经济经营方式升级转变为现代企业、公司制度,对推动经济社会发展具有重要的意义。

诸暨市人民政府办公室关于进一步促进"个转企""下升上"工作实施意见[1]

各镇乡人民政府,各街道办事处,市政府各部门:

根据《浙江省人民政府办公厅关于支持个体工商户转型升级为企业的意见》(浙政办发〔2013〕42号)和《绍兴市人民政府办公室关于个体工商户转企业及小微企业规范升级的意见》(绍政办发〔2013〕91号)等文件精神,为促进市场

---

1 诸政办发〔2013〕162号。

主体规模化发展,更好地推进经济转型升级,现就进一步做好全市"个转企""下升上"工作提出如下实施意见:

一、基本原则

本着"政府推动、部门联动、主体自愿、分步推进"的原则,按照规划一批、培育一批、壮大一批、升级一批的工作思路,积极支持引导个体工商户转型升级为企业和规模以下(限额以下)企业升级为规模以上(限额以上)企业,培育我市新的经济增长点。

二、重点对象

(一)"个转企"重点对象

1. 已取得一般纳税人资格的个体工商户;

2. 根据《中小企业划型标准规定》,符合小型企业划型标准的个体工商户;

3. 从业人员较多、经营规模较大的从事制造、商贸、服务等行业个体工商户,其中从事药品(含生产、批发、零售)、印刷业、危险化学品(含生产、运输、销售)、歌舞厅、电子游戏室、机动车修理、托运、浴场、足浴、餐饮、美容美发、婚庆服务、劳务中介等行业的个体工商户;

4. 符合我市产业政策导向,具有行业发展潜能的个体工商户;

5. 拥有自主知识产权,发展空间较大的个体工商户;

6. 所在镇乡(街道)、有关部门认为需要重点支持转型升级的个体工商户。

(二)"下升上"重点对象

符合《中小企业划型标准规定》的小微企业和浙江省服务业统计报表制度规定的限额以下单位。

三、优惠政策

(一)"个转企"方面

1. 税费优惠

(1)"个转企"后,属小型微利企业的(不含个人独资企业、合伙企业),减按

20%的税率征收企业所得税;其中,年应纳税所得额低于6万元(含6万元)的小型微利企业(不含个人独资企业、合伙企业),2014年底前,其所得减按50%计入应纳税所得额,按20%的税率缴纳企业所得税。

(2)"个转企"后,经认定的国家需要重点扶持的高新技术企业,减按15%的税率征收企业所得税。企业为开发新产品、新技术、新工艺所发生的研究开发费用,在计算企业所得税时,可以按规定加计扣除。

(3)对按规定确有困难的"个转企"企业,报经地税部门批准后,可给予减免房产税、城镇土地使用税。按期纳税有困难并符合税法规定的,由纳税人提出申请,经审核批准后,可延期缴纳税款。

(4)转型前的个体工商户与转型后的个人独资企业、一人有限责任公司之间土地、房屋权属的划转,如果投资主体不变的,免征契税;如果投资主体、经营场所、经营范围不变的,免收交易手续费。

(5)转为符合产业政策的小型微利企业的,在转企当年起3年内免征、第4至第5年减半征收水利建设专项基金。

(6)转型后属于小型微利企业的,2013年底前,免征企业登记费和各类工本费。

(7)"个转企"的小规模纳税人,2014年底前,根据生产经营情况,可向主管国税机关申请认定为增值税一般纳税人,或继续为小规模纳税人;也可选择自行申报缴税方式或税务机关核定方式缴纳税款。

(8)对"个转企"的纳税人在个体经营期间取得的固定资产,如果没有证明其价值的原始有效凭证,可按照有资质的中介机构出具的评估报告确定的价值,报税务机关确认后,按规定进行固定资产核算和管理。

2. 社保扶持

(1)个体工商户转型升级为企业的,3年内仍按个体工商户的相关规定办理社会保险业务。

(2)原按企业参保缴纳社会保险费的个体工商户转为企业的,仍按原规定比例执行。

3. 准入便捷

(1)工商部门允许拟转企的个体工商户依法继续使用原名称字号;原个体工商户与其转为企业的设立登记档案合并归档,保持主体档案的延续性;在核发营业执照的同时,一并核发"个体工商户转型证明"。

(2)相关部门根据"个体工商户转型证明"等有关材料,对审批"个转企"相关事项提供便利。"个转企"涉及的审批事项和过户手续,各部门采取变更程序办理。经营范围和经营场所不变、原前置许可证仍在有效期内的,前置许可部门应凭工商部门出具的"'个转企'名称预先核准通知书"在原许可证(文件)复印件上签署"同意'个转企'继续使用"的意见,并加盖公章。转型升级企业可在成立1年内到有关部门办理上述前置许可证件的变更手续,并在年检时向工商部门提交。

(3)国税、地税、质监部门按"即办件"换发"税务登记证""组织机构代码证"。

4. 金融支持

(1)提升金融服务效率。凭"个体工商户转型证明",金融机构应对"个转企"企业采用最便捷的方法办理开户账户的变更手续。

(2)各金融机构加大信贷支持力度。根据其生产经营需求和现金流等特点合理确定利率水平和贷款期限,创新抵押担保方式,拓宽抵押担保范围;对符合国家产业政策和信贷政策要求、发展前景和信用较好但暂时有困难的小微企业,要给予贷款支持,利率给予适当优惠。

5. 财政奖励

新增税收地方部分3年给予奖励。以"个转企"上年度实缴增值税、营业税、企业所得税(包括生产经营所得个人所得税,简称"三税")地方部分为基数,自转企后3年内对当年新增地方部分给予全额奖励。因政策调整而必须"个转企"的,不享受上述各项优惠政策。

(二)"下升上"方面

1. 税费优惠和财政奖励扶持

(1)对按规定纳税确有困难的,报经地税部门批准后,可减免房产税、城镇土地使用税;首次升级为规模(限额)以上企业,如符合省政府和省地税局有关地方水利建设基金减免条件的,经地税部门批准,3年内可从高享受减免幅度。

(2)引导和支持新上规模的企业申请高新技术企业认定,经认定的国家需要重点扶持的高新技术企业,减按15%的优惠税率征收企业所得税。

(3)当年实缴"三税"比上年增长20%以上的地方留成部分,奖励给相应的镇乡(街道),用于扶持企业发展,第一年给予100%的奖励,第二年给予50%的奖励。

(4)在其他有限资源分配、政府采购、评先评优等奖励扶持对象原则上向规模以上(限额以上)法人单位倾斜。

(5)对"下升上"当年起3年内,其应缴社会保险费原则上仍按原单位性质确定,并在上级政策规定范围内进行扶持;对转型初期不能准确核算工资总额的,其应缴社会保险费可按《浙江省社会保险费征缴办法》第二十一条规定进行核算征收。

2. 金融支持

建立"下升上"优先贷款名册,优先参加各类银企结对活动;各金融机构要根据企业生产经营需求和现金流等特点,创新抵押担保方式,拓宽抵押担保范围,并合理确定利率水平和贷款期限。对符合国家产业政策和信贷政策要求、发展前景和信用较好但暂时有困难的小微企业,要继续给予贷款支持,利率适当优惠。继续实施金融机构小企业贷款风险补偿,实施财政性存款和扶持中小企业贷款挂钩的办法,引导银行业金融机构加大向"下升上"培育对象和新上企业的倾斜投入。

3. 加强对"下升上"培育对象创业创新服务。鼓励和引导各类公共服务平台优先向培育对象提供现代企业管理、企业管理经营者素质提升、市场拓展、扶持政策解读运用等免费指导和培训服务。

4. 积极为"下升上"培育对象拓展市场。对由省经信委、省中小企业局牵头的境内外中小企业交流合作、展会等，优先支持列入"下升上"培育对象的小微企业参加，帮助企业拓展国内外市场。

四、工作要求

（一）明确责任，加强组织领导。各镇乡（街道）和有关部门要成立相应领导小组和工作班子，并根据上级相关政策，制定本部门具体操作细则，形成各负其责、齐抓共管的工作格局。工商部门要优化服务引导，设立提供转型升级咨询、指导及业务办理的绿色通道；国税、地税部门要加大征管力度，积极营造个体大户与私营企业公平税负、公平竞争的环境；公安、安监、环保、卫生、文广、消防等相关前置审批部门要简化相关审批手续，优先审核发证；建设、国土部门要做好有关涉及产权变更登记的服务；人力社保部门要在劳动用工社保等社会责任和义务的承担方面赋予企业和个体工商户同等的市场主体待遇和监管力度，积极营造个体大户与私营企业公平竞争的发展环境；其他相关职能部门要按各自职责努力为升级登记为企业的经营户营造便捷、高效的转型服务环境，并依法加强对相关领域的监督管理。

（二）创新机制，加强工作考核。各行政审批部门要提高服务效能，努力做到"零负担过渡、零障碍审批、零顾虑转型"。各镇乡（街道）要制定专项工作考核制度，并根据实际情况制订具体方案和计划，创新联动机制，采取全程代办、联动办理、集体转型等多种手段，"个转企"工作"三年任务一年完成"。市"个转企""下升上"工作领导小组办公室将定期组织专项督查，对政策执行不力、落实不到位、工作进展不理想的单位进行通报，并纳入年度岗位目标责任制考核。

（三）加强宣传，营造转型氛围。各镇乡（街道）和有关部门要结合"进村入企"活动，宣传"个转企""下升上"的相关政策。各新闻单位要积极发挥舆论引导作用，加大宣传力度，形成政府引导、社会关心、个体工商户积极参与的良好氛围。

（四）优化服务，规范经营行为。对转型升级后的企业，要建立跟踪服务机制，及时掌握转型升级后企业动态，在培育和保护品牌、拓宽融资渠道等方面加大帮扶力度，依法保护企业正常的生产经营活动，禁止向企业乱罚款、"乱摊派"等。对列入"个转企"重点对象而未转型升级的，要加强执法监管，维护好公平、规范的市场秩序。

五、其他

本意见自发文之日起施行。此前我市有关"个转企""下升上"政策规定与本意见不一致的，以本意见规定为准。

二〇一三年九月十六日

1.1.3 企业之间、企业和城乡社区取长补短，合作共赢

1.1.3.1 诸暨市共享订单帮助企业抱团取暖

提要：订单是企业生产经营的依据，也是企业发展的保证。作为采购信息，订单背后蕴含着产品和服务的实际需求，只有实现供需双方信息的畅通，正常的生产生活才能维系。在行业组织发展滞后的情况下，产品和服务的供需信息交流，必然出现迟滞。这时候，共享订单实现了信息的流通，满足了供需双方之间的交流需求，进而保证了生产和生活的正常秩序。要解决产品和服务之间供需信息交流不畅的问题，必须借助行业组织，搭建信息平台。在商业流通领域，信息的生产、传递、交流能够有效实现需求之间利益最大化，也能够保证信息的权威和有效，降低交易成本，实现制度的效能。共享订单催生行业组织的成熟，成为新时代"枫桥经验"创新发展的体现。

诸暨共享订单帮助中小企业"抱团取暖"[1]

新华社杭州 4 月 11 日电

"我们现在有口罩订单,但没有产能。打算申请、购买设备生产口罩。"

"全市已有 20 多家口罩生产企业,建议你们不要做口罩生产了。你们有订单,可以和现有口罩生产厂家共享。"

"那就大家一起合作。"

"那我现在就把你拉进口罩生产厂家群里,互相沟通一下。"

4 月 10 日,在浙江省诸暨市步森服饰有限公司车间,公司总经理罗洪平和市经信局投资科干部杨杰敏在交谈中又达成了共享订单、合作多赢的意向。

为了应对突如其来的疫情冲击,复工、复产后的诸暨市步森服饰有限公司紧急转型,购买设备开始生产防护服。"由于多年积累的资源,我们企业防护服的订单多,而更多的中小企业则没有订单。共享订单,开始于 3 月底。"

亲身经历这件事的杨杰敏告诉记者,有一天,兴丞针织公司负责人打电话给他,焦急地说:企业有几百个员工,没有订单,这些员工怎么办?接到诉求后,"我马上想到已经做防护服的步森服饰公司,经信部门牵线搭桥,企业双方沟通联系、考察后,决定可以进行共享订单合作,现在兴丞针织是正常运转了"。

"服装企业有个共性:如果没有订单,工人就要流失。即使企业以后有订单了,再招工人也不好招了。所以对中小企业的影响是很大的,"罗洪平说,"我们一部分订单拿出去和大家合作,现在合作方已有 8 家企业。"

疫情影响期间新组建的诸暨市富润宏泰医疗用品公司,目前有 3 条生产线,日均可以生产口罩 20 余万只。"近期国外的订单数量大,要求交货时间紧。"富

---

[1] 《诸暨日报》2020 年 4 月 12 日;原标题为"星星之火 点亮明天——浙江诸暨共享订单帮助中小企业'抱团取暖'"。

润宏泰医疗用品公司总经理赵宝英多次为此而"焦急",比如两周前接到的来自日本的订单,100万只口罩要求三四天交货,"单靠我们一家企业生产根本来不及"。

赵宝英的"求助信息"通过市经信局、商务局等部门及防疫物资生产企业发出后,马上得到了其他针织公司的回应。"经过考察、检验确认,该公司产品质量符合客户要求,富润宏泰医疗用品公司将其中的38万只口罩订单'共享'了出去。"

不仅是应急转型生产防疫物资的企业,在袜业、金属加工等传统行业,共享订单也"流行"了起来。杨杰敏说,全市企业上下游产业链、同行业的企业越来越多参与共享订单、共渡难关。

"以前可以跷着二郎腿喝茶休闲,现在每天都必须迈开双腿跑出去找订单。"拥有10多名工人、70台机器的袜子加工个体业主楼军说。

楼军是"国际袜都"诸暨市大唐街道数万个加工户中的一员。"前后二十天,经历了冰火两重天。"楼军的加工厂的工人大部分来自河南、安徽等地,"3月初的时候愁没工人,希望大家早点返回。随着境外疫情形势的发展,3月下旬开始,加工厂累计数百万双袜子订单逐渐被客户取消了,一下子感觉到压力山大"。

"幸亏浙江凯诗利科技有限公司把订单部分拿出来共享,缓解了燃眉之急。"楼军说。浙江凯诗利科技有限公司生产厂长蒋和群告诉记者,其实当前袜业企业普遍比较困难,"我们还是拿出200万双订单与其他企业共享,希望大家能一起努力,能共同迎来形势的好转,让更多的工人能维持生计"。

"虽然天气逐渐热起来了,但是我们企业却更需要取暖。"诸暨市企业家协会会长、富润控股集团董事局主席赵林中说,共享订单现象就体现出新时代"枫桥经验"的灵活运用,"不仅是群防群治,还有互帮互助"。

1.1.3.2 关于开展"双百结对、共建新家园"活动的实施意见

提要:为了动员和吸引更多企业、部门(单位)参与社会主义新农村建

设,形成"企业反哺农村,农村支持企业,村企携手共建"的发展机制,诸暨在全市范围内开展"百企业结百村、百部门(单位)联百村,共建新家园"双百结对活动。目标是积极构建"政府主导、镇乡主抓、农民主体、社会主力"的新农村建设推进机制,动员企业、部门广泛参与新农村建设。通过企业和村庄共建共治共享,推动社会治理共同体建设。

中共诸暨市委办公室　诸暨市人民政府办公室
关于开展"双百结对、共建新家园"活动的实施意见[1]

各镇乡党委、政府,各街道党工委、办事处,市级机关各部门(单位),市属企事业单位,市级规模企业:

为加快实施城乡统筹发展步伐,动员和吸引更多企业、部门(单位)参与社会主义新农村建设,形成"企业反哺农村,农村支持企业,村企携手共建"的发展机制,经研究,决定在全市范围内开展"百企业结百村、百部门(单位)联百村,共建新家园"双百结对活动。现提出如下实施意见:

一、指导思想、基本原则和工作目标

1. 指导思想。以党的十六届五中、六中全会精神为指导,按照中共诸暨市委《关于全面推进社会主义新农村建设的决定》要求,积极构建"政府主导、镇乡主抓、农民主体、社会主力"的新农村建设推进机制,动员企业、部门广泛参与新农村建设,进一步加大工业反哺农业、城市支持农村的力度,在全市形成合力支农的良好氛围,不断开创社会主义新农村建设新局面。

2. 基本原则。一是政府引导。市级机关牵头部门、相关部门、企业家协会和各镇乡(街道)要做好宣传发动、组织协调和服务工作,建立健全全社会参与新农村建设的激励机制,努力营造全社会关心、支持社会主义新农村建设的良

---
[1] 市委办〔2006〕139号。

好氛围。二是村企自愿。坚持企业自愿,充分尊重农民的意愿,由企业和行政村根据自身的状况和发展需要,确定结对共建的形式和内容。三是互利共赢。坚持村企优势互补、互惠互利与合作共赢,签订协议明确双方权利、义务及共建内容,使结对共建新农村活动持久、健康开展。四是注重实效。村企结对因村因企制宜,可以一企一村、多企一村和一企多村等形式,可有以企带村型、互利协作型、基地带动型、经济顾问型、公益捐助型等内容,不拘一格,务求实效。

3. 工作目标。通过全面发动,正确引导,深入开展"百企业结百村、百部门(单位)联百村,共建新家园"双百结对活动,今年年底前有一半左右的企业、部门(单位)完成结对工作;到明年3月底前全面完成"双百"结对活动的结对工作。其中企业结对以本村为主;部门(单位)结对以经济欠发达村为主。

二、主要内容

1. 共谋发展思路。通过鼓励企业、部门(单位)担任新农村建设顾问等形式,为新农村建设提供"金点子",帮助结对共建村进一步理清发展思路,完善村庄建设规划,传授先进管理经验。

2. 共兴农村经济。鼓励企业利用各种资源优势,投资发展现代农业、农产品加工业和乡村休闲旅游业。

3. 共建基础设施。鼓励企业、部门(单位)参与"新村建设工程"和农村环境"六整治一提高"工程等建设,帮助开展道路、路灯、绿化、管线和垃圾污水处理等基础设施建设。同时,鼓励企业以合作开发形式投资旧村改造、村庄整理等项目建设。

4. 共办社会事业。鼓励企业无偿捐助参与村办公楼、文化室、卫生室、老年活动室、公园等公共服务设施建设,促进农村社会事业发展。鼓励企业以公益性专项募捐基金或结对帮困、困难救助、爱心援助等形式,积极捐资帮扶困难、弱势群体。

5. 共促农民就业。鼓励企业参与农民培训和转移工程,结合企业用工需求,开展"订单式""定向式"等多种形式的职业技能培训,吸纳更多的农民就近就地就业,建立稳定的劳动力资源输送渠道。

6. 共育文明新风。鼓励企业通过文化设施共享、文体队伍联建、文化活动联欢等形式,活跃农村文化生活,让农民享受更多现代文明。同时,围绕"八荣八耻"教育,积极开展公民道德建设,营造文明乡风。

三、有关政策措施

(一)企业参与结对村新农村建设,享受以下政策:

1. 企业投资或参与农村公益性社会事业项目或建立单项公益事业基金,其捐资部分经税务机关批准可在规定范围内实行税前列支。

2. 企业租用结对共建村农户的土地、山林、水面等资源,或采取农户入股等方式,建立农业产业基地、兴办农民专业合作社等,财政支农资金优先给予立项补助。

3. 企业充分挖掘农村旅游资源,投资或参与结对村发展农家乐等旅游休闲项目建设,可优先享受相关产业扶持政策。如涉及改变农用地性质的,按有关规定依法办理审批手续。

4. 对符合规划要求的村企结对工业用地项目,符合产业政策和用地政策的,包括兴建分厂、加工车间和分散加工等给予支持,并依法办理审批手续。

5. 企业参与村庄整治、土地整理、低丘缓坡综合开发利用、造田造地等,可按政府现有的土地造地政策与共建村实行利益共享。

6. 企业参与农村社区物业化管理,投资垃圾收集处理等公益性项目建设,符合规划要求的,确定并给予合理的收费和补助政策。

7. 企业设立培训基地并经有关部门评估确认的,开展农民培训,按规定享受农民培训补贴政策。

8. 企业招用结对共建村被征地农民的,按规定享受相应的就业扶持政策。

9. 对企业参与新农村建设的项目,金融部门要优先给予信贷支持。

10. 对企业投资公益性基础设施或社会事业建设,企业捐资达到项目所需投资一定比例的,允许以企业或企业家个人冠名,出资数额较大的,可立功德碑铭记。

(二)部门结对新农村建设,提供以下服务:

1. 每年有组织地开展一到二次结对活动,帮助结对村制订建设规划,理清建设思路,落实建设项目,并给予一定比例的资金、技术、信息、项目、人才、服务等方面配套。

2. 结对村新农村建设项目,有关部门各种专项资金优先安排,重点倾斜。

3. 村级公共服务中心等村级基础设施项目,建设过程中涉及的立项、招投标、产权转换等相关规费,有关部门给予适当减免。

4. 有关部门设计若干实用施工图纸,免费提供给村级组织使用。

5. 有关部门加大面向农村的科技推广、普及力度,免费举办科技讲座、培训、展览、咨询等系列活动。

四、加强组织领导

1. 加强领导。各镇乡(街道)和市级机关各部门(单位)要统一思想、广泛宣传、加强服务,把"双百结对、共建新家园"活动列入新农村建设的重要议事日程。该项活动由市社会主义新农村建设领导小组办公室牵头组织、统一协调,市农办、企工委、经贸局、农业局、商贸办、建管局、工商联等具体负责实施。结对村和企业、部门(单位)要在所在镇乡(街道)组织引导下,建立联席会议制度或其他形式的互动机制,协调落实结对共建的各项任务。

2. 落实责任。镇乡(街道)是这项活动的具体实施者,要认真分析结对各村和企业的优势,广泛动员各类企业积极参与村企结对共建活动。村和有关企业是这项活动的实施主体,村级组织要主动与企业搞好对接,积极争取企业的支持;企业要把这一活动作为致富思源、回报家乡的光彩事业,增强反哺"三农"的责任感。有关责任部门是这项活动的配合单位,在帮助指导本单位所联系的行政村开展好村企结对工作的同时,结合各自的工作职责,认真履行好协调和服务职责。

3. 精心组织。《实施意见》出台后,各镇乡(街道)要全面发动,正确引导,及时进行调查摸底,充分听取各方意见,多为村内无企业又缺少在外企业家的村牵线搭桥,及时排出一批结对村和企业,推介出一批合作开发项目,形成结对共建关系后,报市新农村建设领导小组办公室予以发文认定,并建立日常进度情况统计制度。市级部门的结对村由市统一安排。有关部门要落实各项扶助政策,提供牵线搭桥和其他必要的服务,确保活动有序开展。

4. 强化考核。把"双百"结对共建活动列为新农村建设的重要考核内容,定期进行督查总结。建立开展企业与村、部门与村结对共建活动的评选表彰制度,对村企共建绩效明显的企业、部门和村予以表彰,并评出"十佳村企结对共建新农村工商企业""十佳结对共建新农村部门(单位)""十佳村企结对共建合作项目",在每年年初召开的有关新农村建设工作会议上予以表彰。允许这些企业在各类评先评优活动中,同等条件下优先参评,对表现突出的企业家授予荣誉称号。

1.1.4 民主管理,激发企业活力

1.1.4.1 诸暨市企事业单位民主评议干部暂行办法

提要:民主评议的对象主要是企事业各级行政领导干部,根据"德、能、勤、绩"的干部标准进行。评议的主体是全体职工或职工代表,形式灵活多样,可采用"背靠背"、"面对面"、书面或口头评议方式,也可采用进行民意测验、投信任票或干部素质测评等方式。民主评议干部是职工参与管理的重要形式,在评议干部工作领导小组的领导下进行。各主管部门对民主评议干部的工作进行督促和指导。

诸暨市企事业单位民主评议干部暂行办法[1]

(中共诸暨市委组织部、诸暨市总工会1991年12月制定)

根据江泽民同志关于"必须充分发挥企业党组织的政治核心作用,坚持和完善厂长负责制,全心全意依靠工人阶级"的讲话精神,结合我市实际,特制定本办法。

一、民主评议干部的对象、内容及形式

1. 民主评议干部的对象。主要是企事业各级行政领导干部,包括厂长、副厂长,校长、副校长,经理、副经理,总师和车间主任,科室负责人等。

2. 民主评议干部的内容。要按照《党章》对党的干部的六条要求和"德、能、勤、绩"的干部标准来评议干部。

3. 民主评议干部的形式。全体职工代表或全体职工评议企事业行政领导;车间、科室职工评议车间、科室干部。评议可采用"背靠背"、"面对面"、书面或口头评议方式,也可采用搞民意测验、投信任票或干部素质测评等方式。

二、民主评议干部的程序

1. 由党政工主要领导和职工代表组成一个民主评议干部工作领导小组,在党组织的统一领导下,由工会具体组织实施。

2. 工会会同有关部门制订民主评议干部实施方案,提交党委(党总支部、党支部)集体讨论审定。

3. 由民主评议干部工作领导小组做好干群的思想动员工作,提高认识,端正态度。被评议对象写好自我小结。

4. 召开职工代表大会或职工大会,被评议对象作自我小结。然后以职工代表团(组)为单位,认真组织职工代表或职工进行评议。

---

1 诸暨市工会志编纂委员会:《诸暨市工会志》,内部资料,1995年,第331—333页。保存于诸暨市图书馆。

5. 评议干部工作领导小组汇总评议意见并及时反馈给被评议对象后,各级领导班子召开民主生活会,认真开展批评与自我批评,针对问题,提出整改意见。

6. 评议干部工作领导小组向职工代表大会或职工大会报告评议情况。

三、民主评议干部应注意的问题

1. 要教育参加评议的党员、干部和群众,坚持实事求是的原则,既肯定成绩,又指出缺点,较全面客观地反映干部的真实情况。

2. 要从爱护、帮助干部出发,态度热情,言辞诚恳,与人为善。

3. 被评议对象要本着有则改之、无则加勉的态度,正确对待群众的批评。如有不同意见,可按组织程序提出。不能对提意见的干部群众抱有成见,更不允许打击报复。

4. 各主管部门要派员参加,加强对民主评议干部工作的督促指导。

1.1.4.2　浙江电除尘器总厂坚持厂务公开,保证"主人"到位

提要: 厂务公开是实行企业民主管理的重要内容,通过厂务公开,接受职工群众的监督,是民主管理、民主决策和民主监督的需要。浙江电除尘器总厂以便于职工参与管理和实行监督为原则,对企业的决策、管理、生产、经营及工资、奖金、福利等重大厂务实行公开。行之有效的厂务公开,在企业治理中践行了党的群众路线,激发了职工的主人翁意识和参与积极性,形成了"艰苦奋斗,拼搏进取"的企业精神,是企业民主管理的成功实践。

坚持厂务公开　保证"主人"到位
——浙江电除尘器总厂真心实意依靠职工办企业的调查报告[1]
诸暨市总工会

浙江电除尘器总厂始建于1981年。"十年生聚,十年教训",建厂仅十年,

---

1 诸暨市工会志编纂委员会:《诸暨市工会志》,内部资料,1995年,第363—370页。

该厂由原来两家陷入困境的县属小厂发展为现在的国务院"双保"企业、国家重点骨干企业。靠的是什么？该厂党委书记兼厂长葛世昌深有感触地说："企业要发展,必须依靠'主人'。一旦职工真正成了企业的主人,企业就没有克服不了的困难。"

伴随着工厂前进的脚步,该厂领导班子深深认识到:在社会主义企业里,职工是企业的主人。作为主人,一方面职工是搞好企业的主体,另一方面又是监督企业的主体,丢掉其中哪一方面,都不是完整意义上的主人。因此,真正要让职工当家作主,就必须使企业的管理与决策过程成为一个对职工公开、由职工参与、接受职工监督的过程,尽可能提高企业各项经济活动的透明度。为此,多年来,他们以便于职工参与管理和实行监督为原则,对企业的决策、管理、生产、经营及工资、奖金、福利等重大厂务实行公开,较好地解决了有些企业长期以来很难解决的企业各项管理制度、管理措施的研究和制定仅局限于少数管理人员,决策活动仅囿于领导层,职工仅仅是各项制度和决策的被动执行者的问题,从而保证了职工在企业里的参与权、监督权和共决权。

1. 决策公开。凡是企业大政方针、重要决策,他们做到决策前深入车间、班组广泛征求职工群众意见,然后经厂长办公会议综合分析,提出初步方案,再提交企管办或职代会讨论、审议或决定。这样,使全厂职工都知道企业方针、领导的工作意图以及企业的前途和命运,并使企业决策成为广大职工的自觉行动。如去年下半年,厂长办公会议决定由企管办制订出加强现场管理的初步方案。企管办多次征求职工意见,几易其稿,厂长办公会议通过后,提交四届三次职代会讨论,经审议,职工代表一致同意以定置管理为主要内容的现场管理办法,并提出许多积极的建议。厂工会为配合这一重大决策的实施,还在全厂范围内开展了以加强现场管理为主要内容的劳动竞赛,《除尘报》、墙报等舆论工具也及时介绍现场管理的基本内容、基本要求和目标,宣传典型、表扬先进,充分调动了职工的主观能动性,使这一决策取得了理想的效果。现场管理工作得到了省、部有关领导的一致好评。职工反映：厂长行使决策权，倾听职工意见，权用准了；职工了解厂长的决策意图，就会献计献策，劲头也更大了。

2. 管理公开。凡是重要管理制度及基础管理制度，他们让全厂职工广泛讨论后，及时用文字形式予以公布。严格照章办事，汇编成册，便于接受职工群众的监督。既防止出现各级行政的以罚代管现象，又大大地调动了职工遵守厂纪厂规的自觉性。近几年来，他们制定了135个基础管理制度，根据内容把有关制度分综合篇、生产篇、设备篇、能源篇、工艺篇、计量篇、财务篇、技术开发篇、安全环保篇、全面质量管理篇汇编成册，下发至各车间、科室及有关班组，实行制度化、规范化、公开化管理。如为加强对工厂方针目标展开工作的管理，他们制定了《工厂方针目标展开工作程序》，规定每年职代会审议通过的工厂方针目标由企管办、车间（科室）、班组三级负责展开。企管办在每年三月上旬将工厂方针目标的展开汇编成册，下发到各车间、科室，各车间、科室也将本部门的纵向展开汇编成册，并把工作目标分解图、工作进度表、考核指标及结果上墙公布，使每位职工都明确企业的发展方向、目标和措施，从而发挥出主人翁的积极性。

3. 生产（经营）公开。该厂日常生产计划、指令性工作、突击性任务以及重要经营活动都通过有关会议实行公开。他们建立了双向公开渠道。总厂每旬召开一次生产调度会，通过与会的有关科室领导、各车间负责人（调度）把生产计划、任务分解给各班组，然后各班组长把任务传达落实到每位职工；职工在完成生产任务中遇到的问题或提出的建议，及时向班组长反映，在本班组无法解决时，则由班组长负责向上一级领导汇报，在下一次生产调度会上协调解决。这种双向公开渠道，不仅使职工及时了解了企业的生产（经营）情况，而且对企业领导的生产（经营）决策也起到了集思广益的作用。如今年第二季度，该厂南化×101电除尘器配套工程任务需提前40天完成（原需90天），时间紧，任务重，质量要求高。厂里通过有关会议公开这一情况，及时让职工了解产品是如何竞争来的、完成这样的产品一般所需时间及这次完成产品期限、生产进度等内容，职工都很理解,千方百计想办法按要求尽快完成任务。经过一线与二线、工人与技术人员、车间与科室的紧密协作,领导亲临现场,干群一起奋战,使生产任务一环紧扣一环,终于提前完成了任务,并且质量一次性通过检验。承担主要生产任务的牌头生产区职工自豪地说:"厂里把困难讲清楚,我们当然要为企业的声誉着想。"

4. 分配公开。他们把工资调整方案、住房分配方案、奖金分配办法等内部分配方案都提交职代会审议决定,由职代会决定后严格执行,做到"三参与"和"三公开"。即让职工代表参与制定企业分配的大政方针,参与分配方案的实施,参与处理分配问题上的争议;向职工群众公开分配来源(如工资总额、晋级指标、新建住房面积等)、公开分配方案、公开分配结果。如这几年,在3%晋级奖励面上,他们严格按照国家规定及职代会通过方案,公开干部、工人比例,厂级领导、中层干部晋级由职工代表组长会议决定,实行公开升级;在奖金分配上,实行奖惩办法、分配方案和计奖办法公开,使每位职工可按有关规定自我计算出本人当月工资奖金数额;在住房分配上,他们严格按照职代会通过的分房方案进行分配,实行分房办法与名单张榜公布,使广大职工气顺心齐,迸发出更大的工作积极性。为了保证厂务公开渠道的畅通,他们还建立了以下一些制度:

(1)民主管理制度。凡是工厂方针、奋斗目标、治厂决策、财务预决算、重要规章制度、机构调整以及工资、奖金、职工福利等事项都交职代会讨论、审议或决定,并提前一周把书面材料发给每个职工代表,便于广泛征求职工群众意见。职代会决定的事项,不经过职代会厂里不作任何更改;职代会否决的方案,不通过其他形式变通实行。如去年四届二次职代会否决了经厂长办公会议通过的《住房改革方案》及《医药费管理办法》,厂领导当众宣布新办法无效,维护了职代会的权威。在职代会闭会期间,支持由职代会选举产生的生产经营规章制度、合理化建议(提案)、评议监督、生活福利四个专门小组行使权力。需要临时解决的重大问题,由厂工会委员会负责召集职代会代表组长会议,根据会议内容邀请党委书记、厂长或其他人员参加,协商解决问题或做出决定,有关内容及时通过职工代表向广大职工征询意见并传达贯彻。

(2)民主监督制度。一是从1987年开始,每年都通过职代会开展民主评议干部活动。厂级领导、中层干部在职代会上作述职报告,由职工代表按德、能、勤、绩等方面评议打分,并把评议结果公开,与奖惩、任免挂钩。这三年通过职工民主评议,提拔了28人充实各级领导班子,有4名不称职(评议分在60分以下)的中层干部被免职。二是设立职工意见征求箱,接受群众的举报监督,对职工的意见做到件件有回复。三是建立职工代表质询、检查制度。职代会各专门小组针对职工关心的如生产经营、干部作风、职工利益等方面问题,向有关行政领导质询,对有关部门贯彻落实职代会决议情况及各级干部的工作情况进行检查,并把质询、检查结果通过有关会议、舆论工具通报给全体职工。

(3)情况通报制度。他们每月召开三次生产调度会,党委每月召开一次支部书记例会,工会每月召开一次工会委员、分工会主席例会,每月召开一次职工代表组长会议,每季召开一次全厂职工大会。各车间、各科室也建立了相应的情况通报制度,全厂形成网络,向全厂职工通报生产经营、技术开发、重大人事变动、职工教育、党的建设、工会重要活动及社会各界对企业的评价等情况,如实地向职工报告需要讨论的事项。同时,他们还每月编发两期《除尘报》,每周出一期墙报,及时宣传党的方针、政策,报道厂内重大新闻和事件,传达厂领导意图和重要会议精神,报道在生产、科技领域里的先进事迹和先进人物及各单位、各部门的重要活动情况。

(4)改进领导作风,密切联系群众制度。①行政领导定期向党委汇报全厂经营管理、生产指挥、技术开发等重大问题,党委经常向厂行政领导通报党委的活动安排,党员、干部、职工的思想情况及其他重大问题;工会及时向党委汇报、向行政领导通报全厂职工所关心、所反映的问题、意见和建议。②经常深入车间(科室)、班组了解情况。每个厂级领导联系2—3个车间(科室)或班组,经常倾听职工群众的意见,及时帮助、指导车间(科室)、班组开展工作。③每季一次分别由厂党政工领导主持召开工人与干部、职工代表与厂级领导、各专门小组与分管厂长的多层次、多形式的恳谈活动,相互沟通信息、增进了解。④开展经常性层层谈心活动。厂级领导找分管线上的中层干部谈心,各车间领导找所属班组长、工会小组长和党员谈心,各班组长、工会小组长和党员找本班组职工谈心,各科室领导找所属科员谈心。⑤各级干部处处以身作则,要求职工做到的首先自己做到。先后制定了《加强厂领导自身建设的措施》《密切联系职工群众的意见》等,以此来规范和约束自己的行动,赢得了职工群众的信任。浙江电除尘器总厂坚持厂务公开,确立了职工当家作主的"主人"地位,不仅职工的参与意识、参与水平明显提高,主人翁积极性得到充分发挥,而且密切了干群关系,增强了企业凝聚力。有位职工说:"厂务大事公开,体现了领导对职工的信任,既密切了干群关系,也促使我们提高自身素质,积极参与企业管理。我们不仅感到有家可当、有主可作,而且也觉得有力可使。"这句话道出了全厂职工的心声,事实也证明了这一点。从1989年以来,该厂广大职工围绕企业生产、经营、管理中的重点和难点积极献计献策,共提出了近千条合理化建议,为企业创经济效益达130万元。在外搞设备安装服务的职工也主动地向厂内反馈质量信息,使产品的质量问题得到及时的纠正。去年二月份,该厂承担的宝钢二期配套电除尘器工程全面展开,因为一期工程是日本引进的,国家要求二期工程在质量上不亚于一期工程。这对于正在起步的国内电除尘器制造业来说确实是一次严峻考验。在这关系到国家声誉、企业前途的关键时刻,厂领导向广大职工反复宣传宝钢任务的重要性和现实意义,号召全厂职工为国争光、为厂争气,全力以赴、群策群力完成光荣任务。当时正值新春前夕,厂领导奔赴牌头主要生产区,与200多名职工一起日夜奋战。广大干部、职工以厂为家,以苦为乐,大年三十不回家,自觉自愿地奋战在工作岗位上,终于提前完成了生产任务。经测定,产品质量达到一期水平,受到国务院重大办、机电部、宝钢现场指挥部有关领导和专家的高度赞扬。

该厂党委副书记陈军深有体会地说:"职工群众是智慧的源泉,也是将智慧转化为物质力量的主体。我们的任何工作都必须紧紧依靠职工群众,依靠他们的智慧、他们的力量、他们的自觉行动。离开了职工群众,我们将一事无成。"几年来,由于该厂坚持厂务公开,激发了职工的主人翁积极性,初步形成了"艰苦奋斗,拼搏进取"的企业精神。靠着全厂职工的自觉行动、共同努力,该厂的产品质量、技术水平及市场信誉都有了很大提高,已有2种产品获部优称号,6种产品获省优称号,2种产品获国务院重大办颁发的荣誉证书,实现了企业的腾飞,跨入了省级先进企业、省技术进步优秀企业的行列。今年"七一"前夕,该厂党委又获省委授予的浙江省先进基层党组织称号。

(原载《浙江工运》1991年第11期)

1.2 国企参与社会治理案例

1.2.1 诸暨市供电系统"践行'枫桥经验'优化发展环境"行动方案

提要:国家电网诸暨市供电公司坚持"以人民为中心"的思想,创新社会治理,通过自上而下与自下而上的结合、线上服务和线下服务的结合,实现共建共治共享,做到"矛盾不上交,平安不出事,服务不缺位"。《行动方案》明确了指导思想,从电力企业的公共服务特点出发,贯彻"人民电业为人民"的宗旨,认真履行国企的政治责任、经济责任和社会责任,紧紧依靠政府、企业和居民来破解电网建设和运行中的难题,妥善化解电网发展中的各类矛盾纠纷,形成了电力企业"枫桥经验"的丰富内涵。依靠人民办电力,办好电力为人民。开展"电保姆"连心活动、"电管家"增值活动,打造和谐电环境,实现电网和谐、供电和谐、企业和谐。创新工作机制,实行源头治理,实现治理有效。发挥行业优势,服务乡村振兴,形成基层社会治理的合力。持续优化企业营商环境,把企业的发展与当地经济社会发展相衔接,通过优质服务、节能减排,减少矛盾纠纷,促进社会和谐。附件为"行动计划表"。

中共诸暨市委政法委员会　诸暨市供电局关于印发《诸暨市供电系统"践行'枫桥经验'优化发展环境"行动方案》的通知[1]

各部门:

《诸暨市供电系统"践行'枫桥经验'优化发展环境"行动方案》已经市委政法委和市供电局党委研究,现印发给各部门,请结合实际认真贯彻落实。

中共诸暨市委政法委员会　诸暨市供电局
2017年9月7日

诸暨市供电系统"践行'枫桥经验'优化发展环境"行动方案

为认真贯彻落实市委、市政府创新发展"枫桥经验"的工作要求,积极探索实践依托"枫桥经验"工作机制和模式,供电部门参与社会治理的有效途径,在助力"十大会战"、打造全面小康标杆县市的同时,优化电力生态环境,促进电力与经济、社会、环境和谐协调发展,特制订《诸暨市供电系统"践行'枫桥经验'优化发展环境"行动方案》。

一、指导思想

深入贯彻落实习近平总书记在纪念"枫桥经验"50周年时的重要批示精神,主动适应新时期电力工作面对的新形势、新矛盾、新问题,始终践行群众路线,

---

[1] 诸电发〔2017〕92号。

自觉运用法治思维,不断夯实基层基础,牢牢把握"矛盾不上交,化解在基层"的服务宗旨,扎根群众、依靠群众、服务群众,促进电网和谐、供电和谐、企业和谐。

二、基本原则

——突出群众思维。坚持走群众路线不动摇,保障职工合法权益,畅通职工发展通道,激发企业活力;构建"政企联动、多方参与、共建共享、合作共赢"的工作机制,建设负责任的电网,培育负责任的电网人,打造负责任的电网企业,促进企业安全稳定可持续发展。

——强化法治思维。正确把握法治和德治的互补性、兼容性和一致性,坚持依法治企,以德兴企,以"制度有效、制度执行、执行有效"为核心,营造依法合规经营的企业环境和风清气正心齐的企业氛围;坚持依法建网、依法护网,大力普及安全用电、科学用电和电力设施保护等知识,加强以案说法等法律法规教育,增强广大群众的依法用电和依法保护电力设施的法制观念,营造安全可靠的供用电环境。

——注重换位思考。以需求为导向,滚动修编电网规划并纳入市域总体规划,保障经济社会发展的用电需求。以客户为导向,着力解决客户用电难题,打造为民亲民惠民的服务品牌和志愿者队伍,提升诸暨电力可靠可信赖的责任央企形象。

——创新网格管理。以"全能型"供电所建设和台区经理制深化实施为契机,加快基层资源整合,进一步夯实基层组织、壮大基层力量、强化基础工作。借力政府部门"网格化管理"网络资源,融入村(社区)网格管理,实现由事后处置、被动应付向事前预防、主动掌控转变,从源头上解决矛盾问题,做到"矛盾不上交,化解在基层"。

三、主要目标

——打造和谐电网。遵循"适应经济发展,适度超前建设"原则,做到电网规划与市域、区域、村域规划相结合,与环境友好、社会和谐相融合。坚持依法合规建设电网,尊重受影响居民的需求和顾虑,保护受影响群体的利益,尽力避免或减少工程施工对周边环境、公共设施、企业经营和村民生活等方面的影响,促进电网与经济、社会、环境协调可持续发展。

——打造和谐供电。践行"服务党和国家工作大局、服务电力客户、服务发电企业、服务经济社会发展"企业宗旨,履行电网企业的政治责任、经济责任和社会责任,保障安全、优质、经济、可持续的电力供应,满足经济社会发展的用电需求;发挥电网在优化配置资源上的作用,积极支持清洁能源发展,服务能源可持续发展和生态文明建设。

——打造和谐企业。落实全面从严治党和依法从严治企要求,持续强化企业党的建设、队伍建设和文化建设,全心全意依靠员工办企业,以事业凝聚人心、以文化铸就力量,实现企业与员工共同发展。全面建设治理完善、经营合规、管理精细、守法诚信的法治企业,以法治促进生产安全、经济安全和廉政安全,建立常态化的传播沟通机制,创建和谐企业、促进行业和谐、服务和谐社会建设。

四、工作举措

(一)依靠人民办电力,让电网发展更和谐

1. 深入推进"政企联动"建网模式和政策处理属地包干机制,每月定期向市政府提交《电力重点工程月报》,及时反映电力重点工程建设进度及存在问题,加快实施"两点两层三步走"方案,基本建成500千伏诸北变、220千伏诸中变,投产110千伏解放变、商业变,开工建设110千伏梁家变和220千伏诸中变110千伏送出工程,力争110千伏高湖2变完成前期核准并纳入开工项目库。认真落实市政府出台的"不动产权证"补办政策,力争完成9只遗留变电所的权证办理,确保工程建设依法合规。

2. 建立健全生命周期社会风险评估机制。邀请第三方专家,系统梳理电力重点工程建设的既有经验和相关问题,分析电网工程建设每个阶段的相关方及其影响和诉求,将社会风险评估融入电网工程的立项审批、规划设计、政策处理、施工建设和运行维护的全过程。在立项审批阶段,由以往单纯考虑技术经济性向兼顾社会与环境价值转变;在规划设计阶段,由满足工程需要向兼顾利益相关方需要转变;在政策处理阶段,由满足依法合规向兼顾利益与情感认同转变;在施工建设阶段,由保证工期与质量向兼顾社会与环境影响转变;在运行维护阶段,由保障电网安全稳定向兼顾社会安全稳定转变,最大限度减少对经济、社会、环境的影响。

3. 致力打造"负责任的电网"品牌。引入"责任品牌"的理念和管理方法,坚持把打造负责任的电网工程作为电网责任品牌建设的前提,将"负责任的电网工程品质"作为电网责任品牌建设的重点。优化决策和运营管理方式,推动沟通传播机制创新在传播主体上,由自说自话向第三方代言与品牌宣传转变;在传播对象上,由广大公众向相关群体聚焦;在传播渠道上,由单一单向传播向多元双向互动转变;在传播形式上,由严肃传统向活泼有趣转向,建立健全重大电网工程建设有效社会沟通机制,争取社会各界的情感与价值认同。

(二)办好电力为人民,让电力供应更和谐

1. 建立电网风险社会化管理机制。将电网运行中的社会风险划分为意识缺失型、技能缺失型、利益冲突型和违法违规型四大类。对于意识缺失型,开展现场教育,引导公众参与高压线附近的危险行为的监督。对技能缺失型,建立对接机制,定期对操作人员进行风险防范培训,保障施工作业中的电网安全。对利益冲突型,整合农林部门、地方村委、农户多方资源,将高压线附近的苗木改种低矮经济作物,同时,减少大棚使用的种植方式。对违法违规型,依托"平安诸暨"建设,加强与政府部门的合作,共同治理威胁电网安全的违法违规行为,实现对电网外力破坏被动防御向主动预防的转变。

2. 构建舆情传导的短板补缺机制。一是构建起企业管理漏洞外部监测体系。通过社会舆论监测,主动发现企业服务与公众需求之间的差距;通过社情民意调查,主动了解"旁观者"视域下的电企管理问题。二是探索出管理问题联合会诊模式。通过对外管理咨询和对内联合会诊,准确把握管理漏洞产生的原因,及时研究应对方略,避免企业遭受损失。三是建成突发事件的全要素协同应对机制。一旦事故突发,局内部各部门负责人第一时间协同各单元力量,全力以赴,共同协作,科学应对危机。四是形成全媒体融合传播的社会沟通机制。将官方微博、微信公众号和QQ等新媒体分别定位,整合运作,起到全方位的传播效果。

3. 创新农村用电"三安"服务管理。针对农村管电组织缺失引起的漏电保护器安装运行不到位、触电伤亡事故频发和居民表后电力故障报修难等问题,创新提出"政府主导、电力推动、多方合作"的工作思路,政企联动建立"村聘镇管"的村电工队伍、"谁所有、谁管理"的漏电保护器管理机制和"资源社会配置、服务规范有偿、响应快速及时"的表后社会化电力服务体系,并以镇村农电管理全方位、漏电保护器全投运、表后用电服务全天候,保障农村安全用电、安稳用电、安心用电,促进"美丽乡村"和"平安诸暨"建设,改善农村人居环境和发展环境,提升农村群众的幸福感,构建电力与社会和谐发展的良好环境。

(三)履行社会责任,让企业发展更和谐

1. 保障电力安全可靠,共建"平安诸暨"

一是加快项目建设,提升电力保障能力。精准预测电量及负荷增长水平,科学调整重点发展区域的储备项目和建设时序,加大高湖新区、城东新城的配网建设力度,提前布点开闭所,及时跟进电缆管道敷设,进一步提高核心区域电网供电可靠性。建成投运110千伏解放变10千伏配套线路,完成新投10千伏开关站5座,新建和改造10千伏线路200公里,新上和调换变压器560台,加快配网升级改造。

二是完善保障体系,确保生产平稳有序。深化"本质安全",抓好过程管控,建立运维体系和台区经理体系,确保安全责任落实;成立暨阳供电所,实施35千伏以下电网"运检合一",同步建立相应的保障体系和监督体系,满足安全管理对生产组织的要求。突出班组安全建设,通过业务规范提升等工作,梳理安全管理制度流程,提高可操作性。在配网抢修、配网检修安全稳定的基础上,提升保障和监督能力,加大电网、技术、设备、培训投入,夯实安全基础。

三是提升防控能力,保障电网可靠运行。对照岗位安全职责,抓好各级人员安全培训,提升员工安全素养。规范一线班组安全活动管理,加强班组安全教育和安全技能操作培训。加强用户涉网设备的全过程管控,增强电网风险防控能力。健全线路设备"三定"管理,开展监督性配网运行稽查,提升线路设备健康水平。深化镇村两级农电管理,加强农村漏电保护器安装使用情况的检查考核,提升农电安全管理水平。加强与公安、国税等部门合作,建立风险企业电费拖欠预测预警快速响应机制。强化电力线路设备警示标识标牌管理,发生涉外涉电公共安全事件,第一时间对接介入,尽量减少损失和影响。

2. 建设书香企业,共建"文明诸暨"

一是以文化人,提升员工文明素养。依托文化长廊、企业展厅,引导职工群众树立积极向上的文化情操。深化全员阅读,以职工书吧为主要活动阵地,开展"荐书""换书""赠书""积分送礼""亲子伴读"等活动,进一步激发员工的读书热情,陶冶员工情操。

二是选树典型,引导员工敬业奉献。以"何贝劳模创新工作室"为依托、"1+9"实训基地为基础、"生产技能人员岗位通关测试"为手段,健全技能人员培训模式,做好人才储备和梯队建设,建立健全先进典型选树工作机制,摸排建立先进人物信息档案,编制先进人物成长计划,探索纵向梯队式先进典型选树新模式,积极开展如"技术达人""学习达人""服务之星""巾帼先锋"等专项评选活动,发挥身边榜样的示范带动作用,激励和引导全体干部职工敬业奉献、创先争优。

三是志愿服务,培养员工奉献精神。组织开展"门前三包"文明劝导志愿服务行动。通过认领责任路段、对不文明行为进行劝导等方式，全员参与全国文明城市创建和全国文明单位复评。倡导公益志愿服务活动，以党员服务队和青年志愿者为主体，积极组织党员和团员青年带头践行公益活动。

3. 发挥行业特长，共建"绿色诸暨"

一是节约能源，优先调度可再生能源。开通光伏、水电、生物智能（垃圾）等可再生能源发电业扩项目"绿色通道"，明确工作要点，加快业务办理，推动项目并网；开展专题培训，邀请光伏生产厂家、安装单位和客户定期开展座谈，解决光伏施工、并网和运维过程中遇到的难题，提升电力主动服务意识和服务能力。

二是保护环境，推广"电能替代"项目。通过大数据分析、识别"电能替代"潜力用户，对纺织业、金属制品业和水泥制造业等用电量较大行业开展意向调研，联合节能公司推广"电能替代"项目，提高用户开展"电能替代"的积极性，促进社会节能减排。

三是整合资源，推进"多表合一"建设。联合自来水公司和天然气公司设计"电、水、气用能通知单"，统一开展电、水、气用能通知、费用催收和用能优化等应用，方便客户及时掌握信息、实现科学用能。

4. 创新工作机制，共建"和谐诸暨"

一是党建引领，建设诸电共同家园。落实"党建+中心""党员+责任"工作要求，以党支部工作联评联考、党员管理"1+N"、党支部活动项目制管理为抓手，充分发挥党支部的战斗堡垒作用和党员的先锋模范作用，进一步提升员工精气神。以争创国家电网公司社会责任示范基地为抓手，探索实践社会责任融入企业运营有效途径和工作模式。坚持开展局长联络员工作、"面对面、肩并肩、心连心"谈心谈话、合理化建议征集等活动，建立"职工代表接待站"，在做深做细思想政治工作中畅通渠道、集思广益，争取最大公约数，共谋企业新发展。

二是化解矛盾，打造和谐发展环境。建立电力调解组织和电力"老娘舅"调解员队伍，完善企业、政府、执法机构处置突发信访事件的协同联动机制，妥善化解征地拆迁、企业用电、供电安全等群众反映强烈的热点问题。全面建设治理完善、经营合规、管理精细、守法诚信的法治企业,以"制度有效、制度执行、执行有效"为核心,扎实推进业务规范性建设,将涉法风险管控纳入中层干部、班组长培训,提升依法治企能力。以"电木柁"自媒体为平台,以企业法律顾问为依托,开通"法治快车",在线为员工提供法律咨询,及时化解员工之间的矛盾纠纷。筹建电力"枫桥经验"展厅,展现供电系统践行"枫桥经验"具体实践,打造电力"枫桥经验"品牌。

三是主动融入,服务地方经济发展。紧扣政府中心工作,高质量编报《供电专报》《重点工程月报》,发挥电力服务经济发展的参考和支撑作用。落实"最多跑一次"改革,成立专家团队,推行集中审图和检查验收等手段,最大限度满足客户早用电、用好电。主动对接镇乡,做好小城镇环境的综合整治,服务保障地方社会经济发展和民生需求。

四是积极探索,提供优质高效用电服务。推进"互联网+"营销服务,全年完成电E宝注册1万户,高压、低压非居民、居民客户线上办电比例达到90%以上。通过微信、社区等公共资源,以"物联网"搭接用户—物业—供电企业之间的桥梁纽带关系,第一时间掌握客户需求,帮助解决用电难题。

五是固化模式,建立农电管理长效机制。巩固"政府主导、定期检查、年度考核"的镇村两级农电管理机制,强化27个镇街农电办业务副主任队伍建设,建立每年2次的日常检查考核机制,落实村电工薪酬出资渠道,以责任清单形式明确村电工职责,切实提升农村安全用电管理水平。

五、工作要求

(一)加强组织领导。成立实践"枫桥经验"领导小组,领导小组下设办公室,负责电力"枫桥经验"实践的具体协调、检查、督促和推进。各级各部门要加强组织领导、统筹协调,把实践电力"枫桥经验"纳入本部门工作之中,做到与年度重点工作同规划、同部署、同检查、同落实,确保到2018年1月底前全面完成各建设项目。

（二）狠抓责任落实。市供电局办公室、党群部要发挥牵头职能，着力健全完善抓工作落实推进机制，形成简明、扼要、可操作的工作考评机制，定期开展督促检查，及时通报有关情况，确保各项工作有效落地。各单位、部门要强化担当、守土尽责，切实制订具体实施方案或细则，明确时间表、路线图、责任人，确保工作到人、到事、到时、到位。

（三）健全保障措施。建立健全经费保障机制，设立发展电力"枫桥经验"专项经费，确保各重点项目的设施、服务和活动落实到位。市供电局办公室要加强对实践电力"枫桥经验"的重大意义以及阶段性工作成效、先进经验和典型做法的广泛宣传，多渠道多形式集中民智、民意、民力，形成全局上下共同关注、共同推进、成果共享的良好局面。

附件：

诸暨市供电系统"践行'枫桥经验'优化发展环境"行动计划表

序号	工作内容	拟开展时间	牵头部门	配合部门
1	成立实践"枫桥经验"领导小组	2017年9月	市供电局办公室	市供电局相关部门
2	建立电力调解组织	2017年9月	市供电局办公室	市供电局相关部门
3	组建电力"老娘舅"调解员队伍	2017年9月	市供电局营销部	市供电局各供电所
4	筹建电力"枫桥经验"展厅	2017年9月至2018年1月	市供电局办公室	市供电局相关部门
5	召开社会责任根植项目发布会	2017年10月	市供电局办公室	市供电局各部门
6	安全质量宣传活动	2017年11月	市供电局安监部	市供电局各班所

续表

序号	工作内容	拟开展时间	牵头部门	配合部门
7	支部联评联考促"党建+中心""党员+责任"落地	全年	市供电局党群部	市供电局各党支部
8	落实"最多跑一次"改革	全年	市供电局营销部	市供电局相关部门

1.2.2 富润控股集团:"枫桥经验"与企业治理规范

提要:《富润控股集团"枫桥经验"与企业治理规范(试行)》自2020年12月21日起试行,其适用范围包括企业党建、群团组织、民主管理、职工思想政治工作、企业文化建设、平安企业建设等日常治理内容,不包括企业日常生产经营等经济运用范畴。建立现代企业制度,是健全企业治理机构、构建企业治理体系、提高企业治理能力、增强企业活力的根本要求,确立了坚持党的领导、坚持职工为本、坚持思想领先、坚持制度治理的治理原则,形成了组织建设、民主治理、平安企业、思想政治教育、履行社会责任、现代治理体系等6个方面的治理体系。党委在企业治理中处于核心地位,对企业治理负总责,实行对企业的统一领导。职工代表大会是集团民主管理机构,参与制定企业年度经营方针、目标及中长期发展规划,参与集团重大决策及事关职工切身利益的政策。严格落实安全生产责任制,做到"横向到边,纵向到底,不留死角"。崇尚文化,以文化人,用文化的力量陶冶、影响、凝聚、激励员工。参与慈善活动,贯彻和响应全省"千企结千村,消灭薄弱村"号召。充分运用互联网实行宣传和管理,实施数据治理。建立了完善的评价体系,保证规章制度的实施效果,合规经营,保护职工长远利益。

富润控股集团"枫桥经验"与企业治理规范(试行)[1]

一、范围

本规范规定富润控股集团有限公司企业党建、群团组织、民主管理、职工思想政治工作、企业文化建设、平安企业建设等日常治理范畴,不包括企业日常生产经营等经济运营范畴。

二、引用标准

2020年1月《中国共产党国有企业基层党组织工作条例(试行)》;2020年1月《中共中央、国务院关于深化国有企业改革的指导意见》;《中共中央、国务院关于加快推进社会治理现代化开创平安中国建设新局面的意见》;党的十九届五中全会审议通过的《中共中央关于制定国民经济和社会发展第十四个五年规划和二〇三五年远景目标的建议》;中共中央印发的《法治社会建设实施纲要(2020—2025年)》。

三、总则

企业治理是现代企业管理的重要基础,是新时代提高企业管理水平,促进企业高质量、可持续发展的重要抓手,也是坚持发展新时代"枫桥经验"的重要载体。加强党的领导,是完善企业治理的重要保证。职工是企业的主体,加强职工的经常性思想政治工作,充分发挥职工的主体作用,着力构建和谐劳动关系,着力化解各类涉企矛盾纠纷,推进平安企业建设,是完善企业治理的重要基础。建立现代企业制度,是健全企业治理结构、构建企业治理体系、提高企业治理力、增强企业活力的根本要求。制定企业治理规范,牢牢把握企业控制力,扩大影响力,增强抗风险能力,推动企业持续稳定良性发展,是企业坚持发展新时代"枫桥经验"的目标要求。

---

[1] 富润控股集团2020年12月印发。

四、治理原则

（一）坚持党的领导。加强党的建设，牢牢把握政治原则、政治方向、政治纪律和政治规矩。坚持党支部建在车间，党员在班组亮岗，每名党员一面旗，充分发挥党员的先锋模范作用。

（二）坚持职工为本。牢固树立"全心全意依靠职工办企业，办好企业让职工有个依靠"的理念，做到职工的事最小也是大事，切实解决职工最关心、最直接、最现实的利益问题。

（三）坚持思想领先。不断完善《富润控股集团经常性思想政治工作条例》（《六十条》），加强职工政治修养、文化素养、道德涵养，努力造就一支爱国爱企、创业创新、守法守纪、正义正气的职工队伍。

（四）坚持制度治理。建立和完善与现代企业相适应的治理体系，完善法人治理制度、企业领导人分层分级管理制度、职工议事制度、监督监事制度、安全生产责任制度、检查及考核奖惩制度等，以制度管事管人。

五、治理体系

（一）组织建设

1. 党组织建设

党委在企业治理中处于核心地位，对企业治理负总责，实行对企业治理的统一领导。处理好党委与其他治理主体的关系，形成各司其职、各负其责、协调运转、有效制衡的公司治理机制。把党组织研究讨论作为董事会、经理层决策的前置程序。

党组织是公司法人治理结构的有机组成部分，是企业治理的中坚。各党支部（总支）负责指导落实序列公司、职能部室的治理。支部建在车间（部门），发挥基层党组织在企业治理中的战斗堡垒作用。

党员是企业治理的表率，一名党员就是一面旗帜，发挥党员在企业治理中的先锋模范作用。

2. 纪检组织建设

集团纪律检查委员会在集团党委的领导下开展企业治理的监督和检查,检查党员、干部执行企业治理的各项制度的情况。

对违反企业治理制度的思想和行为,依照《领导干部廉洁自律若干准则》《纪律处分条例》《党内监督条例》等进行惩戒和处罚。

3. 群团组织建设

各群团组织在集团党委的领导下,成为企业治理的促进力量。通过多种形式开展企业治理的宣传和教育,让企业治理深入职工群众,形成企业治理的肥沃土壤,营造企业治理的良好氛围。

集团工会联合会建立完善职工工资集体协商机制,代表职工与企业进行平等协商,签订集体合同,签订职工工资专项集体协议,调解处理职工劳动争议纠纷,维护职工的合法权益。集团团委引导团员青年参与企业治理,做党的助手和后备军。集团妇联引导女职工参与企业治理,保护女职工的合法权益。集团文联寓教于乐,宣传企业治理的制度、经验,使之成为企业文化的组成部分。

4. 治保组织建设

贯彻"预防为主,防治结合"的治安保卫工作方针,做到"大事不出集团,小事不出序列公司(部门),纠纷不出车间(分厂),矛盾不上交"。

集团安保科、消防科和集团安全生产领导小组所属治安保卫检查小组负责集团本部的治安保卫,统筹协调集团的治保工作。序列公司分别设立科,负责本公司的治安保卫工作,分厂(车间)设置治保员,实施企业治理网格化管理。

集团每年初与序列公司、职能部门签订安全和治安保卫(反恐)责任书,分解落实治安保卫责任。

5. 法务审计组织建设

发挥内部审计、法务在企业治理中的重要作用,预警和防范各类风险,处理企业治理中内外法律事务,加强对关键领域、重大项目和重点部门的风险管控,提升企业法治、规范水平。

开展企业普法教育,增强人员法制意识,保障企业和职工的合法权益。

(二)民主治理

1. 议事机制

职工代表大会是集团民主管理机构,参与制定企业年度经营方针、目标及中长期发展规划,参与集团重大决策及事关职工切身利益的政策。序列公司职工代表大会代表职工参与生产经营管理和公司重要决策。

集团议事会是集团常设议事机构,对企业日常重要工作、项目开展初步研究和论证,提出方案意见,提交决策。

贯彻《厂务公开制度实施意见》,扩大职工的知情权、监督权、参与权。通过工作联系单、意见征求单、微信工作群、公开栏、企业内部办公平台等就企业的重大决策和事关职工的重要事项广泛听取各治理机构和职工的意见,开展合理化建议活动。通过"总经理信箱"、职工来信来访倾听和吸取职工的意见建议,做到件件有落实、事事有回复。

2. 职工人文关怀

坚持以职工为中心的思想,全方位关心职工,体现职工的主人翁地位,把增强职工的获得感、幸福感作为企业改革发展的出发点、落脚点和着力点,营造企业治理的命运共同体。

以集团困难职工基金会为平台,建立职工帮困互助的长效机制。互助资金来源为职工捐款、骨干"得奖不忘献爱心"、集团行政拨款等。职工遭遇天灾人祸等突发性急难急事急办,年中和年终开展集中补助,体现"全心全意依靠职工办好企业,办好企业让职工有个依靠"的理念。

制订职工学习、培训、考察计划,提高员工素质和技能。对员工开展政治思想、职业道德、管理知识、技术业务、操作技能等方面的教育与培训,鼓励职工参加执业资格证书、专业技术职称、职业技能等级证书的考试及评选,参加函授、自考等提高学历,举办员工教育培训班。对职工学习培训、职称晋级等给予补贴和奖励。

关心外来员工,外来员工与本地职工一视同仁,序列公司与外来职工签订劳动合同,为外来职工提供劳动条件,帮助解决外来员工及子女的就医求学、春节回乡代购车票等工作,对留守的外来职工要安排好年夜饭或给予补贴和慰问。

3. 招投标管理

建立公开、公正、公平的招投标工作机制,设立集团招投标办公室和招投标监管领导小组,对工程建设项目、劳保用品、生活福利及大宗办公用品采购、设备采购、房产(资产)出租实行公开招投标,降低成本,预防工程建设、物资采购环节的不正当行为。

严格执行招投标工作人员廉洁从业八不准:不准接受和获取招投标各方提供的钱、物和招待服务;不准向招标人推荐投标单位;不准以任何方式为招标人指定代理机构;不准违反招投标工作程序提供交易服务;不准越权处理招投标市场管理和交易服务事项;不准以任何方式泄露招投标交易的保密信息;不准到与招投标交易有关联的经济实体中兼职;不准拖欠、截留、挪用各类招投标交易款项。

(三)平安企业

1. 安全生产

坚持"安全第一,预防为主,综合治理,全员参与"的安全生产方针,分解、落实并完成当地政府年度安全生产管理目标。

牢固树立"安全就是效益"的理念,制定和完善《安全生产管理制度》《安全生产教育培训制度》《安全会议管理制度》《消防安全管理制度》《危险化学品安全管理制度》《交通安全管理制度》《设备设施安全管理制度》《特种设备安全管理制度》《特种作业人员安全管理制度》《安全生产事故管理制度》《劳动防护用品管理制度》《安全生产奖惩制度》《安全生产投入保障制度》等制度,做到"宁可听骂声,不可听哭声",警钟长鸣,常抓不懈。

严格落实安全生产责任制,按照"谁主管、谁负责""谁签字、谁负责""管行业必须管安全、管业务必须管安全、管生产经营必须管安全"的原则。集团及序列公司、职能部门负责人为本单位的安全生产第一责任人,对本部门、本单位的安全生产工作全面负责。

各部门、各单位通过建立健全安全生产责任制度,把集团公司安全生产责任体系扩展到每个岗位、每个部门,延伸到每个班组、每位员工,做到"横向到边,纵向到底,不留死角",建立健全责任明确、层次清晰、衔接顺畅、涵盖齐全的安全生产责任体系。

2. 应急管理

集团安全生产领导小组、安全保卫科是应急管理的责任部门。下设环境和突发事件抢险处置专项小组,序列公司设立相应的应急管理或安全保卫部门,在集团的指导和督导下负责本公司突发意外状况的处置,与集团相关职能部门加强沟通和协作,做到事前预防、事发应对、事中处理、事后管理。接受上级有关部门的领导和指导,切实保障企业财产和职工生命安全,确保企业稳定和安定。

编制应急预案,内容为联络报告制度、应急指挥规定、实施方案、善后处理、应急演练等,应急预案包括综合应急预案、专项应急预案和现场处置方案。

开展防突、防火、防盗、防台、防汛、防疫等应急防范和应急演练,应急演练频次至少每半年一次。

3. 矛盾化解

集团工会联合会、劳动争议调解委员会是职工矛盾纠纷调处化解的职能机构。序列公司设立调解工作小组,车间(分厂)设调解员,充分运用"四前"工作法,组织建设走在工作前,预测工作走在预防前,预防工作走在调解前,调解工作走在激化前,妥善、及时处置职工中发生的矛盾及工伤事故、劳动争议、安全和交通事故等引发的纠纷调处工作。

根据矛盾纠纷的性质和事故特点,分门别类应急处置。对职工之间的矛盾纠纷,根据事情性质,会同对应的职能部门和所在单位开展工作,首先稳定双方情绪,避免进一步事态升级的言行发生,同时深入了解发生纠纷矛盾的焦点、背景原因和化解工作要点,通过面对面、背靠背、家属同事劝解、扶困帮难等做思想工作,力争使双方握手言和。对事故处理,在上级部门的指导下开展制订工作方案、调查取证、分析原因、结论公布、协助赔偿等工作。

建立联合化解机制,主动请求、配合、协调有关部门、社区、兄弟单位、家属联合调处化解矛盾纠纷。

4. 来信来访

集团信访工作坚持"依法依规、合情合理"和"有政策的不折不扣按政策办,没有政策的不随便开口子但要向职工做好解释,可这可那的往有利于职工方面靠"的原则。

集团信访工作室是处理职工来信来访的职能机构,序列公司成立相应的工作小组,负责受理职工的来信;接待来集团上访人员,协调处理属于集团职权范围内的上访事项;办理集团领导批转、上级机关和有关部门交转集团处理的信访事项;会同有关部门和单位协调、审核重要信访问题的处理意见;督促检查集团信访事项的处理;定期综合分析来信来访情况,为集团领导和有关部门提供信访信息。

信访工作室对来信进行签收、登记和处理,根据来信反映的类别和性质,按照各单位的权限范围,向有关部门交办。对不属于集团职权范围内的信访事项,应当告知信访人向有权的机关或单位提出。信访工作室负责来访人员的接待、登记。重要信访事项,由信访工作室提出处理意见或建议报集团领导,经批示后,交由有关部门(单位)处理。来信原则上在15日内办理完毕,并将结果向来信人答复。

设立"董事局主席联系箱",畅通和规范职工诉求表达、利益协调、权益保障通道。坚持以思想教育为主,做好疏导和预防,避免越级上访,杜绝集体上访,把问题解决在基层。对缠访者要批评教育,对诬告、陷害者送司法部门处理。

5. 舆情管控

建立和完善舆情管理工作体系,及时了解和掌握舆情。对发现的不稳定因素展开风险分析,向集团有关部门通报,重大舆情及时上报上级有关部门。加强公开和沟通,及时说明事实真相,主动解决实际问题,有效化解负面舆情,形成总体协调、主动化解、联动应对的工作格局。

6. 爱国卫生

集团爱卫会、卫健科配合做好全国文明城市创建及国家卫生城市复审迎检工作,落实全国爱国卫生月活动,开展春秋季灭鼠和夏秋季灭蟑螂、灭蝇、灭蚊、灭鼠投药等活动,防止病媒传染的发生与流行。

按照"对内严格要求,在外遵守规则"的原则,组织全体员工参与环境卫生治理,倡导人人讲卫生、爱清洁、爱岗位、爱护花草树木,提倡餐饮光盘、使用公筷公勺。组织开展职工身体健康检查,保障职工身体健康。

7. 环境保护

集团环保部是环保工作的职能管理部门,序列公司配备专兼职环境保护管理人员,配备专职的污染治理人员。控制污染排放,推行清洁生产,争创环境友好型、资源节约型企业,争创低碳企业。

集团与序列公司每年签订环境保护目标管理责任书,明确序列公司环境保护工作责任,每年对环境保护目标管理工作进行考核,达到"保护环境,预防污染;依法治理,建设可持续发展的绿色富润"的目标。

重污染企业建立环境监督员制度,环境保护管理制度齐全,开展环境应急预案和实施演练,完成政府下达的减排指标。

（四）思想政治教育

1. 企业文化建设

崇尚文化，以文化人，用文化的力量陶冶、影响、凝聚、激励员工。结合企业生产经营管理中心，通过多种形式的文化活动，弘扬"敬业、奋进、包容、创新"的企业精神，让"忠诚于党的事业，忠诚于国有资产，忠诚于富润的事业，办事认真，处事公正，经营廉正，艰苦勤奋"的行为准则深入人心。

润物细无声，通过《富润》杂志、《富润党建通讯》、《富润内参》、企业微信公众号、微信工作群、黑板报、公示栏等阵地传播企业文化，宣扬良好的社会公德、职业道德和家庭美德。

2. 创先争优

坚持正面激励为主，开展系列创评活动，在各公司、各条线都树立身边的先进典型，用榜样的力量教育人、鼓舞人、激励人。秉承和弘扬"工匠精神"，形成尊重工匠、尊崇工匠精神的氛围，树立技能宝贵的风尚。

每年开展"劳动模范"、"十大杰出青年"、"十大杰出女性"、"十优共产党员"、"十佳党务工作者"、"十优思想政治工作者"、"十佳复退转军人"、"十大工匠"、"十佳离退休干部职工"、"孝亲敬老模范员工"、"十佳专业技术人才"、"十佳外来建设者"、"十优董事长（总经理）"、"十佳学习型团队"、学习型员工、"学习强国"学习标兵、先进生产（工作）者和先进党支部（总支）、先进集体、"共产党员示范岗"、"巾帼文明岗"、"青年文明号岗位"等各类立功创模活动。

（五）履行社会责任

1. 孝亲敬老

把孝德文化纳入企业文化，把"新二十四孝"写入《经常性思想政治工作条例》，倡导敬老爱老助老的良好风尚。以诸暨市孝德文化研究会为平台，对富润老年康乐中心及各托管敬老院开展关爱活动。

2. 拥军优属

以集团人民武装部为主要职能机构,深入持久地开展拥军优属活动,为军队选送优质兵员,接收并妥善安置军队复退转军人,做好复员退伍军人和伤残军人、随军家属、现役军人、革命烈士家属优抚工作;做好民兵整组;维护军人及其家属合法权益,积极开展扶贫帮困等。

集团职工选送的战士在部队立功受奖的,集团配套给予奖励,三等功奖500元,二等功奖5 000元,一等功奖10 000元,受战区表彰的奖励30 000元,受中央军委表彰的奖励50 000元。

3. 退休职工管理

把离退休干部职工视为企业的宝贵财富,不忘记他们在各个历史时期为企业改革发展作出的贡献。逢春节、端午、中秋等中华民族的传统佳节,安排"皆大欢喜"类福利,按照"慰问到位、不带不捎"的要求落实到位,并听取和征求退休职工对企业改革发展的意见建议。离退休干部职工管理科是关心爱护离退休职工的职能部门。离退休干部职工生病住院,离退休干部职工管理科要会同所在单位工会2至3人上门或到医院探望慰问,力所能及给予帮助。离退休干部职工亡故,要协助处理后事,送上最后一程。

4. 参与社会治理

积极参与社区共建,落实社区共建各项任务,参与社会治安联防联控、群防群治,协助做好社区各类矛盾纠纷调解;为社区提供养老服务、助残服务、健康促进、环境保护、法律服务、普法宣传等服务,并承接相关公共服务项目;参与文明家庭创建、爱国卫生运动,培育社会主义核心价值观,推进社区治理共同体建设。

5. 建言献策

通过董事局主席担任市委、市政府决策咨询委员的通道,发挥在集团的各级人大代表、政协委员、党代表等的作用,积极向上级党委、政府反映真实情况、提交意见与建议,致力构建"亲""清"政商关系,共同培育和优化营商环境。

6. 参与慈善活动

参与社会慈善活动,规范富润慈善基金管理,响应全省"千企结千村,消灭薄弱村"战略部署,"赵林中奖学基金"每年对考上大学、品学兼优但家庭困难的职工子女实行奖励,为困难职工家庭提供专项助学无息借款,开展职工义务献血和应急献血,帮助残疾人就业。

(六)现代治理体系

1. 互联网的使用与管理

树立网络信息安全意识,加强对电脑设备、局域网、OA 系统、网站、公众号等的管理,保证网络信息系统的安全运行,保证公司机密文件的信息安全。

2. 局域网安全制度

加强计算机网络的安全管理,保障各部门日常工作的顺利进行。集团信息中心是局域网的管理部门,局域网管理工作由信息中心网络维护员负责,局域网内使用的每台计算机落实专人负责,由信息中心统一维护。

3. 保密守则

集团保密工作委员会全面负责保密工作的部署、检查,保护商业机密,维护企业的安全和利益。集团及序列各公司、部门及全体干部职工都有保守公司秘密的义务。接触到企业秘密的员工,如管理人员、财务人员、证券事务人员、招投标人员、党务、纪检、档案人员等对保守公司秘密负有重要责任。

4. 涉外事宜处置

强化"外事无小事"的观念,建立紧急、重特大外事事件报告制度,定期不定期向上级主管部门汇报情况和企业外事工作的动态。

六、评价体系

(一)每年年初制定企业治理年度目标,并把企业治理年度目标分解到各治理机构、序列公司、职能部室,并落实到具体责任人。

(二)各责任部门和责任人负责组织实施企业治理的各项工作。遇新情况新问题及时提出调整,遇疑难和自身难以解决的问题及时提请研究。

(三)集团纪检委和内部管理整顿领导小组负责跟踪和督查各项工作的落实和进展情况,定期向集团党委和"枫桥经验"与企业治理研究所报告。

(四)每年度末,各责任部门和责任人对照年初计划、目标,对企业治理工作进行总结,向集团党委述职。在集团相关职能部门初评的基础上,由集团党委、董事局考核。在考核的基础上,每年度评选企业治理先进集体和先进个人,奖励先进,鞭策后进。

(五)信息记录和文档保存。各级管理人员要加强信息记录和文档保存意识,定期把涉及企业治理的信息记录和文档向档案部门移交,确保信息记录和文档归档的完整。档案馆对上交的信息记录和文档保存要及时分类、整理、归档,形成数字化档案,"无纸化"办公或事务处理系统中产生的电子文档,确保其信息的真实性、安全性和完整性,保证不被非正常改动,同时必须随时备份,存储于能够脱机保存的载体上。

七、术语和定义

(一)"枫桥经验"。20世纪60年代初,浙江诸暨枫桥干部群众创造了"发动和依靠群众,坚持矛盾不上交,就地解决,实现捕人少,治安好"的"枫桥经验"。此后,"枫桥经验"在实践中不断丰富发展,特别是中共十八大以来形成了特色鲜明的新时代"枫桥经验"。其内涵是,坚持和贯彻党的群众路线,在党的领导下,充分发动群众、组织群众、依靠群众解决群众自己的事情,做到"小事不出村、大事不出镇、矛盾不上交"。

(二)《富润控股集团经常性思想政治工作条例》(《六十条》)。1996年4月,富润控股集团在职工思想政治工作中长期积累总结、分析吸纳,整理形成的一整套行之有效的规范化制度,25年来历经9次修订,2018年11月再次修订。

（三）诸暨市孝德文化研究会。2015年12月,由富润控股集团董事局主席赵林中倡议发起组建的,是以传承中国优秀传统文化、崇尚孝德、弘扬孝德、讴歌孝行为主体,经批准设立的社会组织,现有会员5万余人。

（四）富润老年康乐中心。富润控股集团投资兴办的养老社会福利机构。以"一切为了老人"为服务宗旨,致力为老年人打造老有所乐、老有所养、老有所学、颐养天年的乐园。中心于2003年7月1日开始运营,机构设置合理,管理规范,具有专业和独具特色的服务体系,得到了社会各界和老年朋友的认可。获得"浙江省文明单位""浙江省先进养老机构""首届浙江孝贤""浙江省十佳支持老龄事业功德奖""浙江省最美家园"等称号,通过"ISO9001:2000"质量认证。

八、附录

（一）《富润控股集团经常性思想政治工作条例》(《六十条》)(略)。

（二）本规范自2020年12月21日起试行,在实践中与时俱进,不断完善提升。

1.2.3 浙江针织厂坚持综合治理,促进企业发展

提要： 作为一个中外合资企业,浙江针织厂创办于1989年。企业狠抓内部管理、发展生产的同时,毫不放松安全保卫工作,大力推进综合治理,创造内部安定团结的良好环境,保证生产经营高速发展。1992年经济效益在浙江全省同行之首,处于全国针织行业前3名。截至1993年10月,没有一个职工受到公安机关处罚,厂内没有发生一起刑事案件,没有发生过火灾及其他生产事故。主要原因是企业重视党的建设,发挥党员先锋模范作用,提高职工素质,建立和健全规章制度,建立一支强有力的检查、监督队伍,奖优罚劣,坚持"教育、挽救、改造"的方针,就地消化矛盾。对存在轻微

违法犯罪行为的职工,注意教育和帮助,促其转变,取得了良好的治理成效。

坚持综合治理　促进企业发展[1]

浙江针织厂

我们是一家由"浙江针织厂"和"中外合资富润针织有限公司"两个单位组成的混合型企业,共有职工1 400多人。近年来我们在狠抓企业内部管理、发展生产的同时,毫不放松企业安全保卫工作,积极落实"枫桥经验",大力推进综合治理,努力创造企业内部安定团结的良好环境,保证生产经营的高速发展,取得了可喜的成绩。1992年创产值1.26亿元,利税700多万元,出口创汇916万美元,经济效益跃居全省同行之首。主要经济指标连年翻番,进入全国针织行业前三名,连续三年被评为全国外商投资"双优"企业,厂容厂貌、职工队伍也焕然一新。近三年中,没有一个职工受到公安机关处罚,厂内没有发生一起刑事案件,没有发生过火灾及其他生产事故。我们的主要做法是:

一、发挥思想政治工作优势,促进企业治安稳定

1989年,我厂创办中外合资企业后,有人认为思想政治工作可以不要了,党团组织也可以转入地下。但厂领导认为,体制的转换,是当前经济发展的需要,而社会主义性质没有变。我们既要利用转换体制的优势,创造发达国家先进企业的高效益、高速度,又必须体现精神文明的先进性。为此,我们继续发扬思想政治工作的优良传统,不断注入新的内容。

(一)重视党建工作,发挥党组织的战斗堡垒作用,增强职工队伍的凝聚力。党的基层组织是职工的主心骨,在中外合资企业也一样。1987年以来,我们重点抓了两项工作:一是建立党员思想政治工作责任制,党委把职工的思想政治工作责任落实到所属4个支部,支部又把责任落实到每个党员,实行"双保制"。

---

[1] 《枫桥经验三十年》,内部资料,1993年,第114页。

要求每个党员以身作则,发挥模范带头作用,积极做好责任区内职工的思想政治工作,带动职工遵纪守法,努力工作,防止各类事故的发生,保证责任区内各项目标的实现,并与后进青年建立"一对一"的帮教对子。责任明确后,60多名党员认真履行职责,抓住时机,不拘形式,有针对性地做好职工的思想政治工作,收到良好的效果。二是积极慎重地做好党团员组织发展工作。1989年以来,已发展党员35名,团员132名,基本上做到了成熟一个,发展一个,激发了职工的政治热情。今年初,厂党委向全厂职工发出了1 000多份意见征求单,有80%的人表达了要求入党和进步的愿望。

(二)结合企业经营,把准职工脉搏,开展各种有益活动,提高职工队伍素质。几年来,围绕经济建设这个中心,我们坚持寓思想教育于丰富多彩的活动之中,先后开展了"百日劳动竞赛""每月岗位劳动竞赛""每月评选好人好事""提倡合理化建议"等活动。针对不同时期职工的思想状况和社会热点,组织职工开展"你有什么困难和难言之隐,请向厂里提出""你能为'希望工程'做点什么""花钱要花得有意义"等大讨论。今年6月1日《诸暨报》刊登了《救救小佳佳》报道后,又及时开展了"奉献一片爱心"捐款活动。通过上述各种有意义的活动,既活跃了广大职工的文化生活,又大大提高了职工的政治素质。一职工埋名为小佳佳捐款1 000余元,有426名干部职工为青田等贫困县215名小学生资助现款7万余元。1987年以来,全厂已有4 620多人次受到表扬和奖励。

二、建立和健全规章制度,严格企业内部管理

没有规矩,不成方圆。一套完整、严密的厂纪厂规,是企业安全、高效生产的重要保证。几年来,我们从建立健全各种规章制度入手,严格企业内部管理,确保生产正常秩序。

(一)制定完善各项规章制度。我厂原有"十大工作制度",但与现在的企业规模、内部机制、奖惩措施已不相适应。因此,我们根据工作中发现的问题和处理过程中所积累的经验,参照先进厂家的管理方法,发动群众献计献策,对

"十大工作制度"进行了全面的修订,使其更加完善。同时制定了"三十五个不准",规定了企业干部职工的工作、学习、生活准则;保卫科、车间、门卫、仓库等部门实行岗位责任制。特别是对一些有毒、易燃、易爆物品的存放、使用,建立了严格的管理审批制度,从而做到职责分明、责任到人、按章办事。

（二）建立一支强有力的检查、监督队伍。为了保障落实各项规章制度,我们成立了由党政工团人员组成的"内管部门整顿领导小组",全面负责企业内部的管理整顿工作,下设由领导小组成员任组长的检查组,每天对全厂各部门的劳动纪律、文明卫生、安全生产、现场管理等进行检查督促。检查组拥有当场处罚权,并将检查结果逐日登记在册,按月公布,作为年终考核的主要依据。各车间设立现场管理监督员,负责基层各项规章制度的执行情况。同时,保卫科定期不定期地对职工生活区及一些重要部门进行检查,加强防范,消除隐患,确保安全。由于形成了上下结合、纵横相连的检查监督网络,保证了各项制度的落实。

（三）奖优罚劣,严肃查处违章违纪事件。违章必纠,违纪必查,奖惩分明,是我们厂一条铁的纪律。上到厂长,下到职工,在规章制度面前,人人平等。对违反厂纪厂规者,不管任何人,都一查到底,严肃处理。去年4月,保卫科在巡查时,查获了张某某等4名职工工作时间搓麻将赌博,厂里对每人罚款200元,并通报全厂。今年7月,两名职工利用摩托车尾箱偷带了几块零头布料,被门卫当场查获。为了严肃厂纪厂规,我们首先在全厂职工中进行讨论,然后召开了由厂中层以上干部和党员参加的会议,集体讨论决定,对这两名职工处以罚款和辞退警告,同时给厂门卫值班员通报表扬,发奖金500元。这件事在全厂上下引起了强烈反响,推动了全厂正在开展的"树正气,立新风"活动。

三、坚持"教育、挽救、改造"的方针,就地消化矛盾

近年来,我们从维护社会稳定大局出发,立足于治病救人,通过细致的思想工作,化消极因素为积极因素,教育、挽救、改造了一批职工。对一些思想开始滑坡,大法不犯,小错不断的职工,我们及时进行教育、帮助。如漂染车间有位青年女工，由于思想幼稚，抗腐能力差，和社会上一些不三不四的人混在一起，很有可能滑向犯罪的深渊。为此，保卫科、党支部、工会和她所在的工班，共同组成了帮教小组。同班的一名小姐妹和她结成帮教对子，党支部和工会领导经常找她谈心，进行家访，保卫科每月找她谈话一次，她也每月向保卫科递交一份思想汇报。这样整整坚持了三年，终于使这位女青年转变了思想，成为一名自尊、自重、自爱的好青年，现在她已建立了美满的家庭。

对一些违纪犯规性质严重的职工，按《职工奖惩条例》规定，完全可以予以开除或辞退，将他们推向社会。但我们认为，社会安定，企业有责，合资企业同样有维护社会治安稳定的职责，如果我们对犯有错误的职工一推了之，就会给社会增加不安定因素。因此，我们在工作中，坚持两条原则。一是可退可留的坚持不退，立足于厂内教育改造，从1988年以来，我们没有一名职工因犯错误而被开除出厂。如原织造车间职工任某，平时法制观念淡薄，染上了赌博和偷摸恶习，1990年8、9月间，先后偷窃厂内财物数次，价值1 000多元，按事实可以开除，由司法机关处理。我厂专门为此召开了党政工团联席会议，大家认为就任某目前的情况，推一推有可能就此一蹶不振，成为罪人；拉一拉，利用企业思想政治工作优势，完全可能"浪子回头"，变成新人。我们选择了后者，一方面向公安机关担保，对任某进行经济罚款和行政纪律处分，另一方面给他调换工作环境。由工会主席、车间团支部书记等三人组成帮教组，专门对他实行帮教，同时，在其家属的配合下，在生活上予以关心体贴。任某十分感激组织的挽救帮助，对自己的错误有了深刻认识，愿意痛改前非。现在，任某确实变了，1991、1992年连续两年被评为先进生产工作者。二是已走愿回的欢迎回来，给予出路和机会。一些职工受社会思潮影响，盲目"下海"，在激烈的竞争面前，有的因发财无路，求财心切，结果做出了违法犯罪的行为。对这些职工，只要表示愿意回厂，我们以坦诚的胸怀，予以接纳。如原漂染车间职工郦某某，1989年3月冒领同组3名职工的工资，不辞而别，弃工经商，但因发财无路，人变坏了。1993年3月，他主动给厂长写信，检讨了自己以前的错误,表达了对企业安定环境的依恋,恳切要求厂长收留他。厂长将郦的信在全厂公布,让职工开展讨论。大家认为郦要求回厂的心是迫切真诚的,他尝过市场商海中单干的苦果,更能体味企业集体的温暖,更加爱厂,应该收留他。为此,厂长专程到郦家中走访,转告了厂里同意他复职的意见,并与家长一起对他进行谈心教育。郦回厂后,车间党小组主动关心他,教育他,使郦很快成为一名安分守己、勤奋工作的好职工,并成为车间的技术骨干。又如原厂业务员王某某,1988年辞职出走,因犯诈骗罪被判刑二年,劳改释放后,要求回厂工作。为使王某某生活有着落,避免重新犯罪,厂里给他安排了工作,现在他思想稳定,劳动出色,成为一个自食其力、有益于社会的人。

1.2.4　浙江菲达机电集团有限公司:深化"创安"活动,确保企业稳定

提要: 浙江菲达机电集团是全国最大的环保机械科研生产企业,针对集团点多、面广、线长等特点,通过深化创安活动,解决管理难度大的问题,为企业生产经营创造良好环境。几年来,公司党委坚持"改革、发展、稳定"大局,坚持把"枫桥经验"的基本精神引入创安工作机制,形成稳定和发展的良性互动。公司把加强制度建设作为深化"企业创安"、强化安全防范的重要措施,先后制定员工守则、车间(处室)工作职责、奖惩实施细则等各种管理制度、工作条例200多种,按生产、经营、教育、保卫等13大类汇编,依法提交职代会讨论通过后实施,使每项工作、每个工种、每处岗位、每项工艺职责明确,有章可循,使遵守制度成为全体员工的自觉行动。发挥人防、技防相互促进作用,与邻近村庄建立联防机制,及时、有效地预防和化解矛盾纠纷。通过依法治理、协作治理,维护了区域内治安稳定,收到了良好的社会效果。

深化"创安"活动　确保企业稳定[1]

浙江菲达机电集团有限公司

浙江菲达集团是全国最大的环保机械科研生产企业,环保产业中唯一的一家国家重大技术装备国产化基地、国家高新技术企业。主要从事电除尘器、烟气脱硫设备、气力输灰设备、布袋除尘器、污水处理等大气污染治理成套设备的科研开发和生产制造。公司设有研究所5个,下属制造分厂6个,治安防范区域跨度为40公里。

针对点多、面广、线长、管理难度大的实际,几年来,公司党委紧紧围绕"改革、发展、稳定"大局,坚持把"枫桥经验"的基本精神引入创安工作机制,形成稳定和发展的良性互动。2003年7月,菲达股票成功上市,并荣获全国五一劳动奖状和省级文明单位称号,今年1—7月实现中标签订合同额达12亿。公司连续五年被评为"省级治安安全单位"、省级"创安"示范点、"国家特级安全企业"和"省级社会治安综合治理先进集体"。实践使我们体会到:"枫桥经验"不仅是农村治安的典范,也是维护企业稳定、促进企业发展的法宝。

一、建立责任制,编织安全网

党政动手,依靠群众维护治安是"枫桥经验"的根本所在。为有效解决企业内部的治安问题,促进企业稳定,公司把抓好创安工作作为企业管理的重要环节,摆到党政工作的重要议事日程。建立了以董事长兼党委书记为组长、党政工团负责人及各支部书记为成员的创安领导小组,明确公司、各分厂、车间和科室主要干部为创安第一责任人,层层签订责任状,分解目标,落实责任,把治安责任同经济责任挂钩,加强组织领导,严格检查督促,坚持定期考核,实行奖罚同步,把保企业平安的责任落到实处。

公司十分注重依靠职工维护治安,发挥群防群治作用,建立了保卫处和经

---

[1] 中共诸暨市委、诸暨市人民政府编:《与时俱进的枫桥经验》,内部资料,2003年,第199页。

济民警队,有保卫人员 35 名;设治保调解小组,有治保人员 42 名,调解人员 37 名;划分治安责任区域,有治安责任人 50 名,治安信息员 25 名;还建立了三级防火责任人和义务消防队,共有防火责任人和队员 150 名。安全组织网络的完善,有效地预防和控制了各种案件和治安灾害事故的发生。

二、健全规章制度,加强安全防范

近年来,公司把加强制度建设作为深化"企业创安"、强化安全防范的重要措施来抓,针对企业实际和有关法律法规,先后制定员工守则、车间(处室)工作职责、奖惩实施细则等各种管理制度、工作条例 200 多种,按生产、经营、教育、保卫等 13 大类汇编,依法提交职代会讨论通过后实施,使每项工作、每个工种、每处岗位、每项工艺职责明确,有章可循,使用制度规范约束自己的行为逐渐成为全体员工的自觉行动。

"看好自己的门,管好自己的人,办好自己的事"是企业治安保卫工作的根本任务和起码要求。公司在加强保卫队伍建设和强化职工自我防范意识教育的同时,狠抓安全防范措施落实,舍得花钱买平安,注重硬件投入,不断提高安全防范设施的科技含量。公司实行全方位 24 小时值班巡防,对保险箱和引进的高科技技术资料采取"三防"重点管理,对车间贵重器具投资 10 万元制作防盗专用箱;对财务室和保险箱库房安装了"110"报警系统;计算机中心配置自动防火报警装置,在重点部位配备了灭火器 700 余只、消防高压泵 1 台;办公大楼和试验中心实行全封闭管理,以确保财物和技术资料安全。近五年累计投入隐患整改费用 120 万元。

三、以人为本抓教育,营造氛围促文明

一是加强思想政治工作,不断提高员工的思想素质,充分发挥员工的主人翁作用。在实践中,公司建立了一套以党组织为核心,党员干部做先锋,党政工团齐抓共管的工作机制,制定了精神文明建设和思想政治工作考核细则,真正把思想政治工作做细做实。公司每年开展评选"优秀党员""十佳员工""十佳

操作手"等活动,培植先进群体,树立学习榜样,激励广大员工的竞争意识和奋发进取精神。同时在政治上确立员工参政议政的主人翁地位,扩大民主。凡公司的重大决策,如劳动用工、医疗改革、企业改制等都提交职代会讨论,发动职工献计献策,倾听群众意见建议。特别是在今年公司实行工资改革,全公司员工理解支持,整个工资改革过程未发生吵闹事件。

二是注重法制宣传教育,努力增强全体员工的法制观念和法律意识。公司根据全民普法的要求,组织全体员工进行有关法律法规学习,利用公司《菲达报》、黑板报等,刊登法制理论文章,选择典型案例,以案释法。邀请司法部门的同志"送法进厂"进行培训辅导。公司还有的放矢地组织中层以上干部、技术骨干和营销人员参加专业性法律知识和厂纪厂规教育,从而不断地增强全体员工的法制观念,公司内形成了学法、懂法、守法、用法的良好风尚,为以法治厂奠定了坚实基础。

三是营造良好的思想氛围和文化氛围,进一步推进公司精神文明建设。为培养一支"有理想、有道德、有文化、有纪律"的"四有"员工队伍,公司广泛开展企业形势任务、社会主义信念、敬业爱岗、"三个代表"重要思想等教育活动,增强了党组织的感召力和企业凝聚力。公司各级领导关心爱护员工,坚持做到"三必访"(即职工无故不上班必访、生病住院必访、家有重大困难必访)、"五必谈"(即家庭有矛盾情绪出现必谈、思想有波动行为表露必谈、工作岗位调动必谈、有犯错误迹象必谈、违章违纪受处理必谈),调动了广大员工的积极性,密切了干群关系,清除了不安定因素。同时积极营造健康向上的文化娱乐环境,经常组织开展演讲比赛、歌咏比赛,投入费用 20 万元,建立和完善文化娱乐场所,建有灯光球场、乒乓球室各 1 个,室内羽毛球场 2 个,图书阅览室 3 个,还成立电声乐队、员工书画社等,活跃了员工的文化娱乐,丰富了员工的业余生活。

四、企地携手联防,共建"平安社区"

针对公司坐落区域交通便捷、暂住人口多、出租私房多、治安状况复杂的实际,从1997年开始,公司与所在城区曲山村开展了厂村治安联防工作,共同维护企业周边地区的社会治安稳定,共创企地"平安社区"。几年来,我们在当地政府的重视和支持下,在辖区公安派出所的指导下,建立和完善了联合防范的工作机制,签订了厂村联防协议,由公司保卫处和曲山村护村队具体组织实施。在联防工作中,坚持做到处、队负责人每星期进行一次商量研究,分析治安状况,互通治安信息,作出工作部署。公司夜间值班巡逻队会同护村队每天晚上都在厂村所辖地段和公司周边以及员工住宅区域进行联合巡查,还根据公安机关的部署,实行统一清查、设卡守候。为了应付各种突发性事件,厂村制订了应急联防方案,一旦一方发现重大紧急情况,另一方均能及时组织力量赶赴现场协助配合,对查获的违法人员和犯罪嫌疑对象都能及时扭送或移交辖区派出所处理。对涉及双方、员工与村民之间发生的矛盾纠纷案件,双方进行联合调处,妥善解决。

实行企地联防,有效地维护了区域内的治安秩序稳定,收到良好的社会效果。到目前为止,共缴获被盗自行车、三轮车235辆,手机等被盗物品一批,抓获违法犯罪人员嫌疑对象50余人,协助破获刑事案件一批,调处解决一批纠纷矛盾。通过治安联防活动,不仅使区域内的刑事发案和治安案件明显下降,而且推动了基层安全创建工作,公司已连续五年被列为省级治安安全单位,曲山村被列为诸暨市治安安全村。

1.3 民企参与社会治理案例

1.3.1 步森集团有限公司:加强外来人员管理,促进企业健康快速发展

提要: 步森集团创建于1984年,是一家民营股份制企业。多年来遵循"以人为本"的企业精神,重视在企业内部营造尊重人、关心人、爱护人的良

好氛围,充分发挥企业员工的聪明才智,调动员工的积极性和主动性。针对企业规模不断扩大、外来员工逐年增多的实际,步森集团建立了一系列制度,通过系统的法律知识培训、丰富多彩的职工文化生活、定期开展的职工技能比赛等方式,为外来员工创造良好的生产、生活条件,提供施展才华的机会。集团重视外来员工的管理和服务,为外来员工统一办理暂住证、就业证,各项费用均由集团负担;与职工逐个签订劳动合同,并从不收取押金;严格职工宿舍管理,保护职工人身和财产安全。步森集团做到了人才成长和企业发展相互促进,形成良性循环,为进一步深化"枫桥经验"、规范外来人员管理积累了丰富的经验。

加强外来人员管理　促进企业健康快速发展[1]

步森集团有限公司

创办于 1984 年的步森集团有限公司是一家在中国服装界颇具影响力的民营股份制企业。集团现拥有十余家分公司和两家海外贸易公司,总资产 2.93 亿元,员工 3 150 余名。集团在短短的十几年时间里,由一家三五十人的农村个体制衣小厂,一跃成为全国服装行业的知名企业,一方面源于企业市场定位准、经营路子正、产品质量好、品牌形象优等多种因素;另一方面还在于企业多年来遵循"以人为本"的企业精神,十分重视在企业内部营造尊重人、关心人、爱护人的良好氛围,充分发挥企业员工的聪明才智和工作积极性。作为一家在"枫桥经验"产生地发展、壮大的大型企业,步森集团在管理中始终以"枫桥经验"为指导,卓有成效地开展了一系列工作。特别是针对企业规模不断扩大、外来员工逐年增多的实际,步森集团始终真诚待人,把外来人员作为促进企业生产发展的重要力量,积极为外来员工创造良好的生产、生活条件,提供施展才干的机

---

[1] 中共诸暨市委、诸暨市人民政府编:《与时俱进的枫桥经验》,内部资料,2003 年,第 181 页。

会。因此,不仅走出了一条人才成长和企业发展良性循环的外来人员管理新路子,而且进一步深化了"枫桥经验",为当地企业的外来人员管理积累了丰富的经验。

一、依法管理,充分保障外来人员的合法权益

近年来,步森集团系列化产品和外贸业务发展迅猛。为满足生产经营的需要,公司从管理层到生产一线,外来员工的比例越来越大。到目前为止,步森已有683名外来员工,占员工总人数的22%。从维护公司生产经营秩序、促进企业健康快速发展和保障地方安定团结的角度出发,公司一是狠抓外来员工的法律知识培训。公司规定,所有员工上岗前必须接受系统的法律知识培训,内容涉及民法、刑法、劳动法、治安管理处罚条例、消防法、交通法律法规和公司规章等多个方面,由公司保卫科统一组织,聘请公、检、法等部门人员授课,学习结束要组织考试,成绩合格方能转入业务培训。公司还利用《步森报》、宣传窗等,开展法制宣传,及时为外来人员释疑解惑。严格的法律知识培训,既增强了外来员工遵纪守法的观念,又强化了依法维权的意识,有利于外来员工养成依法办事的习惯。二是规范用工秩序,理顺劳资关系。一方面,步森严把用工关,对所有招聘对象,要求"三证"(身份证、计划生育证、外出务工证)齐全,办理录用手续后,由公司统一为外来员工办理暂住证、就业证,各项经费由公司统一支出,以尽量减轻职工的负担。另一方面,依法与员工签订劳动合同,不管在试用期,还是聘用期,公司坚持做到逐个与员工签订劳动合同,并从不收取任何押金。通过合同明确工作时间、工作内容、劳动保护和劳动条件、劳动报酬、劳动纪律、岗位责任等问题。所有的合同均经过诸暨市劳动局鉴证。三是加强制度管理,健全管理机制。针对外来人员工作、生活区域分散,作息时间不统一的实际,公司首先是对员工的工作、食宿、休息、业务生活等方方面面问题作出了明确的规定,成为员工必须遵守的"行为规范",使员工在公司期间的吃、住、行、学、工作都有章可循。其次是层层建立了外来人员管理工作责任制。集团公司、各分公

司有管理小组,并明确了负责人,各外来人员住宿点、各寝室都有管理员,担负防火、防盗和监督约束集体纪律,及时发现调处各类问题。

二、以情感人,努力创造外来人员安居乐业的客观环境

多年来,步森集团一直重视做好为外来员工服务的工作。集团从名誉董事长寿彩凤、董事长陈能恩到其他高层管理人员都对为外来员工创造安居乐业的客观环境多次提出要求,并强调:外来员工远离亲人和家乡,他们是步森发展的重要力量,是步森的主人。因此,公司要求各有关部门对外来员工要多给予一分照顾和关怀。

一是坚持按时足额发放职工工资。在多年的生产经营过程中,即使遇上资金困难、周转不灵等问题,公司领导也要优先安排好员工的生活支出,保证及时足额发放职工工资,以充分保障劳动者权益。此外,员工除了每月能够享有应得的工作报酬外,集团还根据企业的实际,每个职工还可额外拿到不低于全年工资总额10%的月度奖和年终奖。2002年,步森员工月平均工资达到1 200元,全部按时足额发放。

二是重视安排好职工福利。一方面,为每位职工提供如养老保险、工伤保险等法定福利。另一方面,集团在"三八"妇女节、"五一"国际劳动节、公司暑假、中秋节、国庆节、春节等节假日发放各种福利。近两年来,集团为职工节假日发放生活实用物品价值达到300余万元。其中,对外来员工都以现金形式提供福利。此外,公司能够充分尊重职工休假休息权利。服装行业是个劳动密集型行业,生产有淡季和旺季之分。在上半年的生产旺季时,根据市场需要,企业有安排职工加班的情况,企业一定会给予加班补贴和高温补贴。即使在生产任务再紧的情况下,公司也会保证职工每周至少有一天休息时间。此外,外来员工还可以享受每年的七八月份和春节前后的10—25天不等的带薪假期。

三是关心员工生活,提供优裕工作、生活环境。在劳动保护方面,步森在所有车间,都安装了吊扇、中央空调等防暑降温设施。在后勤生活上,公司建立了可以容纳1 700余名员工就餐的职工食堂和管理人员餐厅,花色、品种十分丰富。后勤科只对菜肴收取成本费,保证每个职工能吃上可口、廉价的饭菜。许多员工都说,在这里花三元钱,吃得比外面五元钱都还要实惠。为了使员工没有后顾之忧,近几年来,步森先后投入850万新建了两个外来员工生活区,每间房间都有阳台和卫生间,宽畅明亮,通风状况良好,并配备了电扇,接入了宽带和有线电视,还配置了电视、洗衣机等公用设施,创办了图书室、多功能厅、篮球场等,所有入住员工的水电费全免。每间宿舍还设立了一名寝室长,负责本宿舍的卫生、安全、纪律等。宿舍每层楼房都安排一名专职的宿舍管理员,负责宿舍的安全和卫生工作,所有员工的姓名和房号、宿舍管理制度等一律上墙。房门钥匙统一由管理员保管,平时谢绝无关人员进入宿舍,如有朋友、同事来访,做好登记工作,确保员工的财产安全,使宿舍秩序良好。为确保安全,员工上班时,由管理员统一拉下电闸。可以说,步森已经在后勤的管理上摸索出了一套"公寓式管理"的模式和经验。浙江省委副书记周国富等领导来步森考察时,对步森的"公寓式管理"深表赞赏。

　　四是加强沟通,融洽情感,积极为外来人员营造良好氛围。为了丰富员工的业余生活,公司不定期举办一些喜闻乐见的群众性文体活动,如定期开放多功能厅举办歌舞活动,节假日举行拔河比赛、篮球赛等。每逢中秋、元旦、春节等重大节日,公司领导都要特地为因路远未能回家的外地员工举办联欢活动。公司还依靠党委、工会组织,每年两次对家庭生活困难的员工进行慰问,在物质上给予一定帮助,解决他们的一些生活问题。每到年底,各部门、分公司都要进行评比先进员工的工作,由集团工会组织先进员工外出旅游。2003年"五一"节,集团工会评比表彰了43名优秀外来员工,给他们颁发了证书和奖品,还组织他们游览了风景名胜区。对那些春节不回家过年的外来员工,大年三十夜公司领导和工会领导与他们欢聚一堂,并给每个人发压岁钱,让外来员工们感到家庭般的温暖。近几年来,先后有83名外来员工受到了集团公司的各类表彰,步森向外地员工发放了价值18万元的慰问金和物品。为及时了解和解决外来员工工作生活中遇到的困难和问题,公司《步森报》专门设置了"总经理信箱",由总经理公开解答员工提出的问题,强化了员工的主人翁意识,进一步拉近了员工与高层领导的距离,许多员工的切身问题也得到了妥善的解决。

五是群策群力,做好纠纷调解工作。为及时调解员工之间的各类纠纷,尽力化解矛盾,激发员工的工作积极性,公司建立了"治调会",还在各车间建立了治调小组,由车间主任任治调小组组长,做到小事不出班组,一般纠纷不出车间,矛盾不上交。这样既化解了纠纷,团结了同志,又有利于促进生产,改善员工的工作环境,促进了企业的发展。去年7月9日,步森公司的员工周某某与安徽籍的员工刘某某发生斗殴,致使刘某某头部受伤。公司调解委员会了解到这一情况后,一边将受伤员工送到诸暨市中医院治疗,一边迅速调查事情的起因。经调查,原来是周某某因看不惯刘某某,因此对他进行无故殴打。

对此,公司调解委员会对周某某进行了严肃处理,并由周某某向刘某某赔偿医疗费722.8元,误工费150元。双方对此都十分满意。公司调解委员会成立几年来,已先后处理了50多件这样的纠纷。从1998年至今,在步森集团外来员工中没有一人被刑事处理。公司调解委员会多次被诸暨市司法局和枫桥镇人民政府评为调解工作先进集体、"五星级治调委员会"。

三、唯才是举,积极营造外来人员成长进步的理想空间

二十一世纪企业的竞争,将是企业拥有的人才数量和素质的竞争。而如今对人才要求已经从"伯乐相马"发展到"伯乐赛马"的时代,对企业来说,不仅要为人才营造一个舒适宽松气氛,更重要的是构筑一个人才竞相赶超的平台。在实际工作中,步森集团实行"以感情留人,以待遇留人,以事业留人"的用人理念,对外来员工从不另眼相待,只要是人才,决不闲置。

一是重视职工技术培训。公司规定新进公司的职工必须经过三个月的技术培训后,才能独立从事岗位操作。培训方式主要有以老带新(技术老师傅带

新徒弟)、送外集中培训(如西服公司集体送职工到温州)、厂内开班培训班等。除了必要的技术培训外,集团还根据生产与管理的需要不定期地通过集中开培训班,板报、《步森报》、《管理视野》开宣传专栏等形式开展培训,促进了人才的健康成长。

二是大胆任用外来人员。近几年来,为适应步森快速发展的需要,公司加大了对人才的引进力度,其中有相当一部分是外省和诸暨以外地区人员,他们中大部分现已是公司技术、管理和营销等岗位的骨干。来自江苏的唐金鹏和安徽的吴永杰分别担任了分管业务和外贸的副总经理,不少外地员工还在集团办公室、品牌管理部、人力资源部等重要部门担任要职。集团公司总部100多名管理人员中就有44名是外来人员。这些人才的加盟,不仅进一步淡化了企业的家族化气氛,在很大程度上打破了企业人才本地化的明显特征,因此也提高了决策的科学性和民主性,为集团公司朝国际化、专业化、高科技方向发展奠定了坚实的基础。

三是尊重外来员工,肯定员工价值。一方面,严格、公正地执行公司的规章制度,对于公司纪律,无论是领导,还是普通员工,无论是本地人,还是外地人,均一视同仁,按章处理。另一方面,在精神奖励方面也是同等对待,甚至是有所侧重。在企业每年都举行的"双学双比""争当文明女职工竞赛活动"中涌现了一批又一批的优秀外来员工。如2002年度全厂的先进工作者、技术能手中就有20位外地员工,占全年先进总数的四分之一。

近几年,国内服装市场群雄并起;国外一些服装集团虎视眈眈,急于抢滩。在竞争空前激烈的形势下,步森的销售业绩却逐年稳步提升,"步森"商标在2000年9月还被国家工商行政管理局评定为"中国驰名商标"。这与步森多年来正确处理劳资关系和实行科学的用人战略密不可分。近几年来公司从没发生一起劳资纠纷,去年10月被诸暨市劳动局评为"劳动管理信得过单位";在诸暨市2002年度民主管理、关爱职工、用工规范、依法纳税等单项先进评选中获

"综合优胜奖";连续两年被浙江省社会治安综合治理委员会、浙江省公安厅等单位评为"治安安全单位"。

1.3.2 浙江海魄服饰有限公司:"既出产品,又出人品"

提要: 作为一家民营企业,海魄服饰有限公司确立的宗旨是"建厂育人——既出产品,又出人品"。公司从原来只有三十多人的作坊式家庭工场,发展成为员工上千数、产值超双亿的诸暨市级规模企业,主要原因是重视人才培养,形成高素质的职工团队,发挥职工的积极性、主动性。公司认识到"乌合之众只能出杂牌,投机取巧只能出冒牌,只有高素质的员工才能创造出高品位的名牌",成立海魄职业学校,扎扎实实提高员工的文化水平。学校通过开设思想课、文化课、技术课,使全员获得学习、提高的机会。发挥党群组织的作用,凝聚人心,发挥员工的主人翁作用。高尚的人品,造就了高质量的产品;高质量的产品,成为市场竞争的核心因素。企业造就人才,人才成就企业,"既出产品,又出人品"的学校式企业,提升了公民素养,成为企业参与社会治理的"枫桥经验"重要模式。

既出产品　又出人品[1]

浙江海魄服饰有限公司

"步入海魄公司,格调不俗的企业文化新风扑面而来。"一个来海魄采访的《人民日报》记者这样说。一个俄罗斯商人说:"海魄人讲信用,我做生意很放心。"这些赞誉都是对海魄"建厂育人——既出产品,又出人品"做法的充分肯定。海魄也确实是依仗这个方针,不断发展壮大的。十年来,海魄依靠员工,爱护员工,培养员工;而员工依存企业,热爱企业,尽职企业。正是这团结进取的

---

[1] 中共诸暨市委、诸暨市人民政府编:《与时俱进的枫桥经验》,内部资料,2003年,第190页。

人际关系,使海魄从原来只有三十多人的作坊式的家庭工场,很快发展成为员工上千数、产值超双亿的诸暨市级规模企业、绍兴私企三十强、浙江新企百强、全国服装行业利润与销售总额双百强。每年上交国家税收几百万,去年超过一千万元,是诸暨市的纳税明星。海魄产品年年经国家服装检测中心检验为优等品,被评为浙江名牌、浙江著名商标,畅销全国,还远销俄罗斯与其他欧美国家。

办厂结合办学

企业是生产单位,是赢利机构。但从根本上说,人是最关键的,离开了人就无所谓事业,也无所谓希望。说到人,打铁先得自身硬,办企业业主的才德是最重要的,必须有事业心,有招贤纳士的宽阔胸怀。育人先育己,身教重于言教。在海魄,无论是事业初期还是略有所成,我们都严格要求自己。尽管我们几个主要负责人都有大学学历,但大家都认识到自己的知识不能适应飞速发展的社会的需要。我们必须学习党的方针政策,必须学习创业先行者的经验教训;我们还应该学习竞争对手的开拓精神,尤其有必要摸索变化多端的市场规律。总之,我们觉得今天社会变化很大,但是我们要以不变应万变,这就是我们的办厂宗旨不变,学习精神不变,服务良知不变。只有这样,我们才能紧跟时代的步伐。

企业是个团队,要讲究群体效应。但是团队精神与群体效应不会自然产生,要靠培养、教育。办企业是经济行为,自然要讲待遇,少发、扣发工资当然不行,然而把大家的心思都集中到工资上,同样不行。人毕竟除了物质追求,还有精神追求。作为企业有责任提高全员的生活水平,更有责任改善全员的精神状态。不要以为"私营企业"一切都姓"私",我们是社会主义时代的私营企业,我们肩负着社会的重大责任。

建厂必须育人,这是时代的使命。拿我们的企业说,进厂的员工多数是家庭妇女和刚毕业的初中生,还有外地民工及个别失足青年。他们普遍文化水平较低,其他素质也相应不高。家庭妇女有了孩子,挑着家庭重担,假如企业不给她们学习的机会,她们不可能再有提高。外地民工虽然年轻,但他们离开家庭千里迢迢投奔企业,企业不关心又有谁关心?尤其是那些十六七岁的小青年,他们像刚断奶的孩子,到企业后没有了家长与老师的爱护,初步开始独立生活,一切都不习惯,这正是人生的关键时刻,走好走歪都在这一步。企业应给他们以最大的关注,扶他们走上正道,否则就会贻误他们一辈子。

当然作为企业不可能完全游离企业本身的利益去担负学校的义务,企业有它发展经济的特定任务,因此培养、教育员工自然应该结合企业的实际。事实上,只要有心去做,这两者是完全可以统一的。像我们服装行业,如今供大于求,竞争非常激烈,假如我们不努力提高自己产品的品位,不争创名牌,必将无立足之地。然而名牌不是自己随便可以命名的,也不可能靠"王婆卖瓜"自吹自擂,它必须依靠实实在在的人去创造。因此员工的素质决定着我们产品的档次。乌合之众只能出杂牌,投机取巧只能出冒牌,只有高素质的员工才能创造出高品位的名牌。抓产品首先要抓人品。从企业的实际利益出发,培养教育员工是义不容辞的。

教育造就人才

提高人的素质有许多途径,我们觉得最稳固、最可行、最有效的办法是营造一个学习进取的良好环境。为此我们努力建设一个学校式的企业。开始是创办图书馆和阅览室,公司在用房十分紧张的情况下,腾出一间办公室,又出资两万元购买了一批书籍杂志。团委、妇联发动全厂员工献书读书,当时确实有些轰轰烈烈。有几个修线的老奶奶一起捐上百元钱说:"我们不识字,当了一辈子亮眼瞎子,公司能叫大家读书,这是件大好事,我们不知道什么书好,你们代我们买几本,表示我们一点心意,我们希望年轻人都成为有文化的人。"可是图书馆办起来了,进去读书的人却不多,究其原因,是我们的员工多数是属于没有读书习惯的人。

公司进而决定办学校,扎扎实实地提高员工的文化水平,提高他们的读书能力。这一决定得到了诸暨市教委的大力支持。1998年9月,海魄职业学校正式被批准创办了。公司董事长兼做校长,教师是厂内的大中专毕业生和技术人员。原以为这样只费一点书钱,其他一切学杂费都由企业开支的学校,一定会有许多人报名读书,但事实并非如此,第一期报名的只有十几个人。后来经过大会小会反复动员,再个别谈话、家庭访问,得到家长的支持,才报上52个人,开了一个班。

学校一办,企业的学习气氛就浓了,虽然正规读书的还是少数,但企业有了一个很好的学习阵地。学校开设了思想课、文化课、技术课。思想课包括人生哲学、党课、团课,除了职校生,企业的党员、团员、干部及要求进步的员工都成了学习的对象。文化课,只要愿意学习的人都可去听。技术课更是根据企业需要,对不同工种的人进行培训,几乎所有员工都有了学习的机会。有时进行讲座,像计划生育、法制教育、安全教育,更是全员济济一堂。大家不仅学,还要写,更要做,职工们的素质得到全面的提高。

公司又创办了企业报、黑板报、墙报、演唱队、乒乓球队,开展一系列的活动,像"读好书、干好事、做好人""买一本书、读一本书、写一篇文章"等读书活动,以"理想、责任、作为"为主题的演讲比赛,以及其他歌咏比赛、技术比武、旅游活动,大大丰富了员工的精神生活,活跃了身心。图书馆办得兴旺起来,书籍近万册,且一分为二,一个向内开放,一个向社会开放。《海魄报》创办二十余期,收到员工稿件二千余篇,刊登二百多篇,不仅职工喜欢它,全国各地的消费者也纷纷来信来电加以赞扬或提出完善的意见与建议。有的著名艺术家还题诗作画,以资鼓励。企业还有自己的厂歌《海魄之歌》,组成了百人演唱队,多次在厂内外的文娱晚会上演唱,既激励海魄人,也受到领导与群众的好评。这一切,使海魄员工的精神面貌有了很大的改变。如裁剪车间的小尉,原有赌博的坏习惯,参加了企业的各种活动后,他一改旧习,父母为此而高兴。青年小钱因吵架而被学校劝退,进厂后有了重新学习的机会,进步很快,从车工提拔为营销员。失足青年小魏,公司送他到外地培训印刷技术,成了我们印刷厂的骨干。

在浓郁的校园文化氛围中,我们因势利导健全党群组织,从 1997 年开始先后建立了党支部、工会、团委、妇联、人武部,这些组织成了凝聚人心、发挥员工积极因素的重要阵地。校园文化和党团组织的建立,使企业显现了无限生机,开创了员工自己教育自己、自己管理自己的良好局面,而且每个组织都涌现出一批干部与先进分子,为公司培育了一大批管理人才。我们的人事、宣传部门负责人是从党支部中涌现的,我们的生产、销售部门负责人是从工会中涌现的,我们的衬衫部、西裤部负责人是从妇联中涌现的。许多员工通过职业高中与各种培训学习,各方面有了显著的提高,成了公司的骨干。如衬衫部主任毛小萍,原是车间主任,三十岁报名读职高,文化水平提高后,提笔能写总结,上台能即兴发言,还能给员工上课,妇联成立时,大家一致选她为主任,还当上了镇妇联的执委。外地工袁树林,每次培训都积极参加,任了衬衫部的最终检验,把好产品最后一道关。我们公司七十多名管理人员中,90%以上是自己培养的。也因此在这人才流动十分频繁的社会中,十年来,我们的干部队伍基本不动,为企业的发展奠定了牢固的基础。

人才造就企业

由于海魄形成一个积极进取的群体,从领导到员工,每一个海魄人都有一颗火热的心,"既出产品,也出人品"成了企业的座右铭。十年来,涌现了一大批先进分子。董事长是市侨联、文联委员,中国服装协会理事,市综合治理先进个人,爱职工优秀厂长,绍兴市优秀思想政治工作者。总经理是市政协委员、绍兴市妇联执委、市十佳女厂长、省三八红旗手。副总经理是中国服装监测中心顾问、市优秀青年企业家。公司党支部是市五星级党支部,工会是市示范工会,团委是绍兴市先进,妇联是市级先进,员工中有十五人被评为市级以上的先进个人。

"创名牌业,做名牌人",海魄人上下呼应,全员齐心。为了创出高质量的产品,公司早在 1999 年就进行 ISO 国际质量体系认证。有人说通过认证可以走轻便的路，这就是以钱开路，找一个要求低的认证单位，只要多给点钱，企业可以少花力气。然而海魄需要的是真正的国际标准，我们找了个要求极其严格的方圆认证单位，那个负责考核的姓李的女教授，办事十分认真，考核一丝不苟。在考核过程中，我们全厂从领导到员工，思想高度集中，行动高度统一，精神高度紧张，工作高度努力。职高生在理论考核中起了很大作用，他们率先掌握有关的知识，设立文化岗，在饭前饭后、上班下班，站在门口对全体员工进行考查。对个别文化低、记性差的员工，还进行包教包学，硬是让他们把应该记住的知识统统记住。六个月的标准化大练兵，使海魄人的思想素质与技术素质受到了严格的考验。我们通过的不仅仅是质量体系认证与产品质量认证，更是海魄人团结奋斗、说到做到的过硬精神与作风的认证。认证通过那天，像是奥运会得了冠军，有的人抱在一起高兴得哭了。五车间检验员蔡冬芬说："我文化水平低，很害怕拖企业的后腿，考核那几天，我吃不好，睡不好，半夜起来背诵。"质保科长陈鲜菊说："通过认证我看到了海魄员工的美好心灵，大家都想企业所想，急企业所急，都不肯因为自己的差错而影响企业。"也就是这样，一般通过认证需要一年时间，而我们只花了半年。

　　高尚的人品，造就了高质量的产品，高质量的产品又引来顾客，占领市场，这是海魄发展的规律。记得五年前海魄来了一位犹太客商，这位洋先生不看产品，先看我们的员工。他来到生产车间，见我们的员工有条不紊地工作，质检人员检查十分仔细，连一根线头也不放过，他连叫"OK"，生意很快就谈成了。去年发生一个难题，由于变压器故障，再加上厂里内销生产忙，眼见犹太客户的货不能及时发了，我们向他说明情况，请求延期，谁知对方发脾气了，他说："我不听什么理由，我只知道按时见到我要的货。"我们二话没说，停掉利润相对较高的内销，员工们自发加班加点，硬是把他的货赶了出来，乐得他连叫："海魄，可信。"今年闹"非典"，内销生意不好，我们正犯愁，这位外商提前一个月来了，而且一下子订货四十多万件。有人说海魄真荣幸，我们清楚地知道是诚信帮助我们渡过了难关。

要使产品有竞争力,不仅质量要好,而且价格要实惠,这就要从降低成本上下功夫。降低成本有许多因素,然而我们觉得最重要的还是人品。譬如把好进货关,是降低原料成本的第一道。有的供应商为了推销自己的产品会不择手段,千方百计在我们的供应科、仓库、验布人员身上下功夫,送回扣、送礼物、请吃饭等等。然而这些手法在我们海魄行不通。有个供应商借口送工艺地毯与我们的供应科长谈价格,我们的科长说:"你知道我们海魄不兴这一套,你就实实在在把价格降下来。"又有一次有人把一千元钱塞给他,他严词拒绝了。几乎所有供应商都认为"与海魄做生意就是靠诚信、质量可靠、价格合理,其他什么方法都不灵光"。海魄人的廉洁人品,为海魄把好了进货大关,真正做到开源节流。

就这样,企业造就人才,人才造就企业,海魄这个既出产品又出人品的学校式企业获得了自己也想象不到的成绩。有人问海魄以后打算怎么办,我们说海魄今天不仅做服装,还投资医药公司与房地产,事业做大了,最缺的还是人才,我们还是要在育人上下功夫,我们相信只要有真正德才兼备的人,什么样的事情都可以办好。

第二章
事业单位参与社会治理的"枫桥经验"

提要：事业单位是社会治理共同体的有机组成部分，是多元治理主体的重要内容。事业单位改制是中国建立社会主义市场经济体制的重要内容。诸暨市政府采取有效措施，推动事业单位改制，发挥事业单位在社会治理中的作用。在事业单位改制过程中，重视建立长效机制，做好经营性事业单位改制，完善机关事业单位养老保险统筹，取得良好社会效果。事业单位参与社会治理，对于建立现代化的行业治理体系意义深远。诸暨市针对珍珠行业、袜业等品牌建设，采取积极的引导和规划措施，发挥事业单位在标准质量控制、生产过程精细、产品营销有序等方面的作用，为公平竞争创造良好条件。其中，医疗联合体建设强调医疗行业治理共同体建设，在市域实现资源下沉、资源分享，实现城乡医疗资源的平衡发展，取得了良好成效。

2.1 事业单位参与社会治理的政策规定

2.1.1 诸暨市事业单位领导人员管理实施办法（试行）

提要：《办法》分为7章，分别从事业单位领导人员任职条件和资格、选拔任用、任期和任期目标责任、考核评价、监督约束、退出等6个方面,进行了明确规范。由于事业单位所具有的公益性、服务性、专业性、技术性等特点,事业单位领导人员的选拔具有特殊的要求,不仅要具备较强的公共服务意识和改革创新意识,还要具有相关的专业素质或者从业经历。事业单位领导人员的管理,结合了对事业单位的管理内容,坚持个人管理与班子整体管理并重,有助于其职能的充分发挥。

诸暨市事业单位领导人员管理实施办法(试行)[1]

第一章 总则

第一条 为加强和改进事业单位领导人员管理,完善选拔任用和管理监督机制,建设一支符合好干部标准、忠诚干净担当的高素质事业单位领导人员队伍,根据《浙江省事业单位领导人员管理暂行办法》等有关文件精神,结合我市实际,制定本办法。

第二条 本办法适用于市委、市政府直属以及部门(单位)所属事业单位领导班子成员。

第三条 事业单位领导人员的管理,应当体现事业单位公益性、服务性、专业性、技术性等特点,遵循领导人员成长规律,激发事业单位活力,推动公益事业又好又快发展。

第四条 党委(党组、工委)及其组织(人事)部门按照干部管理权限履行事业单位领导人员管理职责,负责本办法的组织实施。

第二章 任职条件和资格

第五条 事业单位领导人员应当具备《党政领导干部选拔任用工作条例》规定的基本条件,具有较强的公共服务意识和改革创新意识,有相关的专业素

---

[1] 市委组织部(市公务员局)2019年8月2日发布。

质或者从业经历,熟悉有关政策法规和行业发展情况,工作实绩突出,业界声誉好。同时还应具备下列基本资格:

(一)一般应当具有大学专科以上文化程度;

(二)提任市委或市委组织部管理的领导职务的,一般应担任下一级领导职务两年以上;

(三)提任部门(单位)管理副职的,一般应具有两年以上事业单位工作经历,提任正职的,一般应担任副职满一年以上;

(四)近两年年度考核等次均为合格及以上;

(五)具有正常履行职责的身体条件;

(六)符合党内法规、有关法律法规和行业主管部门规定的其他任职资格要求。

第六条　事业单位领导人员应当逐级提拔。特别优秀或者工作特殊需要破格提拔的,需事先书面报上一级组织部门审核同意。

第三章　选拔任用

第七条　事业单位领导人员的配备,必须严格按照核定或者批准的领导职数和岗位设置方案进行。

第八条　选拔事业单位领导人员,根据行业特点和岗位要求,可以采取组织选拔、竞争(聘)上岗、公开选拔(聘)等方式进行,也可以探索委托相关机构遴选等方式进行。

第九条　确定考察对象,必须把政治标准放在首位,综合考虑工作需要、人选德才条件、一贯表现、人岗相适和征求意见等情况充分酝酿,防止简单以票、以分或者以学历、职称、荣誉等取人。

对事业单位领导人员拟任人选,必须依据选拔任用条件,结合行业特点和岗位要求,全面考察其政治表现、专业素养、工作实绩、工作作风、廉政情况等方面内容,注意了解考察对象生活圈、社交圈情况,全面准确地作出评价。

第十条　选拔任用工作具体程序和要求,参照《党政领导干部选拔任用工作条例》《诸暨市中层干部选拔任用工作实施办法》及有关规定执行。

第四章　任期和任期目标责任

第十一条　事业单位领导人员一般应当实行任期制,每个任期一般为三至五年。

第十二条　事业单位领导班子和领导人员一般应当实行任期目标责任制。

任期目标由事业单位领导班子集体研究确定,领导班子和正职领导人员的任期目标应当报经主管机关批准或者备案。

制定任期目标时,应当充分听取单位职工代表大会或者职工代表的意见,注意体现服务对象的意见。

第十三条　事业单位领导人员应实行轮岗交流制度,主要适用的情形是:

（一）因工作需要交流的;

（二）需要通过交流锻炼提高领导能力的;

（三）在同一岗位连续任职满十年以上的;

（四）按照规定需要回避的;

（五）因其他原因需要交流的。

第五章　考核评价

第十四条　事业单位领导班子和领导人员根据事业单位实际实行平时考核、年度考核、专项考核和任期考核。

平时考核结合走访调研、谈心谈话、民主生活会等进行。

年度考核以年度为周期对领导班子和领导人员进行综合考核。

专项考核是对领导班子和领导人员在完成重要专项工作、承担急难险重任务、应对和处置重大突发事件中的表现所进行的针对性考核。根据平时掌握情况,对表现突出或者问题反映较多的领导班子和领导人员,可以进行专项考核。

任期考核是对领导班子和领导人员在一届任期内总体表现进行全方位考核,一般应结合换届考察或者任期届满当年年度考核进行。

第十五条　考核评价工作按照干部管理权限进行,以任期目标为依据,以日常管理为基础,注重工作实绩和社会效益,注意与事业单位管理、绩效评价等工作相衔接。

坚持党建工作与业务工作同步考核,实行抓党建述职评议考核制度,可以与年度考核等结合进行。

第十六条　综合分析研判考核情况和日常了解掌握情况,全面、客观、公正地作出考核评价意见,确定考核评价等次。

领导班子年度考核和任期考核的评价等次,分为优秀、良好、一般、较差;领导人员年度考核和任期考核的评价等次,分为优秀、合格、基本合格、不合格。

第十七条　考核评价结果以适当方式向领导班子和领导人员反馈,并作为领导班子建设和领导人员选拔任用、培养教育、管理监督、激励约束等的重要依据。

第六章　监督约束

第十八条　市纪委、市监委、市委组织部、市人社局及主管部门按照管理权限和职责分工,履行对事业单位领导班子和领导人员的监督责任,突出对主要领导人员的监督。

第十九条　加强对事业单位领导人员的日常了解和管理监督,发挥党内监督、民主监督、法律监督、审计监督和舆论监督等作用,综合运用考察考核、述职述廉、民主生活会、巡察、提醒、函询、诫勉等措施,对领导班子和领导人员进行监督。

第二十条　积极推进事业单位事务公开,注意发挥职工代表大会等组织在单位民主管理方面的作用,畅通职工群众参与讨论单位事务的途径,拓宽表达意见的渠道。

第七章　退出

第二十一条　事业单位领导人员有下列情形之一的,一般应免去现职:

(一)达到任职年龄界限或者退休年龄界限的;

(二)年度考核、任期考核被确定为不合格的,或者连续两年年度考核被确

定为基本合格的;

（三）不适宜担任现职,应当免职的;

（四）因健康原因,无法正常履行工作职责一年以上的;

（五）因工作需要或者其他原因应当免职的。

工作特殊需要的,部门(单位)所属事业单位领导班子成员,按照干部管理权限经批准后可以适当延长任职年龄界限。

第二十二条　实行事业单位领导人员辞职制度。辞职包括因公辞职、自愿辞职、引咎辞职和责令辞职。辞职程序参照有关规定执行。

第二十三条　退出领导岗位但未达到退休年龄界限的事业单位领导人员,本人具有一定专业素质且愿意继续从事专业工作的,所在单位积极提供便利条件,鼓励和支持其后续职业发展;其他退出领导岗位人员,根据本人实际和工作需要,作出适当安排。

附则

第二十四条　主管部门(单位)根据本办法及上级有关行业主管部门的要求,可制定本部门(单位)事业单位领导人员管理具体实施办法。

第二十五条　本办法由市委组织部负责解释。

2.1.2　诸暨市委编办着力推进政事权限清单工作,持续深化事业单位改革

提要: 事业单位政事权限清单制度是事业单位改革的重要组成部分,力求厘清主管部门与事业单位之间的履职关系,不断促进新时代公益事业平衡充分高质量发展。诸暨市出台的《诸暨市事业单位政事权限清单试点工作方案》,科学界定公益服务类、技术支撑类、行政辅助类事业单位等不同类型事业单位的政事内容,全面梳理事权分工,厘清边界,建立长效机制,全面发挥事业单位服务人民的公益属性。

诸暨市委编办着力推进政事权限清单工作　持续深化事业单位改革[1]

为进一步巩固事业单位改革成果,持续提升事业单位治理效能,聚焦理顺体制机制、凸显公益属性、提升履职水平三大重点,诸暨市委编办层层推进政事权限清单试点工作,探索建立事业单位政事权限清单制度,力求厘清主管部门与事业单位之间的履职关系,不断促进新时代公益事业平衡充分高质量发展。

一、科学制定实施方案,压实任务。按照高质量做好事业单位改革"后半篇"文章的相关精神和上级要求,出台《诸暨市事业单位政事权限清单试点工作方案》,坚持协同高效原则,明确试点工作的目标任务是进一步厘清事业单位与行政主管部门的具体权限边界,为下一步全面推行政事权限清单制度提供样本。深入摸排187家事业单位,根据单位意向、职能情况、编制配备、机构设置等实际情况,分别选取建设、自然资源和规划、水利部门所属具有代表性的公益服务类、技术支撑类、行政辅助类事业单位各1家作为试点单位,并做好统筹谋划和动员部署工作,牵头召开碰头研究会,确立清单内容、细化任务措施、明确时间节点,层层压实责任,积极有序推进试点工作。

二、全面梳理事权分工,厘清边界。一是纵深细化事项清单。按照党的建设、干部人事、资产财务、内部管理、业务运行五大板块内容制定试点单位参照政事权限清单样本,其中各个板块逐项分解,明确党务管理、干部选拔任免、经费预决算、综合事务管理等共性事项,业务运行相关自主事项由各试点单位结合自身实际确定。二是规范梳理具体职责。各试点单位应在"三定"规定明确的职责范围内填报内容,并结合"三定一评"履职体系,逐项梳理、逐一厘清事业单位自主管理职责和主管部门举办监督职责,做到"突出重点、立足实际、表述规范"。三是协商划分权限边界。针对存在权责边界不清、职能分工不明等问题,主管部门与试点单位积极对接、充分沟通,协商一致后加以修改完善。正式

---

[1] 诸暨市委编办2021年11月25日发布。

形成的政事权限清单经单位内部公示和主管部门审核后报市委编办审定,确保分工明确、边界明晰、履责顺畅。

三、探索建立长效机制,理顺关系。市委编办全面掌握试点单位的开展情况、主要做法、取得成效、存在问题及意见建议,形成一套多方位、高质量、操作性强的先进经验和做法。进一步探索建立事业单位政事权限清单制度,提高工作站位,优化方法路径,赋予事业单位更多自主权,为实现政府部门职能体系完善和机构编制管理现代化提供制度保障。同时,做好对试点单位的协调指导工作,督促主管部门和试点单位发挥好典型示范带动作用,按照政事权限清单履职履责,畅通工作机制,理顺政事管办关系,通过制度机制解决职责交叉、边界不清带来的各类问题,充分发挥出事业单位服务大局的作用,强化事业单位服务人民的公益属性。

2.1.3 中共诸暨市委、诸暨市人民政府关于生产经营型事业单位改制的若干意见

提要: 生产经营型事业单位是指从事生产经营按企业化运作的事业单位,这类事业单位的改制,对于推动市场化改革、规范市场经济发展、完善社会治理环节、提升社会治理水平具有重要的作用。改制的过程就是完善体制机制的过程,坚持有序推进、效果导向,体现了"枫桥经验"的精神。事业单位改制是建立、完善社会主义市场经济的重要组成部分。

中共诸暨市委 诸暨市人民政府关于生产经营型事业单位改制的若干意见[1]

根据浙江省、绍兴市有关事业单位改革的精神,结合我市实际,现就生产经营型事业单位改制提出如下意见:

---

1 市委〔2001〕49号。

一、改制原则

生产经营型事业单位是指从事生产经营按企业化运作的事业单位。事业单位改制要坚持从实际出发,参照企业的做法进行产权制度和职工劳动关系改革,退出国有、集体资产,转换人员身份,撤销事业单位性质,建立符合社会主义市场经济的运行机制。

二、产权处置

(一)单位正在使用、管理的资产一般视为事业单位的资产。事业单位改制均应进行清产核资、资产评估、产权界定。

(二)退出国有、集体资产。净资产可按"公开、公平、公正"的原则转让给单位职工,也可以竞标方式转让给社会其他法人或自然人。对资产规模较大、质量较好及有发展潜力的单位,实行规范化的公司制改制;负资产大的,可采取破产、歇业改制;零资产可实行入股重组或兼并改制。

(三)改制中涉及的划拨土地,根据改制的不同形式和具体情况,可分别采取国有土地使用权出让、国有土地租赁、国家以土地使用权作价入股等方式予以处置。

(四)改制时企业净资产不足支付人员安置经费的,由主管部门在系统内调剂解决。

(五)人员安置后的国有、集体净资产,由主管部门负责上缴市财政局,采取"统一收缴,集中建账,报批使用"的办法处理。

三、人员安置

(一)身份置换一次性经济补偿办法

1. 改制时已离、退休人员和距法定退休年龄不足 5 年(含 5 年)人员不实行身份置换;2000 年起进入事业单位的高等院校毕业生及其他已属单位聘用的合同制身份人员也不实行身份置换,不发一次性经济补偿金,但应与原单位解除聘用关系,重新签订劳动合同,优先聘用上岗;其他在职人员都应实行身份置换,发给一次性经济补偿金,解除原有劳动关系,原则上与改制后的企业重新签订劳动合同,聘用上岗。

2. 借入或借出人员在原单位实行身份置换;行政部门借调到事业单位的人员也可参照执行。

3. 根据总体平衡和单位净资产承受能力,确定一次性经济补偿金标准:事业、行政编制按标准工龄5年以下(含5年)最高不超过3 500元,5年以上每增加1年加最高不超过700元执行。企业编制按标准工龄5年以下(含5年)最高不超过2 500元,5年以上每增加1年加最高不超过500元执行。土地征用工不足12 000元的,补足到12 000元。

(二)社会养老保险待遇

1. 离休干部,由单位一次性向原投保部门缴纳人均30 000元养老保险基金(原行政编制的由财政支付),向劳动部门缴纳人均45 000元离休干部"两费"统筹金,与单位脱离养老、医疗保险关系。

2. 已退休人员。事业、行政编制,由单位一次性向原投保部门缴纳人均30 000元养老保险基金(原行政编制的由财政支付);企业编制,由单位一次性向原投保部门缴纳10 000元养老保险基金,与单位脱离养老保险关系。

3. 距法定退休年龄不足5年(含5年)人员,经批准可与单位解除劳动关系,协议保留基本养老保险关系,由单位一次性向原投保部门缴纳养老保险基金,达到退休年龄时,办理正常退休手续。一次性缴纳养老保险基金标准:事业、行政编制,基数为30 000元(原行政编制的由财政支付),离退休年龄每差1年再加缴3 000元;企业编制,基数为10 000元,离退休年龄每差1年再加缴1 500元。退休前的基本生活费,事业、行政编制按人均每月333.5元,企业编制按人均每月286元标准在改制时提留,一次性由本人领取,并办理好有关手续。

4. 行政身份人员男满57周岁、女满52周岁,经批准可作离岗退养处理。一次性缴纳养老保险基金标准:基数为30 000元(由财政支付),离退休年龄每差1年再加缴3 000元。退养期间的工资福利待遇按改制时本人上月工资福利标准提留,一次性由本人领取,并办理好有关手续。

5. 企业改制后,与企业建立新型劳动关系人员可以单位或个人身份在原渠道参加社会保险,及时足额缴纳保险基金,原缴费年限可连续计算,达到法定退休年龄,符合条件的,按规定享受养老保险待遇。

(三)医疗待遇

已退休和距法定退休年龄不足5年(含5年)人员的医疗费,在改制时按人均提取7 500元医疗补偿金和2 000元重大疾病医疗救助金,一次性由本人领取,并与单位签订协议,脱离医疗费报销关系;也可由单位按原办法执行。

(四)自谋职业

鼓励行政身份人员自谋职业,经批准辞职人员,由单位发给一次性辞职补贴费,标准为:以改制年度基本工资为准,本人3年的基本工资加按工龄每满一年发1个月的基本工资。

(五)有关人员相关问题的处理

1. 遗属。现有遗属在改制时按人均25 000元提取生活补助费,缴入原投保部门,由社保部门按有关规定标准负责发放;改制后没有实行身份置换的原离、退休和距法定退休年龄不足5年(含5年)人员出现新的遗属,由改制后单位按有关规定标准负责发放。

2. 1945年前参加革命工作的离休干部配偶。经审核符合补助条件的,在改制时可提取人均7 500元医疗补偿金和2 000元重大疾病救助金,一并缴入两费统筹基金,由劳动部门按有关规定报销医疗费,与单位脱离医疗费补助关系。

3. 事业单位改制后,原军转干部、城镇退役士兵和革命伤残军人应聘用上岗,重新签订劳动合同,安排力所能及的工作。也可在本人自愿的情况下,按三等甲、乙级每年最高不超过300元,二等甲、乙级最高不超过500元的标准,在一次性发给伤残军人安置补偿费后,与单位解除劳动关系,自谋职业。

二等乙级以上革命伤残军人,男满50周岁,女满45周岁,或工龄25年,允许办理内退手续。续聘上岗、签订劳动合同的革命伤残军人的医疗费由所在单位按有关规定执行。自谋职业的革命伤残军人可在改制时按人均最高不超过7 500元标准提取医疗补偿金和2 000元重大疾病医疗救助金,一次性由本人领取,并与单位签订协议,脱离医疗费报销关系。

4. 省级以上劳动模范。按规定可享受的生活补助及医疗费由改制后的单位按有关规定执行。

5. 因公伤残及患职业病的人员。在按现行改制政策处理的基础上,1995年1月后因公伤残未享受过一次性伤残补偿待遇的,经审核,根据伤残程度按规定发给一次性伤残补助金。

6. 精简人员生活补助费计提,需经劳动、人事部门核准,按改制时的实际发放标准计提10年,由改制后的单位按有关规定负责发放。

7. 离、退休及距法定退休年龄不足5年(含5年)人员,在改制时可根据单位净资产情况按人均最高不超过25 000元提留,由改制后的单位或主管部门负责专款储存,专项用于这些人员的丧葬费、抚恤金等有关特殊补贴。

四、改制程序

事业单位改制要规范操作,改制时应按以下方法进行:

(一)宣传发动。成立单位改制领导小组,进行宣传发动,统一思想;召开职工代表大会或职工大会,达成共识,形成单位改制决议。

(二)清产核资。在主管部门指导监督下,改制单位应组织力量对单位全部资产、负债进行彻底清查、盘点和核实,列出资产和负债清册,并公示资产清查结果。

(三)评估立项。由单位向主管部门提出资产申报书,经主管部门同意后向市国资局审批评估立项。

(四)资产评估。委托具有法定资格的资产评估机构进行资产评估,土地资产由市土管局立项评估和确认,出具评估报告,公示资产评估结果。

(五)评估确认。资产评估报告提交国资局验证,办理验证确认手续。

(六)产权界定。根据单位性质、资产来源,明确所有者,界定产权。

(七)拟订方案。按人员安置标准,初步制订改制方案,办理银行金融债权保全证明,人事局或劳动局核准人员身份、年龄、工龄及社保标准等手续。改制方案应包括单位基本情况、产权置换形式、人员安置办法、政策要求等。

(八)方案预审。改制方案拟订后,报市深化企事业单位改革协调小组办公室预审,并提交职工代表大会或职工大会讨论通过。

(九)方案报批。单位向主管部门提出改制方案申请,经主管部门审核同意后,由主管部门报市深化企事业单位改革协调小组讨论审定,并办理批复手续。

(十)组织实施。根据改制批复意见,由主管部门组织单位实施。单位改制后,及时办理好人员身份置换、工商登记等手续。

五、其他问题

1. 改制的事业单位干部职工原有劳动关系解除后,原则上首次解聘率不超过5%。不欠缴失业救济金的单位,解聘人员凭单位和主管部门出具的解除劳动合同证明书,经人事局和劳动局公告核实,可登记失业,按规定领取失业救济金。

2. 事业单位改制后,由市编委行文撤除事业单位序列,核销人员编制。改制后单位的离、退休人员,仍由原单位管理,原单位解体或归并的,由归并单位或主管部门负责管理。今后上级有新规定,则按新规定执行。

3. 本意见自发布之日起试行。

2.1.4 中共诸暨市委、诸暨市人民政府关于进一步深化事业单位改革的意见

提要:事业单位改革是建立和完善社会主义市场经济的重要组成部

分。诸暨市大力推动事业单位的人事制度、分配制度以及生产经营型事业单位的改革,针对改革中存在的问题,采取一系列行之有效的措施,务求取得实效。通过实施政事关系改革、产权制度改革和职工劳动关系改革,建立了有利于政事职责分开,有利于资源优化配置,有利于提高社会效益和经济效益,符合事业单位自身特点和发展规律的管理体制和运行机制,深化了市场机制,优化了营商环境。

中共诸暨市委 诸暨市人民政府关于进一步深化事业单位改革的意见[1]

事业单位分布面广、涉及领域宽,是社会经济发展的重要力量。近年来,我市对事业单位的人事制度、分配制度以及生产经营型事业单位的改革等进行了积极探索,取得了一定成效。但从总体上看,这些改革实践是分散的、条块性的,政事不分、体制不顺、结构不合理等问题仍然突出,与社会主义市场经济发展的客观要求还存在较大差距。为积极推进我市的事业单位改革,扩张体制优势,根据省人民政府《关于深化事业单位改革的意见》和绍兴市有关精神,结合我市实际,现就进一步深化事业单位改革提出如下意见:

一、指导思想和原则

坚持以邓小平理论和江泽民同志"三个代表"重要思想为指导,按照适应社会主义市场经济发展的要求,积极实施政事关系改革、产权制度改革和职工劳动关系改革,建立有利于政事职责分开,有利于资源优化配置,有利于提高社会效益和经济效益,符合事业单位自身特点和发展规律的管理体制和运行机制,促进社会经济的协调发展。

(一)政事分开原则。按照党政机构改革和行政审批制度改革的目标要求,合理划分政府机关和事业单位的职能,由事业单位承担的行政管理职能可以收

---

[1] 市委〔2002〕6号。

归的,要收归行政机关,对暂时有困难的,要积极创造条件;改变事业单位管理方式,简政放权,理顺关系,使事业单位真正成为独立的法人实体。

(二)分类指导原则。根据事业单位性质和职能进行科学分类,对不同类型的事业单位,确定不同的改革目标,采取不同的改革措施和不同的管理办法,分步实施,有序推进,不搞一刀切。

(三)精简高效原则。从承担的职能要求出发,精简事业单位机构,压缩冗员,建立能上能下、能进能出的用人机制和按劳分配的工资制度,着力改变事业单位机构臃肿、人浮于事的状况,增强服务意识,提高工作效率。

(四)市场化原则。按照社会主义市场经济和社会发展的要求,凡能面向市场经营的事业单位,要积极面向市场;能由市场承担的职能,要积极引入市场机制,通过资产出让、重组、参股等形式,广泛利用和挖掘社会资源,形成事业单位产权多元化的格局。

二、改革目标

(一)生产经营型事业单位。指以营利为主要目的,面向市场从事生产经营,按企业化运作的事业单位。现有生产经营型事业单位要加快改制,实行产权制度和职工劳动关系改革,退出国有、集体资产,建立自主经营、自负盈亏、自我发展、自我约束的市场竞争主体,具体做法要按照已出台的《关于生产经营型事业单位改制的意见》(市委〔2001〕49号文件)。

(二)中介服务型事业单位。指利用专业知识和专门技能,在社会经济活动中提供中介服务的事业单位。中介服务型事业单位要打破部门所有、条块分割格局,在人、财、物等方面与政府部门脱钩,按照单位行业特性进行改制,退出国有资产,成为独立经营的社会中介机构。其改制办法参照生产经营型事业单位。

(三)社会公益型事业单位。指承担国家交办或鼓励支持的公益事业职能,面向社会提供公共服务的事业单位。对不允许或没有条件取得市场收入的公益型事业单位,要调整布局,改善结构,优化资源配置,重点深化内部的劳动、人事和分配制度改革,强化自身功能,提高服务质量。对既承担社会公益职能,又可通过市场获取收入的准公益型事业单位,要拓宽有偿服务和经营领域,鼓励社会投资,创造条件转为企业。

(四)监督管理型事业单位。指依据法律、法规授权或政府委托承担行政执行、执法监督和经济社会管理职能,经费来源主要靠财政供给的事业单位。对现有监督管理型事业单位,要进行全面梳理和规范,对应当由行政机关行使的权力要坚决收回,对企业职能要进行分离。要按照精简机构、转变职能的要求,严格控制人员编制、机构设置,该撤并的要撤并,该设立的要设立。监督管理型事业单位要依照公务员制度管理。

三、主要任务

(一)调整理顺管理结构体制。要顺应社会发展的要求,统筹规划,合理调整事业单位结构。撤销不承担行政和社会职能、从事企业经营的;合并重组职能雷同、多头设立、分工过细以及服务对象单一的;对需要加强管理、新出现的社会工作,要及时设置机构。

要改变政府对事业单位直接、微观的管理形式,逐步建立以政策引导、依法监督、搞好服务为主的间接、宏观管理,不干预事业单位正常的日常事务,使事业单位真正具有独立的法人资格和法人地位,自主用人,自主管理,自我发展。

(二)推进产权制度改革。凡是生产经营型、中介服务型以及其他符合条件的事业单位,原则上都要进行产权制度改革,退出国有资产。国有资产的退出要坚持"公开、公平、公正"的原则,可以转让给单位职工,也可以竞标方式转让给社会其他法人或自然人。对资产规模较大及有发展潜力的优势单位,实行规范化的公司制改制;负资产大的,可采取破产、歇业改制;零资产可实行入股重组或兼并改制。积极引导和鼓励社会资本通过控股、参股、收购等方式参与事业单位改革。

(三)深化人事和分配制度改革。着重抓好"进、管、出"三个关键环节,建立和推行聘用制,打破干部、职工的身份界限,建立和完善以岗位管理为基础的用人机制。引入人员选拔竞争机制,实行公开招考、竞争上岗等办法,实现人员能上能下、能进能出。坚持绩效优先,按劳分配,健全考核制度,完善收入分配制度。在事业单位改制中,要转换职工身份,处理好人员安置和分流。

(四)完善事业单位保障制度。要逐步建立和完善事业单位职工的基本养老、医疗、失业保险制度,妥善解决事业单位改制中有关社会保障问题。

(五)建立公共服务市场化机制。在教育后期服务、教育用品、市政绿化、物业管理等方面,要借鉴政府采购制度的办法,积极探索公共用品采购制度,允许社会组织和个人参与公平竞争,降低服务成本,提高服务质量。

四、组织领导

事业单位改革由市深化企事业单位改革协调小组统一领导,综合协调;市人事局、体改办、劳动保障局、财政局、工商局等部门要密切配合,搞好指导与协调;有关主管部门要建立相应的下属事业单位改制领导班子,根据市委、市政府的统一要求和本部门的实际,搞好调查研究,确定改革目标,制订改革方案,落实工作责任,推进事业单位整体改革。

事业单位改革涉及资产置换、人员调整,在改革过程中,要严肃组织人事和财经纪律,切实加强国有资产管理,严禁隐瞒、侵占单位资产,防止突击调动、乱开销。市监察、审计部门要加强监察检查,对违法违纪行为,要严肃追究有关人员责任,确保改革顺利实施。

2.1.5 诸暨市人民政府关于完善机关事业单位职工养老保险统筹办法的意见

提要: 机关事业单位养老保险是整个社会养老保险体制的重要组成部分,事关养老保障事业、保障机关事业单位退休人员合法权益的客观需要。诸暨市人民政府采取有效措施,积极落实政策法律要求,适应经济社会发展和事业单位改革的需要。建立现代化的养老保险机制,关系着经济社会长远发展、社会稳定。诸暨市通过积极的统筹办法,推动机关事业单位职工养老保险有效建立、完善,取得了良好成效。

关于完善机关事业单位职工养老保险统筹办法的意见[1]

各乡人民政府,各街道办事处,市政府各部门:

我市机关事业单位职工养老保险统筹办法(以下简称"统筹办法")是养老保障体系的重要组成部分,自1995年1月施行以来,对于推动我市养老保障事业、保障机关事业单位退休人员的合法权益起到了积极作用。为适应经济社会发展和事业单位改革的需要,根据《诸暨市自收自支和差额拨款事业单位职工养老保险金统筹办法》(诸政发〔1994〕61号)和《诸暨行政机关全额拨款事业单位新进人员基本养老保险基金统筹暂行办法》(诸政发〔2002〕70号)等文件精神,现就完善统筹办法有关事项提出如下意见。

一、统一缴费基数

统筹单位缴费基数不再实行"双基数",即单位缴费基数由原来的按上年度在职人员的工资总额和离退休(退职)、供养人员的统筹费用总额确定,调整为按上一年度参保在职人员的工资总额确定;在职人员个人缴费基数按上一年度本人工资总额确定。首次参保和续保的人员,以用人单位申报月工资确定其个人缴费工资。工资总额的构成按国家统计局规定的口径执行,统筹单位必须按实申报。以后年度最低月平均缴费工资标准的调整由人力社保局根据统计数据适时公布。经人事代理以灵活就业身份参加机关事业单位养老保险的人员,其缴费基数原则上按本人档案工资和全市事业单位在岗职工平均绩效工资及津贴确定,但月缴费基数不低于最低缴费工资标准。机关事业单位参保人员实行统一的社

---

[1] 诸政发〔2013〕60号。

会保险缴费基数。机关事业单位人员(包括灵活就业人员)的基本医疗、失业、工伤、生育保险缴费基数,不得低于机关事业养老保险最低缴费工资标准。

二、统一缴费比例

机关事业单位养老保险单位缴费比例统一为18%,个人缴费比例统一为3%;经人事代理以灵活就业身份参加机关事业单位养老保险的人员缴费比例统一为21%。

三、与职工基本养老保险的关系

机关事业单位养老保险允许向职工基本养老保险转移。机关事业单位养老保险的缴费工资基数低于全省在岗职工月平均工资60%的,按全省在岗职工月平均工资60%转入职工基本养老保险;缴费工资基数高于全省在岗职工月平均工资60%,低于300%的,按实际缴费工资转入职工基本养老保险;缴费工资基数高于全省在岗职工月平均工资300%的,按300%转入职工基本养老保险。

新参加机关事业单位养老保险的人员,原参加职工基本养老保险的年限,如原缴费标准高于或等于全省在岗职工月平均工资60%的,可视作机关事业单位养老保险缴费年限;如原缴费标准低于全省在岗职工月平均工资60%的,则按职工基本养老保险的相关规定,补足后可视作机关事业单位养老保险缴费年限。

本意见自2013年7月1日起实施。

二〇一三年六月二十七日

2.2 发挥事业单位在社会治理中的作用

2.2.1 诸暨市人民政府关于加快推进珍珠产业转型升级的实施意见

提要: 诸暨市的珍珠行业已经形成了具有标识性的品牌。行业治理中充分发挥事业单位的作用,有助于加强协调配合,形成工作合力。事业单位积极参与珍珠产业拓展、提升、专项整治等行动,对于创建珍珠小镇、服务珍珠产业转型升级、实现经济和社会"双赢"目标具有不可或缺的作用。行业治理转型升级,需要调动事业单位有效参与,发挥其积极作用。

诸暨市人民政府办公室关于加快推进珍珠产业转型升级的实施意见[1]

各镇乡人民政府,各街道办事处,市政府各部门:

为加快珍珠产业转型升级,进一步提升集群综合竞争力和发展水平,全力打造"珠光宝气"的美丽产业,根据我市珍珠产业实际,特提出以下实施意见。

一、指导思想

以珍珠特色小镇建设为载体,聚焦国际化、高端化、生态化三大发展,聚力三产融合,持续打好"整治、提升、拓展"三位一体的转型升级系列组合拳,做优做精做强珍珠产业,打造珍珠产业转型升级范本。

二、目标任务

力争通过两年努力,实现珍珠产业年均产值增长12%以上、进出口增长10%以上、科技投入增长25%、品牌宣传费用增长15%,引进国际品牌5个以上,培育民族品牌2—5个。市内珍珠养殖面积缩减一半以上,生态化率达到100%,珠宝级珍珠比例提升至10%。第三产业增加值占比提高4个百分点,旅游人次年均增长25%。

三、工作措施

(一)实施三大拓展行动

一是实施国际市场大拓展。重点围绕走出去、引进来和培育国际化品牌三大举措,抢占国际市场,促进国际合作,打响国际品牌。

---

[1] 诸政办发〔2017〕85号。

1. 加大"走出去"力度。利用巴黎、香港等时尚展会,组织企业抱团参加国际知名珠宝类展会,展示"珍珠小镇"整体形象。实施品牌推介专项行动,布局海外营销网络,拓宽境外营销渠道,实现产品销售和市场开拓。推进规模化、品牌化、网络化经营,加快在非洲、欧美、日韩、东南亚等地设立"中国珍珠全球旗舰店",建成集批发、零售为一体的O2O(线上线下)平台,提高市场掌控能力,增加国际市场话语权。

2. 提升"引进来"质量。搭建珍珠"快时尚"品牌跨界联动平台,促成企业与香奈儿、施华洛世奇等国际品牌的初步合作。增加珍珠与国际化元素的融合,成立中国高端DIY珠宝定制中心,打造具有"专属性"的珠宝饰品。争取承办国际性赛事、国际珠宝展览会等,提高珍珠在国内外的曝光度、知名度和关注度。

3. 增强国际化品牌培育力度。启动大珍珠品牌战略,鼓励规模企业、成长较快企业在欧盟、马德里等境外商标注册体系中开展品牌原创工作。打造本土高端品牌,造就2—5个具有国际影响力的民族品牌,引领珠宝时尚潮流。壮大资本市场,实现IPO报会1—2家,力争企业上市1家。

二是实现产业大拓展。重点围绕产业链、创新链、价值链做强珍珠产业,加大珍珠衍生产业的开发力度和珍珠产品的设计创新力度,拓展时尚创意、健康美丽和科技珍珠三大产业,提高产品附加值。

1. 发展时尚创意产业。举办大型时尚活动,加大珍珠与钻石、黄金、宝石、箱包、服饰的结合度,支持设计人才创办时尚创意企业,引入具有自主深加工能力的珠宝饰品生产企业10家以上,培育壮大创意设计服务市场。

2. 打造"健康美丽"产业。加强在医药、保健食品等领域的研发,加大珍珠及珍珠粉衍生产业在医药、卫生行业的市场拓展和应用,加大珍珠护肤产品的核心科技开发和投入。开发珍珠美容SPA产品(珍珠美容SPA体验馆),成立珍珠综合科技机构——珍珠美肤研究中心。

3. 拓展科技珍珠饰品产业。强化创新技术与淡水珍珠及珍珠饰品的融合,推出高性价比的可穿戴珍珠产品。通过科技改变珠核植入、珍珠培育和表层雕刻的方式,将传统的珠核替换为彩色宝石,开发彩宝珍珠产品。引入 3D 打印技术,满足不同消费群体对个性化定制的不同需求。

三是实现平台大拓展。重点围绕珍珠小镇创建,着力建设国际珠宝研发设计、检测及交易三大中心,提升持续发展能力。

1. 建设中国诸暨珍珠小镇。两年投资 30 亿元,打造一个以珍珠产业为核心,集"珍珠产业+特色旅游+互联网+文化创意+金融资本"为一体的世界珍珠产业中心、中国美丽经济样本、浙江时尚产业示范区,成为全国振兴传统产业的典范和标杆的"珠光宝气"魅力小镇。

2. 建设国际研发设计中心。引进国内外珠宝设计人才,开展珠宝设计、珠宝鉴定、珠宝营销等特色培训,强化工业设计,推行珠宝设计知识产权保护和交易。建设公共设计平台,完善原创设计保护机制。创新珍珠生产工艺,加快珍珠加工标准化示范区建设。

3. 建立检测中心。制定出台珍珠及珍珠粉行业标准,建设国家珠宝玉石质量监督检测中心(NGTC)诸暨分中心,增加检测类别(包括钻石、贵金属及其他固体材料等)。

4. 建设国际珠宝展示交易中心。建立全球珠宝新品发布中心,每两年举办国际珠宝节。打造国内首个淡水珍珠指数发布中心,2017 年 12 月底完成全国第一个珍珠产业大数据平台建设。建立高档珠宝交易体验集聚区,推进国际珠宝综合性市场建设。创新市场消费模式,自主开发具有在线购买、快速试戴、自由搭配、量身定做、虚拟还原等功能于一体的 3D 体感珍珠试戴系统。

(二)实施三大提升行动

一是提升珍珠品质。鼓励企业与科研院校开展合作改进养殖技术,在成功创建"全国山下湖珍珠产业知名品牌创建示范区"的基础上,进一步发挥品牌示范区整体效应和带动作用,推动企业积极参与"浙江制造"申报工作和珍珠相关行业标准制定,实现高品质珍珠占比提高3—5倍。

二是提升珍珠文化。提炼淡水珍珠文化内涵,深化品牌文化和企业文化,开发珍珠特色旅游功能,通过多角度提升文化企业实力、多维度展现文化创意成果、多手段宣传文化品牌形象等方式,打造珍珠小镇文化名片。

三是提升发展环境。建设珍珠产业创新服务综合体,打造全产业链集聚、全要素整合、创新链协同发展的创新创业高地。深入推进"最多跑一次"改革,优化审批服务流程,全面提升服务质量。实现企业梯度培育,强化骨干企业升级扶持,促进中小微企业发展壮大。发挥珍珠协会作用,成立咨询服务平台,助力中小企业创新,帮助解决行业技术问题。

(三)实施三大专项行动

一是开展剿灭珍珠养殖Ⅴ类水专项整治行动。建立珍珠养殖标准,实施珍珠养殖登记机制、水质动态监测机制、规范化养殖标准,全面实施诸暨市内水质不达标养殖退养机制,推广工厂化养殖、自动化管网式养殖和生态化养殖技术,优化诸暨市内传统养殖模式,市域范围内养殖水质达到四类,创建2个以上生态高效养殖示范区(点)。

二是开展珍珠质量专项整治行动。加大蚌壳、蚌肉加工无证经营及污染环境等行为查处力度,建成蚌肉生产集中处理点,实现蚌肉再利用率100%。开展加工染料、化学制剂使用专项整治,健全回收和集中处理机制,实现长效监管。开展珍珠及珍珠粉质量专项整治行动,严格监督珍珠配件产品质量,建立不合格经营者黑名单制度。

三是开展全域环境大提升专项行动。以珍珠特色小镇建设为载体,完成全域景区化规划编制、美丽湖畔规划设计,改造入镇口及镇容镇貌,创建省级美丽乡村示范镇,全力打造全域景区化。

(四)落实三大政策扶持

一是出台珍珠产业转型升级专项扶持政策。2017年至2019年,每年安排

2 000万元市级财政专项资金,专项用于珍珠产业转型升级。每年安排500万元农业发展专项资金,专项用于促进珍珠养殖技术突破。

二是出台珍珠小镇集镇建设专项扶持政策。2017年至2019年,共安排5亿元专项资金,专项用于珍珠小镇珍珠客厅、珍珠湖(广场)、国际珠宝设计中心等配套建设,小城镇环境综合整治提升和全域景区的打造,全面提升珍珠小镇集镇品位和环境质量。

三是出台珍珠小镇用地保障专项扶持政策。优先保障珍珠小镇核心规划区小镇建设项目、核心区范围外珍珠小镇重大项目的用地指标。

四、组织保障

(一)高度统一思想。相关镇乡(街道)和有关部门要组织人员进村入企,广泛宣传动员,引导企业认清加快转型升级步伐的重要性和紧迫性,争取企业配合支持,自觉做好企业自身转型升级工作,形成企业主体、资源整合、项目组合、产业融合的珍珠小镇建设氛围。多形式、多层次开展珍珠产业转型升级宣传活动,加大对转型升级典型企业的宣传报道力度,全力塑造典型,营造氛围。

(二)明确工作职责。成立珍珠产业转型升级工作领导小组,由市委常委、常务副市长宣方乐任组长,副市长朱红伟、董光辉任副组长,市府办、组织部、宣传部、发改局、经信局、财政(地税)局、国土资源局、环保局、建设局、审计局、水利局、农林局、商务局、文广新闻出版局、科技局、人力社保局、金融办、服务业发展办、公管办、旅游局、市场监管局、质监局、山下湖镇等单位负责人为成员,负责统筹推进珍珠产业转型升级。建立完善工作推进周报、月报制度,强化督查,严肃考核。

(三)加强协调配合。各相关部门要充分发挥各自职能,按照实施意见有关要求,各司其职,落实具体责任,加强协调配合,形成工作合力,全力参与珍珠产业拓展、提升、专项整治行动,全力支持珍珠小镇创建,全力服务珍珠产业转型升级,实现经济和社会"双赢"目标。

二〇一七年九月五日

2.2.2 诸暨市人民政府"全国袜业知名品牌创建示范区"建设工作实施方案

提要:诸暨市积极推动"全国袜业知名品牌创建示范区"建设,巩固"大唐袜业"国内乃至世界最大的袜子生产制造基地的地位。在袜业生产的标准化建设、区域品牌核心竞争力建设、质量管理长效机制建设等方面,事业单位均扮演着重要的角色。事业单位参与社会治理,对于加快促进袜业的结构调整和发展方式转变,推动示范区创建,具有重要的促进作用。

诸暨市人民政府办公室关于印发
"全国袜业知名品牌创建示范区"建设工作实施方案的通知[1]

各镇乡人民政府,各街道办事处,市政府各部门:

现将《"全国袜业知名品牌创建示范区"建设工作实施方案》印发给你们,请认真贯彻执行。

二〇一三年六月二十五日

"全国袜业知名品牌创建示范区"建设工作实施方案

为进一步提高我市"大唐袜业"质量管理水平,充分发挥品牌带动效应,完善质量诚信体系建设,健全质量安全管理长效机制,进一步巩固"大唐袜业"国内乃至世界最大的袜子生产制造基地地位,根据国家质检总局《关于开展"全国知名品牌创建示范区"建设试点工作的指导意见》以及《关于2012年开展"全国

---

[1] 诸政办发〔2013〕131号。

知名品牌"创建示范区建设工作的通知》精神,为扎实做好"全国袜业知名品牌创建示范区"建设的各项工作,经市政府同意,特制定以下实施方案。

一、指导思想

以科学发展观为指导,深入实施质量强市战略,引导和帮助企业加强内部管理,坚持以创新为动力,以标准化战略为抓手,以区域品牌效应为核心竞争力,以建立质量管理长效机制为基准点,加快促进结构调整和发展方式转变,全面提升"大唐袜业"科技和质量的总体水平,促进全行业又好又快发展。

二、工作目标

到2015年,"大唐袜业"工业总产值达到640亿元,年产值和利税均增长10%以上,国内市场占有率达70%以上,国际市场占有率达40%以上;万元产值综合能耗年均下降10%以上,高新技术企业产值占总产值的20%以上;袜业质量总体水平进一步提高,达到国内领先水平,各级监督抽查合格率达95%;出口质量合格率达95%以上,不发生重大质量、安全事故及恶性违法违规案件,不出现袜子产品因出口产品质量问题引起的国外通报、退货、索赔案例;全行业标准化水平进一步提升,90%以上出口企业采用国际标准或进口国的标准,95%以上生产加工企业采用国内行业标准或行业联盟标准,80%的规模以上企业建立标准化工作机构,工作人员持证率达50%以上,列入名牌培育的企业全部通过标准化良好行为确认,并建立测量管理体系;产业质量安全保障机制进一步增强,市镇两级质量监管责任制和企业质量主体责任得到全面落实;力争通过两年努力,将"大唐袜业"建设成为"全国袜业知名品牌创建示范区"。

三、工作重点

重点实施六大工程:

(一)质量提升工程

1. 建立质量指标考核体系。加强企业质量管理水平调查,建立袜业生产企业质量档案、质量安全综合评价和考核体系。健全质量工作考核体系,将质量指标纳入市委、市政府对各镇乡(街道)的年度目标考核。

2. 建立质量诚信体系。推进企业质量诚信制度建设,规模以上工业企业100%签订质量诚信承诺书。加快构建资源互通共享的产业质量信用信息平台,建立规范的质量信用评价机制,开展质量信用评价并定期发布信用信息,及时曝光质量违法违规、质量失信、产品监督抽查不合格企业,形成有效的市场激励约束机制。

3. 推广先进的质量管理方法。制订并实施先进质量管理方法推进工作计划,引导生产企业实施卓越绩效先进质量管理模式,积极开展"质量创新""质量攻关"活动,每年新增导入卓越绩效管理模式企业3家以上,10%以上的员工参与QC活动的企业数量占生产企业总数的80%以上。加强企业质量管理人员培训,每年组织8个课时以上、参加人数在100人以上的质量培训活动5次以上。推动企业严格实施岗位质量规范与质量考核,鼓励企业培养质量工程师,在规模以上工业企业中推行关键岗位质量工程师持证上岗。

(二)品牌培育工程

1. 实施名牌战略。制定并落实行业和企业品牌发展规划,以进一步打造"国际袜都"为中心,致力于培育全球最大的袜子生产基地和袜业技术创新基地、最著名的国际袜业区域品牌、顶级的国际品牌袜子贴牌加工基地、最繁荣的袜业专业市场和最具影响力的国际袜业博览会。到2015年,新增浙江名牌产品(含出口名牌)1个、浙江著名商标1件、绍兴名牌产品2个、绍兴著名商标2件。进一步重视名牌培育对促进产业质量总体水平提升的作用,积极为企业争创各级名牌、驰(著)名商标产品提供全方位服务,推动企业从产品竞争、价格竞争向质量竞争、品牌竞争转变。及时总结各级名牌、驰(著)名商标创建的典型经验,树立品牌建设标杆企业,以召开先进经验交流会、现场观摩会等形式,引导广大生产企业增强品牌意识。针对行业中少数企业存在的侵权现象,健全"12315""12365"投诉举报机制,出台品牌保护政策,重点查处假冒名牌、驰(著)名商标产品侵权案件。

2. 提升品牌价值。指导3家以上企业开展品牌价值测算,为品牌建设提供指导和服务。鼓励企业建立顾客满意度测量体系,开展品牌满意度测量,并做好测量结果分析。建立产业品牌危机应急处理机制,维护"大唐袜业"整体品牌形象。充分发挥"大唐袜业"浙江省区域名牌作用,科学制定准入门槛,不断扩大"大唐袜业"整体区域品牌的影响力和竞争力。

3. 宣传知名品牌。结合"3·15""质量月""安全生产月""法制日"等主题活动,通过开展在主流媒体开辟专栏、举办质量论坛、文艺演出、街头咨询等形式,对获得各级政府质量奖、名牌、驰(著)名商标等称号的企业进行表彰,广泛开展《产品质量法》《食品安全法》《质量发展纲要(2011—2020年)》普及教育,宣传"大唐袜业"产业品牌和知名袜业生产企业,并积极动员企业参与到重大质量活动中来,切实增强人民群众和生产企业的质量意识,营造政府重视质量、企业追求质量、社会崇尚质量、人人关注质量的氛围。全力办好中国(国际)袜业博览会。

4. 支持名牌产品走出去。建立健全出口名牌产品生产企业政策激励机制,为企业及时提供国外有关最新法规和政策,加强产业预警工作,帮助企业掌握最新国外相关产品预警信息,及时调整产品结构,特别是对产品出口安全、保护环境等方面进行针对性引导和整改,不断提升袜业出口企业和生产企业的质量意识、责任意识、安全意识、环保意识和创牌意识。

(三)技术支撑工程

1. 积极争取国家袜业产品质量检测中心建设。在现有浙江省袜业产品质量检测中心的基础上,整合全市质检资源,加快建设立足于本省、向全国范围辐射的国家袜业产品质量检测中心,通过集聚国内外的技术力量,筹集资金购买国内外先进的检测设备和仪器,搭建集检测、科研、咨询、培训、科技成果推广和标准服务等为一体的公益性检验检测公共技术服务平台,为企业提供委托检验、型式试验、出口检验、许可证检验、产品分析、生产能力提升等各方面的技术支撑。

2. 开展技术帮扶。继续深化"质检技术机构帮扶行动""实验室开放日"等活动,围绕产业共性、关键技术,瞄准国内、国际先进水平,开展联合研发与攻关,帮助生产企业诊断解决产品质量问题,不断提高企业产品质量。

(四)标准服务工程

1. 建设标准化信息公共服务平台。健全并运用好袜子行业联盟标准化信息公共服务平台,积极收集国内和国际上的相关先进标准,建立袜业产业的标准化信息库,引导袜业生产企业通过平台终端进行标准查询、咨询和研究。每年新制定产业标准1个以上、新增实施企业10家以上。

2. 夯实技术基础。进一步鼓励企业积极参与各类标准制修订工作,到2015年新增参与国家标准制定企业5家以上、参与行业标准或地方标准制定企业10家以上,同时每年新增标准创新型企业1家以上、AAA级标准化良好行为企业1家以上。加强协作、跟踪、分析技术壁垒动态,健全产业技术性贸易措施信息机制,每年通报3次以上。引导中介组织积极开展公证服务和咨询服务,鼓励和指导企业建立健全标准化、测量、质量以及环境、节能节水、职业健康安全等管理体系,规模以上工业企业全部实施并运行测量管理体系。建立计量监督管理机制,开展能源管理体系认证试点,扎实开展计量惠民活动。

(五)科技创新工程

1. 推进企业自主创新。鼓励有实力的龙头企业通过科技创新途径,积极向高技术含量、高加工要求、高产品附加值的方向延伸和拓展,大力扶持功能性、时尚性等差异化产品领域的发展,每年新增高新技术企业1家、专利500项。

2. 大力培育人才。充分发挥人才的基础性、战略性作用,促进经济发展方式向主要依靠科技进步、劳动者素质提高和管理创新转变。深化科技体制改革,完善权责明确、评价科学、创新引导的科技管理制度,健全有利于科技人才创新创业的评价、使用和激励机制。积极引进和用好高层次人才,营造尊重人才的社会环境、公开公平和竞争择优的制度环境。

(六)安全监管工程

1. 开展袜业产业质量专项整治。认真组织开展产业质量专项整治行动,建立产品质量区域整治工作机制,建立质量违法行为举报奖励制度,重点规范整顿不符合质量和标准的生产行为。坚持扶持大企业、规范一般企业、整合小企业的原则,对拒不整改或不具备条件的企业实行关停并转,促使袜业企业素质明显提高、经济效益明显增加。

2. 加强区域质量监管。强化日常巡查,加大质量监督抽查力度,提高抽检的频次和覆盖面,加强对重点产品监督抽查,严格落实后续处理措施。加强质量风险规律研究,全面建立风险监测、风险研判、风险预警和风险快速处置机制,制订处置产品质量违法突发案件应急预案,掌握监管工作主动权。

3. 加强进出口产品检验检疫和监督管理。加大强制性认证产品和法检目录外商品监督抽查力度。规范检验检疫程序,不断提高有毒有害物质和污染环境产品的检出率。加强出口货物原产地标记的查验和管理,推进电子证书国际核查,开展"双打"及打击"飞单"专项稽查等执法行动,加大进出口领域违法案件的处罚力度,严厉打击假冒检验检疫证书违法行为和非法进出口、逃漏检行为。

四、实施步骤

(一)动员部署阶段(2013年2月—4月)

制订建设活动实施方案,分解落实相关工作责任。召开建设活动动员会,研究部署建设工作。积极开展各种宣传活动,营造建设活动良好氛围。

(二)组织实施阶段(2013年5月—10月)

将建设活动在《诸暨市国民经济和社会发展第十二个五年规划纲要》中期评估时纳入重点工作加以实施。各镇乡(街道)、有关部门对照建设标准和责任分工，围绕建设目标，分阶段、分区域严格落实各项措施。

（三）总结完善阶段（2013年11月—12月）

各镇乡（街道）、有关部门和行业协会对照建设标准和责任分工，总结建设成果，并于2013年10月前上报"全国袜业知名品牌创建示范区"建设工作领导小组办公室（设在质监局），领导小组办公室于2013年11月底前形成综合自评材料并上报国家质检总局。

（四）迎检提高阶段（2013年12月）

进一步对照完善，迎接上级有关单位的验收。

五、保障措施

（一）强化组织领导

成立"全国袜业知名品牌创建示范区"建设工作领导小组，统一领导、协调建设工作，领导小组下设办公室，办公室设在质监局，负责建设工作的具体事务。各有关镇乡（街道）、有关单位成立相应的组织机构，明确本单位在建设工作中的职责，相互配合，积极主动参与和支持建设活动，并根据建设要求，每季度向建设工作领导小组办公室上报本单位建设活动进展情况。建设工作领导小组定期召开联席会议，及时了解建设进展情况和大唐袜业产业的动态，收集国际、国内袜业制造业相关信息，集中研究解决袜业产业在建设活动中碰到的难题，确保各项措施落到实处。市委组织部要加强对袜业产业人才队伍的培育和建设；市委宣传部及各新闻媒体负责日常宣传工作，及时报道建设动态，宣传建设典型；质监局牵头抓好建设活动，并负责开展区域整治、加强企业基础管理、推进技术标准战略、建立公共服务平台等方面工作；发改局将建设活动在《诸暨市国民经济和社会发展第十二个五年规划纲要》中期评估时纳入重点工作加以实施；经信局要引导袜业产业集聚与提升，加强对袜业企业技术改造、节约能源和清洁生产等方面的指导，提高企业生产效率；财政局负责将建设活动专项经费列入政府年度财政预算，并按时拨付；科技局负责指导企业加大科技创新力度,提升自主创新能力,扶持技术研发、科技服务网络等平台建设和区域科技创新体系建设;商务局协同质监局负责技术壁垒的信息传递,指导企业应对贸易壁垒工作;工商局负责商标申请注册工作,并帮助企业争创各级著(驰)名商标;人力社保局、教育局和总工会等单位要加大培训力度,提高企业的管理水平,保护企业员工的正当权益;规划局、国土资源局等部门要优先考虑袜业企业的规划用地,切实解决企业用地难问题;环保局负责加强对袜业企业的环境管理指导和技术支持,帮助袜业企业攻克在废物排放、污染治理等方面存在的环保技术难题,进一步加大环境安全隐患排查力度,确保企业污染防治设施运行安全、污染物排放安全;国检诸暨办要进一步优化工作流程,压缩流转环节,加快通检放行速度,指导和帮助出口企业有效应对国外技术性贸易壁垒措施,帮助指导出口企业加强实验室建设,提高企业自检自控能力;海关诸暨办要加强国家政策和进出口信息培训工作,帮助袜业企业提高内部管理水平,不断优化通关环境,完善便捷通关举措,切实提高袜业出口企业的通关效率;金融部门要进一步完善中小袜业企业的融资环境,建立健全中小企业融资服务平台,切实解决中小企业融资难问题。各有关镇乡(街道)要结合质量强镇乡(街道)建设,负责辖区内的创建工作,并密切配合相关单位的创建工作;市袜业协会要积极为袜业企业在展览展销、员工教育培训、技术服务、知识产权保护等方面提供优质服务。

(二)构建服务平台

1.公共研发平台建设。由经信局与科技局牵头,联合袜业龙头骨干企业共同组建产业科技创新平台,与国内外知名科研机构、高等院校沟通合作,通过产学研联盟等形式,建成共用技术研发平台,利用科研公共平台开发产业内关键共性技术,提升产业整体技术水平。由质监局牵头,积极争取建立国家级袜业产品质量检测中心,基本实现产业内企业全项目检验检测。深化政府与相关大专院校的科技战略合作模式,积极引进大专院校、创意机构或企业,设立科研机构、成果转移中心等,加快推进大唐袜业产业的转型升级。

2. 金融服务平台建设。大力推进融资方式创新,鼓励多途径融资。建立政府、袜业协会组织与金融机构沟通协调机制,搭建银企对接合作平台,鼓励企业利用社会资金,扩大融资渠道,帮助企业提升融资能力。加快培育发展产权交易市场,深化农村合作金融机构改革,支持村镇银行发展,稳步推进小额贷款公司运作,引导袜业中小企业共建风险基金库担保贷款新模式,切实解决中小微企业融资问题。

3. 推进信用体系建设。以完善信贷、亩产税收、合同履约、产品质量等信用记录为重点,加快建设袜业产业信用体系,健全失信惩戒制度。继续开展打击假冒伪劣、虚假违法广告、无证照经营、不正当竞争、合同欺诈、商标侵权和非法中介经营等失范行为,实施企业信用分类监管制度,健全质量信用监管数据库,建立精确、联动和动态的市场监管体系。构建产品质量预警机制,深入开展区域性、行业性产品质量问题整治及打假治劣工作,健全袜业质量诚信制度,积极推进企业质量认证和强制性产品认证建设。

4. 强化袜业协会职能。充分发挥袜业协会在政府和企业之间的桥梁作用,进一步完善和强化袜业协会的组织协调、服务、沟通等职能,鼓励袜业协会举办各类交流推介活动,切实提高袜业协会的社会地位。

(三)构筑技术中心

1. 加大政策引导,鼓励企业增加研发投入。政策上适当向具有科研能力的企业倾斜。对引进外国先进技术、生产设备的袜业企业给予税收优惠和财政补贴;对于自主研发投入超过该企业营业收入5%的,给予税收减免优惠和融资优惠,并颁发相关荣誉证书;自主知识产权和专利较多的企业,对于其正在进行或即将进行的重点项目,不仅给予土地、资金的支持,还可以优先为其提供技术上的帮助。

2. 引进社会资本,推进重点项目建设。加快落实龙头、潜力型企业的研发新项目,推动袜业园区内产业转型升级;大力引进社会资本,鼓励社会资本投入袜业园区的研发项目,把吸引高科技项目和大型合作项目作为招商引资的重点。

3. 共享前瞻技术,促进区域技术整体提升。鼓励具有研发能力的龙头企业、潜力企业通过公共研发平台、经验交流会等,以出售、互换或合作研发等形式共享前瞻技术;引导有资金实力的企业通过海外并购、购买等方式,引进外国先进机构或企业的高新技术、核心技术,增强区域袜业企业的研发实力,逐步提升产业整体技术水平。

(四)引进管理技术

1. 引进现代化管理系统。鼓励龙头骨干企业采用卓越绩效、精细化等现代化管理系统,打破传统的家族式管理模式。鼓励企业使用数字化、模块化、定量化的现代信息管理技术,实现管理科学化和标准化;针对企业管理链条长、管理环节多、管理响应时间长、管理成本高的现状,鼓励并引导各企业在成本管理、材料管理、设计管理、生产管理和人员管理等各个环节,采用数字化、信息化管理,逐步实现高效企业管理。

2. 构建现代产业生产体系。优化投资环境,对重大袜业招商项目在立项报批、规划选址、用地保障、资金扶持和基础设施配套等方面予以优先保证。通过强化招商选资工作,引进掌控产业高端领域的项目,引导产业向深度和高端发展,不断实现袜业产业新突破。积极推进袜业企业上市,增强企业融资能力。推进企业股份制改造,优化企业股本结构,吸引更多的高级人才加盟袜业行业创业。引导和支持民营企业建立现代企业制度,引导企业完善法人治理结构,推进精细化管理,推进企业经营管理模式的创新。

3. 打造现代化管理队伍。以政府公共服务平台为基础,出台扶持政策,鼓励企业对其各级管理人员,以入职再教育、出国再深造等教育方式进行培训,协助袜业企业引进现代化管理人才,并鼓励袜业企业培育一批具有现代化管理知识和实践知识的后备人才;相关部门和袜业协会要认真研究制定合理的企业人才流动机制,防止同行企业间人才的不正当竞争手段。

六、工作要求

(一)提高认识。各镇乡(街道)、各有关部门和行业协会要从促进产业转型升级的高度,深刻认识"全国袜业知名品牌创建示范区"建设工作的重要性,认真开展建设工作。

(二)加强督查。建立定期督查制度,定期召开领导小组会议,及时研究解决建设工作中的重点难点问题。领导小组办公室要成立专门的督导检查组,对建设工作中各项工作开展的情况进行定期或不定期的督促检查,分季度对各单位的工作完成情况进行考核排序,对成效突出的在全市通报表彰。对建设工作滞后、影响整体进度的单位提出通报批评,并查找原因,限期整改。

(三)强化激励。市政府将参照省级产业转型集聚区配套政策,进一步健全质量提升和品牌建设的财政、融资、土地等政策措施。各镇乡(街道)、有关部门和行业协会要结合实际,在政策扶持方面予以优先考虑。

(四)加强宣传。坚持把宣传工作贯穿于整个建设实施阶段,采取多种形式,广泛宣传。在建设工作的各个时期,围绕袜业产业的特点和发展实际,采取多种形式的培训,帮助质量管理人员掌握技术规范和操作要点,确保产品质量稳步提升。

2.2.3 诸暨市人民政府关于推进医疗联合体建设工作的意见

提要:医疗联合体建设对于深化医疗行业改革、促进医疗资源在市域的有效流动意义深远。事业单位在医疗联合体建设中,是积极的参与者。医疗行业改革事关群众的切身利益,诸暨在市乡村卫生一体化综合管理和市级医疗资源下沉的基础上,以资源共享和人才下沉为导向,强化基层医疗服务体系,体现了"枫桥经验"以人民为中心的原则。医疗联合体建设本质上是形成服务、责任、利益、管理共同体机制,促进行业长远发展。

诸暨市人民政府办公室关于推进医疗联合体建设工作的意见[1]

各镇乡人民政府,各街道办事处,市卫生计生局:

为认真贯彻落实《诸暨市人民政府关于加快推进"双下沉、两提升"工作的实施意见》(诸政发〔2017〕42号),进一步推进医疗联合体建设,特提出以下意见。

一、工作目标

到2017年底,实现市级医院与镇乡卫生院建立医疗联合体全覆盖。医疗联合体间建立目标明确、权责清晰、公平有效的分工协作机制,建立责权一致的引导机制,使医联体成为服务、责任、利益、管理共同体,区域内医疗资源有效共享,基层服务能力进一步提升,有力推动形成基层首诊、双向转诊、急慢分治、上下联动的分级诊疗模式。

二、建设要求

(一)市级公立医院与镇乡(街道)政府(办事处)签订合作协议,明确各自责权、托管方式、合作年限,建立管理组织机构和工作机制。

(二)托管医院和被托管医院共同制定合作办医中长期计划和年度工作计划。

(三)托管模式:分全面托管、重点托管和专科托管三种形式。

1. 全面托管:市级公立医院派出管理和技术团队,全面负责被托管医院的运行管理,托管4个业务科室。

——原则上派出院长,担任法人代表。常驻在被托管医院工作,连续任职时间不少于2年。

---

[1] 诸政办发〔2017〕63号。

——派出管理人员担任部分主要职能科室主任。常驻在被托管医院工作,连续任职时间不少于1年。

——派出1名医务人员担任病区主任。在被托管医院连续工作不少于半年,每周不少于3个工作日。派出4个业务科室医务人员,每个专科每月不少于8个工作日。被托管医院可增挂医院分院名称。

2. 重点托管:市级公立医院派管理和业务人员托管2个业务科室,参与被托管医院的运行管理,负责托管科室的管理和临床业务发展。派出兼职副院长,定期对托管医院进行指导。派出2个业务科室医务人员,每个专科每月不少于8个工作日。派出职能科管理人员,定期对托管医院进行指导。被托管医院可增挂重点协作医院名称。

3. 专科托管:市级公立医院派出医务人员托管重点扶持的专科,负责托管科室的管理和临床业务发展。派出1个业务科室医务人员,每月不少于10个工作日;派出职能科管理人员,定期对托管医院进行指导。被托管医院可增挂医联体医院名称。

4. 市人民医院、市中医医院全面托管、重点托管各限1家,其余均为专科托管。

(四)人才培训:

1. 制定被托管医院学科(专科)发展规划,明确人才培养培训计划并组织实施。

2. 在3—5年内完成被托管医院骨干管理人员和医务人员的全员培训。

3. 明确被托管医院每个扶持学科(专科)的带头人并组织相应培养培训。

4. 在被托管医院或其所在地举办与被托管学科(专科)有关的学术会议、讲座或继续医学教育活动。

三、工作要求

(一)合作医院必须在合同期内完成协议签订的工作目标,完成年度的工作计划,在各层级的考核中达到考核要求。

(二)合作医院间建立管理、学科、人才、技术、信息、经济、文化纽带,形成发展共同体、利益共同体、责任共同体。

(三)在市乡村卫生一体化综合管理和市级医疗资源下沉的基础上,以资源共享和人才下沉为导向,强化基层医疗服务体系建设,探索基层卫生人才乡招村用和带编直选方式招录基层卫技人员,强化影像、心电等共享中心建设,统筹医保支付方式改革,推动各种资源在市域的纵向有序流动。

(四)同步建立分级诊疗制度。建立基层首诊、分级诊疗、双向转诊的就医制度,全力推进责任医生签约服务,引导居民合理有序就医。建立市级公立医院与基层医疗卫生机构之间的便捷转诊通道,完善双向转诊工作机制,为转诊患者提供优先就诊、优先检查、优先住院等便利。推动医院就医流程信息化再造,以智慧医疗推动就诊秩序优化,改善群众就医体验。

四、合作时间

市级公立医院与镇乡卫生院(社区卫生服务中心)合作期限原则上不低于3年。

五、保障措施

为保障医联体建设的顺利推进,托管医院收取适当托管经费,其中全面托管每年80万元,重点托管每年30万元,专科托管三级医院每年15万元,二级医院每年10万元,托管经费由当地镇乡(街道)负担。同时,各医疗单位要划出专项资金用于医务人员下沉。

六、考核办法

市卫生计生局联合所在镇乡(街道)开展年度工作考核,并将考核结果与托管经费拨付相结合,考核得分率达到85分及以上全额拨付,85分以下每下降1分托管经费减少2%。

二〇一七年七月三十一日

2.3 事业单位参与社会治理的案例及成效

2.3.1 "枫桥经验"在这里开花——诸暨市第二高中创安纪实

提要：诸暨市第二高中通过学习和深化"枫桥经验"，管好自家的门，管好自己的人，做好自己的事，学校的教学和管理得到全面的发展，成为新成立的学校建设和发展的典范。学校建立了严格的门禁管理制度，学生进出校门需要佩戴胸卡，建立了学校、家长、社会共同管理的机制，周边环境得到较大改善。严格学校内部管理制度，责任明确，赏罚分明。严格治安管理，重视矛盾纠纷的防范、及时有效化解，取得了积极的成效。通过建设，学校内部管理和外部环境得到很大改善，教学质量稳步提高，成功探索多元主体合作治理"枫桥经验"。

"枫桥经验"在这里开花——市第二高中创安纪实[1]

地处江东开发区的市第二高中是市教委直属的一所新办学校。办学初，因缺乏全面管理经验，一时治安工作滞后，在学校内部发生了一起严重的治安事件，给这所新办的学校蒙上了一层阴影，一时社会上议论纷纷……

一年多后，该校的学生家长明显感受到，二中的治安面貌已焕然一新，一个学生静心学、教师安心教的平安氛围已经形成。前不久，该校被绍兴市委政法委、公安局评为1998年度创安先进单位，成了教育界创安的一个典型、一面旗帜。

这变化从何而来？

---

[1] 建原、木五：《"枫桥经验"在这里开花——市第二高中创安纪实》，《诸暨日报》1998年6月4日。

二中人说,这得益于他们结合学校实际,学习和深化了"枫桥经验"。

管好自家的门

二中的门管得真紧。笔者在校门口观察了一会,上课时间,凡是探望子女的家长、探亲访友的客人,一律被安排在传达室等候;外来车辆更是不得随便进入。

门卫给我们讲了这样一件事。有一次,教育主管部门来了一辆车,被他挡在门外,待校长出迎,才开门进车。一位领导当场对校长说,你们的门管得真严。此话不虚,该校学生进出校门须佩戴胸卡;请假离校须持有班主任、政教处签字的学校统一请假条,并要记录离校、返校时间;财物带出校门须有关部门(或人员)证明。该校还舍得花钱买平安,在电脑室、语音室、实验室、财会室、学生寝室等重要区域,全部装上防盗门、防盗窗,还安装了电子报警器。

把好有形的校门容易,而要管好无形的校门,阻止不良文化对学生的侵袭,就不那么容易了。校门周围的不定时检查,领导带头,要求学生做到的,教师先做到;要求教师做到的,校长先做到,如每天早上,校长在校门口迎接师生并查看有无迟到情况。现在的学校门口,不是商店、游戏厅,便是摊点、小商贩,既嘈杂,又混乱,对学校教育的负面影响很大。二中门口,原先也有饮食店、台球桌,还有一家游戏机房,环境很不理想。对此,学校同当地派出所、居委会互相合作,联手依法治理,同时,要求学生不进校门口的饮食店就餐,不买校门口摊点的商品,规定不进任何电子游戏厅、录像室、舞厅,并与家长取得联系,实行学校、家庭、社会三方共同督促管理。

校门口至市体育馆路段店多、车多、人多,很不安全。为此,每天放学时间,学校派校警在此路段保证学生安全,政教处干部与班主任也经常在此路段观察,检查是否有本校学生进电子游戏厅、录像室,被学生戏称为"地下工作者"。这样一来,学校周围的游戏机房等终因门可罗雀,生意清淡,便主动休业撤退了。学生途中安全、回家及时,受到家长广泛好评。

管好自己的人

"谁家的孩子谁家抱,谁家的纠纷谁家了。""枫桥经验"已深入到二中学校管理的每一个环节。二中不光有一套科学的管理制度,更有严格执行制度的操作过程。力度之一,赏罚分明,谁分管谁负责,与考核直接挂钩。如班主任负责管理本班学生学习、生活的每个环节,出了问题,则扣除班主任考核分,由此按月评出优胜班。力度之二,定位定时,领导带头,要求学生做到的,教师先做到;要求教师做到的,校长先做到。如每天早上,校长在校门口作勤学检查;起床、就寝时间,政教处干部在学生宿舍区规定岗位上督查;晚上,校警在校内重要区域巡视,处理突发事件。哪里有问题,哪里就有教师;哪里有需要协调,哪里就有学校领导。力度之三,做细做深工作,即学校领导对可能出现治安问题的时间、位置心中有数,以此争取主动。政教处在各班设有信息员,掌握治安动向,协助班主任及时化解矛盾。如高二(9)班一男生与高二(8)班一男生课间发生争吵,被同学劝住,但双方都不肯罢休,扬言要去校外"解决事情"。信息员及时把情况反馈给政教处,政教处协助班主任随即调解、巡视,把事端平息在矛盾激化之前。

二中的一部分学生来自温州、杭州、萧山等地,双休日他们大多不回家——回家的须经学校同意并与家人取得联系。多日的紧张学习,碰上双休日,这些生龙活虎的青年人,无论如何也想轻松轻松。学校根据学生的心理特点,安排管理人员组织活动,如开放校活动室、组织游览西施殿、参观博物馆等。

治安的主体是人,根据学生的心理疏导、治理,二中人把工作做到了点子上。

做好自己的事

"一日被蛇咬,十年怕井绳",二中人吃过治安疏忽的苦头。一位班主任说,他始终绷紧治安这根弦。二中人对治安防范,简直到了谨小慎微的程度。有这样一件事,本学期第三周周六晚上,值班老师点名,发现高一(10)班一温州女生不在校,其他同学也不知其去向,与家庭联系也说没回家。老师们搜索信息,分析去向,电话查询。原来该女生去了同学家,因走得急,忘了请假。虚惊一场,大家都松了一口气。二中就是这样做好自己的事,把学生的安全时刻放在心头。

学校有很多住校生,城区的学生也来校参加晚自修。为了每一个学生的安全,为了每一位家长的期待,二中的全体教师无一例外,雨雪无阻,坚持早督班、夜办公。有位做过 20 年班主任的老教师,按学校规定,第一节晚自修下课后可以离校,可他每晚总是最后一个离开办公室。大家劝他注意身体。他说,大家都这样起早摸黑的,自己早回去心里不踏实。多么令人崇敬的老教育工作者啊! 正是二中人的这种奉献精神、敬业精神,构成了维护二中稳定的坚固防线,也成为推动该校提高教学质量的重要力量。正是有这样的教师队伍,使"以人为本抓治安,抓好治安促教学"的工作思路在该校得到了有效的贯彻实施。学校不仅治安稳定,教学方面也硕果累累。近两年来,该校教师在市级以上优质课评比中获奖 22 人次,发表、获奖论文 30 多篇;学生参加 1997 年全国高中数学联赛,两人获一等奖,成绩居诸暨市榜首;学校多次承办省、市级教学教研活动,有多名青年教师脱颖而出,享誉省内外。

学习和深化"枫桥经验",优化了校园环境,促进了德育工作,使教学质量稳步提高,难怪该校教师们不无感慨地说:"治安的好坏,事关学校的兴衰!"

2.3.2 诸暨市消防大队运用"枫桥经验"精神,走社会化消防新路子

提要: 枫桥镇经济的高速发展,给消防工作带来了极大的挑战。党委、政府把"枫桥经验"创造性运用在农村消防工作上,群防群治,使消防工作迈上了新的台阶。重视建设,充分发挥社会化消防组织的作用,依托公安派出所,建立起功能完善的中心消防站,缓解"远水救不了近火"的状况;引导重点企业建立义务消防队,组织群众建立志愿者消防队。专群结合的消防组织,形成了合力。根据《机关、团体、企业、事业单位消防安全管理规

定》,充分发挥各部门、各单位、各组织的作用,预防火灾事故,重在防范、重在加强自我管理,将消防执法、消防监督管理和发挥全社会的积极性、主动性结合,火灾防范与自救结合。采取有力措施,全面提高安全意识、防范意识,掌握基本的防火、灭火技能,形成消防工作"大家关心、全民参与、群防群治"的良好氛围。抓早抓小,预防在先,防患于未然,诸暨市消防大队成功探索出广泛动员社会力量有效参与消防救援的"枫桥经验"。

运用"枫桥经验"精神 走社会化消防新路子[1]

诸暨市消防大队

枫桥镇是诸暨经济重镇、历史文化名镇,也是"中国名品衬衫之乡",目前拥有"步森""开尔""情森""海魄"等上规模、上品牌的衬衫企业34家,从业人员10 000多人,年产衬衫3 500多万件。工业经济已形成了一个以衬衫为龙头,轻纺、机械、玩具等多业并举的格局,跨入了绍兴市首批小康镇行列。枫桥经济的高速发展,给消防工作带来极大的挑战。全镇现有18 000台织机,其中不少是家庭作坊。枫桥镇离诸暨市区约三十公里,一旦发生火灾,靠公安消防队来扑救,难以及时、有效地战胜火魔。近几年来,枫桥镇党委、政府把"枫桥经验"创造性地运用在农村消防工作上,群防群治抓消防,使农村消防工作迈上了新的台阶。

一、重视建设,社会化消防组织作用大

在新的时期,枫桥镇党委、政府始终把促进经济发展与化解消防风险作为保一方平安的重要责任,他们积极引导和依靠群众,组建了一个比较完善和广泛的消防安全网络体系。

以公安派出所为依托,建立起功能完善的中心消防站。2001年底,枫桥镇

---

[1] 中共诸暨市委、诸暨市人民政府编:《与时俱进的枫桥经验》,内部资料,2003年,第87—91页。

党委、政府筹集资金50余万元,购买了消防车及部分装备,招聘20名队员,组建成立了镇中心消防站,队长由派出所分管副所长兼任,消防站平时除了负责集镇区域的火灾扑救、抢险救援,协助消防大队开展消防宣传教育和消防监督管理外,还负责维护日常的集镇治安秩序、市容市貌管理工作。2002年,枫桥镇政府又投资150余万元,在枫桥镇枫北路扩建了建筑面积3 500平方米的中心消防站,内设值班室、办公室、备勤室、学习室、车库、训练场地等设施。为确保消防站正常运转,完善了"镇政府负担经费、派出所日常管理、24小时值班备勤"的半军事化管理制度。消防站成立以来,坚持每周组织队员进行2次业务训练,消防车每周出动1次到集镇、较大的行政村进行道路、水源、灭火战术"三熟悉",切实提高队员的整体综合业务素质。枫桥中心消防站的建立,缓解了"远水救不了近火"的现状,为当地和周边经济发展提供了强有力的消防安全保障。

引导重点企业建立义务消防队。枫桥镇目前有企业义务消防队20支,队员560名,他们不仅保证了本企业的消防安全,同时也成为枫桥镇一支重要的消防队伍。创建于1984年的浙江步森集团,前身叫百树制衣厂,1993年,一场火灾几乎毁掉了一切。从此,步森集团高度重视消防工作,舍得花钱买平安,每年在消防方面的资金投入超一百万元以上。目前,全公司主要生产大楼都配置了自动喷淋灭火系统,配备各类灭火器400余个、室内外消火栓120余个,每个车间都装上了火灾事故照明灯和应急疏散指示标志。该集团成立了由60多名职工组成的义务消防队,每天中午、傍晚下班前由兼职消防员进行消防安全巡查,每周组织义务消防队进行业务训练,每季对重点要害部位进行一次消防安全大检查,及时整改检查中发现的火灾隐患,每年对义务消防队兼职消防员进行技能考核。完善的消防管理机制使步森集团在安全的生产环境中健康发展。目前,步森集团已拥有五大生产基地,职工3 200人,2002年实现工业总产值4.2亿元,利税4 200万元,成为中国服饰行业最大的企业之一。

组织群众建立志愿者消防队。现在,枫桥镇几乎村村都有志愿者消防队,人数共有 2 680 人,他们平时务工、务农、经商,一旦发生火情,招之即来、来之即战。枫桥镇钟瑛村地处枫桥镇中心,共有住户 511 户、人口 1 401 人,辖区内木结构老屋多,还有省级文物保护单位枫桥大庙。常年来,钟瑛村以村志愿消防队为核心,以村民小组为基础,开展全方位的防范工作。1985 年该村就组建了以村两委会人员为骨干的村志愿消防队,配备消防机动泵,与后来成立的枫桥镇中心消防队一起担负集镇火灾扑救任务。2003 年 2 月 1 日 6 时 20 分,枫桥镇孝义村一处老台门发生火灾,钟瑛村志愿者消防队在接警后不到 15 分钟的时间里就赶到现场,协同镇中心消防队进行扑救,由于扑救及时,仅有三间老屋受灾,有效地保护了毗邻建筑物,把火灾造成的损失减少到了最低程度。

二、重抓防范,消防监督管理力度强

《机关、团体、企业、事业单位消防安全管理规定》出台后,枫桥镇党委、政府领导更加明确地认识到,预防火灾事故,重在防范,重在自我管理。

负好消防工作的领导责任。枫桥的党政领导坚持把做好消防工作作为一种领导责任,对各级部门落实消防安全工作责任制,要求辖区内各机关、团体、企业、事业单位的每一位负责人,都要尽一份消防安全责任,致力营造良好的消防安全环境来推动经济发展环境,实现消防工作从单纯管理型向管理服务型的转变。

枫桥派出所认真履行消防执法、消防监督管理的职能,经常开展消防安全检查工作。在日常消防管理中,他们根据枫桥的行业分布做好排查摸底,确定 48 家单位为派出所消防安全重点单位,实施重点管理并按规范要求建立防火档案;每季度由派出所、消防站组织一次安全检查。平时,要求社区民警经常对分管区域行政村、企业、社区、公众场所进行不定期检查,对发现的隐患问题及时提出整改意见,督促落实整改,遏制火灾事故的发生;对发现的火灾隐患及违法违规行为,派出所根据授权依法实施消防行政处罚。从实施监督检查以来,派出所已对 3 家问题严重的单位实施了公安消防行政处罚。在抓好日常监督检查工作的同时,派出所还适时开展一些有针对性的消防安全专项整治活动。2003年初,针对绍大公路沿线轻纺市场门市部安全隐患问题突出的情况,枫桥派出所、镇消防站抽调力量,会同镇有关职能部门对150家轻纺门市部进行了为期半个月的专项整治活动,通过专项整治,各经营户增配灭火器材,明确了消防安全责任,制定落实相关规章制度,使轻纺门市部面貌一新。

三、群消群防,提高综合治理水平

枫桥镇党委政府十分重视加强消防宣传教育,提高全民安全意识、防范意识,掌握基本的防火、灭火技能。镇政府在每年的9月至10月都要开展消防宣传活动,广泛运用镇有线电视、广播站、宣传窗、黑板报、标语横幅等各种宣传形式,进行消防安全知识教育;镇专门拨款,在集镇三个主要路口设置醒目的大型消防安全警示标牌;镇政府、派出所每年联合举办两次消防培训班,为各义务消防队、志愿消防队队员和企事业单位安全保卫人员及各公众、特业场所经营人员进行消防安全知识培训;派出所、消防站还结合各自的业务工作,经常下村、企业对安全防范、灭火器材使用等方面的基本知识进行培训指导。通过形式多样的宣传教育活动,枫桥镇创造了"大家关心、全民参与、群防群治"的良好氛围,全面提高了广大人民群众的防火抗灾能力。

枫桥镇人民群众说:枫桥镇有两条"龙",一条是布龙,这是枫桥镇几千年流传下来的民间艺术,另一条是"水龙",这就是广大群众自发组织起来、为村村户户保平安的各类义务消防组织。枫桥镇目前以镇中心消防站为主体,带动全镇20支义务消防队,加强了消防意识,完善了消防组织,切实提高了枫桥镇的火灾防范与自救能力,缩短了火灾扑救时间与空间上的差距,建构了一道强有力的"防火墙"。

枫桥镇还坚持抓早抓小、预防在前的方针,做好防患于未然的工作。抓早就是公安消防部门提前介入枫桥镇的消防基础建审工作,在规划中帮助企业解决不符合消防规范的地方,科学规范图纸,合理配备消防设施,真正解决实际问题、方便企业。抓小就是公安消防部门主动上门做好审批前的服务工作,给业主讲授消防知识,帮助业主制定消防安全制度,及时消除小旅馆、家庭作坊的消防安全隐患。抓早与抓小相结合,使枫桥镇的消防工作开好了头、起好了步。在枫桥镇派出所和消防站组织的消防检查中,从小隐患抓起,紧抓不放。枫桥镇单家甸村两委会针对村内个体织机户较多的现状,坚持抓早抓小,每月开展一次检查,提醒村民和织机户做好火灾的预防工作,1987年至今该村未发生一起火灾。

枫桥镇经济快速发展,但连续40年无重特大火灾事故发生。1993年以来,枫桥镇共发生火灾15起,均被成功扑救,基本实现扑救工作"小火不出村、大火不出镇"的目标。如今的枫桥镇既是经济发展的"热土",又是消防安全的"绿洲",群众与外来客商的安全感与日俱增。消防工作为枫桥镇经济的发展起到了积极的作用。

2.3.3 诸暨市收费所学习"枫桥经验",深化行风建设

提要:诸暨市杭金绍大公路收费所学习贯彻"枫桥经验",采取积极措施深化行风建设,完善了行业治理。针对少数司乘人员对公路收费不能理解,发生冲岗逃车、侮辱谩骂等行为,加强宣传教育,提高公众认识。明确责任,进行综合治理。建立和健全规章制度,增强服务态度,改善服务意识,从源头上减少和预防矛盾纠纷的发生。诸暨市长途运输公司抓"创优"促行风,通过开通电话购票业务等方式,方便群众;通过改善服务态度,促进行风发展。行风建设的成效明显:优化了征收环境,预防、化解了社会矛盾,提高了群众的满意度。

千禧年交通运输领域行风建设见成效[1]

诸暨市交通局

诸暨市收费所——学习"枫桥经验",深化行风建设

市杭金绍大公路收费所,认真组织干部职工学习"枫桥经验",做好结合文章,深化行风建设,在稳定征费环境、化解社会矛盾、提高群众满意率上取得了显著成效。

该所在收费实践中,针对少数司乘人员对公路收费不能理解,为缴纳车辆通行费,有的冲岗逃车,有的谩骂、殴打收费工作人员,有的甚至纠集人员到收费区域寻衅闹事,为了维护正常的收费工作秩序,稳定收费工作环境,认真组织干部职工学习"枫桥经验",紧紧围绕发案少、治安好、矛盾不上交这一"枫桥经验"核心和"四前"工作机制,做好结合文章。一是加大宣传教育力度,充分运用电视、广播、报纸及分发宣传资料和现场直接宣讲等办法,广泛宣传征收车辆通行费的重要意义和相关政策,以提高司乘人员缴纳车辆通行费的自觉性。二是把综合治理目标责任制层层落实到站到班,并根据现场征费实际,对冲岗逃车可能引发的不安全因素,坚持预防为主,及早发现,及早处理,严格按照《浙江省公路车辆通行费征收管理办法》做好宣传教育处理工作,及时化解矛盾,真正把纠纷苗头消除在车道,解决在现场,做到小事不出班、大事不出站。三是建立和健全规章制度,进一步规范收费行为,增强服务意识,改善服务态度,积极开展"微笑服务、微小服务"活动,努力为司乘人员排忧解难,以收费工作人员良好的工作态度和一流的服务质量,来感化群众,化解矛盾,提高群众满意率,减少和消除纠纷发生率。

为了弘扬"枫桥经验",真正使"枫桥经验"在收费所行风建设中得到落实、应用、深化与发展,该所在最近又组织18名中层以上干部赴"枫桥经验"的发祥

---

[1] 《交通信息》第9期(总第75期),诸暨市交通局办公室编,2000年10月25日。

地、全国治安先进单位——枫桥镇实地学习,通过扎实的工作,使行风建设再上一个新的台阶。(屠仁泽)

市长运公司——抓"创优"促行风

最近一段时间以来,诸暨市长途汽车运输公司以创建中国优秀旅游城市为目标,认真抓好优质服务工作,得到广大旅客的好评。

市长运公司既是诸暨市的文明窗口单位,也是创建中国优秀旅游城市的必检单位,"创优"工作千头万绪,关键是做好优质服务工作,而优质服务又是行风建设的重点。因此,该公司在"创优"中十分重视优质服务工作,对服务人员进行职业道德教育和业务培训,要求大家诚恳热情地对待旅客,主动为旅客服务。客运中心候车大厅里的"共产党员红旗岗"的服务人员,向旅客介绍诸暨市的旅游景点和发放有关资料,解答旅客的提问;公开投诉电话,接受旅客投诉,并且耐心细致地做好解释工作;公司还在候车大厅里安装电脑触摸屏,为旅客提供全方位的服务。在此基础上,公司新开办了电话订票业务,从9月底开办以来,已为旅客办理订票手续110人次,方便了赶时间的旅客,既改善了服务态度,又促进了行业风气的好转,使交通文明窗口的形象更加美好。(边银权)

简讯三则

市航管所在由省局统一组织开展的船舶集中换证工作中,坚持以服务船员、方便船户办证为工作出发点,实行现场集中丈检、统一换证和组织人员赴外航区定点丈检换证相结合的方式,大大方便船户办理证照,提高了工作效率。这次船舶检验证书、国籍证书、所有权证书统一换发工作自9月1日起至10月底结束,我市550艘钢质船舶需统一换证,时间紧,任务重,市航管所组织精干力量在湄池设点换证,航管人员克服人手紧、工作量大等困难,主动放弃节假休息日,每天工作12小时以上,同时两次组织人员到嘉兴百步桥码头等诸暨籍船舶较集中之地现场丈检换证,做好为船员服务的文章,目前船舶检验换证率已达95%以上。(朱忠于)

9月29日下午,市交通局纪律检查委员会组织局机关干部和局属单位副职以上党员干部共计60余人,认真观看了反腐败教育录像片《胡长清案件警示录》。片子放完后,局党工委书记、局长黄逸忠讲话,要求大家一要重视做好反腐败的工作,严格管理,建设好队伍;二要进一步重视制度建设,严格按规章制度办事,领导班子必须贯彻民主集中制原则,重大事项必须集体决定;三要发现问题苗头及时处理,既要管8小时之内,也要管8小时之外,加强对党员干部开展共产主义理想信念教育,打实反腐防变的基础。(报道组)

市运管所在前阶段组织全体干部职工观看电影《生死抉择》、邀请市委党校领导进行学习"三个代表"理论专题讲座等基础上,于近日在党员干部中开展了警示教育活动。他们利用政治学习时间,学习有关廉洁自律规定,观看《胡长清案件警示录》《成克杰腐败案》等反腐电影录像片。在党员干部中进一步开展了思想、组织、作风、纪律教育整顿,以进一步加强行风建设工作,促进各项工作任务的顺利开展和完成。(黄鉴明)

2.3.4 诸暨市人民医院打造平安和谐医院,优化医疗服务环境

提要:诸暨市人民医院创建于1946年,是国家三级乙等医院、全国百佳医院。根据诸暨市委、市人民政府创新"枫桥经验"、创建"平安诸暨"的双创部署和"八创八进"工作要求,市人民医院创新思路,加强领导,落实措施,全面开展创建"平安医院"活动,有效优化了医疗环境,被评为2005年度、2007年度省级"治安安全示范单位"。诸暨市人民医院针对医院实际,创新"枫桥经验",落实"平安诸暨"建设的目标任务。诸暨市人民医院的主要做法是:加强组织领导,明确目标,落实责任;落实综治措施,加强重点环节的管理,全面提升社会治安、消防、应急管理等工作,积极营造平安和谐的治安环境;心系百姓安康,全力打造诚信和谐的品牌形象。为了提高服务水平,重新修订《医疗工作制度》,内容从190项增加为232项;规范医疗

行为,积极实施医患沟通机制,组织全体人员学习《医患沟通学》,对发生的医疗差错、事故、纠纷,逐一分析原因,明确责任,与当地政府、辖区公安派出所联合成立医患纠纷调处小组,把医患纠纷解决在萌芽状态,化解在医院内。通过提高医疗服务质量和服务患者的水平、规范医疗行为,预防和化解了医患矛盾纠纷,改善了医疗环境,增强了患者体验,促进了社会和谐。

打造平安和谐医院 优化医疗服务环境[1]

诸暨市人民医院

诸暨市人民医院创建于1946年,是国家三级乙等医院、全国百佳医院。医院占地9.2公顷,核定床位1 000张,实际开放床位1 105张,职工1 212人,下设江东分院2个门诊部,29个病区。近些年来我院根据市委、市政府创新"枫桥经验"、创建"平安诸暨"的总体部署和"八创八进"活动的要求,针对医院实际,创新思路,加强领导,落实措施,全面开展创建"平安医院"活动,有效优化了医疗服务环境,被评为2005、2007年度省级"治安安全示范单位"。

一、加强组织领导,扎实推进"平安医院"创建活动

1. 加强领导,落实责任。"平安医院"创建是一项服务百姓安康的实事工程。医院以一切为了人民群众健康的高度责任感,多次召开院长办公会议,研究布置创建"平安医院"活动。成立了以院长为组长、书记为副组长、各分管副院长和职能科室领导为成员的"平安医院"创建工作领导小组和办公室,下发了《关于开展创建"平安医院"活动的通知》,认真组织实施"平安医院"创建工作。明确院长是创建"平安医院"的第一责任人,落实分管领导、职能科室,落实其他院领导的创建职责,形成了院长亲自抓、分管领导具体抓、其他领导协助抓、职

---

[1] 诸暨市纪念枫桥经验45周年领导小组办公室:《构建和谐社会的新篇章——五年创新发展枫桥经验成果汇编》,内部资料,2008年,第223—230页。

能科室具体干的创建格局。层层签订责任状,每年初医院都与各病区、科室、保洁公司等65个部门签订责任书,层层分解落实创建责任。医院还实行安全生产、安全医疗网格管理模式,将安全生产、安全医疗责任细化,落实到每个岗位、每位工作人员,一级抓一级、层层抓落实。

2. 明确目标,严格考评。按照构建社会主义和谐社会的要求,结合医院工作特点和实际,我院"平安医院"创建工作的目标是"四提高四有效",即提高内部防范水平,有效预防和减少刑事案件的发生;提高消防安全责任意识,有效预防火灾事故的发生;提高医疗质量,有效预防和减少各类医疗事故;提高服务水平,有效预防和减少医患纠纷。为了保证创建目标的实现,我院制定了"组织与制度建设、安全生产、医疗安全、人身财产安全、公共卫生安全、突发事件预防与应急、矛盾调处与廉政建设"六个方面的考核标准,将创建"平安医院"工作纳入行政管理和经济责任制考核,坚持每月对科室、病区的安全工作进行检查考评,每月通报考核结果,针对检查中发现的问题,落实整改措施,并与绩效工资挂钩,落实奖罚,有效地激发了全院医务人员和职工关心、参与创建工作的热情。

3. 落实保障,扎实推进。十分注重平安宣传和教育,引导全院医务人员和职工确立大平安的观念,始终把维护医院的和谐稳定、保护患者和员工的生命财产安全作为义不容辞的责任,不断推进"平安医院"的创建工作。认真落实经费保障,对"平安医院"创建经费优先安排,实行实报实销,无障碍审批,确保了创建工作的顺利进行。

二、落实综治措施,积极营造平安祥和的医疗环境

1. 加强治安管理。我院每天流动人员在20 000人以上,治安状况比较复杂。面对这样的实际状况,为了确保医院始终保持良好的治安秩序,采取了三条有力措施:一是加强保卫力量。医院专门设立了保卫科,建立了有43人的保安队伍,所有队员都经市公安局巡防大队培训考核,持证上岗。并与派出所联系,在医院设立了警务室。二是加强治安巡防。坚持每天24小时巡防,有效地控制了各类案件的发生。落实专门人员,负责进出医院车辆的调度和管理,保持了良好的交通秩序。三是加强技防工作。投入20余万元,在全院重点要害部位配置了红外线110报警系统,重要部位、交通出入口安装电脑监控设施,实施24小时监视和录像,确保了医院安全。近几年来,医院未发生重大失窃等刑事案件。

2. 加强消防管理。完善单位防火档案,及时更换添置消防灭火器材。重新明确医院消防工作机构,配齐配强专(兼)职安全员,调整充实义务消防队,落实每年两次的业务培训,不断提高其履行职责的能力。加强消防宣传和消防培训,定期刊出消防安全专栏,定期邀请上级消防安全部门来院进行安全员消防培训,定期组织专兼职消防员到病区、科室进行培训,开展演练,员工消防参训率达到100%,形成了全员消防的良好局面。加强对江东分院消控中心值班管理的监督,确保对点对位、正确无误。坚持每天消防巡查,每月消防考核结果与科室绩效工资挂钩,有效地促进了消防措施的落实,确保了消防安全。

3. 加强危化品管理。医院特殊岗位、特种作业人员持证上岗率为100%。危化品统一登记造册,并在保卫、医务等业务主管部门备案。药剂、检验、病理等危化品使用部门落实专人管理,采购、出入库、使用情况定期向主管部门汇报。医院其他病区的麻醉药品、一类精神药品实行"专人、专职、专柜、专账、专卡"等"五专"管理,确保了危化品安全。

4. 加强应急管理。高度重视预防和处置突发性事件工作,先后制订了《诸暨市人民医院突发事件处置预案》《医院医疗事故防范预案》《医院医疗事故争议处理预案》等预案。对照预案的要求,定期开展演练,提高实战能力。对可能发生突发事件的苗头,都能迅速有效处置,及时上报,确保了医院和谐稳定。高度重视卫生应急工作,建立了医疗救助组、疾病预防控制组、卫生监督组、后勤保障组等应急组织,制订和落实各类卫生应急处理预案,切实做好随时应对各类突发公共卫生事件工作。

三、心系百姓安康，全力打造诚信和谐的品牌医院

1. 提高医疗质量。不断规范诊疗手段。加强门诊管理，实施标准化电脑处方、门诊日志及化验单，推广使用电子病历，使病历书写更加规范、正确、及时。不断提高医疗水平。加强对医务人员特别是新进医务人员的培训，不断提高业务能力。坚持会诊制度，对重病、疑难疾病实行专家会诊，精心制定治疗方案。加强省内外院际协作，推进医疗质量的整体提高。不断加大督查考核力度。医务科、质管科每月组织一次医疗行为规范及医疗日常工作检查，将结果以书面形式及时反馈给相关科室、病区，对违规人员作出相应处罚。每月组织一次临床三级查房考核，督促科室落实相关制度，及时发现整改住院病人管理中的薄弱环节。加强临床用血管理，每月对临床用血情况进行检查考核和通报奖惩。严格医疗质量管理，加强医疗安全工作，做到管在细处、抓到实处，有效地减少了医疗事故。

2. 提高服务水平。重新修订医院工作制度，内容从190项增加到232项，坚持用制度管人管事；层层签订医德医风、优质服务责任状，每季度组织一次门诊及住院病人问卷调查，每月安排一次医德查房，不断提高病人满意度；坚持以病人为中心，转变医疗服务观念和模式，实行服务承诺制。积极开展"文明行医"大讨论，进一步优化"一站式"服务中心工作，免费为病人测血压、量体温，免费提供轮椅、饮用水、一次性杯子、针线等物品，免费提供医疗咨询服务；进一步落实首诊首问责任制，对需紧急医疗救助的患者先行救治。改进出诊方式，由各科轮流出诊改为中医科单独承担，相对固定人员，保证出诊及时，方便病人。优化分院化验标本送检程序，缩短病人等待化验结果时间。统一培训病人陪护人员，统一陪护价格，满足病人需求，较好地预防和减少了医患纠纷。

3. 规范医疗行为。抓好党风廉政建设和行风建设，建立防控商业贿赂的长效机制，深入推行"阳光工程"，严格执行药品、设备、器械准入制度，坚持招投标制度,确保廉洁行医;坚持因病施治、因人施治、因需施治,合理检查、合理用药,积极解决看病难、看病贵问题,坚决杜绝用药起点高、模仿性用药、数种药物滥用的用药模式。专门成立药物使用监管组织,定期抽查医生处方,一旦发现违规用药现象,立即予以纠正,对患者已造成损害的,按有关规定进行严肃处理。

4. 化解医患矛盾。积极实施"医患沟通制",在院报开设医患沟通专栏,将《医患沟通学》教材发给每个病区、科室,组织全体医护人员进行集中学习和考试,参考率达95%以上。认真落实医疗缺陷分析和责任追究制度,对发生的医疗差错、事故、纠纷,逐一分析原因,明确责任;对投诉做到有记录,有处理,有回复。高度重视医患矛盾的调处,与当地政府、辖区公安派出所组成医患纠纷联合调处小组,发生纠纷、争议提前介入,及时调处,努力把医患纠纷消灭在萌芽状态,解决在医院内。

第三章
社会组织参与社会治理的"枫桥经验"

提要:社会组织提供专门化、专业化服务,作为多元治理的主体之一,是参与社会治理的重要主体。诸暨市重视发挥社会组织在社会治理中的作用,积极培育社会组织,建立现代社会组织体制。制定社会组织备案管理、评估分级、诚信管理等政策制度,通过政府购买服务,支持社会组织有效参与社会治理。发挥党建引领作用,尤其重视乡镇(社区)级社会组织建设,为社区居民广泛参与社会治理创造了良好的条件。在"枫桥经验"60周年的发展历程中,形成了市、乡镇(街道)、村(社区)三级社会组织服务平台,激发了社会组织活力,提升了社会组织能力,对于社会组织健康有序的发展起到了积极的作用。诸暨市社会组织是多元社会治理的重要力量,红枫义警、孝德文化研究会等社会组织影响广泛,社会组织在社会治理共同体建设中发挥了重要作用。

3.1 社会组织参与社会治理的政策规定

3.1.1 浙江省委、省政府关于改革社会组织管理制度的实施意见

提要:《实施意见》规定了大力培育发展社区社会组织、深化社会组织

登记管理制度改革、完善培育扶持政策、依法加强管理和监督、规范社会组织运行体系、加强社会组织党的建设工作等内容。其改革的精神体现在诸多方面,例如:要求稳步实施政社分开,促进行业协会商会成为依法设立、自主办会、服务为本、治理规范、行为自律的社会组织;完善财政扶持政策,将符合条件的社会组织纳入政府产业扶持和社会事业发展扶持政策范围;等等。通过改革,社会组织在社会治理中的作用得到进一步发挥。

中共浙江省委办公厅 浙江省人民政府办公厅印发《关于改革社会组织管理制度促进社会组织健康有序发展的实施意见》的通知[1]

各市、县(市、区)党委和人民政府,省直属各单位:

《关于改革社会组织管理制度促进社会组织健康有序发展的实施意见》已经省委、省政府同意,现印发给你们,请结合实际认真贯彻落实。

中共浙江省委办公厅 浙江省人民政府办公厅
2017 年 8 月 3 日

关于改革社会组织管理制度促进社会组织健康有序发展的实施意见

以社会团体、基金会和社会服务机构为主体组成的社会组织,是我国社会主义现代化建设的重要力量。为进一步加强社会组织建设,激发社会组织活力,根据中共中央办公厅、国务院办公厅印发的《关于改革社会组织管理制度促进社会组织健康有序发展的意见》精神,结合我省实际,现就改革社会组织管理制度、促进社会组织健康有序发展提出以下实施意见。

---

[1] 浙委办发〔2017〕67 号。

一、总体要求

（一）指导思想。深入贯彻习近平总书记系列重要讲话精神和治国理政新理念新思想新战略，全面落实省第十四次党代会精神，统筹推进"五位一体"总体布局和协调推进"四个全面"战略布局，遵循坚持党的领导、坚持改革创新、坚持放管并重、坚持积极稳妥推进的基本原则，一手抓积极引导发展，一手抓严格依法管理，充分发挥社会组织服务国家、服务社会、服务群众、服务行业的作用，努力走出一条具有浙江特色的社会组织发展之路，为坚定不移地沿着"八八战略"指引的路子走下去、实现"两个高水平"奋斗目标奠定更加扎实的社会基础。

（二）工作目标。到2020年，在全省建成统一登记、各司其职、协调配合、分级负责、依法监管的社会组织管理体制，社会组织成体系、成建制、成规模培育发展，社会组织法规政策更加健全、组织分类更加明确、登记审批更加便捷、培育扶持更加有力、综合监管更加有效、党组织作用发挥更加健全，社会组织、社区建设、社会工作"三社联动"机制更加健全，社会组织成为有序参与社会建设、有力推动经济发展的重要力量。

二、大力培育发展社区社会组织

（三）加强社区社会组织登记备案工作。对在城乡社区开展为民服务、养老照护、公益慈善、促进和谐、文体娱乐和农村生产技术服务等活动的社区社会组织，采取降低准入门槛的办法，支持鼓励发展。对符合登记条件的社区社会组织，优化服务，简化登记程序。对达不到登记条件的社区社会组织，按照不同规模、业务范围、成员构成和服务对象，由乡镇（街道）政府（办事处）实施备案管理，报备前征询所在村（居）民委员会的意见。到2020年，全省登记和备案的社区社会组织达到15万个，平均每个城市社区有社会组织15个以上、农村社区有社会组织5个以上。

（四）明确社区社会组织培育重点。重点培育为老年人、妇女、儿童、残疾人、失业人员、农民工、服刑人员未成年子女、困难家庭、严重精神障碍患者、有不良行为青少年、社区矫正人员等特定群体服务的社区社会组织。大力发展民办社会工作机构,支持成立社区社会工作室,到 2020 年,民办社会工作机构基本覆盖城市社区和三分之一以上的农村社区。培育和壮大基层社区类慈善组织,推动慈善组织向乡镇(街道)、村(社区)覆盖。

(五)发展枢纽型、支持型社会组织。发挥现有各类社会组织的服务中心、孵化中心、基金会、联合会等的支撑作用,为社区社会组织在组织运作、活动经费、培育孵化、管理咨询、人才队伍等方面提供支持。依托乡镇(街道)社会服务管理中心和城乡社区服务站等设施,大力推进社区发展协会、社区社会组织联合会、社区社会组织服务中心、社企共建理事会、乡贤参事会、邻坊中心、社区发展基金会等枢纽型、支持型社区社会组织建设。到 2020 年,基本实现每个乡镇(街道)和城乡社区都建有 1 个枢纽型、支持型社会组织。

(六)建立社会组织、社区建设、社会工作联动机制。构建多元主体参与的社区治理格局,把社会组织建设成为增强社区自治和服务功能、吸纳社会工作人才的重要载体,实现基层政府、城乡基层自治组织、社会组织、社会工作机构平等互助、协商互动。支持社区社会组织承接社区公共服务和基层政府委托事项,采取政府购买服务、设立项目资金、补贴活动经费等措施,加大对社区社会组织扶持力度。发挥社区社会组织在社区协商中的主体作用,着力完善民情恳谈、社区听证、社区评议等协商机制,借助社区媒体、互联网络、移动设备等拓宽协商渠道。

三、深化社会组织登记管理制度改革

(七)稳妥推进直接登记。重点培育、优先发展行业协会商会类、科技类、公益慈善类、城乡社区服务类社会组织。成立行业协会商会,按照行业协会商会与行政机关脱钩总体方案的精神,直接向民政部门依法申请登记。在自然科学和工程技术领域内从事学术研究和交流活动的科技类社会组织,以及提供扶贫、济困、扶老、救孤、恤病、助残、救灾、助医、助学服务的公益慈善类社会组织,

直接向民政部门依法申请登记。为满足城乡社区居民生活需求,在社区内活动的城乡社区服务类社会组织,直接向县级民政部门依法申请登记。民政部门审查直接登记申请时,要广泛听取意见,根据需要征求有关部门意见或组织专家进行评估。行业管理部门要配合做好本领域社会组织的登记审查工作,对登记管理机关的征询意见要认真研究、及时反馈。直接登记的行业协会商会类、科技类、公益慈善类、城乡社区服务类社会组织的综合监管以及党建、外事、人力资源服务等事项,参照《浙江省行业协会商会与行政机关脱钩实施方案》及配套政策执行。对已经成立的科技类、公益慈善类、城乡社区服务类社会组织,本着审慎推进、稳步过渡的原则,通过试点逐步按照直接登记的方式进行管理。

（八）加强业务主管单位和民政部门的登记审查。对直接登记范围之外的其他社会组织,继续实行登记管理机关和业务主管单位双重管理。民政部门要会同业务主管单位、行业管理部门及相关党建工作机构,加强对社会组织发起人、拟任负责人的资格审查。对跨领域、跨行业以及业务宽泛、不易界定的社会组织,按照明确、清晰、聚焦主业的原则,加强名称、章程审核和业务范围审定,听取利益相关方和管理部门意见。严禁社会组织之间建立垂直领导或变相垂直领导关系,严禁社会组织设立地域性分支机构。业务主管单位要健全工作程序,完善审查标准,加强对社会组织名称、宗旨、业务范围、发起人和拟任负责人的把关,做好社会组织变更、注销登记以及章程核准、年度工作报告、等级评估的初审工作。

（九）强化社会组织发起人责任。社会组织发起人应对社会组织登记材料的合法性、真实性、准确性、有效性、完整性负责,对社会组织登记之前的活动负责。发起人在该组织业务领域、活动地域内应具有广泛认知度和影响力,主要发起人应当担任首届负责人。建立发起人不良行为记录档案,限制失信被执行人发起设立社会组织,发起人不得以拟成立社会组织名义开展与发起无关的活动,禁止向非特定对象发布筹备和筹款信息。经批准担任发起人但不履行责任的,批准机关要严肃问责。党政领导干部未经批准不得发起成立社会组织。

(十)加快慈善组织发展。鼓励社会力量兴办慈善组织,积极引导按规定设立企业基金会、家族基金会、社区基金会等各类慈善基金会。培育发展区域性慈善联合组织和各类慈善行业组织。县级以上民政部门要按照《中华人民共和国慈善法》和相关法律法规要求,加强慈善组织登记管理。对已经成立的社会团体、基金会、社会服务机构申请慈善组织认定的,民政等部门要按照《慈善组织认定办法》(民政部令第58号)进行依法审核,并按照《慈善组织公开募捐管理办法》(民政部令第59号)要求,赋予慈善组织公募资格。

(十一)稳步实施政社分开。各地各有关部门要按照推进行业协会商会与行政机关脱钩的要求,抓紧制定具体实施方案和相关配套文件,稳步推动行业协会商会与行政机关机构、职能、资产、财务、人员、党建、外事等事项的分离脱钩,促进行业协会商会成为依法设立、自主办会、服务为本、治理规范、行为自律的社会组织。除法律法规有特殊规定外,政府部门不得授权或委托社会组织行使行政审批权。国务院决定取消的行政审批事项,原承担审批职能的部门不得通过任何形式指定交由行业协会商会继续审批。严格执行党中央和省委关于党政机关领导干部、退(离)休领导干部、公务员等在社会组织兼职的各项规定,从严规范公务员兼任社会团体负责人,因特殊情况确需兼任的,按照干部管理权限从严审批,且兼职一般不得超过1个。在职公务员不得兼任基金会、社会服务机构负责人。

四、完善培育扶持政策

(十二)完善财政扶持政策。建立完善政府对社会组织的扶持机制,将符合条件的社会组织纳入政府产业扶持和社会事业发展扶持政策范围。有条件的地方,可以统筹安排一般公共预算资金、福利彩票公益金,设立社会组织发展专项资金,支持社会组织参与社会服务,加强社会组织能力建设,重点扶持一批品牌性社会组织。

（十三）创新社会化筹资模式。鼓励有条件的地方设立社会组织发展基金会，发挥公共财政资金、福利彩票公益金的引导作用，撬动民间资本投入，通过专项补助、公益创投等方式，为社会组织提供资金及专业能力支持。鼓励公益慈善捐赠，积极稳妥推进"互联网+慈善"，规范发展慈善信托，鼓励企业或个人通过捐赠货币、实物、房屋、有价证券、股权、知识产权等参与公益慈善事业。鼓励银行业金融机构加大对符合条件的社会组织的金融支持力度。

（十四）推进政府职能向社会组织转移。积极做好政府向社会力量购买服务和推进政府职能向社会组织转移工作，结合政府职能转变和行政审批制度改革，将政府部门不宜行使、适合市场和社会提供的事务性管理工作及公共服务，通过竞争性方式交由社会组织承担。逐步扩大政府向社会组织购买服务的范围和规模，对民生保障、社会治理、行业管理等公共服务项目，同等条件下优先向社会组织购买。机构编制部门对社会组织转移职能目录实行动态管理、定期调整；法制部门负责政府职能向社会组织转移的合法性审查；民政部门负责承接政府转移职能的社会组织推荐目录的动态调整；财政部门负责研究完善政府职能向社会组织转移后相关的经费保障政策和政府购买服务预算编制。职能转移主体要认真履行监管责任，机构编制、民政、财政等部门要对政府向社会组织购买服务和社会组织承接转移职能的履行情况、财政支出绩效等情况进行定期检查。

（十五）落实税费优惠政策。认真落实国家有关规定，对符合条件的非营利组织的捐赠收入、政府补助收入、会费收入等，可以免征企业所得税。自然人、法人和其他组织捐赠财产用于慈善活动的，依法享受税收优惠政策。企业慈善捐赠支出超过法律规定的准予在计算企业所得税应纳税所得额时当年扣除的部分，允许结转以后3年内在计算应纳税所得额时扣除。境外捐赠用于慈善活动的物资，依法减征或者免征进口关税和进口环节增值税。各级财政、税务、民政部门要建立联动机制，落实公益性捐赠税前扣除和非营利组织免税有关政策。社会组织的用电、用气(燃气)、电话、有线(数字)电视、宽带互联网一次性接入费(安装费),按规定享受优惠。

(十六)强化人才支撑。研究制定社会工作专业人才发展规划,将社会工作专业人才和社会组织人才纳入党管人才的总体格局和人才工作体系,将社会组织中党外代表人士培养纳入全省党外代表人士队伍建设总体规划。对社会组织的专业技术人员执行与相关行业相同的职业资格、注册考核、职称评定政策,将社会组织人才纳入国家专业技术人才知识更新工程。完善社会工作人才、社会组织人才的薪酬体系,畅通其在申请人才资助、入住人才公寓、落户等方面的渠道。鼓励社区工作者和社会组织专职人员报考助理社会工作师、社会工作师,建立完善持证社会工作专业人才津贴制度。鼓励事业单位40周岁以下从事专门性社会服务工作的专业技术人员参加社会工作职业水平考试。选派党政机关和事业单位年轻干部到社会组织、民办社会工作机构挂职锻炼,作为干部基层工作经历。鼓励社会工作者、社会组织从业人员到党政机关和事业单位交流锻炼。注重把政治素质好、业务水平高的社会工作专业人才、社会组织人才吸纳进党员干部队伍。有关部门和群团组织要将社会组织及其从业人员纳入有关推荐评优、表彰奖励范围。

五、依法加强管理和监督

(十七)加强对社会组织负责人的管理。民政部门会同有关部门制定社会组织负责人任职管理办法,强化对主要负责人任职条件和任用程序的监督管理,建立社会组织负责人任职、约谈、警告、责令撤换、从业禁止等管理制度,限制失信被执行人登记或备案为社会组织负责人。推行社会组织法定代表人离任审计制度、社会组织负责人任职前公示制度、法定代表人述职制度。建立负责人不良行为记录档案,强化社会组织负责人过错责任追究,对严重违法违规的,责令撤换并依法依规追究责任。

(十八)加强对社会组织资金的监管。建立民政部门牵头,财政、税务、审计、金融、公安等部门参加的资金监管机制,共享执法信息,加强风险评估、预警。民政、财政部门要严格执行有关财务会计制度和票据管理使用制度,推行社会组织财务信息公开和注册会计师审计制度。财政部门要加强对社会组织财政、财务、会计等政策规定执行情况的监督检查,发现问题依法处罚并及时通报民政部门。税务部门要推动社会组织依法进行税务登记;加强对社会组织非营利性经营活动的监督,严格核查非营利组织享受税收优惠政策的条件,落实非营利性收入免税申报和经营性收入依法纳税制度;加强对社会组织的税务检查,对违法违规开展营利性经营活动的,依法取消其税收优惠资格,通报民政等有关部门依法处罚社会组织及其主要责任人。审计机关要对社会组织的财务收支情况、国有资产管理使用情况进行审计监督。金融管理部门要加强对社会组织账户的监管、对资金往来特别是大额现金支付的监测,防范和打击洗钱和恐怖融资等违法犯罪活动。

（十九）加强社会组织信用建设。民政部门要加强与有关部门的协调联动,建立健全政府与征信机构、信用评级机构、金融机构、社会组织之间的信用信息共享机制。优化信用成果的应用,推行守信激励和失信惩戒机制,建立社会组织异常名录和黑名单,将社会组织的信用建设情况与社会组织享受税收优惠、承接政府转移职能和购买服务、评优评奖评先等挂钩。探索建立专业化、社会化的第三方监督机制,建立健全社会组织第三方评估机制,完善分类评估指标体系,加强动态管理。县级以上政府建立统一的社会组织信用信息平台和慈善信息发布平台,畅通新闻媒体、社会公众的监督渠道。建立对社会组织违法违规行为及非法社会组织投诉举报受理和奖励机制,民政部门要开通、公布投诉举报渠道,并依法向社会公告行政处罚和取缔情况。

（二十）建立健全退出机制。对严重违反国家有关法律法规的社会组织,要依法吊销其登记证书;对弄虚作假骗取登记的社会组织,依法撤销登记;对未经许可擅自以社会组织名义开展活动的非法社会组织,依法予以取缔。完善社组织清算、注销制度,确保社会组织资产不被侵占、私分或者挪用。

(二十一)加大执法力度。建立民政部门和有关部门共同参与的联合执法机制,各有关部门按照职能分工加强对社会组织内部治理、业务活动、对外交往的管理,依法查处违法违规行为,依法取缔未经登记的各类非法社会组织。对被依法取缔后仍以非法社会组织名义活动的,公安机关要依法处理。行业管理部门要将社会组织纳入行业管理,加强业务指导和行业监管,配合登记管理机关做好本领域社会组织的登记审查、年度报告、信息公开等监管职责,协助登记管理机关和相关部门做好对本领域社会组织非法活动和非法社会组织的查处。外事侨务、公安、物价、人力社保等部门对社会组织涉及本领域的事项事务履行监管职责,依法查处违法违规行为并及时向民政部门通报相关情况。实行双重管理的社会组织的业务主管单位,要对所主管社会组织的思想政治工作、党的建设、财务和人事管理、研讨活动、对外交往、接受境外捐赠资助、按章程开展活动等事项切实负起管理责任,每年组织专项监督抽查,协助有关部门查处社会组织违法违规行为,督促指导内部管理混乱的社会组织进行整改,组织指导社会组织清算工作。

(二十二)加强涉外活动管理。规范社会组织开展对外交流活动,发挥社会组织在对外经济、文化、科技、体育、环保等交流中的辅助配合作用和在民间对外交往中的重要平台作用。严格按照《中华人民共和国境外非政府组织境内活动管理法》等法律法规的规定,依法规范社会组织与境外组织在我省开展的合作活动。对因工作需要在境外设立分支(代表)机构的,须经业务主管单位或者负责其外事管理的单位批准。党政领导干部以个人身份加入境外专业、学术组织或兼任该组织有关职务的,按干部管理权限和有关规定报批。

六、规范社会组织运行体系

(二十三)健全法人治理结构。引导社会组织依照法规政策和章程建立健全法人治理结构和运行机制,以及党组织参与社会组织重大问题决策等制度安排。民政部门要针对不同类型社会组织的特点制定章程示范文本和社会组织内部运行规则。社会组织要完善会员大会（会员代表大会）、理事会、监事会制度，落实民主选举、民主决策和民主管理，健全内部监督机制，成为权责明确、运转协调、制衡有效的法人主体。推动社会组织建立健全内部纠纷解决机制，推行社会组织人民调解制度，引导当事人通过司法途径依法解决纠纷。

（二十四）加强行业自律。建立各领域社会组织行业自律联盟，完善行业内部信用信息采集、共享机制，通过发布公益倡导、制定活动准则、实行声誉评价等形式，引领和规范行业内社会组织的行为；将严重失信行为记入会员档案。规范社会组织收费行为，严禁巧立名目乱收费，切实防止出现只收费不服务、只收费不管理的现象。

（二十五）建立信息公开制度。引导社会组织适应"互联网+"发展趋势，大力推进门户网站和微博、微信、客户端等新媒体建设，加强信息公开，保障公众知情权。在社会组织中建立新闻发言人制度，加强舆情搜集、报告和研判。慈善组织要按照《中华人民共和国慈善法》的规定公开相关信息，确保信息公开真实、完整、及时、有效。

七、加强社会组织党的建设工作

（二十六）健全社会组织党组织管理体制。健全社会组织党建工作管理体系。对专业性较强、行业准入条件严格、管理比较规范、规模较大的行业性社会组织，其党建工作由行业主管部门或行业党组织分级管理。有业务主管（指导）单位的社会组织党建工作，由业务主管（指导）单位党组织分级管理。城乡社区社会组织党建工作，由乡镇（街道）、社区（村）党组织兜底管理。对不适合属地管理和行业主管部门不能归口管理以及没有业务主管（指导）单位的社会组织党建工作，要依托民政部门设立社会组织综合党委，健全班子、配强力量，实行托底管理。各级党组织要把社会组织党建工作纳入党建工作总体布局，加强研究谋划,统筹解决重点难点问题。各级党委组织部门、"两新"工委要牵头抓总、统筹协调,加强对社会组织党建工作的具体指导。各有关部门要结合社会组织登记、年度检查、评估以及日常监管开展党建工作。加强行业协会商会与行政机关脱钩后的党建工作,确保脱钩不脱管。

(二十七)推进社会组织党的组织建设和工作有效覆盖。按照应建尽建的原则,加大社会组织党组织组建力度,实现党的组织和工作全覆盖。暂不具备组建条件的社会组织,可通过选派党建工作指导员、联络员或建立工会、共青团组织等开展党的工作,条件成熟时及时建立党组织。新成立的社会组织,具备组建条件的应同步建立党组织。仅有个别党员的,要本着就近就便原则,通过行业、区域统筹等方式,联合建立党组织。行业特征明显、管理体系健全的行业,可依托行业协会商会,建立行业党组织,对会员单位党建工作进行指导。在社会组织相对集中的各类街区、创新园区、商务楼宇等区域,可以打破单位界限统一建立党组织。

(二十八)发挥社会组织党组织的政治核心作用。社会组织党组织要围绕党章要求,团结凝聚党外干部和群众,保证社会组织正确政治方向。建立党组织参与社会组织重大问题决策机制,对社会组织重要事项决策、重要业务活动、大额经费开支、接受大额捐赠、开展涉外活动等提出意见。推行社会组织党员管理层人员和党组织班子成员双向进入、交叉任职,党组织书记应参加或列席管理层有关会议,党组织开展的有关活动可邀请非党员社会组织负责人参加。加强社会组织党组织对社会组织分支机构党建工作的指导,对具备条件的分支机构,督促其及时建立党组织,严格落实"三会一课"、组织生活会、民主评议党员、党员党性定期分析等制度。扎实推进"两学一做"学习教育常态化制度化。积极开展"党建强、服务强"双强争先活动,把党建文化融入社会组织文化建设之中。注重在社会组织负责人、管理层和业务骨干中培养和发展党员。

(二十九)加强社会组织党务工作者队伍建设。社会组织党组织书记一般从社会组织内部产生,提倡由党员社会组织负责人担任党组织书记。规模较大、成员较多或没有合适党组织书记人选的社会组织,可以面向社会公开选聘,也可由上级党组织从退休干部、不担任现职党政领导干部以及业务相关的党政机关干部中选任党组织书记。规模大、党员数量多的社会组织党组织,应配备专职副书记。有条件的地方和单位,要给予党组织书记(不含兼职的党政领导干部)和专职党务工作者适当工作津贴。退休或不担任现职党政领导干部受党组织选派到社会组织从事党建工作的,不列入清理范围,保障必要的工作经费,但不得在社会组织获取薪酬和其他额外利益。把社会组织党务工作者纳入基层党务干部培训范围。

(三十)加强社会组织党建工作基础保障。推动建立多渠道、多元化投入的党建工作基础保障机制,提倡机关、企事业单位和乡镇(街道)、社区(村)党组织与社会组织党组织资源共享、共建互促。依托枢纽型、支持型社会组织服务中心,建立党群服务中心,为党组织开展活动、发挥作用创造条件。社会组织要将党建工作经费纳入管理费用列支,按照有关规定据实在企业所得税前扣除。社会组织党员上缴的党费全额下拨,党委组织部门可用留存党费给予支持。加强对社会组织负责人的思想政治教育,引导他们主动支持党建工作。推动将党的建设写入社会组织章程。

八、切实抓好组织实施

(三十一)加强组织领导。各级党委和政府要把加强和改进社会组织管理工作列入重要议事日程,列入地方党委和政府绩效考核内容和社会治安综合治理考评体系。要建立社会组织工作重大事项研究制度,党委常委会应定期听取社会组织工作汇报。有关部门党组(党委)要加强对社会组织管理工作的组织领导,落实党建工作责任制,制定本部门管理规定,配齐配强相关管理力量,抓好督促落实。各地要建立社会组织工作协调机制,统筹、规划、协调、指导社会组织工作。

（三十二）强化能力建设。加强社会组织管理服务队伍建设，配齐配强工作力量，确保事有人管、责有人负。各级民政部门特别是县级民政部门要有专门机构和人员负责社会组织登记管理工作。重点加强执法队伍建设，保障工作经费，确保服务到位、执法有力、监管有效。乡镇（街道）要有专人负责社会组织工作。提升社会组织管理的信息化水平，改造各级社会组织网站和管理系统，建设社会组织数据信息管理系统，建立跨部门信息共享、资源整合、业务协同平台，推动社会组织管理现代化、科学化、精细化。

（三十三）抓好工作落实。各市、县（市、区）党委和政府可根据本实施意见，结合实际制定本地社会组织管理制度改革的具体办法。各有关部门要根据实施意见要求和职责分工，抓紧制定落实相关配套政策措施和具体管理办法，做好本系统社会组织改革工作。各地要充分利用报刊、广播、电视、网络等多种方式，广泛宣传社会组织在参与社会建设和治理中的积极作用，为社会组织改革发展营造良好社会氛围。

3.1.2 诸暨市以新时代"枫桥经验"为引领创新社会组织参与社会治理的意见

提要：《意见》从总体要求、加大社会组织培育扶持力度、推进社会组织服务平台建设、引导社会组织参与社会治理、健全社会组织综合监管机制、加强社会组织党的建设工作、切实抓好组织实施等7个方面，对加强和改进社会组织建设管理、推进社会组织参与社会治理工作提出了明确、具体的要求。加强和改善社会组织建设管理，推进社会组织参与社会治理工作，是诸暨市在新的历史条件下，推动社会治理创新的客观需要，内容包括充分发挥社会组织服务社会、服务群众、服务行业的作用，引导社会组织有序参与基层治理。创新社会组织参与社会治理工作的目标是建立与诸暨经济社会发展相适应、门类齐全、结构合理、功能完善、竞争有序、诚信自律、充满活力的社会组织发展体系。

中共诸暨市委办公室　诸暨市人民政府办公室
关于创新发展新时代"枫桥经验"加强和改进社会组织建设管理
推进社会组织参与社会治理的实施意见[1]

为进一步加强社会组织建设,激发社会组织活力,推进社会组织参与基层社会治理,创新发展新时代"枫桥经验",根据省委办公厅、省政府办公厅《关于改革社会组织管理制度促进社会组织健康有序发展的实施意见》(浙委办发〔2017〕67号)的精神,结合我市实际,现就我市加强和改进社会组织建设管理提出以下实施意见。

一、总体要求

(一)指导思想。高举习近平新时代中国特色社会主义思想伟大旗帜,深入贯彻党的十九大精神和习近平总书记关于坚持发展"枫桥经验"的重要指示精神,坚持党建引领、改革创新、放管并重、稳妥推进的原则,充分发挥社会组织服务社会、服务群众、服务行业的作用,引导社会组织有序参与基层治理,推动形成党委领导、政府管理、社会协同、公众参与、法治保障的社会治理体系,推进自治、法治、德治三治融合,走出一条具有诸暨特色的社会组织发展之路,打造共建共治共享的社会治理新格局。

(二)工作目标。以构建和谐社会、服务诸暨发展为主要目标,建立与诸暨经济社会发展相适应,门类齐全、结构合理、功能完善、竞争有序、诚信自律、充满活力的社会组织发展体系。到2020年,建立健全职责明确、协调配合、分级负责、依法监管的社会组织管理体制,全市社会组织政策更加健全、党建引领更加突出、登记审批更加快捷、培育扶持力度更加有力、综合监管更加有效,使社会

---

[1] 市委办〔2018〕62号。

组织真正成为提供服务、促进和谐的重要力量。

二、加大社会组织培育扶持力度

（一）大力培育发展社区社会组织。重点培育在城乡社区开展活动的养老服务类、社区服务类、公益慈善类、扶危助困类和矛盾调解类社会组织。重点培育的社会组织放宽登记注册资金和会员数，简化登记程序；无固定办公场地的，可依托社会组织服务（孵化）平台实行"工位注册""一址多证"。对达不到登记条件的，由镇乡（街道）实施备案管理。力争到2020年，全市备案的社区社会组织达到3 000家。

（二）稳妥推进直接登记。新成立行业协会商会类、科技类、公益慈善类、城乡社区服务类社会组织，可直接向民政局依法申请登记。民政局审查社会组织直接登记申请要广泛听取意见，根据需要征求有关部门意见或组织专家评估。完善登记双告知及函告行业管理部门制度。对已经成立的科技类、公益慈善类、城乡社区服务类社会组织，本着审慎推进、稳步过渡的原则，逐步按照对直接登记社会组织的管理方式进行管理。

（三）推进政府职能转移和政府购买服务。加快政府职能转变，将适合市场化方式提供、社会力量能够承担的公共服务，以及政府履职中所需的辅助性服务，通过竞争性或委托、承包、采购等方式，交给社会组织承担。健全以需求为导向、项目为载体的政府向社会组织购买服务机制，各部门对可由社会组织承接的民生保障、社会治理、行业管理等公共服务项目，通过政府购买服务等方式，有重点、分步骤地转移给有能力承接的社会组织，并优先向3A级及以上或党组织组织力指数（以下简称"组织力指数"）得分80分以上的社会组织购买，所需资金纳入年度部门预算。新增公共服务支出通过政府购买服务安排的部分，必须安排一定比例向社会组织购买，市编办对社会组织转移职能目录实行动态管理、定期调整；市财政局每年度会同有关部门拟订政府向社会组织购买服务目录；市民政局按年度完善承接政府转移职能和购买服务的社会组织推荐目录。

（四）创新资金扶持机制。进一步完善公共财政和福彩公益金对社会组织的奖励扶持机制，通过公益创投等形式，吸纳政府、企业及其他民间资本参与社会组织建设，每年安排300万元专项资金用于社会组织公益创投项目资助。设立社会组织发展基金，首次落实150万元，并按照经济社会发展逐年提高，由市财政局、民政局另行制定管理办法。镇乡（街道）要按照经济发展情况落实社会组织专项发展扶持资金，培育社区社会组织发展。开展优秀项目案例推荐评选工作，以项目资助的方式为社会组织优质的公益项目提供创业和发展支持。加大社会组织评先创优奖励力度，对获评估等级3A级及以上的社会组织，给予1—3万元的奖励；对社会组织或专职工作人员获得国家级、省级荣誉的，给予一定的奖励；对组织力指数排名前十的社会组织给予一定的奖励。落实国家对社会组织各项税收优惠政策，符合条件的社会组织按照有关法律法规享受相关税收优惠政策。

（五）强化人才支撑。市委组织部、人力社保局要把社会工作专业人才和社会组织人才纳入人才工作体系和专业人才队伍，享受相应人才政策。要提高社会组织政治参与度，将社会组织优秀代表人物纳入党代会代表、人大代表、政协委员推荐范围，将社会组织中党外代表人士培养纳入全市党外代表人士队伍建设总体规划。定期开展社会组织负责人和专职工作人员培训，鼓励社区工作者和社会组织专职人员参加社会工作职业水平考试，提高专业化、职业化水平，对在2020年底前取得助理社会工作师、社会工作师、高级社会工作师职称，并与本市用人单位签订3年服务协议且服务满1年的对象（机关事业单位人员除外），由市级财政分别一次性给予2 000元、3 000元、5 000元的奖励（以上奖励不重复，可补差）。

三、推进社会组织服务平台建设

（一）搭建市镇村三级社会组织服务体系。坚持实体运作、资源共享、自我发展的原则，依托党群服务中心、文化活动中心（文化礼堂）、便民服务中心等平台,大力推进镇乡(街道)、村(社区)社会组织服务中心、社会组织联合会等支持型、枢纽型社会组织实体化运作,为社会组织提供活动场地、办公设施、政策咨询等方面的支持。市级社会组织服务中心重点做好社会组织培育孵化、信息发布、服务咨询、能力提升、项目督导、资源整合、规范化建设等工作。镇乡(街道)社会组织服务中心,重点做好社区社会组织的备案管理、服务协调、项目托管、骨干培养等工作。村(社区)社会组织服务平台,要协助做好社区社会组织备案管理工作,为社会组织落地村(社区)项目提供支持,推进村级社会组织乡贤参与类、平安巡防类、乡风文明类、志愿服务类、矛盾化解类等5类标准化社会组织和X类个性化社会组织建设,进一步完善市、镇乡(街道)、村(社区)三级社会组织培育孵化联动机制。

(二)加强社会组织服务平台建设保障。社会组织服务平台要根据服务区域内社会组织的数量、承担的主要功能等情况,配备相应的专职工作人员。市级社会组织服务中心在保证3名工作人员的基础上,再按照每增加200家社会组织增加1名的标准配备工作人员,专职工作人员纳入城市社区工作者队伍管理,市级服务平台的建设经费、人员经费、运营经费等项目化列入市级财政预算。各街道服务平台至少要配备2—3名专(兼)职工作人员,镇乡和社区服务平台至少要配备1名专(兼)职工作人员。镇乡(街道)要给予服务平台人、财、物及办公场所等方面的支持,使各项工作经费、活动经费与机构的持续发展相匹配,以保障服务平台的可持续发展,专职工作人员的平均收入,一般不低于上一年度本市职工平均工资水平。

四、引导社会组织参与社会治理

(一)增强服务功能。引导各类社会组织利用专业优势参与社会服务,发挥其在促进经济发展、管理社会事务、提供公共服务中的作用,满足人民群众多样化需求。支持社会组织为老年人、残疾人、青少年、困难家庭、严重精神障碍患者、社区矫正人员等特定群体服务提供专业服务。鼓励社会组织尤其是行业协会商会在服务企业发展、规范市场秩序、开展行业自律、制定行业标准、维护会员权益、调解行业纠纷等方面发挥作用。

（二）弘扬文明新风。引导各类社会组织在组织开展活动中积极培育和践行社会主义核心价值观，倡导移风易俗，弘扬时代新风。鼓励社会组织参与各类公益慈善活动，弘扬优秀传统，维护公序良俗，形成向上向善、孝老爱亲、与邻为善、守望互助的良好社会氛围，增强群众的认同感、归属感、责任感和荣誉感。

（三）促进社会和谐。引导各类社会组织为优化基层社会治理贡献力量，成为增强社区自治、扩大居民参与的重要载体。鼓励社区社会组织和群众活动团队开展邻里互助、居民融入、纠纷调解、平安创建等活动，促进基层社会和谐稳定。大力培育专业社会服务机构，充分发挥其在困难救助、矛盾调处、人文关怀、心理疏导、矫治帮教、关系调适等方面的专业优势，通过购买服务的方式，提供专业化、精准化的服务，使其成为基层社会治理创新的主要力量，推动建立多元主体参与的社区治理格局，打造新时代"枫桥经验"升级版。

五、健全社会组织综合监管机制

（一）严格登记审查。市民政局要会同业务主管单位（行业管理部门）及相关党建工作机构，加强对社会组织发起人、拟任负责人的资格审查。严禁社会组织之间建立垂直领导或变相垂直领导关系，严禁社会组织设立地域性分支机构。强化社会组织发起人责任，发起人应当对社会组织登记材料的合法性、真实性、准确性、有效性、完整性负责，对社会组织登记之前的活动负责，发起人在该组织业务领域、活动地域内具有广泛认知度和影响力，主要发起人应当担任首届负责人，发起人不得以拟成立社会组织名义开展与发起无关的活动，禁止向非特定对象发布筹备和筹款信息。限制失信被执行人等严重失信主体发起设立社会组织和担任社会组织负责人。

（二）加强监督管理。认真落实民政部、省民政厅对实行直接登记社会组织的监督管理措施，规范管理直接登记的社会组织。行业管理部门要按照行业归口,将直接登记社会组织纳入行业管理,加强业务指导和行业监管,配合登记管理机关和相关部门做好本领域社会组织的登记审查、日常管理以及违法行为查处工作。对直接登记范围之外的其他社会组织,实行登记管理机关和业务主管单位双重负责管理体制,业务主管单位对所主管社会组织的思想政治工作、党的建设、财务和人事管理、研讨活动、对外交往、接受境外捐赠资助、按章程开展活动等事项切实负起管理责任。加强对社会组织负责人的管理,建立社会组织负责人任职、约谈、警告、责令撤换、从业禁止等管理制度,落实法定代表人离任审计制度。建立负责人不良行为记录档案,强化社会组织负责人过错责任追究。市外事、发改、公安、国家安全、财政、人力社保、审计等部门要按照职能分工,对社会组织涉及本领域的事项履行监督管理职责,依法查处违法违规行为并及时向登记管理机关通报,健全社会组织退出机制,市民政局要会同各有关部门建立联合执法制度,依法查处违法违规社会组织,依法取缔未经登记的各类非法社会组织,对严重违法违规的社会组织,依法吊销其登记证书,对弄虚作假骗取登记的社会组织,依法撤销登记。

(三)推进政社分开。除法律法规有特殊规定外,政府部门不得授权或委托社会组织行使行政审批。市政府决定取消的行政审批事项,原承担审批职能的部门不得通过任何形式指定交由行业协会商会继续审批。严格执行党政机关领导干部、退(离)休领导干部在社会组织兼职的各项规定。从严规范公务员兼任社会团体负责人,因特殊情况确需兼任的,按照干部管理权限从严审批,且兼职一般不得超过1个。党政领导干部未经批准不得发起成立社会组织。在职公务员不得兼任基金会、社会服务机构负责人。

(四)加强信用体系建设。搭建覆盖全市、面向公众的社会组织信用信息平台,畅通新闻媒体、社会公众和会员对社会组织的监督渠道。完善重大事项报告制度,建立健全社会组织信用信息共享机制,优化信用成果应用,推行守信激励和失信惩戒联合机制,建立社会组织"异常名录"和严重违法失信名单信息制度,引导社会组织自律诚信建设。

六、加强社会组织党的建设工作

(一)健全社会组织党组织管理体制。市委组织部、市委两新工委负责全市社会组织党建工作的牵头抓总和指导协调,两新工委成员单位和工会、团委、妇联等单位要发挥各自职能优势,协同做好社会组织党建工作。对专业性较强、行业准入条件严格、管理比较规范、规模较大的行业性社会组织,其党建工作由行业主管部门或行业党组织分级管理。城乡社区社会组织党建工作,由镇乡(街道)村(社区)党组织管理。对不适合属地管理或行业主管部门不能归口的社会组织,由社会组织综合党委托底管理,加强行业协会商会与行政机关脱钩后的党建工作,确保脱钩不脱管。

(二)推进社会组织党的组织建设和工作有效覆盖。按照应建尽建的原则,加大社会组织党组织组建力度,实现党的组织和工作全覆盖。暂不具备组建条件的社会组织,可通过选派党建工作指导员、联络员或建立工会、共青团组织等开展党的工作,条件成熟时及时建立党组织。市民政局和业务主管单位要结合登记、年检、评估、换届以及日常监管等工作,督促推动社会组织及时成立党组织和开展党的工作。

(三)建立社会组织党组织组织力指数动态评价机制。搭建社会组织党建云平台,实行社会组织党组织组织力指数动态评价,综合活跃度、规范化、覆盖率、影响力四个维度对组织力指数即时排位。配套实施会诊、帮扶、准入、激励、退出五大工作机制,将组织力指数评价结果运用到社会组织年检、评估、表彰和政府购买服务等事项。

(四)加强社会组织党务工作者队伍建设,社会组织党组织要按期换届,选优配强党组织书记。社会组织党组织书记一般从社会组织内部产生,提倡由党员社会组织负责人担任党组织书记。规模较大、成员较多或没有合适党组织书记人选的社会组织,可以面向社会公开招聘。主管党(工)委每年对社会组织党组织书记要进行1次以上的轮训,党组织书记和班子成员每年集中学习培训时间不少于56个学时,新上岗书记培训率达到100%。主管党(工)委每年组织党员参加学习培训时间不少于32个学时。

(五)加强社会组织党建工作基础保障。推动建立多渠道、多元化投入的党建工作基础保障机制,提倡机关、企事业单位和镇乡(街道)、村(社区)党组织与社会组织党组织资源共享、共建互促。依托社会组织服务平台,建立社会组织党群服务中心,为党组织开展活动、发挥作用创造条件。各社会组织主管党(工)委要将社会组织党组织教育、培训、考核奖励等工作经费列入年度经费预算,在社会组织党组织书记考评细则中明确补贴、奖励标准,并进行年度考核发放。社会组织党员上缴的党费全额返还,对党建工作开展好的社会组织,可通过以奖代补、购买服务等方式给予必要的经费支持。

七、切实抓好组织实施

(一)加强组织领导。成立由市委副书记任组长的社会组织管理工作协调小组,定期召开联席会议,统筹推进各项任务,协调解决重大问题。推动相关单位按照各自职责分工,各司其职抓好各项任务的有效推进,为加强和改进社会组织建设管理,培育发挥发展社会组织,促进社会组织健康发展提供支持。

(二)落实工作责任。要将社会组织参与社会治理工作摆上重要议事日程,纳入对镇乡(街道)的考核内容,放到全面深化社会体制改革、创新社会治理大局中谋划推进。镇乡(街道)、有关部门要将社会组织的建设与管理纳入本单位的重要工作,明确分管领导,落实专人负责,切实加大力量投入,确保有人办事、有钱办事。

(三)强化宣传引导。充分发挥媒体作用,广泛宣传社会组织在参与社会建设和治理中的积极作用,宣传先进典型,加强社会组织理论研究和文化建设,提高公众对社会组织的认识,为社会组织改革发展、参与基层社会治理创新发展新时代"枫桥经验"营造良好社会氛围。

诸暨市委办公室　诸暨市人民政府办公室
2018 年 8 月 3 日

发:各镇乡党委、政府,各街道党工委、办事处,市级机关各部门

中共诸暨市委办公室

2018 年 8 月 6 日印发

3.1.3 诸暨市关于培育发展社会组织和建立现代社会组织体制的实施意见

　　提要:《实施意见》侧重登记管理制度改革,构建发展有序、门类齐全、结构合理、覆盖广泛、机制完善、作用突出的现代社会组织体制框架。具体内容包括创新培育发展社会组织、加强工作保障、完善监管机制等内容,建立市培育发展社会组织工作联席会议制度,加强对全市社会组织培育发展和规范管理的领导协调。为了充分发挥社会组织的作用,相关部门要加强政府购买服务的标准化建设、资质审查、跟踪指导和绩效评估。

中共诸暨市委办公室　诸暨市人民政府办公室
关于培育发展社会组织和建立现代社会组织体制的实施意见[1]

　　为深入贯彻党的十八大和十八届三中、四中全会精神及省委、省政府《关于加快推进现代社会组织建设的意见》(浙委办发〔2015〕14 号)要求,进一步发挥社会组织在社会治理中的重要作用,现就我市培育发展和规范管理社会组织、建立现代社会组织体制提出如下实施意见。

1　市委办〔2015〕114 号。

一、总体目标

围绕建立现代社会组织体制的目标,推进社会组织登记管理制度改革,力争用3—5年时间,构建一个发展有序、门类齐全、结构合理、覆盖广泛、机制完善、作用突出的现代社会组织体制框架,初步形成政社分开、权责明确、依法自治的现代社会组织体制。

二、创新培育发展社会组织

（一）深化社会组织改革管理体制

1. 有序扩大直接登记。除政治法律类、宗教类社会组织及法律法规规定需要前置审批的社会组织以外,其他社会团体、民办非企业单位、基金会等社会组织可直接向民政部门依法申请登记。登记管理机关、行业主管部门以及相关职能部门在各自职责范围内依法对社会组织进行服务管理和业务指导。

2. 下放备案管理权限。下放社区社会组织备案登记管理权限至街道办事处和镇乡人民政府,由所在镇乡（街道）负责辖区内社区社会组织的备案、指导和监督管理。

3. 取消部分审批事项。取消社会团体筹备成立审批,取消社会团体设立分支机构、代表机构的审批,取消基金会设立分支机构、代表机构的审批。

4. 取消"一业一会"限制。重点在行业协会商会类社会组织中引入竞争机制,取消"一业一会"限制。突破国民经济行业分类的小类标准,允许同一行业按产业链环节、经营方式和服务类型设立行业协会商会类社会组织。

5. 降低社会组织登记门槛。除法律法规规定有注册资金要求的以外,适当放宽社会团体和民办非企业单位登记注册资金和会员数,注册资金可减至1万元;城乡社区社会团体会员数可减至15人。支持城乡社区成立枢纽型社区社会组织和社区社会工作室。

（二）加大社会组织扶持力度

1. 加大资金扶持力度。设立公益福彩扶持资金。每年安排一定的福彩扶持资金,用于扶持孵化社会组织。落实社会组织税收优惠政策。开展非营利组织免税、公益性捐赠税前扣除等资格认定,保障社会组织依法享受税收优惠待遇。

2. 建立购买服务制度。鼓励通过委托、承包、采购等方式,将适合市场化方式提供、社会力量能够承担的公共服务,交给社会组织承担。政府相关部门制定相关管理办法和实施细则,对获评估等级3A级及以上的社会组织,在其承接政府职能转移、参与政府购买服务项目等方面给予相应优惠政策。

3. 完善评估奖励机制。建立和完善社会组织评估制度和各类社会组织评估指标体系。对获评估等级3A级及以上的社会组织,给予1—3万元的奖励;对社会组织获得国家级、省级荣誉的,凭获奖证书,经主管部门和登记管理机关认定,给予1—2万元的奖励。

(三) 提升社会组织能力,拓宽发展空间

1. 加强社会组织党建工作。加强社会组织党组织建设,具备条件的社会组织应及时成立党组织和群团组织。依托诸暨市社会组织综合党委,负责不适合属地管理和行业主管部门不能归口的社会组织党组织的管理,并指导社会组织党组织开展活动。

2. 加强人才培育,拓宽参政议政渠道。建立社会组织专职从业人员培训机制,分阶段分层次有计划地抓好培训工作。提高社会组织代表人士政治参与度,将社会组织优秀代表人物纳入党代会代表、人大代表、政协委员推荐范围。建立政府与社会组织沟通协调机制,在制定公共政策、编制发展规划和重大决策过程中,听取和征询相关社会组织的意见建议。

3. 发展枢纽(联合)型社会组织推进服务平台建设。引导同类型、同性质、同行业、同领域的社会组织建立枢纽(联合)型社会组织,构筑市、镇乡(街道)两级社会组织服务平台,做好与"96345"社会公共服务平台、社区服务中心服务力量的整合与信息资源共享、服务共创工作。

三、加强工作保障，完善监管机制

（一）完善工作协调机制。建立市培育发展社会组织工作联席会议制度，加强对全市社会组织培育发展和规范管理的领导协调。机构编制部门要牵头推进政社分开、管办分离；民政部门要牵头制定推进社会组织管理体制改革和规范管理实施意见；行业主管部门负责对主管领域内活动的社会组织进行行业指导、行业服务、行业监管；财政部门要牵头研究制定政府向社会组织购买服务的办法，编制相关目录，做好资金保障工作。相关部门要加强政府购买服务的标准化建设、资质审查、跟踪指导和绩效评估。

（二）构建综合监管体系。创新社会组织综合监管体系，改革和优化登记、年检制度，简化手续，减少环节。加强行业自律和社会组织诚信体系建设，完善日常监督，依法查处社会组织违纪违法行为，对不开展活动、不履行章程规定、不接受职能部门管理的社会组织，实行有序退出机制。

（三）加大舆论宣传力度。充分利用电视、广播、网络、报刊等新闻媒体，宣传社会组织发挥积极作用的典型案例，提升各类社会组织的知晓度和认同度。创建各种平台，展示社会组织工作的丰富内涵、社会价值及广大社会组织专业人才的职业风采，营造推进社会组织健康有序发展的良好氛围。

中共诸暨市委办公室　诸暨市人民政府办公室
2015 年 10 月 9 日

3.1.4　诸暨市政府印发《政府向社会力量购买服务实施办法(试行)》

提要：《实施办法(试行)》包括总则、基本原则、主体、内容、流程和方式、资金管理、保障监督及附则等 8 章内容，规范了政府向社会力量购买服务事项。通过发挥市场机制作用，把政府直接向社会公众提供的一部分公共服务事项，按照一定的方式和程序，交由具备条件的社会组织、企业和机构等社会力量承担,并由政府根据服务数量和质量向其支付费用。政府向社会购买服务是提高公共服务水平的重要途径和方式,也是提高财政资金使用效率、加快政府职能转变、深化社会领域改革的需要。附件一为联席会议成员单位职责分工,附件二为诸暨市2015年社会组织承接政府转移职能和购买服务推荐性目录。

诸暨市人民政府办公室关于印发
《政府向社会力量购买服务实施办法(试行)》的通知[1]

各镇乡人民政府,各街道办事处,市政府各部门:

《政府向社会力量购买服务实施办法(试行)》已经市政府同意,现印发给你们,请认真贯彻执行。

诸暨市人民政府办公室
2015年7月1日

政府向社会力量购买服务实施办法(试行)
第一章 总则

第一条 为进一步规范和推进我市政府向社会力量购买服务工作,加快政府职能转变,深化社会领域改革,特制定本实施办法。

第二条 本办法所涉及政府向社会力量购买服务(以下简称"政府购买服务"),是指通过发挥市场机制作用,把政府直接向社会公众提供的一部分公共服务事项,按照一定的方式和程序,交由具备条件的社会组织、企业和机构等社会力量承担,并由政府根据服务数量和质量向其支付费用的一种公共服务供给方式。

---

[1] 诸政办发〔2015〕80号。

第二章 基本原则

第三条 市政府及各有关部门需要合理界定政府购买服务的范围和项目，加强对政府购买服务工作的组织领导、政策扶持、财政投入和监督管理。

第四条 坚持精打细算，明确权利义务，切实提高财政资金使用效率。

第五条 按照公开、公平、公正原则，坚持费随事转和竞争择优的方式选择承接政府购买服务的社会力量，并建立优胜劣汰的动态调整机制。

第三章 主体

第六条 政府购买服务的主体是经费由财政承担的各级行政机关和参照公务员法管理、具有行政管理职能的事业单位及纳入行政编制管理且经费由财政负担的群团组织。

购买主体负责购买服务的具体组织实施，建立健全内部监督管理制度，公开本单位经批准的政府购买服务事项，对承接主体提供的服务进行跟踪监督，在项目完成后组织考核评估和验收。

第七条 承接政府购买服务的主体包括依法在工商行政管理或行业主管部门登记成立的企业、其他经济组织、机构，以及依法在民政部门登记成立或经国务院批准免予登记的社会组织等社会力量。

承接主体应具有独立承担民事责任的能力，具备提供服务所必需的设施、人员和专业技术的能力，具有健全的内部治理结构、财务会计和资产管理制度，具有良好的社会和商业信誉，具有依法缴纳税收和社会保险的良好记录，并符合登记管理部门依法认定的其他条件。承接主体的具体条件由购买主体会同财政部门根据服务项目的性质和质量要求确定。

第四章 内容

第八条 政府购买服务的内容为适合采取市场化方式提供、社会力量能够承担的公共服务及政府履职中所需的辅助性服务，突出公共性、公益性和辅助性。教育、社会保障、医疗卫生、住房保障等基本公共服务领域，要逐步加大政府购买服务的力度。

应当由政府直接提供、不适合社会力量承担的公共服务，以及不属于政府职责范围的服务项目，不得向社会力量购买。

第九条　财政部门应会同有关部门积极稳妥地制定政府购买服务指导性目录，明确政府购买服务的种类、性质和内容，并及时动态调整。

第五章　流程和方式

第十条　政府购买服务事项由购买主体随同单位预算申报年度购买计划，经财政部门批复同意后组织实施；对突发性应急事项可经财政部门同意后，采取先确定承接主体，再根据购买服务的数量和质量确定预算额度的方式。购买主体在同级财政部门批复购买计划后，要主动向社会公开购买服务项目的标准和要求。

第十一条　政府购买服务应纳入政府采购管理，按照公开择优、以事定费的原则，采用公开招标、邀请招标、竞争性谈判、单一来源、询价等方式确定承接主体。

第十二条　购买主体应及时签订购买服务合同，明确购买服务的范围、标的、数量、质量要求以及服务期限、资金支付方式、权利义务和违约责任等内容。购买主体要将合同报市财政部门备案。

第六章　资金管理

第十三条　政府购买服务所需资金，从购买主体单位预算安排的公用经费或经批准使用的专项经费既有预算中统筹安排。

政府购买服务资金实行国库集中支付。

第七章　保障监督

第十四条　建立"政府统一领导，财政部门牵头，监察、审计、民政、市场监管以及行业主管部门协同，职能部门履职，监督部门保障"的工作机制，规范有序开展政府购买服务工作。

第十五条　各镇乡(街道)、市级机关各部门要严格遵守财政财务管理规定,确保政府购买服务资金规范管理和使用。

第八章　附则

第十六条　本办法自发文之日起试行。

附件一:

政府购买服务工作联席会议成员单位职责分工

根据《浙江省人民政府办公厅关于政府向社会力量购买服务的实施意见》(浙政办发〔2014〕72号)要求,为建立"政府统一领导,财政部门牵头,机构编制、民政、工商管理、审计以及行业主管部门协同,职能部门履职,监督部门保障"的工作机制,做到各负其责又相互衔接,共同推进我市政府购买服务工作,现将成员单位职责分工明确如下:

一、市委办公室、市政府办公室:负责政府购买服务有关统筹协调工作。

二、市人大办公室:负责政府购买服务有关法律监督工作。

三、市政协办公室:负责政府购买服务有关参政议政工作。

四、市委组织部:负责政府购买服务中涉及领导班子和领导干部有关工作。

五、市委宣传部:负责政府购买服务有关宣传工作,会同有关部门制定宣传文化公共服务领域政府购买服务的相关管理办法。

六、市政府法制办:参与有关政府购买服务规章制度制定工作,负责有关政府购买服务规范性文件审查。

七、市编办:负责推进政府部门职能梳理,推动公办事业单位与主管部门理顺关系和去行政化,探索研究提出适合本市的通过购买服务方式促进事业单位分类改革的意见和措施。

八、市监察局:负责对有关部门履行职责情况的监管,对违反政纪行为进行监管查处。

九、市审计局:负责对政府购买服务工作和资金使用情况进行审计监督。

十、市发改局:负责完善基本公共服务制度体系,研究制定基本公共服务标准体系,参与建立基本公共服务绩效评价制度和监督问责机制,参与建立健全政府向社会力量购买服务方案制订。

十一、市教育局:负责制定教育公共服务领域政府购买服务的具体管理办法,鼓励和支持民办教育加快发展。

十二、市科技局:负责制定科技公共服务领域政府购买服务的具体管理办法,推进公共科技资源向社会开放共享。

十三、市民政局:会同行业主管部门将社会组织承接政府购买服务行为纳入监管体系和社会信用体系;负责公布推荐性社会组织目录,核实社会组织资质及相关条件;会同有关部门制定支持社会组织参与政府购买服务有关政策;研究制定民政公共服务领域政府购买服务的具体管理办法,鼓励和支持民办养老加快发展。

十四、市财政局:负责建立健全政府购买服务制度,牵头研究制定并及时动态调整本市政府购买服务指导目录;会同各购买主体研究制定政府购买服务具体实施目录;监督、指导各类购买主体依法开展购买服务工作;牵头做好政府购买服务的资金管理、采购管理、监督检查和绩效评价工作,监管政府购买服务资金使用情况。牵头建立政府购买服务统一信息发布平台及购买服务项目管理系统。牵头建立基本公共服务绩效评价制度和监督问责机制,负责市政府购买服务工作联席会议日常工作。

十五、市人力社保局:负责研究制定就业、社会保障、公益性岗位等人力资源和社会保障公共服务领域政府购买服务的具体管理办法;负责牵头推进生产经营类事业单位转企改制有效承接政府购买服务工作。

十六、市交通运输局:负责制定交通公共服务领域政府购买服务的具体管理办法,推进公共交通事业发展。

十七、市国土资源局、地税局、国税局：负责为政府购买服务工作提供有关土地、税收方面的政策支持。

十八、市农业局、农民合作经济组织联合会执行委员会：负责制定农业公共服务领域政府购买服务的具体管理办法，加大政府购买农业公共服务力度，推动农民合作社成为农业社会化服务的主要供给主体。

十九、市文广新闻出版局：负责制定文化公共服务领域政府购买服务的具体管理办法，鼓励和支持民办文化加快发展。

二十、市卫计局：负责制定卫生计生公共服务领域政府购买服务的具体管理办法，鼓励和支持民办医疗机构加快发展。

二十一、市市场监管局：负责协助通过企业信用信息公示系统查询承接政府购买服务的企业的各类公示信息（登记信息、年报信息、处罚信息），会同行业主管部门开展对承接政府购买服务行为的企业信息定向抽查。积极参与与制定支持企业及办理工商登记的其他经济组织参与政府购买服务的相关政策。

二十二、市体育局：负责制定体育公共服务领域政府购买服务的具体管理办法，鼓励和支持民办体育加快发展。

抄送：市委办、市人大办、市政协办

诸暨市人民政府办公室

2015年7月1日印发

附件二：

诸暨市民政局关于公布2015年度诸暨市社会组织承接政府转移职能和购买服务推荐性目录的通知[1]

市社会组织业务主管单位、各社会组织：

根据《浙江省民政厅关于社会组织承接政府转移职能和购买服务推荐性目

---

[1] 诸民〔2015〕110号。

录编制管理办法》(浙民民〔2015〕107号)和《诸暨市民政局关于编制全市性社会组织承接政府转移职能和购买服务推荐性目录的通知》(诸民〔2015〕74号)精神,我局组织开展了全市性社会组织承接政府转移职能和购买服务推荐性目录的编制工作。经业务主管单位集中推荐或社会组织自荐、业务主管单位同意,登记管理机关审核、公示等程序,确定25家社会组织列入2015年度诸暨市社会组织承接政府转移职能和购买服务推荐性目录,现予公布。

诸暨市民政局
2015年12月14日

抄送:绍兴市民政局,市府办、市财政局、第四派出纪工委

诸暨市民政局办公室

2015年12月14日印发

2015年度诸暨市社会组织承接政府转移职能和购买服务推荐性目录

序号	登记证号	社会组织名称	服务种类（一级分类）	服务种类（二级分类）	评估等级	联系电话
1	10012	诸暨市计算机学会	政府履职辅助性服务类	信息技术服务、维修和保养服务	5A	87253387
2	30043	诸暨市慈善总会	公共服务	社会保障与就业服务、其他服务	5A	87108907
3	30064	诸暨市民营企业协会	政府履职辅助性服务类	其他服务	5A	87015234
4	30138	诸暨市自行车协会	公共服务	文化体育服务	5A	13906859932
5	10010	诸暨市预防医学会	政府履职辅助性服务类	其他服务		87252755
6	10032	诸暨市茶文化研究会	政府履职辅助性服务类	其他服务	4A	87016169
7	20012	诸暨市金银珠宝饰品行业协会	公共服务	其他服务		87011909
8	20021	诸暨市竹木制品行业协会	政府履职辅助性服务类	其他服务	5A	87392571

续表

序号	登记证号	社会组织名称	服务种类（一级分类）	服务种类（二级分类）	评估等级	联系电话
9	20030	诸暨市餐饮业协会	公共服务	其他服务		87011909
10	30005	诸暨市老年人体育协会	公共服务	文化体育服务	5A	87017992
11	30007	诸暨市老年门球协会	公共服务	文化体育服务	3A	87115900
12	30009	诸暨市篮球协会	公共服务	文化体育服务		18605751863
13	30013	诸暨市足球协会	公共服务	文化体育服务		87831748
14	30041	诸暨市个体劳动者协会	政府履职辅助性服务类	其他服务		87015234
15	50015	诸暨市义工总会	公共服务	教育服务、文化体育服务、社会保障与就业服务、其他服务	5A	87108907
16	010034	诸暨市青少年宫文化艺术培训中心	公共服务、政府履职辅助性服务类	教育服务、文化体育服务、其他服务	5A	87229961
17	010064	诸暨市华翰青少年素质提升中心	公共服务、政府履职辅助性服务类	教育服务、其他服务	4A	87223077
18	010101	诸暨市昂天素质培训学校	公共服务、政府履职辅助性服务类	教育服务、其他服务	3A	87918568
19	010018	诸暨市暨阳职业培训学校	公共服务、政府履职辅助性服务类	社会保障与就业服务、信息技术服务、其他服务		87018088
20	010100	诸暨市檀溪素质培训中心	公共服务、政府履职辅助性服务类	社会保障与就业服务、其他服务		13819542866
21	030008	诸暨市越艺博物馆	公共服务、政府履职辅助性服务类	教育服务、文化体育服务、其他服务		13905857319
22	060004	诸暨市暨阳美好服务技能培训学校	公共服务、政府履职辅助性服务类	社会保障与就业服务、其他服务		89090001

续表

序号	登记证号	社会组织名称	服务种类（一级分类）	服务种类（二级分类）	评估等级	联系电话
23	070007	诸暨市宏阳老年中心	公共服务、政府履职辅助性服务类	其他服务		87189188
24	070013	诸暨市暨阳美好社区服务中心	公共服务、政府履职辅助性服务类	其他服务		89090001
25	070018	诸暨市富润老年康乐中心	公共服务、政府履职辅助性服务类	其他服务	4A	87031661

3.1.5 诸暨市民政局印发《诸暨市社区社会组织备案管理暂行办法》

提要:《暂行办法》从规范社区社会组织备案管理的目的、社区社会组织的内涵、备案的管理机关、主管单位、发起条件、备案内容及程序、社区社会组织的日常管理等方面规范社会组织备案管理工作。社区社会组织是由社区组织或个人在社区（镇乡、街道）范围内单独或联合举办的、不以营利为目的，开展公益服务性、文体娱乐性和参与社区协同管理的民间自发组织。规范社区社会组织备案管理，有助于推动社区社会组织健康有序发展，充分发挥社区社会组织在统筹城乡发展和构建和谐社会中的积极作用。

诸暨市民政局关于印发
《诸暨市社区社会组织备案管理暂行办法》的通知[1]

各镇乡人民政府、各街道办事处：

现将《诸暨市社区社会组织备案管理暂行办法》印发给你们，请你们按照通

---
1 诸民〔2013〕97号。

知要求,结合各镇乡、街道实际情况,认真抓好贯彻落实。

诸暨市民政局
2013 年 11 月 25 日

抄送:绍兴市民政局,市府办、市财政局

诸暨市民政局办公室

2013 年 11 月 25 日印发

诸暨市社区社会组织备案管理暂行办法

第一条　为保障社区社会组织合法权益,规范社区社会组织备案管理,推动社区社会组织健康有序发展,充分发挥社区社会组织在统筹城乡发展和构建和谐社会中的积极作用,根据民政部《关于进一步推进和谐社区建设工作的意见》精神,结合本市实际,制定本办法。

第二条　本办法所称的社区社会组织,是指由社区组织或个人在社区(镇乡、街道)范围内单独或联合举办的、不以营利为目的,开展公益服务性、文体娱乐性和参与社区协同管理,在社区范围内开展活动的、满足社区居民不同需求的、不具备登记条件,具有社会团体或民办非企业单位性质的民间自发组织。

第三条　社区社会组织必须遵守宪法、法律、法规和国家政策,不得违反宪法的基本原则,不得危害国家统一、国家安全和民族团结、社会稳定,不得损害国家利益、社会公共利益以及其他组织和个人的合法权益,不得违背社会公德,不得从事营利性经营活动。

第四条　镇乡人民政府、街道办事处是辖区内社区社会组织备案的管理机关,负责辖区内社区社会组织的备案、变更、注销工作;社区居(村)委会是辖区内社区社会组织的主管单位,负责辖区内社区社会组织的日常管理和备案的指导、服务工作;市民政部门负责辖区内社区社会组织备案管理工作的指导和综合协调。

第五条　在本市范围内,对社区社会组织进行备案,在实施备案管理时,适用本办法。

第六条　申请备案的社区社会组织,要有规范的名称、章程,相对固定的活动场所,合法的活动资金和经费来源。社团类社区社会组织,发起人应不少于3人,会员应不少于10人。

第七条　社区社会组织负责人应当具有完全民事行为能力,并对社区社会组织的行为承担相应的法律责任。

第八条　社区社会组织备案的内容:

(一) 名称;

(二) 章程;

(三) 活动场所;

(四) 负责人;

(五) 会员名册(从业人员名册);

(六) 活动资金和活动地域。

第九条　申请备案的社区社会组织须提供下列材料:

(一) 诸暨市社区社会组织备案申请表;

(二) 章程;

(三) 场所使用权证明;

(四) 会员名册(从业人员名册)。

特殊行业的还须提供相关部门的许可文件。

第十条　社团类社区社会组织名称,由"市名称+街道(镇乡)名称(+社区名称)+业务范围的反映+社团性质的标识名称"组成;民办非企业单位类社区社会组织名称,由"市名称+街道(镇乡)名称(+社区名称)+字号+行(事)业或业务领域+组织形式"组成。

第十一条　有下列情形之一的,备案管理机关不予备案:

（一）拟设立的社区社会组织的宗旨、业务范围等不符合本办法第二条、第三条规定的；

（二）从事营利性经营活动的；

（三）申请备案时弄虚作假的；

（四）法律、法规禁止的其他情形。

第十二条　社区社会组织备案(变更或注销)程序：

（一）申请人填写相应的备案(变更或注销)申请表，持规定的全部有效材料(一式三份)，报社区居(村)委会初审。

（二）社区居(村)委会自收到规定的全部有效材料(一式三份)起2个工作日内完成初审，不符合条件的，向申请人说明理由；符合条件的，填写初审意见，报镇乡人民政府、街道办事处审查。

（三）镇乡人民政府、街道办事处自收到规定的全部有效材料(一式三份)起10个工作日内完成审查，不符合条件的，不予办理，向申请人说明理由；符合条件的，作出准予备案(变更或注销)的决定，同时颁发(换发或收回)"诸暨市社区社会组织备案证书"。

（四）社区社会组织备案事项发生变更的，负责人应自变更之日起10日内申请办理变更手续；需要解散、终止的，应按章程规定的程序解散、终止，负责人应于解散、终止之日起30日内申请办理注销手续。

社区社会组织注销的，剩余财产应在镇乡人民政府、街道办事处和社区居(村)委会的指导下，用于社区社会组织所在区域的相关事业。

第十三条　镇乡人民政府、街道办事处应将辖区内社区社会组织备案情况统计报表按季度定期报送市民政局，由市民政局汇总，按规定报送上级民政部门。

第十四条　社区社会组织不得设立分支(代表)机构。

第十五条　社区社会组织财产必须用于章程规定的业务活动，社区社会组织的财产和合法权益受法律保护,任何人不得侵占、私分、挪用。

第十六条 社区社会组织开展重大活动,必须提前3日向社区居(村)委会进行报告;社区社会组织跨社区开展重大活动的,须同时向所在社区和活动举办地社区居(村)委会进行报告;每年年底前向社区居(村)委会报告本年度工作总结和下一年度工作计划。

第十七条 社区社会组织有下列情形之一的,镇乡人民政府、街道办事处和社区居(村)委会应当责令改正,拒不改正的,由镇乡人民政府、街道办事处撤销备案,并按有关法律规定处理。

(一)从事非法活动或者不按章程开展活动的;

(二)涂改、出租、出借备案证书的;

(三)不按照规定办理变更手续的;

(四)非法取得收入以及侵占、私分、挪用社区社会组织资产或者所接受的捐赠、资助的;

(五)拒不接受监督管理的;

(六)有其他违法违规行为的。

第十八条 社区居(村)委会履行下列职责:

(一)负责辖区内社区社会组织备案申请的指导和服务工作;

(二)对辖区内社区社会组织备案申请进行初审、公示和提出初审意见;

(三)对辖区内社区社会组织的日常活动进行监督管理,及时劝阻并报告辖区内社区社会组织违法违规行为,协助镇乡人民政府、街道办事处和其他有关部门查处辖区内社区社会组织违法违规行为;

(四)宣传社区社会组织备案管理工作的政策和有关知识;

(五)指导辖区内社区社会组织开展活动。

第十九条 镇乡人民政府、街道办事处履行下列职责:

(一)负责辖区内社区社会组织备案、变更、注销工作;

（二）对辖区内社区居（村）委会的日常管理工作进行指导；

（三）建立辖区内社区社会组织备案情况统计台账，按季度定期报送市民政部门备案；

（四）对辖区内的社区社会组织进行监督检查，查处（或协助有关部门查处）辖区内社区社会组织违法违规行为；

（五）结合本地经济社会发展目标，制定辖区内社区社会组织发展规划。

第二十条　市民政部门履行下列职责：

（一）掌握辖区内社区社会组织的发展状况，指导镇乡人民政府、街道办事处制定辖区内社区社会组织发展规划；

（二）积极培育扶持，协调相关部门建立健全公共财政对社区社会组织资助和奖励机制，以及政府购买服务制度；

（三）探索社区社会组织参与社区协同管理和提供社区公共服务的职能定位，协助相关部门研究制定社区社会组织承接政府转移职能和委托事务的具体办法；

（四）负责辖区内社区社会组织备案管理工作的指导和综合协调，对辖区内社区社会组织备案管理工作相关人员进行业务培训，对辖区内社区社会组织备案管理工作开展监督检查；

（五）及时统计汇总辖区内社区社会组织备案情况，按规定报送上级民政部门备案。

第二十一条　社区社会组织编号由7位数字组成。第1位：类别编号。第2—3位：镇乡（街道）序号。第4—7位：4位流水编号。镇乡（街道）的序号由各市民政局统一编排。

第二十二条　社区社会组织类别编号：社团类社区社会组织编号为"1"；民办非企业单位类社区社会组织编号为"2"。

第二十三条　各镇乡（街道）序号：暨阳街道为"01"、陶朱街道为"02"、浣东街道为"03"、店口镇为"04"、大唐镇为"05"、枫桥镇为"06"、牌头镇为"07"、次坞镇为"08"、草塔镇为"09"、山下湖镇为"10"、璜山镇为"11"、应店街镇为"12"、阮市镇为"13"、安华镇为"14"、江藻镇为"15"、直埠镇为"16"、浬浦镇为"17"、王家井镇为"18"、街亭镇为"19"、东白湖镇为"20"、五泄镇为"21"、岭北镇为"22"、陈宅镇为"23"、同山镇为"24"、赵家镇为"25"、东和乡为"26"、马剑镇为"27"。

第二十四条　诸暨市社区社会组织备案登记相关表格式样由诸暨市民政局统一制定。

第二十五条　本办法由诸暨市民政局负责解释。

第二十六条　本办法自发布之日起执行。

3.1.6　诸暨市民政局印发《诸暨市社会组织评估工作规程》

提要:《工作规程》对社会组织评估的依据、内涵、原则、主要内容、评估主体及参评对象、评估程序、评估结果等进行了规范。开展社会组织评估工作,是构建社会组织信用体系、加强社会信用体系建设的客观要求,也是强化社会组织管理、创建社会组织品牌、发挥社会组织积极作用的重要途径。只有建立科学、高效的评估机制,健全公开、透明的信用环境,才能促进社会组织持续健康发展。

诸暨市民政局关于印发
《诸暨市社会组织评估工作规程》的通知[1]

市有关社会组织业务主管单位:

社会组织评估是社会组织信用体系建设的重要内容。加快社会组织信用

---

[1] 诸民〔2015〕108号。

体系建设,是提升社会组织诚信度、促进社会组织健康有序发展的迫切需要,也是加强社会信用体系建设的内在要求。为进一步规范社会组织评估工作,推进社会信用体系建设,我局制定了《诸暨市社会组织评估工作规程》,现予印发。

诸暨市民政局

2015年12月10日

诸暨市社会组织评估工作规程

第一条 为进一步规范社会组织评估工作,构建社会组织信用体系,加强社会信用体系建设,根据《国务院关于印发〈社会信用体系建设规划纲要(2014—2020年)〉的通知》(国发〔2014〕21号)、《社会组织评估管理办法》(民政部令第39号)、《浙江省民政厅浙江省发展和改革委员会关于加强社会组织信用体系建设的通知》(浙民民〔2013〕226号)、《浙江省民政厅关于印发〈浙江省社会组织评估工作规程〉的通知》(浙民民〔2014〕142号)有关规定,制定本规程。

第二条 社会组织评估,是指民政部门为依法履行社会组织监督管理职责,促进社会组织健康发展,依照规范的方法和程序,由评估机构根据评估标准,对社会组织进行客观、公正、全面的评估,并作出评估等级结论。

第三条 社会组织评估是社会组织信用体系建设的重要内容。建立科学、高效的评估机制,健全公开、透明的信用环境,有利于促进社会组织持续健康发展。

第四条 社会组织评估工作应当坚持分级管理、分类评定、客观公正的原则,实行政府指导、社会参与、独立运作的工作机制。

第五条 诸暨市民政局负责本市社会组织评估工作的领导,并对第三方评估机构的社会组织评估工作进行指导,在社会组织评估工作中应认真履行组织、协调和服务职责。

第六条　设立诸暨市社会组织评估专委员会(以下简称评估专委员会)和诸暨市社会组织评估复核委员会(以下简称复核委员会)。评估专委员会负责本市社会组织评估工作。复核委员会负责本市社会组织评估的复核工作。

评估专委员会下设办公室,办公室设在诸暨市民政局社会组织管理科,负责评估专委员会的日常工作。

第七条　评估专委员会每年上半年提请诸暨市民政局下发开展本市社会组织评估工作的通知或公告,部署年度评估工作计划,明确申报评估要求。

第八条　申请参加评估的本市社会组织,按要求提交"诸暨市社会组织评估申报表"、对照评估指标打分的自评表,以及根据评估材料目录准备的相关材料。

逾期提交材料的原则上不列入当年评估对象。

第九条　评估专委员会办公室负责对申报材料进行资格审查,确认当年参评对象。

第十条　申请参加评估的社会组织应当符合下列条件:

(一)初次评估申报。须为在诸暨市民政局登记满2个年度、上年度未受过行政处罚、未参加过评估的本市社会团体、民办非企业单位、基金会。上年度未参加年检、年检不合格或者连续2年基本合格的,不予评估。

(二)等级晋级申报。对评估等级较低需要申请等级晋级评估的,评估满2年后,提出书面申请,经评估专委员会同意后,方可参加当年度的评估。

(三)届满复评申报。已获得评估等级满5年的本市社会组织,可以进行复评,再次评估申报条件与初次评估相同。

第十一条　评估专委员会根据申报情况,委托第三方评估机构,对参评社会组织进行初步评估。

第十二条　初步评估依照下列程序进行:

(一)对申报材料进行书面审查;

（二）通过登记管理机关、业务主管单位及其会员、工作人员、服务对象，了解和确认参评社会组织的相关信息；

（三）进行实地考察，查阅相关档案，与参评社会组织进行交流，当场反馈存在的主要问题和扣分点。

初步评估不反馈具体分数。

第十三条　参评社会组织应按照要求提供必要的文件和证明材料。对于评估机构提出的问题，参评社会组织认为可以补充证明材料的，应当场提交。

第十四条　初评结果及时上报复核委员会。复核委员会对初评结果、流程及评（扣）分是否符合规定以及评估标准把握是否公平公正进行复核，并出具初评结果复核意见书，提交评估专委员会。

第十五条　评估专委员会接到初评结果复核意见书后召开评估审定会，对社会组织的评估等级进行审定。

第十六条　评估审定会按照下列程序进行：

（一）听取评估机构对评估情况的汇报；

（二）听取复核委员会对评估复核情况的汇报；

（三）讨论并审议初评结果和复核结果；

（四）确定参评社会组织的评估等级，填写"诸暨市社会组织评估等级审定表"。

第十七条　社会组织评估等级结果确定后，评估专委员会办公室及时在相关媒体上进行公示，公示期为7日。

第十八条　参评社会组织对评估结果有异议的，应在公示期7日内向评估专委员会办公室书面提出复核申请。

第十九条　评估专委员会办公室对社会组织的复核申请和原始证明材料审核认定后，报复核委员会进行复核。

第二十条　复核委员会自接到复核申请之日起60日内，作出复核决定。复核决定应当于作出决定之日起15日内,以书面形式通知申请复核的社会组织,同时抄送有关业务主管单位。

第二十一条　复核委员会作出的复核决定为当年度社会组织评估等级的最终结果。未提出复核申请的,公示结果为当年度社会组织评估等级的最终结果。

第二十二条　评估等级结果确定后,评估专委员会提请诸暨市民政局下发本市社会组织评估结果的通报。

第二十三条　评估专委员会办公室根据评估结果的通报,组织评估机构撰写"评估意见书",具体指出参评社会组织存在的主要问题,并对社会组织的规范化建设提出意见和建议。

第二十四条　获得评估等级的社会组织,由诸暨市民政局授予按照民政部统一样式制作的证书和牌匾,同时下发评估结果通报和"评估意见书"。

第二十五条　评估专委员会办公室根据社会组织信用体系建设的有关要求,按照统一标准和格式,及时汇集社会组织信用信息,并报送相关部门。

第二十六条　社会组织评估结果分为5个等级,由高至低依次为5A级(AAAAA)、4A级(AAAA)、3A级(AAA)、2A级(AA)、1A级(A)。

第二十七条　社会组织评估等级有效期为5年。符合评估条件未申请参加评估的社会组织、评估等级有效期满后未再申请参加评估的社会组织,视为无评估等级。

第二十八条　本规程适用于诸暨市社会组织评估工作。

第二十九条　本规程由诸暨市民政局负责解释。

第三十条　本规程自印发之日起施行。

抄送:绍兴市民政局,市府办、市财政局、第四派出纪工委

诸暨市民政局办公室

2015年12月10日印发

3.1.7　诸暨市民政局印发《诸暨市社会组织诚信管理暂行办法》

提要：《暂行办法》包括总则、标准、建档、评价、奖惩、公示、附则等7章，规范社会组织的诚信管理工作。社会组织信用体系建设是整个社会诚信体系建设的有机组成部分，对于构建社会组织守信激励和失信惩戒机制、规范和倡导社会组织中介诚实守信的良好氛围、提高社会组织社会公信力具有重要的意义。认真开展社会组织诚信管理工作，并总结社会组织诚信管理的经验教训，对建立科学规范的社会诚信管理制度具有积极的作用。

诸暨市民政局关于印发

《诸暨市社会组织诚信管理暂行办法》的通知[1]

全市各社会组织、社会组织业务主管单位：

为加快推进社会组织信用体系建设，构建社会组织守信激励和失信惩戒机制，规范和倡导社会组织中介诚实守信的良好氛围，提高社会组织社会公信力，现将《诸暨市社会组织诚信管理暂行办法》予以印发，请贯彻执行。

诸暨市民政局

2015 年 11 月 2 日

抄送：绍兴市民政局，市府办、市财政局、市发改局、第四派出纪工委

诸暨市民政局办公室

2015 年 11 月 2 日印发

---

[1]　诸民〔2015〕86号。

诸暨市社会组织诚信管理暂行办法

第一章　总则

第一条　为加快推进社会组织信用体系建设,构建社会组织守信激励和失信惩戒机制,规范和倡导社会组织中介诚实守信的良好氛围,促进中介社会组织健康有序发展,结合我市实际,制定本办法。

第二条　凡经诸暨市民政局核准成立注册的中介社会组织及其在诸暨市内开展中介业务的社会组织、社会组织执业人员,其诚信管理均适用于本办法。

第二章　标准

第三条　根据有关法律、法规、规章和社会组织的实际情况,确立社会组织中介诚信基本标准如下:

(一)行业协会与政府机关脱钩彻底。在机构、职能、资产财务、人员管理、党建外事管理等方面与政府部门及其下属单位彻底脱钩,无明脱暗不脱的现象。

(二)法人登记证书、税务登记证、组织机构代码证等资质证书齐全。无出借资质或假借资质非法开展市场中介服务和弄虚作假行为。

(三)内部管理制度健全。无偷、逃、骗、抗、欠应纳税费和社会保险费的行为,无乱设分支机构及违法承包、挂靠、转让等现象。

(四)遵守"公开、公平、公正"的竞争原则。无超范围、超标准、自立项目收费,无低价恶性竞争、毁损同行信誉等不正当竞争行为。

(五)恪守"独立、客观、公正"原则。保护单位会员的商业秘密,尽职尽责地为单位会员提供行业服务,无虚假报告和信息,无乱收费、欺骗等违规行为。

(六)严守执业规程,严把执业质量。无采取欺诈、贿赂、串通、回扣等不正当竞争手段承揽业务的现象发生。

(七)严格按规定程序和方式取得有偿中介服务。无强行或变相强行推销商品、提供中介服务等违规行为发生。

(八)两年内未被有效投诉。无违规执业被行政处罚和行业惩戒,无因违法执业被起诉。

（九）无索取合同约定以外的酬金或其他财物,或者利用执业便利谋取其他不正当利益的行为发生。

（十）无其他不诚信行为。

第四条　社会组织有违背本办法第三条规定的中介诚信标准任何行为即为不诚信行为。

第三章　建档

第五条　社会组织诚信档案主要由信用基本信息、信用荣誉信息、信用失信信息和信用能力信息构成。其中信用基本信息是指社会组织在民政部门依法登记注册的信息;信用荣誉信息是指社会组织及其法定代表人(主要负责人)获得荣誉表彰的信息;信用失信信息是指社会组织及其法定代表人(主要负责人)受到司法、行政处罚情况和登记管理机关、行业主管部门的惩戒决定等失信行为信息;信用能力信息是指社会组织年度活动经营情况信息。

第六条　依托登记管理机关、行业主管部门和行业协会建立相应的社会组织诚信档案记录,加强诚效管理。行业主管部门和行业协会应及时向市民政局提供、申报社会组织使用信息(法律法规有特别规定的除外)。

第七条　社会组织信用信息的收集方式,由登记管理机关、行业主管部门和行业协会在各项业务工作中实现,也可以通过向有关部门采集或组织社会组织自行申报等方式实现。

登记管理机关和行业主管部门在办理社会组织年度检查时,可向社会组织征集该年度的信用信息。社会组织应向所在地登记管理机关和行业主管部门申报信用信息,提供相应的证明材料,并对其真实性负责。

不同单位、部门提供同一内容的信用信息,属于基本信息的,采用登记部门、审计部门提供的信息;属于荣誉性信息的,采用授予部门提供的信息;属于处罚性信息的,采用处罚机关提供的信息。

第四章 评价

第八条 根据社会组织信用信息数据和中介诚信基本标准分为 A、B、C、D 四个等级。

（一）A 级为信用优良社会组织。当年年检合格，且必须符合本办法第三条诚信基本标准外，还在信用荣誉信息和信用能力信息方面表现突出。

（二）B 级为信用守信社会组织。当年年检合格，符合本办法第三条诚信基本标准。

（三）C 级为信用失信社会组织。当年年检基本合格，若存在以下问题之一的即为 C 级社会组织：

1. 行业协会存在人员、财务、业务、名称、办公地点等方面与政府部门及其下属单位脱钩不彻底或明脱暗不脱的现象；

2. 未及时到登记管理机关办理相关变更事项的；

3. 未履行重大事项报告制度的；

4. 有不正当竞争或弄虚作假行为，被罚款或有被责令整改记录；

5. 除不可抗力、对方当事人违约以及依法变更、解除合同外，虽无欺诈行为，但合同履约率未达到 100%；

6. 内部管理混乱、未按章程规定开展正常业务活动的；

7. 社会组织为承揽中介业务，采用行贿、支付回扣等不正当竞争手段，导致收受人受到撤职以下党纪、政纪处分。

（四）D 级为严重失信社会组织。当年年检不合格，若存在以下问题之一的即为 D 级社会组织：

1. 社会组织因违法违纪被责令整改；

2. 法定代表人因违法违纪被追究刑事责任；

3. 法定代表人因违法违纪行为，造成社会组织不能正常开展业务活动的；

4. 因主观原因使人民生命财产、公共利益遭受重大损失；

5. 社会组织为承揽中介业务,采用行贿、支付回扣等不正当竞争手段,导致收受人受到撤职以上(含撤职)党纪、政纪处分,或被追究刑事责任;

6. 利用合同进行欺诈被处罚,实施处罚的行政单位认为情节严重的。

第九条　登记管理机关根据当年年度检查情况在每年 11 月底前,对社会组织的信用状况作出年度评价(以年度检查报告为准)。

第十条　年度信用等级评定之后,相关部门发现并经证实社会组织在评价年度内有未记录的违法失信行为或其他信用信息,并足以影响其信用状况的,将对该社会组织的信用等级进行重新评价。

第五章　奖惩

第十一条　开展"诚信中介"创建和"先进社会组织"评选表彰相结合。

(一)评选方法:"诚信中介"和"先进社会组织"评选活动每 3 年开展一次。

(二)评选程序:一是在广泛宣传发动的基础上,由社会组织自荐,报行业(业务)主管部门进行民主推荐,上报有关申报表和证明认定材料;二是由民政局相关业务科室对参选名单进行审核,通过审查有关证明材料、征求社会各方面意见,确定入围名单;三是将入围名单提交局办公会议审定。

(三)评选条件:凡被推荐为"诚信中介"的社会组织,其在评选期内的信用等级必须为 A 级。

(四)事后监督:被评为"诚信中介"的社会组织,一旦违背本办法第三条规定的中介诚信标准,表彰单位应根据诚信记录,及时取消该社会组织"诚信中介"称号。

第十二条　对于年度信用等级为 C 级的社会组织和中介从业人员,由行业主管部门在次年初定期组织开展诚信执业教育,并在教育期满后实施考核;教育期满未通过考核的,继续教育直至通过考核。

第十三条　建立全市社会组织"黑名单"管理制度,凡年度信用评价结果为 D 级社会组织将被列入"黑名单"。

中介社会组织及其从业人员有不诚信行为,且已违反有关国家法律法规规定的,按照相关规定处理。

第六章 公示

第十四条 登记管理机关、行业主管部门在法律法规的范围内,公开披露社会组织的信用状况,加强社会监督,促进信用自律。

年度信用评价后,登记管理机关应对社会组织信用状况进行集中公示。

第十五条 社会组织被取消"诚信中介"的称号或被列入社会组织"黑名单"后,登记管理机关应及时对社会组织信用状况进行网上公示,接受社会监督。

第七章 附则

第十六条 本办法由诸暨市民政局负责解释。

第十七条 本办法自发布之日起施行。

3.1.8 诸暨市关于进一步加强社会组织党建工作的通知

提要: 该通知从指导思想、工作目标、工作举措、工作要求等四个方面,对加强社会组织党建工作进行了规范。加强社会组织党建工作,对于全面加强党的领导,充分发挥社会组织党组织在团结凝聚群众、推动事业发展、建设先进文化、服务人才成长等方面具有重要的作用。社会组织党组织建设的原理是党建强则服务强。其基本要求是实现四个方面的相互统一:党的领导与社会组织依法自治相统一,突出政治功能与强化服务功能相统一,一致性和多样性相统一,服务中心工作和促进自身发展相统一。

中共诸暨市委办公室关于进一步加强社会组织党建工作的通知[1]

各镇乡党委,各街道党工委,市级机关各部门、市属企事业单位党组织:

为进一步加强党对社会组织的领导,充分发挥社会组织党组织在团结凝聚群众、推动事业发展、建设先进文化、服务人才成长等方面的作用,根据上级有关文件精神和《关于进一步加强新经济组织和新社会组织党建工作的意见》(市委〔2014〕46号)要求,结合我市实际,现就进一步加强我市社会组织党建工作提出如下实施意见。

一、指导思想

深入贯彻习近平总书记系列重要讲话精神,特别是关于加强社会组织党的建设工作的重要指示精神,认真落实中央、全省社会组织党建工作有关文件和会议要求,牢固树立社会组织党组织政治核心地位,以"党建强、服务强"社会组织党组织创建活动为抓手,推动党的领导与社会组织依法自治相统一、突出政治功能与强化服务功能相统一、一致性和多样性相统一、服务中心工作和促进自身发展相统一,为率先高水平全面建成小康社会提供坚强的政治保证和组织保证。

二、工作目标

(一)坚持基础规范,提高有效覆盖率。进一步健全社会组织党建工作机构,理顺管理体系,强化基础保障,落实党建责任,推动实现"党建强、服务强"。2016年底前,社会组织党组织应建已建率达到90%以上,工作实现全覆盖,力争三年内实现党的组织和工作全领域覆盖。

(二)坚持问题导向,增强工作实效性。着力补齐社会组织党建工作与社会组织自身发展结合不够紧密、实质作用发挥不够明显的短板,实现社会组织党建工作水平整体提升。2016年底前,市委"两新"工委委员单位原则上要创建1

---

1 市委办〔2016〕87号。

家以上社会组织党组织示范点;3A等级以上的社会组织占社会组织总数的7%以上,力争三年内达到15%。

(三)坚持分类指导,提升社会满意度。根据不同类型、不同规模的社会组织实际,引导社会组织更好地加强自律、规范行为、参与民主协商、调解利益关系,更好地强化服务功能、投身社会治理、助推公益事业,在推进中心工作中更好发挥"智囊团""助推器""黏合剂"作用。

三、工作举措

(一)强化党组织政治属性。扎实开展"两学一做"学习教育,紧密结合社会组织和党员思想工作实际,强化党组织的政治引领,引导监督社会组织遵守国家法律法规,依法执业、诚信从业,积极参与社会组织重大事项决策,加强对本单位工会、共青团、妇联等群团基层组织工作的领导。

(二)推进党的组织和工作"两个覆盖"。通过调查摸底和动态排查,全面掌握社会组织的数量规模、党员人数、党组织和群团组织建设等情况,凡有三名以上正式党员的社会组织,都应建立党组织。不具备单独组建条件的社会组织要按照就近就便原则,通过行业、区域统筹等方式,建立联合党组织。没有党员的社会组织,要通过选派党建工作指导员、联络员或建立群团组织等途径,推进党的工作全面有效覆盖。新成立的社会组织,具备组建条件的,民政局、司法局、市场监管局、财政局等业务指导(登记)单位应督促其同步建立党组织,同步开展党建工作。

(三)选优配强党组织班子。按照党委每届任期三至五年,总支、支部每届两至三年的规定,按期进行换届选举,选优配强社会组织党组织书记。推行社会组织管理层人员和党组织班子成员"双向进入、交叉任职"制度,建立党组织和管理层"双向互动"机制,党组织书记应参加或列席管理层有关会议,党组织开展的有关活动要邀请非党员社会组织负责人参加。建立健全党组织书记联系社会组织负责人、党组织班子成员联系中层骨干、党员联系职工群众制度,切实增强党组织凝聚力。

（四）严格日常教育管理。各主管党（工）委要进一步完善两新组织党组织书记党建责任清单"十五条"，根据考评细则实施年度考核办法，每年对社会组织党组织书记要进行1次以上的轮训，党组织书记和班子成员每年集中学习培训时间不少于56个学时，新上岗书记培训率达到100%。对考核不合格的党组织书记，由主管党（工）委进行诫勉谈话、通报批评，直至作免职处理。严格执行"三会一课"、组织生活会、民主评议党员等党内基本制度，做好党务工作台账资料的收集整理，做到齐全规范。对社会组织党组织党员，全面实施社会组织党组织党员先锋指数考评管理，各主管党（工）委要分类制定考评细则，分先锋党员、合格党员、警示党员、不合格党员等四个等级进行评定。严格党员组织关系管理，督促流动党员亮明身份，按规定转移组织关系。针对流动党员、外出党员，探索"一方隶属、参加多重组织生活"机制，借助微信、微博、视频会议等信息通信技术手段，创新组织生活形式，提高吸引力和参与度。主管党（工）委每年组织党员参加学习培训时间不少于32个学时。

（五）进一步理顺管理体制。组织部、市委"两新"工委负责全市面上社会组织党建工作的牵头抓总和指导协调，"两新"工委成员单位和工会、团委、妇联等单位要发挥各自职能优势，协同做好社会组织党建工作。律师、会计师、税务师等行业性社会组织党建工作，由行业主管部门或行业党组织分级管理。有业务主管（指导）单位的社会组织党建工作，由对口业务主管（指导）单位党组织分级管理。城乡社区社会组织党建工作，由镇乡（街道）村（社区）党组织兜底管理。对不适合属地管理或行业主管部门不能归口的社会组织，由社会组织综合党委托底管理。

（六）大力推进标准化建设。在社会组织党组织书记、党员考核的基础上，律师、会计师、税务师等行业及志愿者（义工）、民办学校、民营医院、行业协会、城乡社区社会组织领域的主管党（工）委要分类提出党建工作标准，落实具体工作举措。注重"抓两头、带中间",推动社会组织党建主动融入"整乡推进、整县提升",市委"两新"工委委员单位要充分发挥指导督促作用,社会组织数量在20个以上的镇乡(街道)和司法、教育、民政、卫计等单位至少要明确1个社会组织党组织重点培育对象,建成示范点,有效发挥示范引领作用。

(七)有效发挥党组织和党员作用。充分发挥社会组织人才、信息等资源集聚优势,通过党员设岗定责、承诺践诺、技术攻关、志愿服务等方式,在推动社会组织自身健康发展的同时,全力服务"三改一拆"、"四边三化"、"五水共治"、"北承南接"、优化发展环境"八大行动"等中心工作,真正实现"党建强、服务强"。

四、工作要求

(一)进一步落实主体责任。镇乡(街道)党(工)委、主管部门党(工)委要严格落实社会组织党建工作的属地管理和主管指导责任,健全领导班子成员和党员分层分级结对联系工作制度,切实加强对社会组织党建工作的业务指导。镇乡(街道)党(工)委、主管部门党(工)委每年要对下属社会组织开展2次以上走访指导,定期召开社会组织党建专题会议,不定期进行督查,将督查结果作为党组织和党员民主评议、评优推先的依据。

(二)进一步强化工作保障。按照"多渠道筹措、多元化投入"要求,加强社会组织党建工作经费保障。社会组织主管党(工)委要将社会组织党组织教育、培训、奖励等党建工作经费列入年度经费预算,在"两新"组织党组织书记考评细则中明确补贴、奖励标准,并进行年度考核发放。各社会组织应将党建工作经费纳入管理费用列支,可按照有关规定据实在企业所得税前扣除。社会组织党员上缴的党费全额返还,对党建工作开展好的社会组织,可通过以奖代补、购买服务等方式给予必要的经费支持。市编委办要积极支持民政局健全社会组织党建工作相关机构设置。

(三)进一步营造良好氛围。充分发挥媒体的舆论引导作用,加大社会组织党建工作宣传力度。积极做好社会组织负责人的团结、教育、引导、服务工作，增进他们对党的感情和政治认同，引导他们支持党建工作。积极开展社会组织"好支书"选树、"好案例"征集活动，大力宣传社会组织党组织、党务工作者、党员和社会组织负责人的先进典型。在推荐社会组织负责人参与各级"两代表一委员"、劳动模范等先进人物评选时，要征求社会组织党组织的意见。

中共诸暨市委办公室
2016年10月8日

中共诸暨市委办公室

2016年10月10日印发

3.1.9　诸暨市民政局、财政局印发《公益创投项目管理办法（试行）》

提要：《公益创投项目管理办法（试行）》包括总则，主办单位、承办单位、创投主体，项目的征集与评审，项目实施，项目监管，附则等6章，对公益创投项目的管理作出了较为详细的规范。加强公益创投项目管理，有助于培育发展社会组织，促进公益事业发展，推进社会管理创新，满足居民多样化的服务需求，鼓励社会组织参与公共管理和服务，提高公益创投资金使用效益。通过公益资本投入的方式为公益性社会组织提供包括综合能力建设在内的创业及发展资助，能够有效满足社会公共服务需求。

诸暨市民政局　诸暨市财政局

关于印发《诸暨市公益创投项目管理办法（试行）》的通知[1]

各社会组织业务主管单位，全市各社会组织：

现将《诸暨市公益创投项目管理办法（试行）》印发给你们，请结合实际，认

1　诸民〔2017〕21号。

真贯彻执行。

诸暨市民政局　诸暨市财政局
2017年4月24日

诸暨市公益创投项目管理办法(试行)

第一章　总则

第一条　为了培育发展社会组织,促进公益事业发展,推进社会管理创新,满足居民多样化的服务需求,鼓励社会组织参与公共管理和服务,提高公益创投资金使用效益,制定本办法。

第二条　公益创投是指通过公益资本投入的方式,为公益性社会组织提供包括综合能力建设在内的创业及发展资助,让发展潜力较大、领导人能力较强、项目可行性和创新性较高、预期社会效益良好、与政府目标契合的公益性社会组织得到更多的资金、项目等扶持,有效满足和解决社会公共服务需求问题。

公益创投项目的资助资金先期由专项资金、福彩公益金等组成。

第三条　公益创投项目资助范围。主要包括以下六类:

(一)为老服务类。主要包括为老年人提供助残、助洁、助浴、助行等日间照料和居家养老服务,独居和纯老家庭的结对关爱、心理关怀,老年人的健康干预和健康促进,老年人的维权和文化活动以及其他满足老年人实际需要的服务。

(二)助残服务类。主要包括残障人士的康复、技能培训和就业、维权、环境无障碍、社会融入、家庭支持、文娱团队建设等服务。

(三)青少年服务类。主要包括为社区边缘青少年、困难家庭子女等开展帮教助学服务。

(四)救助帮困类。主要包括对贫困家庭、孤残儿童、困境儿童、失独母亲和流浪乞讨人员的救助帮扶,以及为其他生活困难的居民家庭提供帮扶支援和志愿服务等。

（五）社区服务类。推进社区民主自治、邻里互动和居民互助服务、社区教育、文化、卫生、环境保护等。

（六）其他公益类。有助于宣扬公益理念、促进社会发展进步的公益项目。

第四条　公益创投资助标准。市民政局根据我市公益服务需求的客观实际，以专家评审小组审核确定项目的申请资助额。

第二章　主办单位、承办单位、创投主体

第五条　市民政局作为主办单位，牵头组织实施公益创投活动。

第六条　市社会组织服务中心受市民政局委托具体负责公益创投活动的策划设计、组织实施，对项目进行考察、指导、监管，组织专家对项目进行评估，并为获选实施项目的公益性社会组织提供专业咨询服务和能力建设支持。

第七条　申报和实施公益项目的主体：

（一）依法在我市登记成立的社会组织，包括社会团体、民办非企业单位、基金会。

（二）在镇乡（街道）备案的社区社会组织。

（三）社会组织孵化培育基地正在孵化培育的社会组织，应具备申请项目相关的队伍、设施、资质和其他条件。

有社会工作师或助理社会工作师或项目所需社会工作专业人才优势、经民政部门评估获得3A及以上等级、受到各级政府表彰、曾经承接或组织实施过公益服务项目的社会组织在同等条件下具有优先资格。

第三章　项目的征集与评审

第八条　公益创投项目原则上每年征集评选一次，征集信息由市民政局以公开方式向社会发布，实施地为诸暨市，实施周期一般不超过1年，特殊性质项目资助周期不超过2年。

第九条　项目申报由创投主体向市社会组织服务中心提交项目申请材料，市社会组织服务中心对相关资料进行汇总。创投主体提交的申请材料包括：

（一）公益创投项目申报书,详细说明项目性质、服务需求分析、收益人群分析、工作计划、服务效果预测、团队组成、项目预算等情况。申报书示范格式由市民政局制定,创投主体应按照示范格式如实填写。

（二）相关材料,包括按规定使用资金的承诺函以及其他证明符合创投条件、项目符合要求的材料等。

第十条　项目评审:

（一）组织评审:市社会组织服务中心组织组建专门的评审委员会,评审委员会一般由5—11位(单数)人员组成,包括民政、财政相关部门工作人员、专家、社会组织代表,基层一线从事社会服务的代表,相关界别的人大代表、政协代表等,对照公益创投项目评审表对申请项目进行评估审议。

（二）社会公示:市社会组织服务中心将评估审议结果书面告知所有申请方,并向社会公示。

（三）上报评审结果:公示结束后,市社会组织服务中心将公示的评审结果书面上报市民政局备案。

第四章　项目实施

第十一条　签订项目合同。申报项目一经立项,创投主体提交的公益创投项目申报书即为项目实施的格式合同,由市民政局、市社会组织服务中心与创投主体正式签订。

第十二条　市社会组织服务中心根据公益项目实施进度,起草运作资金拨付的申请书,向市民政局申请服务项目资金的拨款。经审核后,按支付程序将服务项目资金分3次直接拨付给获选的社会组织。合同签署后拨付项目总金额的40%,项目中期评估验收合格后核拨40%,项目结束并验收合格后拨付20%。

第十三条　督促项目实施。市社会组织服务中心对获选项目的实施团队进行指导和监督评估,以提升获选项目的实施成效和项目团队的整体能力。

第十四条　项目总结。获选项目的实施团队在项目结束后以书面形式向市社会组织服务中心提交总结报告。市社会组织服务中心负责对创投活动进行绩效考评并形成评估报告报市民政局。市民政局牵头对创投活动进行全面总结。

第五章 项目监管

第十五条 任何单位和个人不得挪用或通过其他非法手段侵占、不当使用项目资助资金和社会定向捐助，违者依法追究相应责任。市社会组织服务中心及获选项目团队在项目实施过程中应主动接受财政、审计、民政等部门的指导、检查和监督。

第十六条 项目实施方因不可抗力原因无法继续履行合同约定的服务项目时，应及时向市社会组织服务中心提出，不得擅自向其他组织和个人转让服务项目。市民政局和市社会组织服务中心须及时撤销无法继续实施项目，清算项目资助资金，并循原资金划拨渠道缴回。

第十七条 项目实施方未严格按照合同约定认证实施服务项目的，市民政局应及时停止办理后续资金拨付手续，追回已经拨付资金，并依法追究项目实施方的法律责任。

第十八条 公益创投资金若有结余的，由使用单位循原划拨渠道缴回。

第十九条 创投主体应当对其提供材料的真实性、合法性负责，自觉接受有关部门依法实施的监督检查。凡提供虚假资料或采取其他不正当手段虚假参与公益创投的，一经发现立即取消参与资格并追回所获资助，同时在媒体进行通告，当年内不得参加公益创投、政府购买服务等类似活动。

第六章 附则

第二十条 本办法自 2017 年 6 月 1 日起实施。

抄送：绍兴市民政局，市委办、市府办、市纪委派驻第十二纪检组

诸暨市民政局办公室

2017 年 4 月 24 日印发

3.2 社会组织参与社会治理的典型案例

3.2.1 梁焕木水利基金会：发扬时代特色和征天精神，积极参与社会治理

提要： 水利事业是社会公共事业的重要组成部分，诸暨市的社会组织参与水利事业建设历史悠久。以征天集团创始人梁焕木命名的梁焕木基金会，是从事水库管理、推动灌区农业发展的社团法人。基金会是一个具有时代特色和征天精神的民间自治组织，属枫桥镇政府管辖。基金会以巩固和发展征天水库以及灌区的水利事业、支持与推动枫桥镇防洪工程建设为宗旨。基金会制定了《梁焕木水利基金会章程》（2013年3月22日全体理事会议表决通过），其主要业务包括经营管理、反馈灌区。梁焕木水利基金会反馈灌区的活动，成为推动枫桥镇社会组织参与公益事业、促进社会和谐稳定的有生力量。附件为《梁焕木水利基金会章程》。

梁焕木水利基金会发扬时代特色和征天精神，积极参与社会治理[1]

梁焕木水利基金会成立于2013年3月22日，以征天集团创始人梁焕木命名，是征天集团出资3 100万元组建的社团法人，由征天集团、征天水库管理处、征天灌区16个受益村和4个湖畈水利会联合组成，具有时代特色和征天精神的民间自治组织，属枫桥镇政府管辖。

基金会的宗旨是：巩固和发展征天水库以及灌区的水利事业，支持与推动枫桥镇防洪工程的建设。

---

[1] 浙江征天集团有限公司编：《征天水库·集团志（1989—2020）》，方志出版社2020年版，第70—76页。

一、创建历程

2013年1月23日,按照诸暨市体改办2006年《关于进一步完善浙江征天集团有限公司改制实施方案的批复》文件精神,市水利局、枫桥镇政府征天集团、征天水库管理处以及梁焕木家属等为基金会理事单位,由理事单位推荐候选人组建梁焕木基金会理事会,并由征天水库管理处负责起草章程。

3月22日,枫桥镇镇长何浩明主持召开有梁焕木家属代表参加的征天灌区管委会会议。根据理事单位推荐,选举何浩明、陈利勇、徐高飞、宣汉康、周长荣、魏国苗、梁贤生、冯铁华、陈东海等9人为第一届梁焕木基金会理事会成员;名誉理事长何浩明,理事长梁贤生,副理事长陈利勇、魏国苗,秘书长周长荣。推选陈国光、楼仁浩、葛焕礼、韩忠龙、魏国民、宣方舟、赵祖光等7人为第一届基金会监事会成员,监事会主席陈国光。

2014年4月19日,由何浩明主持召开第一届梁焕木基金会第二次理事会暨征天灌区管委会联席会议,会议批准同意周长荣因工作调动辞去征天灌区管委会副主任和梁焕木基金会秘书长职务的请求,增选魏国苗为征天灌区管委会副主任兼基金会秘书长,并决定征天水库管理处与征天灌区管委会分设,分设后,征天灌区管委会与梁焕木基金会合并,建立"一套班子,两块牌子"的工作机制。

2017年7月26日,由枫桥镇镇长袁新江主持召开第二届梁焕木基金会理事会第一次会议,选举袁新江、葛勇军、章汉军、宣汉康、梁贤生、魏国苗、阮洪法、厉哲明、冯铁华、陈东海等10人为第二届梁焕木基金会理事,名誉理事长袁新江,理事长梁贤生,副理事长葛勇军、阮洪法,秘书长魏国苗。推选张铁伟、陈国光、赵祖光、宣方舟、葛建强、韩忠龙、魏校灿等7人为第二届梁焕木基金会监事。

2020年1月14日,由梁焕木基金会副理事长葛勇军主持召开梁焕木基金会理事会暨征天灌区管委会联席会议,批准同意梁贤生、魏国苗因年龄关系退职,同时免去其梁焕木基金会和征天灌区管委会相关职务。确定阮洪法为征天渔场法定代表人,主持征天灌区管委会和梁焕木基金会日常工作。

二、经营管理

梁焕木基金会管理职责是使基金保值增值,力求效益最大化。在《梁焕木水利基金会章程》规定范围内行使管理权力,承担责任和义务。

2006年1月,征天集团企业转制,因办理权证手续复杂,时间跨度大,征天集团分别于2011年9月9日、2012年12月25日陆续将3 100万元梁焕木基金全额转给征天灌区管委会,寄靠征天渔场账户,由征天水库管理处负责储存于中国农业银行诸暨市支行枫桥营业所。

2013年3月22日,征天灌区管委会会议审议通过《梁焕木水利基金会章程》。

4月26日,第一届梁焕木基金会第一次理事会暨征天灌区管委会联席会议根据《梁焕木水利基金会章程》,补充制定《梁焕木水利基金运作管理办法》。

2013—2019年,梁焕木基金会累计收益2 002.38万元。

三、反馈灌区

2013年,梁焕木基金会按照《梁焕木水利基金会章程》和《梁焕木水利基金运作管理办法》,制定反馈征天灌区政策:原始受益田每亩分配30元,水利工程按实际投入额补助30%,水利会堤埂管理每千米补贴4 000元;发给男60周岁、女55周岁以上老年人慰问金每人每年30元,老年水利干部困难补助每人每年4 000—5 000元。当年共反馈资金198.86万元。

此后,逐年递增原始受益田分配标准和老年人慰问金额度,增加因水利工程致伤致残人员补贴。至2019年,原始受益田每亩分配增加到40元,老年人慰问金每人每年增加到80元。

2013—2019年,梁焕木基金会累计反馈征天灌区资金1 712.87万元。

附件：

梁焕木水利基金会章程

(2013年3月22日全体理事会议表决通过)

第一章 总则

第一条 本基金会的名称是梁焕木水利基金会。

第二条 本基金会由诸暨市体改办〔2006〕2号文件批准，是浙江征天集团有限公司出资组建的财团法人。

第三条 本基金会的宗旨：巩固和发展征天水库以及灌区的水利事业，支持与推动枫桥镇防洪工程的建设。

第四条 本基金会的原始基金数额为人民币3 100万元，来源于浙江征天集团有限公司改制时设置的梁焕木水利基金。

第五条 本基金会暂用诸暨市征天水库渔场工商执照作银行开户。

第六条 本基金会的住所：诸暨市征天水库管理处。

第二章 任务

第七条 本基金会公益活动的业务范围：

(一) 保障原征天集团对征天水库以及灌区支农政策兑现(包括水利工程的维修养护、中低产田改造补助等)；

(二) 支持与推动枫桥镇防洪工程和水利事业建设；

(三) 支持有助于枫桥镇水利事业发展的科学研究，对其成果有杰出贡献的人员进行必要的奖励和资助；

(四) 关注曾对枫桥镇的水利事业有杰出贡献的老水利工作者，在其个人生活发生困难时进行必要的资助。

第三章 组织机构、负责人

第八条 本基金会由七至九名理事组成理事会。每届任期三年，届满可连选连任。

第九条　理事的资格：由枫桥镇政府、市水利局、征天集团公司、征天水库管理处以及梁焕木家属等推荐候选人。

第十条　理事的产生及罢免：

（一）第一届理事由业务主管单位、主要捐赠人、发起人等提名并共同协商确定；

（二）理事会换届改选时，由业务主管单位、理事会、主要捐赠人等提名候选人并组织换届领导小组，组织全部候选人选举产生新一届理事；

（三）罢免、增补理事应当经理事会表决通过，报业务主管单位审查同意；

（四）理事的选举和罢免结果报登记管理机关备案。

第十一条　理事的权利与义务：

（一）遵守基金会章程；

（二）积极参与基金会组织的各项活动；

（三）根据需要为基金会提供必要的义务服务；

（四）以基金会的名义参与符合基金会宗旨的各项社会活动；

（五）对基金会有重大贡献时，可获得各种奖励。

第十二条　本基金会的决策机构是理事会。理事会行使下列职权：

（一）制定、修改章程；

（二）选举和罢免理事长、副理事长、秘书长；

（三）决定重大业务活动计划，包括资金的募集、管理和使用计划；

（四）审定年度收支预算及决算；

（五）制定内部管理制度；

（六）决定设立办事机构、分支机构、代表机构；

（七）决定由秘书长提名的副秘书长和各机构主要负责人的聘任；

（八）听取、审议秘书长的工作报告，检查秘书长的工作；

（九）决定基金会的分立、合并或终止；

（十）决定其他重大事项。

第十三条　理事会每年至少召开两次会议。理事会会议由理事长负责召集和主持。有三分之一理事提议，必须召开理事会会议。如理事长不能召集，提议理事可推选召集人。召开理事会会议，理事长或召集人需提前五日通知全体理事、监事。

第十四条　理事会会议必须有三分之二以上理事出席方能召开，理事会决议须经出席理事过半数通过方为有效。

第十五条　理事会会议应当制作会议记录。形成决议的，应当当场制作会议记录，并由出席理事审阅、签名。理事会决策，致使基金会遭受损失的，参与决议的理事应当承担责任。但经证明在表决时反对并记载于会议记录的可免除责任。

第十六条　本基金会设监事五至七名。监事任期与理事任期相同，可以连选连任。

第十七条　理事、理事的近亲属和基金会财会人员不得任监事。

第十八条　监事的产生和罢免：

（一）监事由主要捐赠人、业务主管单位等选派；

（二）登记管理机关根据工作需要选派；

（三）监事的变更依照其产生程序。

第十九条　监事的权利与义务：

（一）监事可依照章程规定的程序检查基金会的财务和会计资料，监督理事会遵守法律和章程的情况；

（二）监事列席理事会议，有权向理事会提出质询和建议，并应当向登记管理机关和业务主管单位以及税务、会计主管部门汇报情况；

（三）监事应当遵守有关法律法规和基金会的章程，忠实履行职责。

第二十条　在基金会领取报酬的理事不得超过理事总人数的三分之一。监事和未在基金会担任专职工作的理事不得从基金会中取得报酬。

第二十一条　本基金会理事遇有个人利益与基金会利益关联时,不得参与相关事宜的决策;基金会理事、监事及其近亲属,不能与基金会有任何交易行为。

第二十二条　理事会设理事长、副理事长和秘书长,从理事中选举产生。

第二十三条　本基金会理事长、副理事长、秘书长必须符合以下条件:

(一)在本基金会业务领域内有较大影响;

(二)理事长、副理事长、秘书长最高任职年龄不得超过七十周岁,秘书长为专职;

(三)身体健康,能坚持正常工作;

(四)具有完全民事行为能力。

第二十四条　本基金会的理事长、副理事长、秘书长每届任期三年,连任不超过两届。因特殊情况需超届连任的,须经特殊程序表决通过,报业务主管单位审查并经登记管理机关批准同意后,方可任职。

第二十五条　本基金会理事长为基金会法定代表人。本基金会法定代表人不兼任其他组织的法定代表人。

3.2.2　诸暨市孝德文化研究会:诸暨大力弘扬"孝"文化,深入开展精神文明建设

提要:孝道为中国传统文化的重要组成部分,"百善孝为先",孝亲敬老也是构建和谐社会的应有之义。诸暨市孝德文化研究会大力弘扬孝文化,对精神文明建设起到了积极的推动作用。研究会通过丰富多彩的活动,致力于传承中华民族传统美德、传习文明、深化孝德文化研究,营造尽孝氛围,崇尚孝道、弘扬孝德、讴歌孝行,促进和谐社会建设,推动社会文明进步。作为社会组织,孝德文化研究会职能范围广泛,组织活动频繁,在诸暨

市影响巨大,尤其在青少年教育中作用明显。"身边的事教育身边的人",诸暨市孝德文化研究会通过评选、宣传、激励等措施,选树榜样,成为诸暨市影响力巨大的社会组织之一。诸暨市孝德文化研究会长期践行"枫桥经验",深耕文化治理,取得了显著成效。附件为《诸暨市孝德文化研究会章程》。

诸暨大力弘扬"孝"文化,深入开展精神文明建设[1]

"拉一把,扶一把,父母把我养育大养育大。病痛饥寒都操心,一年四季都牵挂,都牵挂呀都牵挂……"这首《孝歌》,虽然创作才一年的时间,但已经是不少诸暨市民最熟悉的歌曲。

百善孝为先。到 2016 年 12 月,全国"孝亲敬老之星"赵林中发起组建的诸暨市孝文化研究会才满一年,可是,弘扬和传承孝理孝道,已经成为诸暨市一道亮丽的风景线。

尽孝情愫　香满诸暨

走进位于西施故里的诸暨市孝文化研究会,一楼的展示厅布置就令人眼前一亮。"这是我们的孝文化书籍,这是请书法家写的各种各样的'孝'字。"研究会会长周增辉说,展厅的布置其实并不复杂,主要就是为了传递一种孝文化,在这里还会经常播放孝文化宣传的视频,有会员的一些语录,更有孝文化艺术团的各种演出和文艺晚会。

在研究会的履历中,你或许会被一连串的数字所感染、感动,又包含一点惊奇。1 人发起、5 人筹备、1 500 多个个体会员、2 400 多个团体会员,这就是诸暨市孝文化研究会自筹备到成立,至今一年时间里的发展数据。

---

[1] 赵林中、周增辉(执行)主编:《诸暨孝德文化年鉴(2015—2019)》,中国文艺出版社有限公司 2019 年版,第 802—806 页。

"这其实就说明了我们研究会的影响力,也说明研究会得到了诸暨人民的认可,也印证了孝文化在现今生活中的必要性,能够得到大家的重视,也是我们研究会发展的潜力所在。"周增辉的言语中,有着无法掩饰的自豪感。

研究会名誉会长赵林中说:孝是人性之本、社会之根,是流淌在血液里的那种情愫,是每个人发自内心的道德自律和行为自觉。研究会的作用在于,唤醒了藏在人们内心的这种情愫,得到大家的认同,让善良和美好成为一种道德自觉。

就在国庆长假期间,研究会下属的马剑分会正式宣告成立,这也是第17个分会机构,目前研究会的下属机构已经在诸暨市的部分机关、企事业单位、学校和乡镇生根发芽,更是成立了青年分会,让众多的年轻人加入到孝文化传承的队伍中。

此外,孝文化研究会更是成立了艺术团,经常下乡巡演,就在记者采访的第二天,还推出了迎国庆孝文化文艺晚会。

研究会发起人赵林中,更是走在社会化养老的前头,建起了老年康乐中心,高标准的设施、医院式的管理,让老年人在这里能够老有所养、老有所乐、老有所依。记者在这里看到,宾馆式的服务让老人的生活非常整洁。而且这里的老年人趣味活动也是每天都排得满满的,只要你有兴趣,在这里都可以找到志同道合的群体。

孝德文化　感动几代人

研究会有许多的孝人孝事,每天都让人深处感动之中。周增辉说,孝、德总是连在一起的,一个人有孝心,德行自然也不差,以德报怨的故事,在孝人孝事中显得尤为显眼。

陶朱街道开元村安置小区里住着一位名叫张暹的老人,今年已101岁。150平方米的套间,宽敞明亮,靠南的房间里,空调、电视机、多功能护理床一应俱全。尽管躺在床上,可老人的晚年生活却并不凄凉。而这靠的全都是老人口中念叨的"忠义",不是老人的儿子,而是侄子。

年轻时的张暹生活很是如意,有妻有子还有点钱财,但他对于身边的亲戚却并不友好。张忠义的父亲与张暹是堂兄弟,当年家里有困难求助张暹,他却置之不理,并告诫自己的家人,"不要对乡下人太好,否则会经常往来"。

而随着妻子、儿子去美国定居,张暹孤苦一人留在了上海,年近90岁时,一病不起,行动不便。当地社区把其40平方米的房子40万元出售以房养老,并把房子隔成两间,找来一对贵州籍夫妻免费入住,以供老人三餐。近几年,老人大小便失禁,生活更加艰辛。

得知这一情况,张忠义挺身而出:"做晚辈的不管怎样总不能让长辈吃苦,我全部负责到底。"他带着儿子和几个亲友,租了救护车到上海接老人回家乡。接人时,负责照顾老人的贵州籍夫妇索要3万元钱,说是老人承诺过,去世后给他们3万元钱。看了看床上的大伯,张忠义毫不犹豫地掏出3万元钱,背起老人上车往诸暨赶。

而此时的老人面目全非。张忠义看在眼里,很是心疼,想尽办法安排好老人的生活。他每月花5 000元请了个保姆,另给了每月2 000元的生活费。老人积余的13万元和一点点退休金分文未动,拟作为老人的后事费用。

张忠义的孝德故事感染了身边许多人,也成为研究会成员之间流传的一段佳话。当然,在这里我们还可以看到、听到许许多多的感人事:用孝心延续母亲生命的牌头镇周鹤池兄妹,创业路上尽孝人钱金玲,久病床前有孝子的赵佳安夫妇……这些都是诸暨市孝文化中涌现出来的典型,更是诸暨孝文化的一个缩影。

尽孝需在父母未老时

一岁,看着呱呱坠地的你,他满心欢喜,逢人就说:"你看我做爸爸了!"两岁,学会了走路,不小心绊倒,你在哭,他却在笑。四岁,进了学前班,你和同学打闹,抓伤了半边脸,他一声不吭,你不哭不闹……十六岁,你考进高中,他借来小汽车送你上学,你看着身边同学的爸爸开着自己的车,你开始觉得他为什么不是大老板……二十岁,你的成人礼,他请来了亲朋好友,脸上尽是骄傲……二十二岁,你一直奔跑……他去了西藏游玩,拍下照片与你分享,你因爸爸还未老感到幸福!

诸暨爱拓车网络科技有限公司的发起人金洋,含着泪说完自己与父亲之间的故事。他说:"这个故事,是我送给父亲的第一份礼物,而很多人不知道的是,爱拓车网络科技有限公司,是我送给父亲的第二份礼物,这份礼物夹杂着我对父亲的爱和尊重,我希望它可以成为一粒种子,在全国的百强县生根发芽,而我对父亲的尊重可以遍地开花,成为我们的企业文化……"

诸暨市富润汽车修理有限公司为了激励员工传承孝文化、争做孝心人,专门成立了"感恩福利基金",只要单位里工作满一年并无不良表现的员工,其父母都可以每月领取200元至500元不等的"感恩福利基金",这样的激励措施,得到了公司上下的认可。

公司负责人陈忠良对于孝德文化非常看重,在今年儿子的婚宴上,他把两本新鲜出炉的研究会个人会员证,放到了儿子和媳妇的手中。他说:"要传承孝文化,就需要从点滴做起,家庭的言传身教不可少。"

"隔墙望见儿喂儿,好似当初我喂儿。如今儿来将我饿,只怕日后儿饿儿。"赵林中说,要想让白居易的这首悲情诗歌的情景不再出现,就需要年轻人从现在做起,因为"我们还年轻,而我们的父母正在一天天老去,如果我们不愿意留下一份永远的遗憾,那么尽孝就应该在父母尚未老去之时"。

孝是一个人立身处世的基本品德,只有具备孝心的人,才能待人谦和、工作敬业。赵林中说,孝是一项基础工作,研究会的目的,是通过弘扬宣传孝文化,下一盘精神文明建设的大棋。

附件：

诸暨市孝德文化研究会章程

(2019年4月4日第二次会员代表大会通过)

总则

为传承中华民族传统美德、传习文明,深化孝德文化研究,营造尽孝氛围,崇尚孝道、弘扬孝德、讴歌孝行,促进和谐社会建设,利于年轻一代健康成长,特制定本章程。

第一章 性质

诸暨市孝德文化研究会为诸暨市社科联下属的非营利性社团组织,经诸暨市民政局批准组建。以"自主自愿、面向社会、服务群众、科学规范"为办会宗旨。

第二章 主要职能

1. 弘扬传承中华民族传统美德,践行孝理孝道,开展相关的宣传服务和理论研究及学术探讨活动。

2. 着眼基层、面向群众。通过评选表彰活动,宣传推介孝子(女、婿、媳)典型事例。

3. 利用相关节日(如母亲节、父亲节、重阳节等)开展弘扬孝德文化的展览、讲座、慰问走访和文娱体育活动。

4. 对确有经济困难且群众公认的孝子(女、婿、媳)家庭予以必要的经济资助。

5. 与国内孝德文化研究社团开展交流联谊。

第三章 组织架构

1. 研究会设会长1人,执行会长1人,常务副会长和副会长若干人,根据工作需要聘任名誉会长。另设承担研究会委派职能的理事若干人。

2. 凡对研究会予以经费支持的企事业单位、团体组织为研究会副会长单位。

3. 研究会根据工作的实际需要,另聘专家学者、资深人士及有关领导为资深顾问或顾问。

4. 研究会执行会长兼任秘书长,主持研究会日常工作,另配副秘书长若干人。

5. 研究会重大事项由会长办公会议讨论决定。其组成人员为名誉会长、会长、执行会长、常务副会长、副会长、副秘书长。

6. 研究会根据工作需要,聘任热心孝德文化事业的有识之士为理事(或常务理事),新增的理事(或常务理事)提交理事会讨论。

7. 研究会会员代表大会为研究会最高权力机构。会员代表大会选举产生研究会领导机构。会员代表大会闭会期间研究会的领导机构是理事会或常务理事会(会长办公会议)。每届领导机构任期5年。

8. 为确保研究会充分发挥作用和规范有序运作,研究会组建若干为民服务团队,具体组织视下属单位的性质特长确定。

第四章　会员

研究会按"严格条件、逐步发展"的原则发展个人会员、团体会员:

(一) 个人会员的条件要求:

1. 本人自愿;

2. 是社会和群众公认的孝子(女、婿、媳);

3. 有一定的奉献精神和社会活动能力;

4. 按规定填写个人会员登记表。

(二) 团体会员的条件要求:

能自愿接受研究会领导并符合下列条件的单位,可考虑接收为团体会员。

1. 对研究会予以经费支持的单位;

2. 注重孝德文化弘扬传承的村落；

3. 养老设施完善、管理规范的敬老养老机构；

4. 诸暨市域内注重孝德文化教育的各类学校；

5. 诸暨市域内注重孝德文化教育的企事业单位。

第五章　会员的义务和权利

（一）会员须履行下列义务：

1. 按要求参与研究会组织的活动和会议；

2. 积极为研究会会报和微信公众号、会刊撰写有关孝德文化的文章（体裁、形式不限）；

3. 按规定缴纳会费。

（二）会员可享有以下权利：

1. 参与研究会组织的各类宣传、联谊、观摩交流活动；

2. 对研究会工作提出意见和建议；

3. 向研究会推荐介绍符合条件的会员；

4. 凡社会群众公认孝敬父母长辈的会员，优先向社会推介并获奖励表彰。

第六章　经费来源和财务管理

（一）经费来源：

1. 会员缴纳的会费；

2. 副会长单位的资助；

3. 通过开展活动（可冠名）获取经费支持；

4. 社会团体及有识之士的捐赠；

5. 其他合法收入。

（二）经费使用：

研究会经费使用必须符合章程规定的范围和孝德文化弘扬传承需要，严格执行《诸暨市孝德文化研究会财务管理制度》。

（三）财务管理：

1. 研究会按"严格管理、专款专用"的原则，一般性开支定专人审批，重大项目开支由会长办公会议讨论确定。

2. 为保证会计资料的合法真实、准确完整，资金使用节俭合理、安全规范，研究会严格挑选确定财务人员。

3. 专设"诸暨市孝德文化研究会监事会"并另定制度对研究会的财务活动实行监督管理。

4. 监事会成员在研究会的副会长单位中产生。

第七章　日常运作

1. 召开会长办公会议，讨论确定研究会各阶段重点工作；

2. 不定期召开分会会长（秘书长）联席会议，总结部署工作；

3. 以孝德村、孝德社区、孝德学校为重点，开展孝德文化弘扬传承活动；

4. 根据工作需要编发"诸暨孝德文化"公众号，一般以两个月为周期印发《诸暨孝德文化报》，根据工作实际编纂《诸暨孝德文化年鉴》；

5. 及时总结孝德文化建设成果和经验，在向政府部门争取资金支持的同时，推荐相关单位参与各级各类文明单位、个人评选；

6. 组织开展以孝德为主题的评选、展览、讲座、慰问走访和文化节会活动及文娱体育活动；

7. 根据需要和可能，与国内有关孝德文化组织开展交流联谊活动。

第八章　附则

1. 本章程解释权属诸暨市孝德文化研究会。

2. 本章程从2019年4月4日起试行。

诸暨市孝德文化研究会
2019年4月4日

3.2.3 让青春如珍珠般闪亮——山下湖镇新长乐村关爱互助协会会长90后小伙何殷雷的担当

提要:新长乐村关爱互助协会作为一个村级社会组织,具有鲜明的特点:兼具关爱和互助的性质,在乡村社会大有作为。新长乐村关爱互助协会会长何殷雷,系回乡创业的海归大学生,表明协会受到年轻人的青睐。他一方面组织协会成员和家乡党员开展爱心捐款等公益活动,另一方面帮助新长乐村老人和低收入群体提升生活品质,走共同富裕的道路。协会积极发动社会各界进行募捐,开展互助活动,关心关爱村内事业,倡导树立社会主义文明新风,尤其是发动年轻人参与社会公益活动,为社会组织长远健康发展进行了成功探索。附件为《新长乐村关爱互助协会章程》。

让青春如珍珠般闪亮
——山下湖镇新长乐村关爱互助协会会长90后小伙何殷雷的担当[1]

手机、运动服、滑板车,这是浙江润和珍珠养殖有限公司总经理何殷雷每天出门上班的"标配"。从一名海归大学生到创业青年,90后小伙何殷雷找到了一条由珍珠铺成的成长路。

"心有多远,梦想就有多远。"何殷雷说,虽然靠珍珠致富的这条路,家乡的父辈们一代代走过,但到了年轻一代,他要走出新意来。

2016年,对何殷雷来说,是事业发展的重要一年。当时被誉为"珍珠小镇"的诸暨市山下湖镇成立青年创业创新促进会,鼓励更多年轻人加入珍珠行业,毕业后回到家乡的他毫不犹豫地报名。随着电商兴起,何殷雷等年轻从业者在

---

[1] 《浙江日报》2022年5月6日;原标题为"让青春如珍珠般闪亮——记浙江润和珍珠养殖有限公司总经理何殷雷"。

珠宝直播活动中尝到了"甜头"。每次向别人介绍自己时,他总说"我在珍珠小镇做直播",之后还广泛发动同学、朋友、老乡等来到诸暨农村,进一步促进珍珠行业良性发展。

"我身边的年轻人都很勤奋,一心扑在事业上。"何殷雷坚信"幸福是奋斗出来的"。2017年,他参加了海外英才计划,推出的"轻珠宝"创业企划后来风靡珠宝圈,做大做强珍珠直播,成为珠宝行业一大标杆。

除了自身的努力奋斗,何殷雷还热心公益。汶川大地震的时候,还在念高中的他,当时就把所有零花钱都捐了,觉得内心很充实,做公益的念头便从此在他的心里埋下了一颗小小的种子。读大学时,他一有空就去当志愿者,许多活动中都能看到他的身影。

2018年9月,何殷雷随四川格桑梅朵爱心协会成员前往四川藏区。一周时间,他经历高原反应、山体滑坡、没电没网,充分感受到山区孩子生活的不易。"希望孩子们长大后能多出去看看外面的世界。"在充分尊重对方意愿的前提下,何殷雷认领了3名孩子的升学计划,只要孩子们继续上学,他就会一直资助他们。

回到诸暨后,何殷雷更积极投身公益活动。2019年,他成为山下湖镇新长乐村关爱互助协会会长。这些年来,他一直组织协会成员和家乡党员开展爱心捐款等公益活动。此外,协会成员经营所得的部分盈利,以爱心基金形式发放给家乡需要帮助的困难群体,3年共收到善款超100万元,每年发放善款超30万元,平均每年走访老人等80余户。

奋斗、活力、热心,都是青春亮丽的底色。如今,何殷雷把关注重点放在帮助新长乐村老人和低收入群体提升生活品质上。在他的筹备下,今年村里的爱心食堂正式营业,为村里老人就近供应可口的饭菜。何殷雷说,做公益是一件美好的事,他会继续带动身边的朋友们加入到更多公益活动中,用积极向上的生活态度,展现90后的责任与担当。

附件：

新长乐村关爱互助协会章程

第一章　总则

第一条　为大力弘扬"大爱互助、尊老爱幼、传递真情、构建和谐"的精神，积极发动社会各界进行募捐，开展互助活动，关心关爱村内事业，倡导树立社会主义文明新风，特成立新长乐村关爱互助协会。为规范协会的运行，特制定本章程。

第二章　管理机构及职责

第二条　本协会由名誉会长何立新，会长何殷雷，副会长何龙、何海、何阳、何伟娟、何凌锋、何行东、何仲阳，会员何延伟、何平、何迪华、王凤英、何天柱、钱介杭、金幼珍、何延东、何保均、何凌峰、何永伟、何少波、何立、何文、何君明、何利勇、何飞东、何立勇、何飞勇、何浙永、何飞东、何其龙、钱红丰、何永建、何浩良、何云锋、何泽勇、何刚强、何静江、何小燕、何成浩、何宇波、何展、何华丰、何泽君、何则晓、何力、何仕均、何立均、何飒、何均等同志组成理事会，由理事会成员牵头，会同村民小组长以上干部、志愿者组建若干关爱网格，负责收集网格内重大变故、重点对象、好人好事等信息，由乡风文明理事会统筹实施关爱行动。

第三条　协会职责主要是：解释并修改本章程；对上报奖励、资助、关怀、公益的对象进行资格复核复查，并实地走访；定期组织募捐活动，号召有识之士充实资金，并进行造册登记；切实执行财务制度，定期接受财务监督并公布资金使用情况。

第三章　用途与来源

第四条　用途：

主要用于奖励、帮扶、关怀、公益四个方面。

（一）奖励

1. 优秀大学生

（1）奖励标准：考入一本线以上的大学生，一次性奖励2 000元。

（2）确定形式：录取通知书原件。

2. 应征入伍青年

（1）奖励标准：响应国家号召应征入伍的青年一次性奖励 2 000 元。

（2）确定形式：应征入伍通知书原件。

3. 道德模范、身边好人、文明家庭、简婚新人

（1）奖励标准：被镇评为道德模范、身边好人、文明家庭的户（人）奖励 500 元；被县、市评为道德模范、身边好人、文明家庭的户（人）奖励 1 000 元；简婚新人奖励 500 元。

（2）确定形式：表彰文件或获奖证书等。

（二）帮扶

1. 发放范围：主要用于扶贫、济困、恤病、扶老、优抚、自然灾害、事故灾难等。

2. 发放标准：（1）因患重大疾病致贫致困的，发放一次性帮扶金 2 000 元；（2）因交通、自然灾害等意外事故而致贫致困的，发放一次性帮扶金 2 000 元；（3）对 80 岁（含）以上高寿老人，在重阳节给予一次性慰问金 200 元，90 岁以上高寿老人，在重阳节给予一次性慰问金 500 元；（4）情况特别困难的，根据"一事一议"情况予以帮扶；（5）以上各类帮扶金同一人员同一年度不重复享受，以享受最高金额为准。

3. 确定形式：协会走访核实后，提出建议补助方案，提交村两委会讨论确定。

（三）关怀

村民因重大疾病致贫而离世的，村两委会、协会理事会成员要上门慰问并送上慰问金，慰问金标准为 500 元。

（四）公益

1. 用于端午、中秋、重阳、春节等重要节日，组织群众到文化礼堂开展包粽子、做月饼、文艺汇演等活动，志愿者对特殊人群送关爱祝福。

2. 用于村内开展的道路建设、公共设施等公益事业。

第五条　来源：

1. 乡贤企业爱心捐；

2. 党员干部带头捐；

3. 村民互帮互助捐；

4. 结对帮扶单位发动职工捐；

5. 移风易俗公益捐；

6. 村民会员捐；

7. 资金存款产生的利息。

第六条　协会收到的各类捐助，必须向捐助人出具协会收款收据，所收资金要及时存入指定的银行账号。

第七条　捐款人可以指定捐助对象或项目，有权查询、监督捐款的使用情况。

第八条　村关爱互助协会要及时对捐款情况予以公示，并对做出重要贡献的捐赠人给予宣传报道。

第四章　管理与使用

第九条　关爱基金使用执行市委宣传部、农业农村局联合下发的《村级关爱基金财务管理暂行规定》（诸农发〔2020〕50号），做到专款专用。任何组织和个人不得侵占、截留、贪污和挪用。

第十条　协会根据财务管理制度落实专人管理，会计和出纳不能同一人兼任。

第十一条　协会资金收支情况应每月在村务公开栏、微信群、党员大会上公布。每年年底邀请村两委、村监委、部分村民代表共同审核资金年度使用情况，并向村民公示通报。

第十二条　资金使用同时接受捐赠者、村两委会、村监委、上级党委政府和社会各界的监督。

第五章 申请与救助

第十三条 申请和救助流程主要分为四步：

（一）申请。可以个人申请，可以集体讨论。个人申请要有成绩单、大学录取通知书、应征入伍通知书、住院证明等相关依据。网格员要实时摸排网格内情况，对符合条件的人员情况第一时间上报给理事会讨论。

（二）讨论。根据章程内规定的金额，由协会共同审批决议。对帮扶对象"一事一议"的情况，需协会成员讨论后，提交给村两委会讨论决定。

（三）公示。确定的救助方案，须在村务公开栏公示三天无异议后方可兑现救助资金，并实时在党员微信群、村民代表微信群内公布去向。

（四）支付。支出手续要有相应理事员、监事员和办事员三人的共同签字。

第六章 附则

第十四条 本章程经理事会表决通过实施。

第十五条 本章程由村民关爱互助协会负责解释。

第十六条 本章程可根据实际情况的需要变更事项（按年次）。

第十七条 未尽事宜由理事会讨论决定。

山下湖镇新长乐村关爱互助基金理事会
2021 年 1 月 1 日

3.2.4 诸暨市江新社区成立该市首个开放式小区邻里互助委员会

提要：江新社区永富小区"邻里互助委员会"是诸暨市首个开放式小区邻里互助委员会，委员会的成立填补了开放式小区无自我管理组织的空白。邻里互助委员会的设立具有多重意义：它是社会和谐稳定重要的基础，有助于发挥社区邻里友好互助精神；它是社区建设的重要内容，有助于拓展小区服务范围,完善小区服务功能,设阵地,办活动,丰富居民的精神文化生活;它是党员发挥作用的重要平台,有助于党员带头开展邻里互助活动,深入推进党的基层组织体系建设,为睦邻文化建设提供保障。其中,邻里互助基金的设立,是邻里互助委员会的显著特征,为社区的互助关爱工作提供了经济保障。江新社区永富小区"邻里互助委员会"是开放式小区治理的成功探索,有效增强了社区居民的凝聚力。

诸暨市江新社区成立该市首个开放式小区邻里互助委员会[1]

诸暨市暨阳街道江新社区是一个以开放式小区为主、人员流动量大、资源集聚完善的社区。近期,社区通过资源整合、居民参与、层层推选,首创成立了永富网格开放式小区"邻里互助委员会",互助会通过制定小区文明公约、楼道卫生清扫等制度,设立"邻里互助基金"、建立微信群等方式,填补了开放式小区无自我管理组织的空白。在"邻里互助基金"设立当天,就募集到了近万元的善款,为社区的互助关爱工作提供了经济保障。成立"邻里互助委员会",设立"邻里互助基金",是社区创新发展新时代"枫桥经验"的新的实践探索,是社区自治的重要内容,通过邻里互助,让爱心传递有路可通,增强了社区凝聚力,为更好地实现共同富裕打下稳定和谐的基础。

(来源:诸暨市民政局)

附件:

江新社区永富小区邻里互助会章程

邻里互助会是根据老小区情况杂、困难多,小区内居民人员多样化,层次错综复杂,邻里矛盾日益突出这一现状,探索的社会基层治理新模式。邻里关系的构建,创造可持续发展的居民自治组织,进而成立邻里互助委员会是社会和

---

[1] 《潇湘晨报》2021年8月17日。

谐稳定重要的基础,发挥社区邻里友好互助精神;是社区建设的重要内容,拓展小区服务内容,完善小区服务功能,设阵地,办活动,丰富居民的精神文化生活;是党员发挥作用的重要平台,党员带头开展邻里互助,深入推进党的基层组织体系建设,为睦邻文化建设提供保障,从而形成了邻里互助工作新格局。

第一章 总则

第一条 组织名称、小区情况

名称:永富小区邻里互助委员会(以下简称"本互助会")。

所辖区域范围:永福新村1幢—3幢、25幢—28幢;永昌路16、18、20号所辖区域幢数及户数。共计10幢楼房、268户居民。

第二条 本互助会是本住宅区居民对小区自治管理的群众性组织。

第二章 组织架构设置

第三条 邻里互助会组成

邻里互助会主任1名,根据永富小区设立委员3人(含委员会主任),楼幢代表按每幢楼设立1个,共10名。

第四条 邻里互助会工作职责

邻里互助会作为永富小区的执行机构,是小区日常帮困互助、社会活动等运作的组织、实施主体,主要负责拟定相关小区各方面的制度规范、活动计划、方案实施:

(1)邻里互助会应发挥党员基层组织的先锋作用,宣传贯彻宪法、法律、法规和国家的政策,维护小区居民合法权益,利用党员的优势、专长教育和推动小区居民履行法律、法规规定的义务,发展文化教育,普及科技知识,促进邻里之间的团结、互助,开展多种形式的社会主义精神文明实践活动。

(2)邻里互助会应及时了解、听取小区民意,掌握小区居民群众的需求与困难情况,有针对性地为居民帮困互助。

(3)邻里互助会应在小区内挖掘为居民服务志愿力量,将辖区内有志愿服务意愿的党员、群众组织起来,登记造册,纳入小区能人库,更好地使小区内能人资源共享,通过居民之间互惠互利的"邻里交往模式",让居民能够走出家门,架起群体之间联络沟通的桥梁。

(4)邻里互助会应积极配合街道、社区做好涉及公共安全、环境卫生、垃圾分类、扫黑除恶、防诈骗宣传等小区管理相关工作。

(5)邻里互助会依据《永富小区邻里互助会章程》制定《邻里互助基金管理办法》,对邻里互助基金的保管、申请、审批、拨付等各个环节进行规范。邻里互助会应及时对邻里互助基金的保存与使用情况进行公示,保证内容的真实、准确和完整,并受邻里互助会全体成员监督。

第五条 邻里互助会楼幢代表

永富小区互助会楼幢代表采用各幢全体居民(按户为单位)直接推选产生,每一幢楼1名,共10名。

第六条 邻里互助会楼幢代表职责

遵守《永富小区邻里互助会章程》《永富小区文明公约》;经常地向居民群众宣传有关法律、法规、政策精神;认真执行邻里互助会决议与社区居委会的决定;积极开展本楼幢的各项公共工作,协调好邻里各户的关系,相互关心,和谐团结;密切联系本楼幢居民,做好居民或居民户的意见、建议收集工作。认真听取居民户的意见、建议和要求,反映居民群众的呼声并向邻里互助会报告情况。

第七条 邻里互助会委员

永富小区邻里互助会委员采用无记名投票的方式,由楼幢代表直接推选(选举)产生,选举产生3名委员。永富小区邻里互助会主任由委员选举产生,选举产生1名。

第八条 邻里互助会委员职责:(1)协助主任做好委员会日常工作,承担落实各自分工的专项工作;(2)参与拟订、制定邻里互助会各项工作制度、方案计划等;(3)密切联系楼幢代表,听取楼幢代表的意见建议,了解小区内的问题,及时向主任报告情况;(4)根据邻里互助会会议决议应当履行的其他职责。

邻里互助会主任职责:(1)全面主持邻里互助会工作;(2)负责召集主持邻里互助会会议,代邻里互助会向邻里互助会全体成员和社区报告工作;(3)代表邻里互助会与街道、社区及有关职能部门协调小区相关事务工作;(4)监督邻里互助会其他委员履行工作职责;(5)审核和签批邻里互助会工作文件、财务收支等;(6)拟定邻里互助会内部工作制度、方案、计划等;(7)根据邻里互助会会议决议应当履行的其他职责。

第三章 邻里互助会成员

第九条 邻里互助会成员

本互助会成员为小区内全体居民。

第十条 邻里互助会成员的权利

(1)参加互助会有关活动和会议,享有本互助会的各种优待或优先权。

(2)参加小区重大问题的讨论,对本互助会做出的决定有权提出疑问,并要求有关人员给予答复。

(3)对本互助会各方面的工作提出批评建议,对本互助会工作进行监督。有权罢免或撤换本互助会内有严重违反互助会宗旨的委员或负责人。

(4)有表决权、选举权和被选举权。

第十一条 邻里互助会成员必须履行的义务

(1)热爱中国共产党,遵守国家法律及小区各项规章制度,履行小区楼道文明公约和本互助会章程。

(2)以本互助会为荣,维护本互助会的荣誉和形象。

(3)积极争做邻里关爱的参与者、邻里志愿的奉献者、邻里平安的守望者、邻里清洁的服务者、邻里联谊的促进者。

(4)积极提出合理的建议和意见。

第四章 邻里互助会文明公约

第十二条 邻里互助会楼道文明公约

楼上下,五湖朋,左右邻,四海亲,
一回生,二回熟,江新人,皆缘分,
见面笑,招呼声,亲人远,不如邻,
互敬重,相谦让,助人乐,帮人急,
家庭睦,夫妻和,幸福多,万事兴,
孝父母,敬双亲,三春晖,寸草心,
育儿女,严与爱,家教好,栋梁成,
讲文明,树新风,不乱画,不乱贴,
垃圾多,危害大,常清理,靠大家,
一起来,分分类,好习惯,益大家,
养宠物,莫扰民,听音乐,调小音,
要吐痰,手纸包,要吸烟,勿乱扔,
居高楼,莫抛物,养花盆,摆放稳,
勤俭家,劳动得,富有道,钱有德,
陌生人,勿轻信,警诈骗,防陷阱,
杂物多,不堆积,消防道,要畅通,
违法建,随意搭,不清除,危害深,
美小区,融社区,幸福家,共筑成。

第十三条 文明养犬公约

(1) 自觉遵守《诸暨市养犬遵守管理规定》,不饲养大型犬、烈性犬,一户不养多犬,自觉为犬办理养犬登记证,并定期为犬注射预防狂犬病疫苗。

(2) 携犬出户时,应对犬束犬链(犬链长度不得超过1.5米),并由成年人牵领。同时,携带养犬登记证,尽量避免近距离(1—2米)接触老年人、残疾人、孕妇和儿童等人群。

（3）携犬出户时,要准备好清理犬粪的工具,及时妥善处理犬在户外排出的粪便,保持小区环境卫生。

（4）携犬出户时,不携犬进入禁遛犬区域和餐厅、酒店、商场、影剧院、公交车等人群密集的公共场所。

（5）以积极合作的态度对待因犬引发的纠纷,主动承担责任,平和、友好地协商解决相关事宜,化解矛盾。

（6）犬伤害他人后,犬主人应主动致歉,立即将被伤者送至医疗机构诊治,并先行垫付医疗费用。

第五章 邻里互助会制度

第十四条 邻里互助会工作制度

（1）根据小区内住户的实际需求,积极开展适宜的活动及服务。

（2）邻里互助会成员应要认真负责,热情地为小区住户提供各样的服务。

（3）对于已提供服务的住户,进行上门或者电话的回访,及时了解住户们的需求。

（4）采用台账制度,对于每次开展的活动,做到详细的图文记录。

（5）每月至少开展1次及以上服务活动,每季度召开例会并上报活动总结。

（6）及时摸排小区内困难家庭及个人,根据制度对困难家庭及个人进行帮扶。

第十五条 邻里互助会活动制度

（1）邻里互助会根据文化传统及根据本小区的实际情况自主地开展活动。

（2）活动围绕党的中心工作、庆佳节活动、美化家园志愿活动、关爱贫困家庭、个人活动等,定期或不定期开展排舞、戏曲演出等文体活动。

（3）普及有关法律法规知识,引导小区居民依法维护自身合法权益。

（4）经常性举办家庭教育、保健知识讲座,组织家长、儿童开展家庭教育实践活动,倡导科学、文明、健康的生活方式。

(5) 积极参与社区组织开展的各项活动。

(6) 对全年活动要有专门记录,保存活动影像资料,年终要形成总结。

第十六条　邻里互助会联系制度

(1) 加强与小区居民的联系,及时倾听和了解小区居民的意见和要求。

(2) 小区居民联系的楼幢代表,保证每一位居民有需求时在第一时间能找到。同步关注本辖区内贫困家庭或个人、留守儿童、空巢老人、失独家庭等群体,提供力所能及的帮助扶持。

(3) 要认真做好居民群众的来信来电来访工作,做到热情接待、及时处理、限期答复、做好记录。对不能处理的问题,及时向社区反映。

第十七条　邻里互助会帮扶制度

邻里互助会是以帮助群众解决生产生活上的实际困难为重点,以服务群众为中心,以促进群众互帮互助为目的而成立的,为了能够公平公正地帮助有要的群众。

一、帮扶对象条件

1. 上年度户月人均收入低于全市最低生活保障线的村民。

2. 生活困难但没有享受低保的小区居民。

3. 不可抗力或意外事急需资金扶持的小区居民。

4. 子女就学费用严重不足的小区居民。

5. 本人或家庭成员身体患严重疾病急需资金扶持的小区居民。

6. 失业或年老体弱生活确实困难的小区居民。

二、资金管理与审批程序

1. 管理方式:由江新社区居委会代为管理。

2. 审批程序:

(1) 先由困难小区居民所在楼幢提出书面申请。

（2）交于本互助会审核（包括困难村民家庭的收入、健康情况等），符合申请条件的，再由互助会召开互助会会议，大家举手表决，超过三分之二的人同意才可审批。

（3）再由互助会将申请单交给社区居委会进行审核，并给予支付帮扶金。

（4）每季度公开报告资金使用、管理、结存情况以及互助会管理经验、做法、存在的问题和改进意见、邻里互助基金的使用情况并接受监督。

第十八条 邻里互助会楼道轮值制度

（1）按照每一幢楼的实际情况，每天安排轮值人员对楼道内的卫生清扫、消防安全设备检查。

（2）卫生清扫：按每层住户轮流一天清扫本楼道的卫生。做到楼道整洁不留垃圾，并由大家一起保持。

（3）消防安全设备检查：按每一幢实际情况一个月安排一户定时检查消防安全设备，填写好检查记录，如果发现消防安全设备损坏或过期，及时跟邻里互助会上报。

第十九条 邻里互助会委员会议制度

（1）定期召开邻里互助会委员会议。原则上每季度召开一次例会，因重大、突发等工作的需要可随时召开会议。

（2）会议内容主要包括对近期工作进行总结，交流总结前一阶段工作，研究部署下一阶段工作。

（3）会议由互助会主任召集，指定专人负责记录和归档工作。

（4）根据工作需要，可召开扩大会议，会议扩大到各楼幢代表、党员、互助会成员等。

（5）会议要充分发扬民主，遵循少数服从多数的原则。

（6）互助会委员按时参加例会，有事请假，不迟到、不早退。

第六章 财务管理

第二十条　邻里互助基金来源

经费来源于个人、集体捐赠。

第二十一条　所有邻里互助基金由社区居委会统一管理,社区居委会需要把各项财务分门别类,收支分明。

第二十二条　邻里互助基金的使用为专款专用,只适用于对永富小区内困难人员的帮扶,开展邻居活动、各项服务性奉献性活动、文娱活动,楼道美化,评先评优等。

第二十三条　若开展活动使用邻里互助基金,互助会需要策划好活动方案,活动预算表递交给江新社区财务监督委员会进行审核,审核后方可进行支付。

第二十四条　帮扶活动严格按照本章程中第十七条执行。

第二十五条　邻里互助基金所有开支必须凭发票支取,发票上必须有本互助会三名委员签字,交于江新社区财务监督委员会审核后方可报销。

诸暨市暨阳街道江新社区永富小区邻里互助会

2021 年 8 月

3.3　社会组织参与社会治理的成效

3.3.1　服务站+"孵化器":诸暨市搭建社会组织服务平台,创新社会治理

提要: 诸暨市社会组织发展迅速,其服务领域包括教育、卫生、体育、养老、劳动、城乡服务、公益慈善等。诸暨市成立社会组织服务中心,对社会组织进行孵化、专业指导,并为社会组织建设提供社会资源和信息。社会

组织服务中心还积极服务各类社会组织,发挥其在社会治理中的重要作用,鼓励并支持社会组织参与解决,满足社会公共服务需求,促进公益事业发展。社会组织中心的工作,激发了社会组织活力,创新了诸暨市的社会治理机制,增强了社会组织能力,有力促进了诸暨社会的全面发展。

服务站+"孵化器":诸暨市搭建社会组织服务平台 助推社会治理创新[1]

截至目前,我市共有各类社会组织2 600多家,其中注册登记的有732家,涉及领域包括教育、卫生、体育、养老、劳动、城乡服务、公益慈善等。这些社会组织的活跃,为我市社会发展提供了新的力量。近年来,我市从未停止探索如何在实践中寻求创新社会治理体制、如何寻找合适的社区服务模式。为进一步激发社会组织活力,创新发展"枫桥经验",增强社会组织能力,诸暨市社会组织服务中心应运而生。

社会组织服务中心仿佛一个社会组织的"集中营",在这里,社会组织可以成长孵化,得到专业的指导,以及社会资源和信息。如今,服务中心已经全力开启"孵化器"模式,并成功孵化多个社会组织,以此推动基层治理机制,为打造共建共治共享的社会治理格局添砖加瓦。

开启"孵化器"模式,服务全市社会组织

2017年,为进一步扶持社会组织发展,我市社会组织服务中心开始实体化运作,借鉴孵化器的概念,对社会组织进行孵化培育、登记指导、初创期各项支持等服务。该服务中心位于市民公园,建筑面积约1 800平方米,设有接待办事大厅、培训室、孵化区、成长区等,为社会组织提供一站式服务。

一走进社会组织服务中心,映入眼帘的就是干净敞亮的接待大厅。"如果有人对社会组织应该如何成立、登记、年检等问题有疑惑,可以在我们中心的接

---

[1] 《诸暨日报》2018年6月4日。

待办事中心,进行咨询。"社会组织服务中心的工作人员说,以前解决所有问题,可能需要每个地方都跑一趟,但是现在只需要走进服务中心,就可以解决,真正做到"办百事进一门"的一站式理念。而接待大厅中特别的"黑科技"——社会组织党建云平台也吸引了很多人的眼球,工作人员介绍,该平台可对全市社会组织进行监测,"通过'网上+网下'的动态监测,我们建立了'四维度'评价体系,完善五大工作机制,进一步推动了社会组织参与共建共治共享的社会治理新格局建设"。

随后,工作人员介绍了服务中心的孵化区和成长区。在这里,入驻的社会组织可以享受到服务中心提供的硬件设施、软件服务和后勤保障等。除此之外,中心成长区的会议室,不仅是入驻的社会组织可以申请,"只要是我市社会组织都可以免费申请,无论是社会组织开展会议,还是举办沙龙、研讨会、业务技能培训,我们都非常欢迎"。

简而言之,社会组织服务中心的"孵化器"模式,即依托专业人士作为技术支撑,为入壳孵化的社会组织,或新开启的示范项目提供系统性、专业性的技术指导;引入社会组织专业服务人才,有步骤、有方法地推动入驻项目成长、壮大。

如今,市社会组织服务中心已经成立近4年,重点培育了一批社会组织,比如诸暨市路路通交通安全宣教队、诸暨市吾欣社会工作服务中心、诸暨蓝天救援队、诸暨市93帮帮团、诸暨市滴水公益义工联盟等。当然,服务中心在面向初创期社会组织的同时,也欢迎成熟的社会组织加入。"比如一米阳光爱心社,本身是我市发展不错的社会组织。经过孵化发展,一米阳光爱心社已成为省未成年人社会观护优秀基地。"工作人员说。

搭建全效成长平台,孵化入驻社会组织

诸暨市吾欣社会工作服务中心是第一批入驻服务中心的社会组织之一。据了解,该组织以专业社会工作者为主体,坚持"助人自助"宗旨,综合运用社会工作专业知识、方法和技能,在社区开展困难救助、矛盾调处、权益维护、心理疏导、行为矫治、关系调适等专业社工服务。

不过，最初的吾欣社会服务中心可并未像现在这样专业。"刚开始进来的时候我觉得很盲目，自己也不知道该做些什么。"诸暨市吾欣社会工作服务中心庄园说，但是作为刚刚起步的社会组织，既没有场地可以开展活动，也没有专业人员指导，仅仅靠她的力量太薄弱了。

此时，庄园联系上了社会组织管理科负责人宣超，并入驻了服务中心。庄园说，在服务中心，吾欣有了自己的办公桌，还得到了专业人士的指导。"专业老师告诉我们，我们应该发展核心业务，作为日后成长的支撑，于是，我们决定从开展社区残疾人帮扶工作入手。"

同时，在入驻的社会组织成功孵化之后，服务中心还会将他们的项目推介到社会，为他们提供资金支持。现在的吾欣社会工作服务中心已经小有名气。今年，吾欣社会工作服务中心已经在绍兴市首个社区层面拥有社会组织孵化中心的诸暨市暨阳街道凤凰社区有了办公场地，"三社联动"模式真正落了地。作为载体的吾欣社会工作服务中心，为社区居民提供专业化、个性化、精细化的服务。

庄园说，今年，吾欣社会工作服务中心的社工们，走访了暨阳街道凤凰社区的残障人士，记录他们的需求和困扰。"比如家住凤山小区的袁先生，因为眼睛看不见，而且独居，所以出门非常不方便，希望可以有专门联系的社工。我们了解了他的需求之后，为他进行了对接。"通过前期摸排，吾欣社会工作服务中心了解凤凰社区共有33位残疾人士，最终按照他们各自的需求，定制出解决方案。

据悉，该扶残助残项目叫作关爱"折翼天使"，除定期上门服务外，吾欣社会工作服务中心还将为残疾人士做心理辅导，并定期开展创业培训班，为残障人士提供合适的创业就业技能培训。"我们有这个需求，而吾欣社会工作服务中心刚好在这方面是专业的，从社会组织服务中心了解后，我们选择购买该服务。"凤凰社区主任王杜方说，对社会服务中心这个平台是信任的，有合适的当然会率先考虑,这样既节省时间,也可以为市民带去最好的服务。

汇聚社会组织力量,服务我市社会发展

如今,社会组织服务中心已然成为了社会组织的第二个"家",越来越多的社会组织加入这里,有部分社会组织还有了自己的品牌项目。

越民生义工团去年开展了"焕新乐园"公益项目,帮助低保家庭的孩子改善住房条件。几个月的时间,地板铺设、墙面改造、吊顶安装、家居购买……义工们几乎将所有的智慧和精力都花在了房屋改造上,为"焕新儿童"打造了一个崭新的家园。在"焕新儿童"心里,他们不仅仅是房屋"设计师",更是"梦想改造家"。

去年越民生"焕新乐园"项目共帮助了 7 名"焕新儿童"、2 名困境儿童圆了"新房梦"。"今年我们将继续开展这个项目,目前焕新对象已在摸排中。"越民生义工团团长陈可英说,开展"焕新乐园",不仅仅是为了"焕新","焕心"才是最终的目标。希望通过"社工+义工"的服务模式,改善"焕新儿童"的成长环境,给他们更多的陪伴力量,让焕新小朋友身心健康成长。

正是因为如此,宣超也发现,只有专业的人才能做好专业的事。"社会组织的从业人员也是如此,只有拥有专业知识,才能更好地发挥作用。"于是,社会组织服务中心加大对社会组织从业人员的培训力度,鼓励他们参加职业考试取得社工证,希望 2018 年全市持证社工量在去年 101 人的基础上增加 50%。

同时,2017 年,诸暨市财政划拨 60 余万元专项公益创投资金支持 15 个优质项目,反馈极好。今年,我市再次开展了社会组织公益创投项目活动,受资助的项目超过了 40 个,项目资金将近 150 万元,致力于孵化、培育、壮大本地社会组织,鼓励并支持社会组织参与解决社会公共服务需求,促进公益事业发展。"除此之外,我们还会以社会组织孵化中心为平台,推动社会组织抱团服务,帮助他们树立品牌。"宣超举例说,如让法律咨询类、医疗诊断类、便民服务类社会组织组团下乡或进社区服务,提升服务效果。

宣超表示:"接下来我们将汇聚更多社会组织力量,培育更多优质社会组织,从而激发社会组织活力,创新社会治理机制,增强社会组织能力,服务诸暨社会发展。"

3.3.2 诸暨市以新时代"枫桥经验"为引领,创新社会组织参与社会治理新路径

提要: 诸暨市以新时代"枫桥经验"为引领,积极培育发展社会组织,创新了社会组织参与社会治理的路径。推出特色优势+有效参与,推动社会治理迈出新步伐;通过政策完善+平台搭建,规范培育社会组织新路径。社会组织群众性、专业性、公益性等优势得到充分发挥,社会组织参与平安建设、优化社会服务、助推文明新风,形成了共建共治共享的社会治理新格局。社会组织的活动助推了社区融合,满足了人民群众多样化、多层次的服务需求。与此同时,诸暨市社会组织政策法规的出台实施,推进了市、镇乡(街道)、村(社区)三级社会组织服务平台建设,激发了社会组织活力,提升了社会组织能力,对于社会组织的健康有序发展起到了积极的作用。

诸暨市以新时代"枫桥经验"为引领　创新社会组织参与社会治理新路径[1]

诸暨市民政局

社会组织是现代社会治理中最活跃的因素,是群众参与基层社会治理的重要平台。近年来,浙江省诸暨市以新时代"枫桥经验"为引领,积极培育发展社会组织,充分发挥社会组织群众性、专业性、公益性等优势,参与平安建设、优化社会服务、助推文明新风,推动形成了共建共治共享的社会治理新格局。截至目前,全市有登记社会组织 728 家,备案社区社会组织 2 232 家,参加人数达

---

1 《中国社会组织》2018 年第 18 期。

281 620 人,占 150 万常住人口的 18.8%。

一、特色优势+有效参与,推动社会治理迈出新步伐

(一)发挥社会组织群众性优势,参与平安建设,增加群众的安全感

以"小事不出村、大事不出镇、矛盾不上交"为目标,引导各类社会组织为基层平安贡献力量。一是参与矛盾化解。通过互动式、说服性、接纳式、建议性等柔性方式,2017 年至今,107 家社会组织化解各类纠纷矛盾 16 843 件,成功率达 95%,从源头上预防和解决各类矛盾的发生。二是参与特定人员帮教。通过专业化教育、个性化辅导等方式,有效参与社区矫正和涉案未成年人帮教,丰富矫正内涵,拓展帮扶方式,提升帮教质量,破解社区矫正沟通难、感化难、帮扶难等问题。三是参与治安管理。全市 512 家社会组织参与平安联防、交通安全协管等工作,推进群防群治、联勤联动,传播平安文化。四是参与应急救援,发挥民间救援组织专业性强等优势,参与各类救援 298 次,成为公共突发事件救援的新生力量和有效补充。

(二)发挥社会组织公益任务,助力文明新风,增加群众的幸福感

各类社会组织在开展活动中倡导移风易俗,弘扬时代新风。社会组织有效参与公益慈善活动,弘扬优秀传统,形成向上向善、孝老爱亲、与邻为善、守望互助的良好社会氛围。280 家乡贤理事(参事)会参与乡村治理,为家乡发展引资出力、献计献策。185 家红白理事会推进移风易俗,引领节约节俭等文明新风尚。7 万余名志愿者广泛开展形式多样的志愿服务活动,成为美丽文明乡村一道亮丽的风景线。

(三)发挥社会组织专业性优势,优化社会服务,增加群众的获得感

专业的人干专业的事,社会组织参与社会服务,为特定群体提供更加精细化、个性化、专业化的服务,满足人民群众多样化需求。一是开展为老服务,诸暨市彩虹之家居家养老服务中心等为老年人提供助残、助洁、助浴、助行等日间照料和居家养老服务,独居和纯老家庭的结对关爱、心理关怀,老年人的健康干

预和健康促进、老年人的维权和文化活动以及其他满足老年人实际需要的服务,形成"情暖夕阳红,健康常相伴"等特色服务项目,社会组织年累计服务老年人超过30万人次。二是开展助残服务,诸暨市吾欣社会工作服务中心、诸暨市凤凰社区社会组织联合会等为残障人士的康复、技能培训和就业、维权、环境无障碍、社会融入、家庭支持、文娱团队建设等提供服务,形成"绽放生命,共享阳光""'益'能加油站"等助残特色项目,2017年至今为3 645人次的残疾人提供服务。三是开展青少年服务,诸暨市店口义工协会、诸暨市和暖社会工作服务中心、诸暨市爱心蚂蚁志愿服务社为社区边缘青少年、困难家庭子女等开展帮教助学服务,形成"手牵手,共成长"留守儿童夏令营、"分享书香分享爱"等一系列青少年特色服务项目,2017年至今帮助青少年25 648人次。四是开展社区服务,诸暨市爱之光爱心服务社、诸暨市清源志愿服务社、诸暨市预防医学会等推进社区民主自治、邻里互动和居民互助服务、社区教育、文化、卫生等,形成"我和老兵有个约会""退伍老兵帮扶""幸福零距离"等老百姓喜闻乐见的项目,为居民提供社会化、专业化服务。2017年至今开展各类活动1 564场,助推社区融合,满足人民群众多样化、多层次的服务需求。

二、政策完善+平台搭建,规范培育社会组织新路径

诸暨市坚持党建引领、政府搭台、专业运作、公众参与、社会监督、群众受益的理念,完善社会组织政策法规,推进市、镇乡(街道)、村(社区)三级社会组织服务平台建设,激发社会组织活力,提升社会组织能力,助推社会组织健康有序发展。

(一)党建规范提升,引领社会组织发展正确方向

诸暨市坚持党组织与社会组织同步培育,实行党建与业务"同登记、同年检、同评估",编织社会组织党建工作动态监测网,建立社会组织党组织组织力指数动态评价机制,研发社会组织党建云平台,建立活跃度、规范化、覆盖率、影响力4个维度的标准化评价体系,配套实行5项工作机制,推动社会组织规范化、专业化发展。通过在保留传统党组织的基础上,以"一名党员、双重身份、两

个家园"的理念,推动社会组织功能型党组织建设,下派党建指导员,有效发挥党组织政治上引领、思想上教育、组织上规范、廉洁上提醒等作用,推动社会组织党组织"党建强、服务强"。目前,全市共有社会组织党组织107家、党员1 321名,党的工作覆盖率达100%。

(二)政策规范完善,促进社会组织发展健康有序

一是完善登记方式,创新管理模式。出台《关于创新发展新时代"枫桥经验"加强和改进社会组织建设管理推进社会组织参与社会治理的实施意见》等政策文件,通过下放社区社会组织备案、管理权限,降低登记门槛等方法,重点孵化、培育、发展公益慈善类和城乡服务类社会组织。推进村级社会组织"5+X"标准化建设,即乡贤参事类、平安巡防类、乡风文明类等个性化社会组织标准化建设,推动社会治理重心向基层下移。二是加快职能转变,形成政府合力。以政府采购、定向委托等不同方式,将部分政府职能转移至社会组织承担,推进政府服务管理科学、合理、高效。如,诸暨市司法局投入650万元向市心理协会等多家社会组织购买分类教育、心理矫治、风险评估等服务。民政局向社会组织购买居家养老服务、困难退伍老兵帮扶、困境儿童走访等。经信局、人力社保局等单位也已向社会组织转移24项职能。2017年至今,全市政府向社会组织购买服务资金超过2 000万元。三是加大公益创投,提升扶持力度。每年市财政保障300万元的公益创投资金和150万元的社会组织扶持资金,用于扶持初创期的公益慈善类、城乡服务类社会组织和奖励优秀社会组织及从业人员,另市慈善总会设立100万元公益类社会组织发展基金。2018年第一批公益创投项目44个已全面铺开,项目涉及助老、助困、助残等多个方面。镇乡(街道)开展本辖区内公益创投,扶持社区社会组织发展,如枫桥镇今年对公益创投立项扶持资金达116.85万元,涉及14个项目。

(三)平台规范建设,搭建社会组织发展提升空间

一是市级社会组织服务中心示范运作。市级社会组织服务中心是集社会

组织培育孵化、能力建设、公益理念普及、公共资源共享、社会组织成果展示等功能于一体的综合服务平台,2017年12月10日,中共中央政治局委员、中央政法委书记郭声琨到诸暨市社会组织服务中心视察,对社会组织参与基层社会治理工作予以高度肯定、专门批示。二是镇乡(街道)服务中心整体推进。坚持实体运作、资源共享、自我发展的原则,依托党群服务中心等平台,全市27个镇乡(街道)社会组织服务中心已实现登记全覆盖,做好社区社会组织的备案管理、服务协调、项目托管、骨干培养等工作。如枫桥镇社会组织服务中心面积超1 200平方米,入驻红枫义警等13家社会组织,为当地社区社会组织搭建一个办公的场地,助推社区社会组织的发展。三是村(社区)社会组织服务点培育典型。在社区以共建共享、开放空间的理念,把社会组织和社区管理服务有机结合,提高社区服务能力和水平,如凤凰社区、江新社区等社会组织孵化(活动)中心都超过500平方米,推进社区内社会组织发展,为社会组织落地社区项目提供支持。在村级,推进村级社会组织"5+X"标准化、规范化建设,推动社会组织参与基层社会治理。

3.3.3 暨阳街道17个社区积极孵化社会组织,社区治理新增206支新力量

提要: 暨阳街道积极孵化社会组织,其管辖的17个社区培育社会组织206个,大大加强了社区治理力量。暨阳街道的社区均属于城市社区,结合城市社区的特点,各个社区建立了各自的社会组织品牌,扩大公民参与社区建设的途径和方式,实行共建共治共享治理格局。其中,江新社区是典型的开放式小区,江新社区的"江大姐调解室"自2011年成立以来,累计调处各类矛盾纠纷206起,成功率达98%以上,成为诸暨市"枫桥经验"创新发展实践基地。

暨阳街道17个社区积极孵化社会组织　社区治理新增206支新力量[1]

记者翁佳美,通讯员杨彬、陈智斌

本报讯　"请问您找谁,到哪儿去啊?"9月17日中午,家住诸暨市暨阳街道江新社区教师新村的蔡伟芳,看到一名约50岁的陌生女子频繁出入楼道,便上前询问。当得知对方是小区新搬来的租客时,她热情地帮着搬东西。

蔡伟芳是江新社区"亲邻守望队"的志愿者。"社区里把房子卖出或租掉的人不少,人员构成复杂,我们看到陌生人都会了解清楚情况,也是预防一些治安问题的发生。"蔡伟芳说,"亲邻守望队"的队员以退休人员和家庭主妇为主,共有15人。这支队伍平日里除了排查社区内可疑人员外,还关注各类安全隐患、车辆有序停放等问题。

"我们社区里多为开放式老小区,总人口有1.4万人,管理难度大。"江新社区党委书记、主任陈维芹说,为增强居民安全感与归属感,社区积极探索社会组织参与城市基层治理新模式,相继孵化出"江大姐调解室""暖心帮扶队""新风文明劝纠队""心相印婚介协会""安心平安志愿队"等15支社会组织队伍,共有247名居民参与其中。其中,"江大姐调解室"自2011年成立至今,已累计调处各类矛盾纠纷206起,成功率达98%以上,成为诸暨市"枫桥经验"创新发展实践基地。"亲邻守望队"则是最近孵化的一支全新力量。

江新社区孵化培育社会组织,打造服务多元化、精细化的基层治理体系的做法,反映的正是暨阳街道激发各社区社会组织参与城市基层治理新活力的整体思路。"我们探索实施了社区'大党委'制度,由党组织指挥,党员干部领唱,社区居民协奏,三级联动,加强社会组织参与城市基层治理建设。"暨阳街道党工委副书记王增说。

目前,暨阳街道的17个社区共孵化培育社会组织206个,每个社区还根据

---

[1]《诸暨日报》2018年9月19日。

自身特点，建立了各自的社会组织品牌。比如，朱公湖社区的"蒲公英管家"，让楼群组长和志愿者分别认领责任；西施殿社区的"西施娘家人"家事工作联盟，结合法律顾问、心理辅导员、民警等成员，解决各家难事；八一社区的"楼道红管家"，通过居民共同协商制度治理社区问题……

3.3.4 枫桥镇村级社会组织"5+X"标准化建设，精准服务村民

提要： 枫桥镇的村级社会组织标准化建设，要求整合各类村级社会组织，在各村形成乡贤参事议事类、红枫义警（平安巡防）类、乡风文明类、580志愿服务类、邻里纠纷调解类这五大基础型村级社会组织，并根据各村情况，建设相应的生活服务类、文化体育类、其他类个性化的村级社会组织。村级社会组织的标准化建设内容包括制定相应的标准、制度和章程，依法规范化管理，也包括明确标准化建设的具体流程。村级社会组织的标准化建设，有助于实现"群众的事大家办，村里的事商量办，别人的事帮着办"，打造共建共治共享的平安枫桥。附件一为《关于加强党建引领村级社会组织"5+X"标准化建设创新发展新时代"枫桥经验"的实施方案》，附件二为《枫桥镇村级社会组织"5+X"标准化建设流程》。

枫桥镇试点村级社会组织标准化建设　精准服务村民[1]

记者陈泽燕，通讯员翁佳美、张莹

本报讯　日前，在枫桥镇枫源村，穿着五种颜色服装的100多位村民方阵分明，齐聚一堂。乡贤参事议事、红枫义警、乡风文明、580志愿服务、邻里纠纷调解五大团队负责人接过村级社会组织证书后，一一阐明未来工作方向。枫源村党总支书记宣均江表示，枫源村将在党建引领下，启动规范的村级社会组织管

---

[1]《诸暨日报》2018年6月26日；原标题为"'5+X'破解种类繁杂服务交叉等问题，精准服务村民"。

理,让"5+X"社会组织在村级事务中各展所长,精准服务村民。

实行村级社会组织标准化建设,是枫桥镇在村级有效推进"自治、法治、德治"三治融合,创新发展"枫桥经验"的重要举措。枫源村作为"枫桥经验"的发源地之一,为全镇29个行政村的社会组织标准化建设工作打头阵。

"枫桥镇各类社会组织蓬勃发展,它们在化解社会矛盾、承担社会服务、丰富群众生活等基层事务中起到了很大作用。"枫桥镇组织委员叶雯说,但村级社会组织存在的种类繁杂、服务类别不平衡等问题也渐渐浮现。为此,枫桥镇决定推进村级社会组织标准化建设,以村为单位,整合原先林林总总的非标准化社会组织,在各村形成乡贤参事议事类、红枫义警(平安巡防)类、乡风文明类、580志愿服务类、邻里纠纷调解类这五大类社会组织,此外还因村而异建设"X"个个性化团体,分别制定标准、制度和章程。

枫源村试点以来,"5+X"吸纳了各层次热心村民参与,服务范围广泛。乡贤参事议事会由乡贤、返乡走亲干部及村主职干部组成,主要负责助推村级经济发展建言献策等统筹性工作。红枫义警分会由巡防队员、社区民警、村干部等组成,负责开展日常治安巡逻、群防群治等平安建设工作。乡风文明理事会成员为各自然村有威望的村民、红白事中各项业务负责人、文艺爱好者等,主要引导村民在婚丧嫁娶等活动中破除陈规陋习。580志愿服务分会整合多个志愿服务队,吸纳有一定专业技能的人员,为本村各项公益事业提供公益服务及宣传培训。邻里纠纷调解会则由退职老干部、调解员、律师、社区民警等人员组成,按照"枫桥经验"传承的"四前调解工作法",及时掌握并调解矛盾纠纷。

据悉,村级社会组织建设本月在枫桥镇各村全面启动,枫桥镇党委书记金均海表示,希望通过村级社会组织的长效发展,真正实现"群众的事大家办,村里的事商量办,别人的事帮着办",打造共建共治共享的平安枫桥。

附件一：

关于加强党建引领村级社会组织"5+X"标准化建设
创新发展新时代"枫桥经验"的实施方案[1]

各行政村（社区）：

为进一步培育村级社会组织，探索村级社会组织参与基层治理新模式，完善共建共治共享的社会治理格局，结合我镇实际，现就开展村级社会组织"5+X"标准化建设制定本方案。

一、指导思想

深入贯彻党的十九大精神和习近平新时代中国特色社会主义思想，创新发展新时代"枫桥经验"，坚持党建引领乡村治理，充分发挥社会组织服务社会、服务群众作用，通过自治、法治、德治"三治"融合，实现民事民议、民事民办、民事民管，走出一条具有枫桥特色的村级社会组织发展之路，为提升基层治理水平提供新的力量支撑。

二、目标任务

在枫源村、陈家村、杜黄新村等3个行政村试点的基础上，到2018年底，全镇50%以上"五星3A"村实现村级社会组织"5+X"标准化建设；到2019年底，全镇"五星3A"村实现村级社会组织"5+X"标准化建设全覆盖。

三、主要内容

坚持"党建引领、标准分类、精准服务"原则，在村两委会领导下，通过构建乡贤参事类、平安巡防类、乡风文明类、志愿服务类、矛盾调解类等五类基础型社会组织，因村制宜培育"X"类个性化社会组织，打造村级社会组织"5+X"标准化体系。

（一）构建五类基础型社会组织

1. 村乡贤参事议事会：主要由在外知名人士、返乡走亲干部、村两委干部、

---

[1] 枫委〔2018〕52号。

退职村干部等组成。引导参与村级重大事项决策,助推村级经济发展,参与公共事务管理,推进村民自治。

2. 村红枫义警协会:主要由村两委干部、党小组长、村民小组长、片区民警、协警、巡防队员、妇代会成员等组成。通过开展夏季夜巡、平安联防、应急救援等工作,推进群防群治、联勤联动,传播平安文化。

3. 村乡风文明理事会:主要由各自然村威信较高的人士及村两委干部、村支书、红白事中各类事务负责人等组成。引导村民在婚丧嫁娶等活动中破除陈规陋习,推进移风易俗,加强乡村精神文明建设。

4. 村580志愿服务协会:主要由村两委干部、党小组长、村民小组长、村支书、红枫(党员)志愿服务队员、枫桥大妈、技工等组成。为本村各类创建、扶贫帮困、养老助老、邻里互助、助残救孤等提供志愿服务,增强村民幸福感。

5. 村邻里纠纷调解会:主要由各自然村两委干部、驻村干部、退职村干部、退休教师、社区民警、协警、律师等组成。义务调处各类村级矛盾纠纷,化解不稳定因素,维护社会和谐稳定。

(二)培育"X"类个性化社会组织

1. 生活服务类:指以改善村民日常生活水平为目标,在村内公共管理、食品安全、保绿保洁、家电维修、疾病防治等农村生活服务领域发挥作用的村级社会组织。如村红十字协会、村老年协会等。

2. 文化体育类:指以丰富村民精神文化生活为目标,在文化娱乐、体育健身、科普宣传、各类教育等农村文化领域发挥作用的村级社会组织。如村篮球队、村排舞队等。

3. 其他类:指在技能培训、产业培育等其他领域发挥作用的各类村级社会组织。如村厨师协会、村民宿协会、村休闲农业协会等。

四、建设流程

村两委班子就村级社会组织"5+X"标准化建设广泛征求群众意见,分类汇总群众需要,初步拟订组建方案。通过民主恳谈酝酿、两委会讨论,最终确定组织架构等内容,经镇政府备案后,正式开展服务活动惠及村民(具体流程见附件)。村级社会组织会长、副会长、秘书长等理事会成员原则上不得由村两委会干部兼任。为保障工作精力,各村级社会组织理事会成员原则上不得交叉任职。村民可自愿参与多个村级社会组织。

五、相关要求

(一)加强组织领导。各行政村(社区)要统一思想、提高认识,把村级社会组织"5+X"标准化建设工作摆上重要日程,精心组织培育,切实帮助解决实际困难和存在问题。村级党组织要加强对村级社会组织的引领作用,充分发挥村级社会组织中党员的先锋模范作用,引导党员亮明身份。工青妇等群团组织要加强与村级社会组织的日常联系指导,开展广泛的活动合作。

(二)营造良好氛围。组织开展优秀村级社会组织、优秀会长、优秀会员等评选活动,在市镇媒体上广泛宣传,不断增强村级社会组织在党建引领下的向心力。组织引导广大党员干部、乡贤、群众主动支持和参与村级社会组织建设,共同探讨多元化需求、挖掘个性化潜力,推进村级社会组织全方面发展。

(三)强化工作保障。加大对村级社会组织的扶持力度,在工作经费和场地设备等方面给予一定的支持。通过购买服务、直接资助、以奖代补、公益创投等方式,鼓励村级社会组织积极参与村(社区)公共事务和公益事业。注重把符合条件的村级社会组织负责人和业务骨干优先发展为党员,对表现突出的村级社会组织负责人优先推荐参加各类评优评先。

中共枫桥镇委员会　枫桥镇人民政府
2018年6月22日

附件二：

枫桥镇村级社会组织"5+X"标准化建设流程

1. 群众提出需求。群众向村两委会反映村务管理、群防群治、传习文明、文体宣传、移风易俗、志愿服务、矛盾调解等需求，提出组建若干村级社会组织的愿望。

2. 拟订组建方案。召开村两委会，汇总梳理村民需要和意见建议，明确"5+X"组建类别，初步拟订组织名称、章程、制度、会员名单等具体内容，提出各村级社会组织会长、副会长、秘书长等理事会成员建议人选。

3. 民主恳谈酝酿。由村党组织书记牵头，召集各个村级社会组织理事会成员拟任人选分别酝酿完善本组织章程、制度、会员名单等相关内容。

4. 确定组织架构。在村两委会和镇社会组织服务中心的指导下，各个村级社会组织最终确定组织架构，明确理事会成员、章程、制度、会员名单等内容，领取备案相关表格。

5. 镇级备案管理。各村级社会组织负责人携带备案表、法人登记表、办公场所使用证明、会员名单等资料，到镇行政审批服务中心进行备案。

6. 开展服务活动。在镇级行政审批服务中心同意后，各村级社会组织结合群众需求和工作职责，围绕镇村中心工作，积极主动服务群众，助推村级各项事务顺利发展。

3.3.5 诸暨6 000名妇女志愿者服务乡里——"枫桥大妈"乐当和事佬

提要：诸暨市的妇女社会组织高质量发展，在社会治理中发挥着重要的作用。诸暨市著名的妇女社会组织包括枫桥镇的"枫桥大妈"、暨阳街道江新社区的"江大姐调解室"、草塔镇的"七彩娘子军"、江藻镇的"家事心语"调解室、马剑镇的"马大嫂"等等，活跃在基层治理的各个方面。诸暨市的妇女社会组织涵盖了镇乡（街道）、城乡社区两个层面，在五水共治、矛盾纠纷化解、文明创建等多个方面，作出了突出的贡献。当然，诸暨市的妇女社会组织在诸如好村风、好家风的宣传弘扬，妇女儿童维权等领域，还发挥着独特的、不可替代的作用。

诸暨6 000名妇女志愿者服务乡里——"枫桥大妈"乐当和事佬[1]

近日，诸暨市枫桥镇东三新村的一名女子因为长期遭受家庭暴力，吓得不敢回家，镇里一群中年女子就联合起来，陪她上门照顾孩子，为她联系市妇联争取法律援助，热心地帮她解决家庭矛盾。

这些中年女子，被当地人亲切地叫作"枫桥大妈"，她们不仅帮助弱势妇女，连反赌禁毒、抵制邪教、环境保护、爱心红娘等，只要是帮得上忙的，事事都管。

除了"枫桥大妈"，诸暨暨阳街道江新社区有"江大姐调解室"，草塔镇有"七彩娘子军"，江藻镇有"家事心语"调解室，马剑镇有"马大嫂"……她们的自发组织像一张网，扎根在基层治理的方方面面，为"五水共治""平安建设"等工作活跃着。从去年3月到现在，诸暨全市共成立了547支基层妇女组织，参与志愿活动的妇女达6 000余人，已解决环境、维权、创业等问题3 587个，成为一支不可小觑的生力军。

五水共治，村嫂出动

基层妇女组织在诸暨的发源，最早始于"五水共治"行动。去年"三八"妇女节，诸暨市妇联启动了"巾帼助力"主题活动，号召全市妇女保护环境，争当绿色治水卫士。

很快，各乡镇、街道就有了自己的"村嫂护河队"，每月组织多次河道保洁、文明劝导活动。发展至去年7月，自愿加入的妇女总数已经达到了3 000余人。

---

[1] http://www.zhejiang.gov.cn/art/2016/12/6/art_15775_2201914.htm；发布时间：2016年12月6日。

随着她们的积极推动,"五水共治"攻坚战在基层打得深入人心。"村嫂护河队"成效明显,已带动 500 多名妇女加入到了护河队伍中。

邻里纠纷,大妈调解

草塔镇妇联主席邵淼燕时常佩服村嫂们的执着和毅力。她曾小范围地推行了一个叫"时间超市"的方案,以村嫂参加活动次数来兑换相应的小纪念品,以此作为激励。令她没想到的是,大多数村嫂都对她说,参与志愿活动并不图这些物质奖励,只是想让大家的生活变得更好。

取得了很好的社会效果后,"枫桥大妈"像一张网,发散到诸暨的各个角落。她们向各种志愿活动不断拓展,活跃在基层治理的方方面面。

王镇萍是"枫桥大妈"的一员。加入这个团队,起初是看大家在一起做好事,也想出一分力,而时间久了,她慢慢找到了乐趣。

今年 3 月成立至今,"枫桥大妈"已有队员 400 余人,开展志愿活动近百次,帮助妇女维权 50 多次。

在农村妇女志愿活动搞得风生水起的同时,城区的"大妈"们也没有懈怠。"江大姐调解室"的 20 多名热心大姐,在社区卫生环境整治中,使出了浑身解数。目前,"江大姐"已调解处理了百余个社区问题。

文明程度,不断刷新

"这股巾帼志愿力量极大地刺激了基层治理的'末梢神经'。前段时间,我们还拿到了'全国妇联先进集体'的荣誉称号。"诸暨市妇联主席倪敏利说,形式多样的妇女志愿服务活动不仅让村嫂们的生活更加丰富,也让好村风、好家风得到宣扬。

以草塔镇的"七彩娘子军"为例,7 种颜色分别代表 7 类志愿服务,比如红色是党员服务队,橙色是创业互助服务队。

在她们的带领下,镇村的文明程度正在不断刷新。

岭北镇岭北周村妇女主任吕锦芳是村巾帼志愿队队长。她和队友们经常下河捡拾塑料袋、烟头等垃圾。看到她们如此卖力,住在河岸边的村民变得越来越自觉,现在几乎没有人会将垃圾倒入河道内,河道变得越来越干净,村子变得越来越美。

3.3.6 《人民日报》关注红枫义警:"枫桥有了'新警力'"

提要:诸暨市的红枫义警属于村级社会组织标准化建设的基础型社会组织之一,在所有城乡社区得到了普遍建立,在社会治安维护中发挥着重要的作用。2017年11月29日《人民日报》将诸暨市的红枫义警称为"新警力",对其在社会治安维护中发挥的作用给予了高度评价。根据红枫义警的章程,其职责包括治安巡逻、普法宣传、纠纷调解、社会关怀等。作为社会组织,红枫义警在所在社区党支部领导、辖区派出所民警的指导下参与社会治理活动,红枫义警体现了群防群治、警民共建共治共享的传统,较好解决了社会治安问题,提升了人民群众的安全感和满意度。附件是《诸暨市红枫义警协会章程》。

枫桥有了"新警力"[1]

在浙江诸暨,基层社会治理的"枫桥经验"跨越半个多世纪,历久弥新。今年上半年,当地出现了一支由群众组成的"新警力"——"红枫义警"。

前几日,浙江省诸暨市枫桥镇派出所接警大厅门口,一名中年人慌慌张张地跑进来。"警察同志,我家80多岁的老爷子下午4点多走丢了……"值班民警孙法均迅速布置警力开展寻找,并把老人照片及走失时间、地点等信息发布到微博、微信朋友圈。

"喂,是孙警官吗?听说有个老人走失了,我们已安排大家分头寻找。"距家

---

[1] 王雨:《枫桥有了"新警力"》,《人民日报》2017年11月29日。

属报警不到10分钟,孙法均就接到"红枫义警"负责人骆晓勇打来的电话。原来骆晓勇在微信朋友圈看到走失老人的信息后,第一时间召集了"红枫义警"队员。历经3个半小时,队员们终于在枫桥镇孔雀城附近找到了走失老人。

据枫桥派出所教导员吴嘉军介绍,今年上半年,在一次巡逻中,一名"红枫义警"队员从村民口中得知,有两辆外地牌照的车辆很可疑。"红枫义警"立即将这一可疑情况报告给派出所,并第一时间赶往现场。"正是有了他们的及时报告,枫桥派出所顺利打掉了一个'碰瓷'团伙。"吴嘉军说。

"他们是我们的'左膀右臂'。"诸暨市公安局副局长、枫桥派出所所长杨叶锋透露,成立最初,"红枫义警"就对自身职责进行了明确定位,包括治安巡逻、普法宣传、纠纷调解、社会关怀等。

如今,"红枫义警"有队员119名,其中,外乡人陈荣周是一名负责人。从1992年开始,陈荣周就在枫桥镇学勉路上开了一家日用品商店。身在异乡,创业不易,陈荣周没少接受当地人的帮助,而这也让他和家人对枫桥有一份感恩之心。因此,当得知"红枫义警"要成立时,他第一时间报了名。"我从内心深处把自己当成了枫桥人,所以我更应为枫桥作贡献,我将坚持不懈地把'红枫义警'做下去。"陈荣周说。

"枫桥群众维护治安积极性一直很高。"诸暨市委常委、公安局局长沈平江说,党的十九大报告明确提出"打造共建共治共享的社会治理格局",为此就更要坚持好、传承好、发展好"传家宝",引导越来越多像"红枫义警"这样的社会组织积极参与基层社会治理,不断提升人民群众的安全感和满意度。

附件:

诸暨市红枫义警协会章程
第一章 总则

第一条 本协会名称为诸暨市红枫义警协会。英文译名:Zhuji Hongfeng

Viglante Association。译名缩写:ZHVA。

第二条 本协会是诸暨市枫桥镇行政区域内有志于平安、警务志愿活动的社会公众自愿组成的非营利性社会团体,是组织开展群防群治和辅助性警务活动的自发性社会组织,是推进平安公益事业发展的社会力量。

第三条 本协会坚持中国共产党的领导,坚持在宪法及法律的范围内开展活动。

第四条 本协会的宗旨是崇法尚义,积安向善。通过组织发动社会力量参与平安建设,致力于提高公众预防违法犯罪能力,致力于营造崇法向善的社会氛围,为将枫桥镇建设成为平安特色小镇而不断努力。

第五条 本协会的主管单位是诸暨市公安局,登记管理机关是诸暨市民政局。协会接受业务主管单位和社团登记机关的业务指导和监督管理。

第六条 本协会会址设在诸暨市公安局枫桥派出所内。

第二章 职能

第七条 本协会的职能是:

(一)开展治安巡逻等辅助性警务活动,努力预防、减少违法犯罪;

(二)配合公安机关开展法制宣传、安防教育,传播平安文化,弘扬警察精神,营造崇法向善的社会氛围;

(三)开展纠纷调解、文明劝导、社区关怀等志愿活动,努力创建平安和谐社区;

(四)了解、反映社情民意,促进基层党群关系、警民关系和谐发展;

(五)强化公益意识,提高会员素质,丰富会员生活,组织、发动社会公众参与枫桥镇平安建设;

(六)开展与本协会宗旨有关的其他活动。

第三章 会员

第八条 本协会的会员为个人会员。

第九条　凡维护本协会章程、热心于平安公益事业、具备相应条件的人员,由本人申请,注册地派出所审核,经批准后即为本协会会员,发会员证。

第十条　会员享有以下权利:

(一)选举权、被选举权和表决权;

(二)参加本协会的活动;

(三)获得本协会的服务;

(四)对本协会的工作提出建议、实行监督;

(五)入会自愿、退会自由。

第十一条　会员履行下列义务:

(一)遵守本协会章程;

(二)执行本协会的决议,完成本协会交办的工作;

(三)维护本协会的合法权益和声誉;

(四)向本协会反映有关情况;

(五)按规定交纳会费。

第十二条　会员退会应书面通知本协会,交回会员证。会员如果一年不交纳会费或不参加本协会活动,视为自动退会。

第十三条　会员如有以下行为,经常务理事会表决通过,予以除名:

(一)受到刑事处罚的;

(二)受到注册地公安派出所2次(含)以上警告的;

(三)违反本协会纪律及规章制度,一年内经3次(含)以上警告拒不改正的;

(四)无故不参加本协会安排的活动2次(含)以上,且未向理事会或常务理事会作情况说明的;

(五)有其他严重违反章程或严重损害本协会形象的情形的。

第四章　机构

第十四条　本协会的最高权力机构是会员代表大会。会员代表大会的职权是：

（一）制定和修改章程；

（二）选举和罢免理事；

（三）听取并审议理事会的工作报告和财务报告；

（四）决定终止事项；

（五）决定其他重大事项。

第十五条　会员代表大会须有三分之二以上的会员代表出席方能召开，其决议须经与会会员半数以上表决通过方能生效。

第十六条　会员代表大会每届五年。因特殊情况需提前或延期换届的，须由理事会表决通过，报业务主管单位审查并经社团登记管理机关批准同意。延期换届最长不超过一年。

第十七条　理事会是会员代表大会的执行机构，在闭会期间领导本协会开展日常工作，对会员代表大会负责。

第十八条　理事会的职权是：

（一）筹备召开会员代表大会；

（二）执行会员代表大会的决议；

（三）向会员代表大会报告工作；

（四）听取和审议常务理事会的工作报告；

（五）推举名誉会长；

（六）选举和罢免会长、副会长、秘书长和常务理事；

（七）决定其他重大事项。

第十九条　理事会须有三分之二以上理事出席方能召开，其决议须有到会三分之二以上理事表决通过方能生效。

第二十条　理事会议每年至少召开一次。特殊情况下也可采用通讯形式召开。

第二十一条　本协会设立常务理事会。常务理事由理事会选举产生。常务理事会由会长、副会长、秘书长和常务理事组成。

第二十二条　在理事会闭会期间,常务理事会的职权是:

(一) 筹备召开理事会;

(二) 决定设立和撤销办事机构、分支机构等有关机构;

(三) 决定副秘书长和各机构主要负责人的任免;

(四) 领导本协会各机构开展工作;

(五) 制定本协会内部管理制度;

(六) 决定会员的吸收或除名;

(七) 决定其他重大事项。

第二十三条　常务理事会议须有三分之二以上常务理事出席方能召开,其决议须经到会常务理事三分之二以上表决通过方能生效。

第二十四条　常务理事会议至少半年召开一次。

第二十五条　本协会设名誉会长、名誉理事若干人;会长一人,副会长若干人;秘书长一人,副秘书长若干人。

第二十六条　本协会的会长、副会长、秘书长必须具备下列条件:

(一) 坚持党的路线、方针、政策,政治素质好;

(二) 具有比较丰富的社会工作经验和一定的组织管理能力,热心本协会的工作;

(三) 身体健康,任职年龄一般不超过60周岁;

(四) 具有完全民事行为能力;

(五) 获得主管部门的推荐提名。

第二十七条　本协会会长、副会长、秘书长如超过最高任职年龄的,须经理事会表决通过,报业务主管单位审查并经社团登记管理机关批准同意后,方可任职。

第二十八条　本协会会长、副会长、秘书长任期五年,且任职最长不得超过两届。

第二十九条　本协会主席为协会法定代表人。

第三十条　本协会会长行使下列职权：

（一）主持本协会的全面工作；

（二）召集和主持理事会、常务理事会；

（三）代表本协会签署有关重要文件；

（四）提名副秘书长及各分支机构负责人,提交常务理事会议决定；

（五）检查、督促会员代表大会、理事会、常务理事会议、决定、决议的落实。

本协会副会长协助会长工作。

第三十一条　本协会秘书长行使下列职权：

（一）主持办事机构日常工作,组织实施年度工作计划；

（二）协调办事机构、分支机构开展工作；

（三）聘用相关工作人员。

本协会副秘书长协助秘书长工作。

第五章　章程的修改

第三十二条　对本协会章程的修改,须经理事会表决同意后提交会员代表大会审议通过。

第三十三条　所修改的章程须经主管部门审查同意、社团登记管理机关核准后生效。

第六章　会徽

第三十四条　本协会的会徽为蓝盾红枫黄星,由镶嵌在蓝色盾牌上的红色枫叶志愿标志和黄色五星标志组成,寓意用团结和爱心打造平安之盾。

第三十五条　召开会员代表大会、理事会、常务理事会,以及本协会的重要场所和举行重要活动时,须悬挂本协会的会徽。

第七章　资产

第三十六条　本协会经费来源：

（一）会费；

（二）政府资助；

（三）捐赠；

（四）其他合法收入。

第三十七条　本协会经费必须用于本章程规定的业务范围和事业发展,不得在会员中分配。

第三十八条　本协会建立严格的财务管理制度,保证会计资料合法、真实、准确、完整。

第三十九条　本协会配备具有专业资格的会计人员。会计不得兼任出纳。会计人员必须进行会计核算,实行会计监督。会计人员调动工作或离职时,必须与接管人员办清交接手续。

第四十条　本协会的资产管理必须符合国家法律规定,接受会员代表大会和有关部门的监督,并将有关情况以适当方式向社会公布。

第四十一条　本协会换届或更换法定代表人之前必须接受社团登记管理机关和业务主管单位组织的财务审计。

第四十二条　本协会的资产不受侵犯,任何单位、个人不得侵占、私分和挪用。

第八章　终止

第四十三条　本协会完成宗旨、自行解散或由于分立、合并等原因需要注销时,由理事会或常务理事会提出终止动议。

第四十四条　本协会终止动议须经会员代表大会表决通过,并经主管单位审查同意。

第四十五条　本协会终止前,须在主管单位及有关机关指导下成立清算组织,清理债权债务,处理善后事宜。清算期间,不开展清算以外的活动。

第四十六条　本协会经社团登记管理机关办理注销登记手续后即为终止。

第四十七条　本协会终止后的剩余财产,在主管单位和社团登记管理机关的监督下,按照国家有关规定,用于发展与本协会宗旨相关的事业。

第九章　附则

第四十八条　本章程经会员代表大会表决通过后,自社团登记管理机关核准之日起生效。

第四十九条　本章程的解释权属于本协会常务理事会。

第四章
党政部门推动多元主体合作共治的"枫桥经验"

提要： 2007年，党的十七大报告提出"建立健全党委领导、政府负责、社会协同、公众参与的社会管理格局"。2020年，党的二十大报告指出，"建设人人有责、人人尽责、人人享有的社会治理共同体"。多元主体参与社会治理，形成社会治理共同体，发挥各类主体的积极性和主动性，追求良好治理成效，是"枫桥经验"的鲜明特色。加强基层基础建设，发挥企事业单位及社会组织在社会治理中的作用；开展平安建设，形成多元主体参与社会治理的合力；在基层社会治理中形成多样化的行之有效的工作方法和机制：这些都有效保证了社会治理的成效。诸暨市重视多元主体参与社会治理的合作共治体制建设，通过加强基层基础建设、推进平安建设、丰富治理方式，明确治理主体责任，完善治理环节，规范治理过程，保证治理效果。多元主体合作共治"枫桥经验"，践行了党领导下的基层群众自治制度，通过党建引领基层社会治理创新，形成了可复制、可推广的基层治理经验，是"中国之治"基层社会治理的成功范例。

4.1 加强基层基础建设，发挥多元主体参与社会治理的作用

4.1.1 诸暨市关于坚持发展"枫桥经验"，加强平安综治基层基础建设的实施意见

提要：《实施意见》从指导思想、总体目标、工作重点、工作要求等4个方面对加强平安综治基层基础建设进行了规范，加强镇乡（街道）综治工作中心建设，进一步推进基层综治工作向末端延伸，为社会和谐稳定奠定坚实基础。加强平安综治基层基础建设的目标，是整合力量、整合资源、精干高效、方便群众，有效预防并就地化解矛盾纠纷。根据"枫桥经验""四前工作法"，成立镇乡（街道）综治工作中心、村（社区）综治站、民营企业综治工作站，实行网格化管理。建立市、镇、村三级信访稳定风险评估机制和重大事项备案制，从源头上减少不和谐不稳定因素。建立镇乡（街道）领导干部信访接待日制度，推动人民调解队伍专职化，健全多元化矛盾纠纷化解机制，形成大调解工作格局。落实工作保障，明确工作责任，真正实现矛盾不上交。

中共诸暨市委　诸暨市人民政府关于
坚持发展"枫桥经验"　加强平安综治基层基础建设的实施意见[1]

一、指导思想

以党的十七大精神为指导，全面践行科学发展观，以"学枫桥、强基础、保稳定"主题实践活动为载体，坚持发展"枫桥经验"，加强镇乡（街道）综治工作中

---

[1] 市委〔2009〕29号。

心建设,强化职能,拓展功能,提升效能,深化平安综治基层基础,进一步推进基层综治工作向末端延伸,为社会和谐稳定奠定坚实基础。

二、总体目标

做强、做实、做深综治工作,镇乡(街道)综治工作中心实现整合力量、整合资源、精干高效、方便群众的目标,基层综治组织基本实现规范化,95%以上矛盾纠纷在镇乡(街道)范围内得到解决,其中80%以上在村一级得到疏导化解,切实筑牢维护社会和谐稳定的第一道防线。

三、工作重点

(一) 提升综治工作中心整体效能

1. 综治工作中心纳入镇乡(街道)"四办三中心"的机构序列,中心主任一般由党(工)委副书记担任。中心配备一名专职副主任,人武部长、法庭庭长、派出所所长、司法所长兼任中心副主任。镇乡(街道)综治办在综治工作中心起牵头协调作用,实行定编定岗定员,核定人员编制一、二类镇乡(街道)3至5人,其他镇乡不少于2人。综治办主任由中心主任兼任。

2. 镇乡(街道)综治工作中心整合综治、信访、司法、调解、警务、流动人口服务管理、安全生产、应急、反邪教、禁毒等部门力量,集中办公,其他综治成员单位也应参与综治工作中心的工作,根据各自职责,完成指定任务,实行"10+X"工作模式。

3. 综治工作中心落实首问责任、情况报告、分流督办、检查考核等工作制度,建立健全协作联动工作机制,实现社会治安联合防控、矛盾纠纷联合调解、重点工作联勤联动、突出问题联合治理、基层平安联合创建。

4. 实行信访事项和矛盾纠纷一站式受理,形成登记、分流、调处、督办、反馈、归档等工作流程,由中心主任实行签单式分流归口办理。建立联席会议制度,由中心主任召集,每月一次分析社会治安综合治理、信访和社会稳定情况,分类制定对策,重大疑难信访和矛盾纠纷由中心主任牵头,统一调动相关部门力量,实行联合调处。发生重大突发性、群体性事件,由中心主任调配力量进行先期处置。

(二) 构建基层综治工作网络体系

5. 村(社区)综治组织按"一站两会三组五员"配备,即综治工作站,治保会、调委会,应急工作组、流动人口服务管理组、社区矫正组,治调信息员、综治(信访)信息员、安全信息员、法制宣传员、社情信息员等。站长由村(社区)党组织负责人担任,治调会主任任副站长,各自然村至少有一名成员。民营企业综治工作站站长由法定代表人担任,建立保卫、信访调解、安全生产、流动人口服务管理等配套组织,并延伸到车间、班组。

6. 村(社区)、企业每半月组织一次矛盾纠纷集中排查,上报综治工作中心,及时调处矛盾纠纷。组织护村队、护厂队、村企联防队、平安志愿者队伍等群防群治队伍开展治安巡逻,做好流动人口服务管理、特殊人群帮助教育等工作。

7. 村(社区)综治工作进一步向村民小组、农户延伸,实行网格化管理。根据村民代表数按相邻相近划分为相应数量的单元网格,村两委每个干部联系若干村民代表,每个村民代表联系一个网格内的所有农户。网格联系人经常了解走访联系农户,掌握社情民意,化解矛盾纠纷,做到联系农户有矛盾纠纷必到、发生违法违规行为必到、遇到重大生活变故必到,起到"和事佬"和信息员作用,实现家庭琐事不出户、邻里纠纷不出组。

8. 以综治网格化管理为基础,实行社区警务、社会人管理、应急管理、安全生产、土地管理网格化,每个镇乡(街道)按区域划分若干网格,分别由社区民警、流动人口专管员、应急信息员、安全监管员、土地管理员和驻村指导员组成网格化管理组,掌握信息、化解矛盾、加强监管、应急救援、维护稳定,并明确职责、落实责任,构建社会管理网格化体系。

(三) 切实加强源头预防

9. 建立市、镇、村三级信访稳定风险评估机制和重大事项备案制,对市、镇、村提出的重大决策、重点工程项目,应先行开展风险预测和调查听证,对可能出现的不稳定因素进行分析和评估,形成评估报告,确定意见后,落实先期化解措施,并报维稳、信访部门备案,实行跟踪掌控。

10. 按照合理布局、联网共享、专业维护、有效运行的建设模式,不断完善城区和店口、大唐、牌头、枫桥等中心集镇社会治安动态视频监控系统建设,逐步推进区域联网报警系统进单位、进企业、进家庭,形成全方位技术防范体系。

11. 进一步拓展基层平安创建的广度和深度,以平安居民小区、平安建筑工区、平安工业园区、平安旅游景区"平安四区"创建为抓手,继续深化平安镇乡(街道)、平安"八创建"和"八进村居(社区)"活动,形成共建共享的平安创建格局。

12. 以建设社会主义核心价值体系为导向,大力加强社区和乡村文化设施建设,创新墙头文化,积极开展文化特色系列创建,持续开展文明诸暨、礼仪诸暨、绿色诸暨、健康诸暨活动,提高文化素质和文明素养。不断健全法制宣传教育和法律服务体系,完善法律援助基金和司法救助基金制度,弘扬法治精神,为维护社会稳定提供精神支撑和素质保证。

13. 不断完善市公共服务中心功能,整合各部门各单位公共服务资源,统一为社会和群众提供呼叫求助、行政审批、政策咨询等各类便民服务,镇乡(街道)要加强服务中心建设,建立科学化、规范化、制度化的服务平台,从源头上减少不和谐不稳定因素。

(四)着力构建大调解机制

14. 建立镇乡(街道)领导干部信访接待日制度,镇乡(街道)党政班子成员工作日轮流接待信访,疑难信访实行领导包案,落实包掌握情况、包思想教育、包解决化解、包息诉息访的"四包"责任制。

15. 推行人民调解队伍专职化,镇乡(街道)建立人民调解工作室,基层调解员经过市级培训,发给人民调解员证,持证上岗,切实发挥基层调解队伍的主力作用。建立人民调解工作奖励基金,对村级调解干部调解纠纷采取"以奖代补"方式给予奖励。

16. 健全多元化矛盾纠纷化解机制,大力推动行业调解组织建设,探索建立法院诉前、医患纠纷、劳资矛盾、交通事故处理、消费侵权、老人妇女权益损害等方面的专业调解中心,在法庭推广诉前调解工作室,在派出所建立治安调解工作室,选配具有丰富经验和法律专业技能的人员作为特约调解员,以第三方身份化解矛盾纠纷,起到"老娘舅"作用。推进人民调解、行政调解、司法调解、行政仲裁相互衔接联动,形成大调解工作格局。

(五)落实工作保障

17. 进一步落实社会治安综合治理目标管理责任制和领导责任制,镇乡(街道)综治部门要加强日常检查和考评,发现问题及时提出意见、限期整改,必要时向上级综治部门提出行使"一票否决权"的建议,组织人事部门在对党政领导干部进行政绩考核、选拔任用、晋职晋级、奖惩时,应将干部本人抓平安综治和维护稳定工作的能力和实绩作为重要依据。

18. 加强平安建设考核,对连续五年获得平安镇乡(街道)的授予"平安杯",对连续两年平安创建不达标的,镇乡(街道)主要领导向市委作出书面检查,提出整改措施。镇乡(街道)要制定适合各自实际的维护稳定工作考核办法,纳入岗位目标责任制考核内容,增加分值权重和奖励额度,切实落实驻村指导员和村级组织负责人的责任。

19. 市财政切出专项资金,用于基层综治组织"创星评级"、基层单位和干部群众"创先评优"、基层平安综治工作"创点评牌"活动,基层综治干部教育培训以及涉法涉诉案件调处和反邪教工作。采取政府为主、社会参与、多方投入等途径和办法,解决社会治安动态视频监控系统和群防群治队伍建设经费来源,确保正常运作。

20. 深入开展干部队伍教育培训活动,对村级主职干部、治调干部普遍进行轮训,使各级党组织成为坚强战斗堡垒,使镇村干部成为维稳骨干力量。在基层政法综治单位建立年轻干部锻炼培养基地,完善政法综治干部上挂下派工作机制,加大对治安复杂、维稳任务较重的镇乡(街道)政法干部的下派力度,进一步加大政法综治干部培养使用力度。

四、工作要求

(一)加强组织领导。各地各部门要把平安综治基层基础建设作为战略性、根本性的任务来抓,列入党委政府的重要议事日程,认真抓好部署落实。市、镇两级平安、综治,信访维稳领导机构及办公室要加强协调指导和督促检查,各成员单位要加强协作配合,形成齐抓共管的工作格局。

(二)狠抓工作落实。各级领导要把精力和注意力放在基层,结合学习实践科学发展观活动,深入基层一线,找准基层基础工作的薄弱环节,大力促进人、财、物向基层和一线倾斜,形成心往基层想、人往基层走、事为基层办、钱为基层花的导向。

(三)实施分类指导。各镇乡(街道)和部门(单位)要从实际出发,加强分类指导,制定本地、本系统基层基础建设整体规划,着力在人员力量、组织网络、工作规范、条件保障、考核导向等方面取得新突破。

(四)营造良好氛围。要加强对平安综治基层基础工作的宣传,及时总结推广经验,表彰奖励先进,充分发挥典型示范作用,形成抓基层、打基础的良好氛围。

中国共产党诸暨市委员会　诸暨市人民政府

主题词:综治　工作　基层　意见

发:各镇乡党委、政府,各街道党工委、办事处,市级机关各部门,市属企事业单位

中共诸暨市委办公室

2009年6月4日印发

4.1.2 诸暨市委关于坚持和发展"枫桥经验"以新时代城市基层党建引领城市基层治理全面提升的实施意见

提要:《实施意见》从工作目标、主要任务、组织领导等3个方面,对新时代城市基层党建引领城市基层治理全面提升作出了规范。主要内容包括强化政治功能、强化区域统筹、强化队伍建设、强化民本理念、强化保障体系等5个方面,开展"五星达标、和美家园"争创活动,构建以党建为引领,"民主、文明、和谐、美丽"的现代化城市社区。附件一为《诸暨市城市基层党建引领城市基层治理"五星达标、和美家园"创建工作领导小组名单》,附件二为《诸暨市城市基层"五星达标、和美家园"成效标准(试行)》,附件三为《诸暨市2018年度"五星达标、和美家园"创建社区名单》。

中共诸暨市委关于坚持和发展"枫桥经验"
以新时代城市基层党建引领城市基层治理全面提升的实施意见[1]

为深入学习贯彻习近平新时代中国特色社会主义思想和党的十九大精神,全面落实中央、省委、绍兴市委关于加强城市基层党建和基层治理决策部署,进一步坚持和发展"枫桥经验",推进社区"契约化"共建,以新时代城市基层党建引领城市基层治理全面提升,结合我市实际,提出如下实施意见。

一、工作目标

加强党对城市基层治理的全面领导,努力实现以党组织为核心的城市社区组织体系更加健全;以党建引领下的城市治理体系更加完善,治理和服务能力显著增强;以全区域统筹、各领域融合、契约化共建的城市基层党建格局更加凸现。全面开展"五星达标、和美家园"争创活动,构建以党建为引领,"民主、文

---

[1] 市委〔2018〕38号。

明、和谐、美丽"的现代化城市社区。通过3年努力,所有社区实现五星达标,每年评选10%左右和美家园社区,其中到2018、2019、2020年底,全市70%、85%、100%以上城市社区实现五星达标;2018年底所有街道实现整体提升(即50%以上社区实现五星达标)。

二、主要任务

(一)强化政治功能,突出城市基层治理党建引领

1. 优化街道、社区职能职权。明确街道主要履行加强党的建设、推进区域发展、组织公共服务、实施综合管理、领导基层自治、维护安全稳定、动员社会参与等职能。赋予街道党工委规划参与权、综合管理权、重大决策和重大项目建议权,以及对部门派驻机构人员的日常管理考核和负责人任免征得同意等职权。完善社区党组织书记主持居务联席会议制度,保证社区党组织行使社区组织班子成员人选推荐、续聘社区工作人员建议等职权。

2. 全面提升城市基层党组织组织力。突出强化党组织的政治功能,严格落实"三会一课"、支部主题党日活动等党的基本制度、基本活动、基本要求,深入推进"两学一做"学习教育常态化制度化,按要求扎实开展"不忘初心、牢记使命"主题教育。深化党员"亮旗"行动,完善党组织星级管理和党员先锋指数考评机制,持续整顿后进支部,优化基层党组织设置,稳妥开展不合格党员处置。加强流动党员、离退休党员管理。

3. 推动"党建网"和"治理网"双网融合。完善街道"基层治理四平台"建设,深化"全科网格"建设,建立一网格一支部或党小组,实现"党建网"与"治理网"双网合一。开展综治工作中心标准化建设,依托基层治理综合信息平台,形成社区群众诉求、问题隐患等事项发现、建档、分流、处置、督促、反馈的工作"闭环"。完善"一社区一民警""一社区一法律顾问"制度,深化城管队员、流动人口协管员进社区工作,健全社区人民调解组织网络,加强法治社区、平安社区和基层社会治理"一张网"建设。

4. 完善以基层党组织为核心的居民自治机制。构建社区党组织领导、居委会执行、居监委监督,居民为主体,业委会、群团组织、社会组织、物业、驻区单位等多方参与的治理架构。健全社区党组织主导的听证、协调、评议等基层协商民主制度,落实"三务"公开,畅通社区居民表达意愿、参与决策渠道。组织群众制定并践行社区(居民)公约等自治章程,开展群众性精神文明创建活动。稳妥推进社区规模调整,一般以1 500户至3 000户为宜。

5. 积极稳妥抓好村改社区工作。加快理顺未改制居委会管理体制,推进撤村建居和城中村改造,吸引社会力量参与城中村改造工作。有序推进股份合作社与社区分离,构建经营灵活、产权清晰、权责明确、监督有力的股份经济合作社经营机制,优化集体资产管理,促进集体经济可持续发展。全面加强村改社区党建工作,突出股份合作社与社区党组织领导作用,优化股份合作社与社区党组织设置。

(二)强化区域统筹,创新城市基层治理共治模式

6. 推进"契约化"共建构筑区域党建联盟。到2020年底,建设3—5个区域党建联盟,将辖区内社区党组织和骨干企业、共建单位等党组织连接起来,共同管理区域内事务。进一步规范社区"契约化"共建,以"五约"法缔结社区与驻区单位党组织"双向认领、双向服务"契约。通过社区党组织和驻区单位党组织互动对接"谈约",列出"服务、资源、责任、个性"四张菜单。社区党组织牵头召开会议,制订年度共建计划,与各驻区单位共建"签约",并在双方党务公开栏内公示"亮约"。双方按契约开展"履约"共建,期满后开展"评约",评估实效。

7. 实行街道"大工委"制和社区"大党委"制。注重吸纳机关事业单位、国企、金融机构等驻区单位党组织负责人以及两新组织、业委会、物业公司中的党员负责人担任街道、社区党组织兼职委员,兼职委员人数不受限制,可由街道社区根据实际工作需要合理确定兼职人数。以街道为单位制订兼职委员履职清单,建立议事决策、联席会商等制度,街道、社区党组织每年牵头召开不少于2次

工作例会,定期研究商议党建工作和辖区建设重大事项。由社区党组织对辖区内各类规模较小、分布零散的组织,实行党建工作兜底管理。

8. 统筹推进新领域新业态党建工作。依托物业公司、产权单位、骨干企业等建立商务楼宇党组织,指导入驻单位建立党组织、开展党的工作。各类园区实行企业入园手续申办、党组织建立、党员组织关系接转和党组织书记选配"四个同步"。依托街道或管理部门在商圈市场建立党组织,逐步向商家、店铺延伸开展党建工作。抓好互联网企业、网商群体党建工作。强化市场监管、税务、民政等部门监督责任,将两新组织党组织和党员等情况纳入市场监管、税务、民政等部门登记申报、年检年报范围。

9. 建立健全条块双向用力机制。以教育、卫生、服务业等行业系统和律师、物业、互联网等行业协会为重点,加强行业系统党建工作。坚持条块双向沟通协商、双向考核激励、双向评价干部,推进行业系统与属地党委党建工作会商机制,行业系统部门在考核驻区单位工作、评先评优等应听取所在街道党工委和社区党组织的意见,考核街道党工委和社区工作时应听取相关部门党组织意见。

10. 全面加强党对业委会工作的领导。街道、社区党组织要做好监督指导业委会日常运行、按期换届、规范议事等工作,推荐符合条件的社区"两委"成员、居民小组长、党员等通过法定程序选为业委会成员。加大在业委会中组建党组织力度,暂不具备条件的,可下派党建指导员、指定党员业主联络员。业委会党组织在社区党组织领导下开展工作。职能部门要加强对业委会工作的指导和监管。

(三)强化队伍建设,培育城市基层治理骨干力量

11. 选优配强以党组织书记为重点的社区党务工作者。深入实施"领头雁工程",进一步拓宽选任渠道,推动优秀人才担任社区党组织书记。持续开展社区党组织书记集中轮训、跟班实训,加强社区党组织书记党建业务、群众工作、城市管理、政策法规等教育培训,确保每人每年培训不少于56个学时。以街道

为单位,按不少于社区数1.2倍建立后备人才库,实行社区党组织书记、居委会主任"一肩挑"。每个社区至少配备1名专职党务工作者,党委建制的应配备专职副书记。

12. 加强基层社区工作者队伍建设。专职社区工作者实行总量控制,综合考虑社区规模人口、服务半径等因素,按每个社区8至10人标准配备专职社区工作者,户数超过2 000户的,每增300—400户可增配1人。专职社区工作者统一由市民政局会同市人社局组织招聘,街道统一管理,社区统筹使用。建立专职社区工作者过错责任追究制度和退出机制。培养一人多岗、一专多能的"全科社区工作者",鼓励专职社区工作者参加社会工作职业资格考试和学历教育,到2020年全市城市社区专职工作者持证比例达到50%以上。加大在社区工作者中发展党员力度。

13. 建立科学合理的社区专职工作者激励保障机制。合理确定专职社区工作者的人均工资水平,建立与岗位、工龄、职称、绩效挂钩的"三岗十八级"薪酬体系。按国家和省有关规定,缴纳社会保险和住房公积金,落实年休假、体检等待遇。加大从专职社区工作者中招录公务员和事业编制人员力度,重视把优秀社区党组织书记选拔到街道(镇乡)领导岗位。推荐符合条件的优秀专职社区工作者担任各级"两代表一委员"。

14. 扎实开展"五清"村居建设。完善街道、社区党组织全面从严治党主体责任清单,建立履责情况督查考核制度,压实"两个责任"。重点加强社区党员干部勤政廉洁、居务公开和民主管理严格执行、财务管理规范、深化社区党风作风建设等工作。推进巡察巡查,实现届期内对街道巡察全覆盖,选择部分社区开展提级(延伸)巡察,全面开展基层作风巡查,着力发现、解决发生在群众身边的腐败和作风问题。加强对社区党员干部日常监管。

(四)强化民本理念,提升城市基层治理服务水平

15. 建设"一站式"服务场所。以"党群服务中心"为统揽建好用好街道、社

区活动场所,突出功能叠加、开放共享原则,统筹各类阵地。街道、社区都应建设党群服务中心,统一设置党建标识,综合发挥办公议事、宣传教育、党员活动、便民服务、文体娱乐等功能,街道按照不低于500平方米标准配建,社区按照每百户居民不低于35平方米标准配建,每个社区不少于350平方米,新建社区总面积不少于900平方米,建设经费由市街两级财政保障。深化"最多跑一次"改革,推广社区党群服务中心"前台一口受理、后台协同办理"模式,实现从"柜台式"向"社区客厅"转变,推行首问负责、全程代办、AB岗等制度。社区主职干部办公室不得超过15平方米,其他干部不单设办公室。

16. 健全完善直接联系服务群众工作机制。推行民生实事工程社区需求征集制度,由社区党组织牵头,通过公开征集社区居民、驻社区单位等意见建议,每年至少解决1至2项社区群众热切希望解决的关键小事。健全完善街道和社区班子成员结对帮扶城市生活困难群众机制,深化在职党员"两地报到、双岗服务"机制,建立在职党员社区表现档案。深入开展96345党员志愿服务,建立志愿服务积分卡制度,常态化开展"组团式服务""微心愿"认领等活动;组建就业、养老、困难帮扶等各类党员义工队伍,建设"爱心驿站"等服务平台。

17. 构筑多元参与的社会治理服务体系。街道、社区党组织要组织动员各类组织,以及法官、检察官、警官、律师、民主党派人士等广泛有序参与社区治理。辖区内各类企业、社会组织、群众组织在开展党内重大活动和涉及社区管理、居民利益等活动前,应报告社区党组织。推进党建带群建促治理,发挥群团组织优势,做好组织、宣传、凝聚、服务群众工作。加强"两代表一委员"群众联系点建设,推进社区、社会组织、社会工作"三社联动",按"5+X"模式,大力培育社区社会组织,到2020年平均每个城市社区有15个以上登记备案的社区社会组织,加大政府向社会组织购买服务、开展公益创投的力度。

18. 减负增能提升街道、社区服务能力。建立职责下沉街道准入制度,职能部门下沉事项须经同级地方党委政府同意,并"权、人、费"随事转。执行社区工作事项清单制度,不得将社区作为行政执法、拆迁拆违、环境整治、城市管理、安全生产、消防等事项的责任主体;职能部门未经组织部、民政局同意,并经市委办审定,不得直接要求街道和社区成立相应机构、设立专门场所、加挂名称牌子;清理规范各职能部门及市场主体要求社区出具的各类证明。取消职能部门对街道、社区的直接考评,由市委市政府综合考评,街道"一票否决"事项参照乡镇严格控制。

(五)强化保障体系,集聚城市基层治理资源要素

19. 大力整合涉社区资源资金。加强涉社区资源和资金统筹,整合后的经费由市财政统一转至街道统筹安排。按照每个社区每年党组织服务群众专项经费不低于10万元,社区工作经费每千户不低于10万元进行拨付,所在街道按1∶1配套社区工作经费户数超过3 000户的社区,根据实际确定保障上限。严格资金使用和管理,确保及时足额拨付、有效使用。支持基层的政策、资源、资金,以社区党组织为主渠道落实,让群众明白惠从何来。

20. 统筹推动各种力量下沉。市领导班子成员带头,街道社区干部参加,经常性深入社区开展走访服务,届期内市委书记要走遍辖区内所有社区,街道(镇乡)党(工)委书记要走遍所有社区网格和困难户。建立市级机关部门挂联社区机制。实行街道新录用人员到社区(村)锻炼制度;提拔街道中层正职一般应有一年以上社区(村)工作经历;建立大学生社区社会实践基地。

21. 运用信息技术推动资源有效整合。用好党员信息管理服务系统和远教平台,探索开放式学习和组织生活,做好网上群众工作。深化党建信息、基层治理信息"一张网"建设,促进现有部门业务应用系统互联互通,各条线专业数据库信息共享,凡涉及社区居民的公共服务事项,逐步实现在街道、社区层面的有效交互和充分共享。

三、组织领导

(一)构建领导体系。构建"市、街、社"三级联动的组织、责任和制度体系,

将城市基层党建纳入市、街道两级党（工）委整体工作部署和党建总体规划，每年至少专题研究1次。市级层面成立工作领导小组，负责辖区内整体布局、组织实施；街道党（工）委负责统筹推进和抓好落实；社区党组织负责组织动员和服务管理。把城市基层党建工作情况纳入各级党组织书记抓基层党建述职评议考核内容。

（二）强化部门联动。建立市委统一领导、各部门密切配合的运行机制。市委组织部负责牵头抓总，强化统筹协调；市纪委负责推进城市基层党风廉政建设和反腐败工作；市府办负责深化基层治理综合信息平台功能拓展、信息整合；市委政法委负责深化基层治理模式，指导"全科网格"建设；编办负责推进街道体制改革，指导"基层治理四平台"建设；民政局负责指导社区建设，推动社区工作者队伍建设；财政局负责工作经费保障；人力社保局负责指导落实专职社区工作者薪酬待遇；建设局负责监督指导开发建设单位配建社区综合服务用房。其他相关部门结合工作职能，加强指导。

（三）开展争星考评。每年确定"五星达标、和美家园"社区创建指标，实行统一考评、动态管理，按社区自查、街道初审申报、市级验收初评、绍兴市级复核验收的程序，对通过绍兴市验收的，经市创建工作领导小组研究，通过以奖代补等形式，对社区项目建设、活动资金扶持等方面予以支持。

（四）实行分类指导。各街道要注意因地制宜，基础较好的，要重点创新体制，打造标准化样板，起步较晚的，重在加强规范化建设，实现整体建强。尊重基层首创，打造一批党建特色品牌。健全落实基层党建工作巡查通报制度，定期进行明察暗访，推动工作落实。各街道和相关部门要加大宣传力度，深入挖掘和宣传一批先进典型和经验做法，营造比学赶超的良好氛围。

附件：

1. 诸暨市城市基层党建引领城市基层治理"五星达标、和美家园"创建工作

领导小组名单

2. 诸暨市城市基层"五星达标、和美家园"成效标准(试行)

3. 诸暨市 2018 年度"五星达标、和美家园"创建社区名单

中共诸暨市委
2018 年 9 月 27 日

附件一：

诸暨市城市基层党建引领城市基层治理
"五星达标、和美家园"创建工作领导小组名单

组　　长：徐良平（绍兴市委常委、诸暨市委书记）

　　　　　王芬祥（市委副书记、市长）

副组长：孙　君（市委副书记、市委政法委书记）

　　　　周志刚（市委常委、组织部部长）

　　　　何鸿成（市人民政府副市长）

成　　员：陈迪锋（市委办）

　　　　　袁志刚（市府办）

　　　　　杨建波（市纪委）

　　　　　陈文进（组织部）

　　　　　郭剑扬（宣传部）

　　　　　张怀斌（政法委）

　　　　　吴勇浩（机关党工委）

　　　　　陈天武（编办）

　　　　　杨　雷（发改局）

　　　　　杨纪誉（教育局）

　　　　　余海生（公安局）

张尧国（民政局）

王学平（司法局）

郭伟锋（财政局）

杨永水（人力社保局）

钱光辉（国土局）

陈国锋（建设局）

朱建阳（建管局）

楼云成（卫生计生局）

方　铭（市场监管局）

周国忠（总工会）

周　勇（团市委）

陈　伟（执法局）

应国伟（陶朱街道）

楼　闯（暨阳街道）

杨　鲁（浣东街道）

领导小组下设办公室，办公室设在市委组织部，日常工作由市委组织部会同市民政局牵头。以上成员如有变动，由所在单位接任领导自然更替。

附件二：

诸暨市城市基层"五星达标、和美家园"成效标准（试行）

项目：党建

星级标准：

1. 有健全的党建工作运行体系。党组织设置规范合理，班子团结，领导核心作用发挥明显，党员教育管理机制健全，党员带头做到"四讲四有"，各项基本制度有效执行，各项基础工作有效落实，清廉社区建设推进有力。

2. 有过硬的社区和党务干部队伍。党组织书记表现优秀,群众公认,每个社区至少配备 1 名专职党务工作者,党委建制的应配备专职副书记。社区干部队伍年龄结构合理,大专及以上文化程度占 80%。符合报考社会工作者职业水平证书条件的要 100% 报名参考,持证比例占 50% 以上,网下服务标准健全,完善联系服务群众长效机制。

3. 有显性化党建阵地。以党群服务中心统揽社区活动、服务,办公场所,按每百户居民拥有综合服务设施面积不低于 30 平方米标准配建,每个社区不少于 350 平方米。有党组织和党员干部在推进中心工作中发挥作用的好故事;"亮旗"活动深入开展,党员亮身份、亮承诺、亮绩效;达标站点达到"达标站点"评估验收标准。

4. 有深化"契约化"共建的有力举措。树立城市大党建理念。依托社区党组织完成管理。统筹推进辖区内各传统领域和新兴领域党的组织和工作有效覆盖。推进社区党组织与驻区单位党组织负责人交叉任职。健全完善沟通协调、督查考核等系列工作机制,推动资源共享共赢,每年开展共建活动或实施共建项目不少于 4 次(个)。

底线标准:

1. 无阻碍各级党委政府中心工作推进行为。

2. 无不规范设置社区下属党组织情况。

3. 无社区干部违纪违法行为。

4. 无党员参教信教、违法违建、非访越级访等行为。

牵头单位:组织部

项目:民主

星级标准:

1. 有完善的居民自治制度体系。完善居民选举制度,社区居委会直接选举产生,居民小组与各工作委员会组织健全、作用发挥;有居民广泛参与的协同机制、社区居民代表会议每年召开不少于2次,党务、居务、财务公开,充分发挥自治章程、社区公约作用。社区协商规范化、程序化、法治化。

2. 有适应居民需求的服务能力。推行"前台一口受理,后台协同办理"运行模式,积极协助政府或派出机关完成与居民利益相关的公共事务。推动基本公共服务项目向流动人口覆盖,大力发展社区商贸服务、家庭服务和物业服务为重点的社区便民利民服务,拓展养老服务功能,实现居家养老服务照料中心公建民营。

3. 有规范的社区物业管理。新建住宅区100%实行物业管理,老旧住宅区物业管理(包括准物业管理)覆盖率不低于80%,并理顺社区物业机构、业主委员会与社区居委会关系,建立议事协调机制,依法保护业主合法权益。

4. 有相对发达的社区社会组织群体。大力培育发展各类服务性、公益性、互助性社区社会组织,组织开展邻里互助、纠纷调解、平安创建等社区活动并发挥积极作用,社区社会组织登记及备案管理达100%。

底线标准:

1. 无重大问题未经集体研究决定现象。

2. 无公共事务办理不及时、社区工作人员服务态度恶劣或工作方式简单粗暴及居民投诉等普遍性问题。

3. 无零就业家庭。

4. 无违反自治章程、社区公约现象。

牵头单位:民政局

项目:文明

星级标准:

1. 有社会主义核心价值观等宣传窗、宣传栏,内容更新及时;开展文明家庭、文明楼道等群众性创建活动,家庭参与活动面90%以上。

2. 有丰富的社区文化活动。社区内各类教育培训设施及文化体育、科技等场所对社区居民免费开放率达到100%,构建15分钟文化圈,多功能文化活动场所面积达到300平方米以上,并配备一定数量的文体设施,有3支以上社区文化骨干队伍,文体活动独具特色。

3. 有常态化志愿服务。建立社区志愿者登记和志愿服务积分卡制度,注册社区志愿者达到本地区居民总数的15%以上,志愿组织不少于5个,其中党员志愿服务队不少于1个,社区每年开展志愿服务活动不少于8次。

4. 有良好的道德风尚。社区内有宣传公民道德的公益广告6处以上、做好广告栏的维护和内容的及时更新;广泛组织开展"扶贫助困"和"送温暖、献爱心"等各类社区公益活动,大力宣传社区内热心公益和慈善事业人士,有效遏制群体性封建迷信活动,邻里关系和睦,树立社会新风。

底线标准:

1. 无群体性封建迷信活动,无垃圾乱丢乱扔等普遍性不良现象。

2. 无虐待老人和妇女儿童、弃养遗孤、儿童弃学现象。

3. 无造成严重后果的邻里纠纷、打架斗殴、聚众滋事现象。

4. 无占道经营等不文明行为。

牵头单位:宣传部

项目:和谐

星级标准:

1. 有社会治安防控机制。视频监控系统健全完善,社区内重点部位安装视频监控探头。配备有社区警务室和治安报警点,有适应本地区治安需要的专兼联巡防队伍,每晚巡逻1次,社区内突发性治安事件得到及时处置,突出治安问题得到有力整治。

2. 有公共安全预防处置机制。社区防灾减灾预案建立健全,防灾救灾知识普及,建有自然灾害、事故灾难、公共卫生事件、社会安全事件应急管理机制,道路交通、火灾、公共卫生、食品药品事件(事故)处置稳妥、高效。

3. 有特殊群体和重点人员排查管控网。经常开展民主法制教育,旗帜鲜明反邪教,对黄赌毒等社会丑恶现象控制良好,社会矫正、社区禁毒、刑满释放人员帮教机制建立健全。社区流动人口出租房屋纳入信息化管理,流动人口居住登记率、居住登记信息准确率达到95%以上,居住房屋出租登记率达到100%,特殊群体和重点人员"零漏管、零失管、零犯罪"。

4. 有顺畅的居民利益诉求渠道。深化"网格化管理,组团式服务"机制,合理划分网格,配强网格员队伍,打造全科网格,构建社区治理"一张网",社会矛盾纠纷排查调处机制健全,矛盾纠纷排查率、调处率均达98%以上,调处成功率达93%以上,无因矛盾纠纷调处化解不及时导致转化为治安刑事案件或群体性事件,实现矛盾纠纷排查调处全覆盖、无盲区。

底线标准:

1. 无重大刑事案件。
2. 无赴杭进京上访或集体上访。
3. 无严重安全事故和公共安全事件。
4. 无影响较大的黄赌毒等社会丑恶现象被查案例。

牵头单位:政法委

项目:美丽

星级标准:

1. 有整洁的社区环境。社区卫生定时清扫,垃圾日产日清,公厕、垃圾箱等卫生设施齐全,楼道等公共场所内乱涂、乱贴、乱堆、乱放等现象得到有效整治,机动车、非机动车按指定位置停放,居民垃圾分类知晓率达到100%,投放准确率达到85%,生活垃圾无害化处理率达95%以上。

2. 有完备的社区公共设施。小区内道路路面硬化平整,路灯、楼道灯亮化率在90%以上,在社区内广泛开展见缝插绿、垂直绿化等工作,绿化面积达到36%以上。

3. 有Ⅳ类以上水环境质量。辖区内有涉水区域的,供水水质符合相关标准规定,组建有护水志愿者队伍并作用明显,河道内浣洗衣物、洗拖把等陋习得到有效遏制。

4. 有协调的建筑风格。文体教育、社区卫生、居家养老等社区基本配套设施规划合理,小区内建筑物外墙整洁,社区标志及广告牌等整齐美观,设置合理规范。

底线标准:

1. 无劣Ⅴ类水。

2. 无违法违章建筑。

3. 无D级危房和涉及公共安全的C级危旧房。

4. 无暴露性垃圾、违规饲养家禽家畜、窨井盖破损、化粪池满溢等现象。

牵头单位:建设局

附件三:

诸暨市2018年度"五星达标、和美家园"创建社区名单

序号、街道、社区、责任人(职务)

1. 暨阳街道,*江新社区,陈维芹(社区党委书记、主任)

2. 暨阳街道,*凤凰社区,王杜方(社区党总支书记、主任)

3. 暨阳街道,八一社区,何学军(社区党委书记、主任)

4. 暨阳街道,下江东社区,陈建平(社区党委书记、主任)

5. 暨阳街道,祥安社区,王伟萍(社区党委书记、主任)

6. 暨阳街道,上江东社区,刘永琴(社区党委书记、主任)

7. 暨阳街道,朱公湖社区,宣眈宇(社区党委书记、主任)

8. 暨阳街道,西施殿社区,戚瑛芳(社区党委书记、主任)

9. 暨阳街道,南苑社区,徐巧美(社区党委书记、主任)

10. 暨阳街道,南门社区,陈维维(社区党委书记、主任)

11. 暨阳街道,东兴社区,陈玉霞(社区党委书记、主任)

12. 暨阳街道,江北社区,许国爱(社区党委书记、主任)

13. 陶朱街道,城西社区,楼文怡(社区党支部书记、主任)

14. 陶朱街道,涌金社区,孙桂英(社区党支部书记、主任)

15. 陶朱街道,友谊社区,朱燕丽(社区党总支书记、主任)

16. 浣东街道,东盛社区,宣慧丽(社区党总支书记、主任)

17. 浣东街道,东福社区,祝文娟(社区党总支书记、主任)

18. 浣东街道,*和济社区,赵妍(社区党支部书记、主任)

注:加*为"和美家园"争创对象

发:各街道党工委,市级机关各部门、市属企事业单位党组织

中共诸暨市委办公室

2018年9月28日印发

4.1.3 诸暨市实行领导干部下访工作制度的实践和探索

提要:从2003年6月开始,诸暨市信访局在浙江省率先实行领导干部下访工作制度,变群众上访为领导下访,变领导轮流为相对固定,变集中接待为分散接待,变逐级带动为二级联动,开创了全省信访工作改革的先河。下访工作制度的基本做法为"集体下访、二级联动、定期接待、各方协作、统一交办、及时总结",发挥市、镇乡两级组织作用,要求相关部门、驻镇乡单位紧密配合,协助解决群众反映的问题,公安派出所、国土所、法庭、建设、

规划等部门基层单位及联系镇乡（街道）的人员共同参加接访活动。为使领导干部下访收到实效，配套建立了四项机制，即包案责任制、限期办结制、督查通报制、责任追究制，要求简单案件5个工作日内办结，一般案件10个工作日内办结，重大、疑难、复杂案件1个月内办结。领导干部下访工作制度改变了市里集中接待"开药方"、镇乡（街道）"配药"模式，有利于及时掌握第一手民情民意，增强解决问题的针对性，方便了群众。

诸暨市实行领导干部下访工作制度的实践探索[1]

诸暨市信访局

近年来，诸暨市委、市政府自觉实践"三个代表"重要思想，坚持"立党为公、执政为民"，与时俱进创新发展新时期"枫桥经验"，不断完善工作机制，切实增强化解合力，积极探索经济发展与社会稳定良性互动的路子。

2003年6月开始，在上级信访部门的支持帮助下，在全省率先实行了领导干部下访工作制度，变群众上访为领导下访，变领导轮流为相对固定，变集中接待为分散接待，变逐级带动为二级联动，开创了全省信访工作的先河。

一、基本做法

我市领导干部下访工作制度的基本做法，可以概括为"集体下访、二级联动、定期接待、各方协作、统一交办、及时总结"24个字。

集体下访。按照年初市级领导联系镇乡（街道）"六个一"活动的分工安排，市委、市人大、市政府、市政协四套班子的全体领导到各自的联系镇乡（街道）下访接待群众，各联系镇乡（街道）的负责人随访协助。

二级联动。市级领导和各镇乡（街道）的主要领导、分管领导、信访干部共同参加下访活动。每月10日为镇乡（街道）领导接待日，镇乡（街道）领导及有

---

[1] 中共诸暨市委、诸暨市人民政府编：《与时俱进的枫桥经验》，内部资料，2003年，第80—85页。

关同志需每月到联系片下访一天以上。

定期接待。每逢单月15日,市四套班子的全体领导到所联系镇乡(街道)下访接待,时间一般为半天,每两月一次,全年6次。下访时通过现场办公、约访、座谈等形式,深入基层、深入群众,主动听取群众呼声,及时协调解决群众反映的问题。下访前三天把时间、地点通过电视、报纸等媒体告知广大群众,并要求各镇乡(街道)做好相应准备。

各方协作。针对农村信访反映涉法涉诉、土地管理、村级财务、民间纠纷等方面内容相对集中的情况,要求相关部门、驻镇单位紧密配合,协助解决群众反映的问题,即下访日中的公安派出所、国土所、法庭、建设、规划等部门基层单位各联系镇乡(街道)的人员共同参加接访活动。

统一交办。各镇乡(街道)负责下访日中受理信访案件的登记、汇总工作,在次日将所受理信访件的来访交办单、汇总表报市信访局,由市信访局按信访工作有关程序统一交办。市信访局及时将各镇乡(街道)下访接待情况汇总、整理,编发《市领导赴联系镇乡、街道下访接待群众活动情况》,通过信访信息形式,送市四套班子领导、各部门、镇乡(街道)和有关人员。

及时总结。各镇乡(街道)和联系部门在认真做好领导下访工作的同时,及时总结下访过程中好经验、好做法。每两个月一次将下访工作制度执行情况进行书面总结,并提出建议意见。掌握面上工作,改进工作方法。

为使领导干部下访制度收到实实在在的效果,我们配套建立了四项机制。

包案责任制。按照"谁接访,谁负责"的原则和包片、包线、包村、包案的工作要求,各级各部门领导作为第一责任人,对在下访过程中受理的案件,负责协调,参与督查,进行化解,重大或疑难信访案件及时向市信访工作领导小组和有关领导汇报,对下访过程中遇到的一些苗头性或倾向性问题,主动与有关领导联系,并通报相关部门和责任单位及时落实化解措施。

限期办结制。对各级领导干部在下访中受理的各类信访案件,在规范报结制度的同时,实行限期办结制,要求简单案件5个工作日内办结,一般案件10个工作日内办结,重大、疑难、复杂案件1个月内办结。

督查通报制。专门建立市委、市政府信访督查办公室,作为经常性督查机构,负责重大疑难信访问题的督办,以保证处理的效率和质量。市委办、市府办、市纪检委、监察局、信访局等部门按制度要求,定期或不定期地到各镇乡(街道)督查下访工作制度落实情况,如期进行通报。

责任追究制。领导干部下访工作落实情况列入年度考核内容,组织、纪检、监察、信访督查办等有关部门对干部在化解矛盾工作过程中协调处理问题能力、依法办事水平、工作作风和廉洁自律等方面情况加强考核,对由于工作不负责任造成越级上访或发生重大集体上访且影响较大的,追究有关领导及直接责任人的责任。

二、初步成效

下访制度的实施,改变了原先在市里集中接待"开药方"、镇乡(街道)"配药"的脱节现象,同时,由于接待地点分散,上访群众也分散到了各个镇乡(街道),从而使每位市领导接待量相对减少,更有条件掌握第一手的民情民意,了解问题的来龙去脉,增强了解决问题的针对性,取得了领导多下去、群众少上来的效果。

从受理情况看,方便了群众,减少了总量。变群众来访为干部下访接待后,群众来访量比去年同期有较大幅度下降,群体性上访明显减少,变集中接待为分散接待后,接访秩序有所好转,一定程度上减少了串联性、群体性上访行为的发生。

从处理方式看,明确了责任,转变了作风。一是增强了主体意识。市领导到基层下访后,工作前置,重心下移,强化了镇乡、街道的主体意识,增强分级负责、归口办理与属地管理的有效结合,促使其及时解决问题,真正把矛盾化解在基层。二是落实了工作责任。通过落实包案责任制,做到谁主管、谁负责,谁接访、谁负责,进一步落实了各联系领导、各联系部门督查、协调、化解的工作责任,一定程度上改变了接访、办理的脱节现象。三是增强了工作合力。通过二级联动机制,即市、镇乡(街道)领导和部门、相关基层单位人员共同参与接待活动,协助解决信访问题,进一步形成了各级、各部门齐抓共管的工作合力。

从处理效果看,强化了基础,提高了效能。一是增强了工作实效。由于接待领导固定,所以在信访问题的协调处理上具有工作的连续性、办理的一致性和解决问题的彻底性。下访到基层后,特别是面对面的现场办公,情况明、底子清,对群众反映的问题,属镇乡或联系部门办理的,可以当即明确承办单位,对涉及跨部门或单位的问题,在接待领导的协调督促下,也能各司其职,及时办理,防止脱节。二是减少了重复上访。由于上访群众分散到各镇乡(街道),每位领导的接待量相对减少,时间相对充裕,精力相对集中,可详细听取有关情况并作出解释答复,提高了解决初次信访的一次成功率和面复办结率,降低了重访率。三是提高了思想认识。领导下访带动各镇乡、街道和部门的主要领导一起参加接待,有效地促进和提高了镇乡(街道)和部门重视信访工作的自觉性。

三、几点体会

领导重视是关键。市委、市政府着力提升信访工作在全局工作中的位置,把稳定工作放到整个经济社会发展的大格局中一起研究,一起部署。对建立领导干部下访工作制度,市委、市政府十分重视,书记办公会议、市委常委会议作了研究,市主要领导经常关心并作指导,牵头召开信访工作座谈会,听取信访工作情况汇报,并作部署,市信访工作领导小组专题分析研究具体工作措施。

创新机制是动力。我市与时俱进,创新发展"枫桥经验",进一步落实"一把手"带头示范、班子整体重视稳定、各方合力齐抓共管的责任制,形成市、乡镇(街道)和部门、村(基层单位)三级联动机制。自2000年开始,我们已实施市级机关部门联合下基层接受群众投诉活动。今年,市委、市政府在充分调研的基础上,及时总结基层创造的经验,进一步拓宽工作渠道,做到工作前置、重心下移,试行了领导干部下访工作制度。同时在信访工作一日、一会、一表、一卡、一活动"五个一"制度的基础上,进一步健全了信访接办、督查、包案、考核、奖惩等五项工作机制,通过抓好信访工作的重点环节,使之形成一个系统完整的工作链。

制度配套是保障。我市在试行领导干部下访工作制度的同时,严格实行包案责任制、限时办结制、督查通报制和责任追究制等配套工作制度,通过捆绑式责任制,加强联系领导、联系部门与所在镇乡(街道)的协调与配合,明确各级各部门分级、分片、分线相结合的工作要求,实行上下联动、部门联手、工作联考,明确主管责任、直接责任、包案责任和督查责任,督促各级领导和部门切实履行督查、协调、化解相结合的工作职责,做到一级抓一级,层层抓落实,提高了下访工作的实效。

4.1.4 诸暨市建立重大案件查究通报制度的意见

提要:《意见》分为查究通报的范围和对象、应当查究通报的重大案件和事件、查究通报的行使机构、查究通报的程序和方式、实行查究通报制度的几点要求等5个部分。建立这项制度的目的是进一步明确各部门、各单位党政领导干部保一方平安的政治责任,促进社会治安综合治理各项措施的落实。查究通报的对象为发生重大案件的镇乡、市级部门和市属内部单位,以及上述部门和单位的主要领导(第一责任人)、分管领导及直接责任人。对被查究通报的单位,其社会治安综合治理当年实行一票否决。

诸暨市社会治安综合治理委员会
关于建立重大案件查究通报制度的意见[1]

为更好地贯彻落实中共中央、国务院和全国人大常委会关于加强社会治安

---

1 诸综委〔1997〕9号文件。

综合治理的两个"决定",进一步明确各部门、各单位党政领导干部保一方平安的政治责任,促进社会治安综合治理各项措施的落实,根据中央综治委、中纪委、中组部、国家人事部、监察部《关于实行社会治安综合治理领导责任制的若干规定》精神,决定建立诸暨市重大案件查究通报制度。现就有关事项提出如下意见:

一、查究通报的范围和对象

发生重大案件的镇乡、市级部门和市属内部单位,以及上述部门和单位的主要领导(第一责任人)、分管领导及直接责任人。

二、应当查究通报的重大案件和事件

1. 因领导不重视,措施不落实,造成本部门或单位治安秩序混乱或群众安全感受到严重威胁的;

2. 对不安定因素或内部矛盾纠纷化解不及时,处置不力,以致发生越级集体上访、聚众闹事、罢工、罢课、罢市、非法游行、非法集会等危害社会稳定的;

3. 因主管领导、治安责任人工作不负责任,发生重大案件或恶性事故、造成人员伤亡或恶劣影响的;

4. 内部存在重大治安隐患,经上级或有关部门提出警告、整改意见或司法建议、检察建议,急需要限期改进而无有效改进措施,导致发生重大案件或恶性事故的;

5. 因管理不善,防范措施不落实,发生重大刑事犯罪案件或火灾等灾害性事故,使国家、集体财产遭受巨大损失的;

6. 因教育管理不力,本单位干部职工或在校学生中违法犯罪情况比较突出的;

7. 对本部门本单位发生的严重违法犯罪案件隐匿不报或作虚假报告,不查处或拖延,以致造成恶劣影响或严重后果的;

8. 综治委、纪检委、组织部、人事局、监察局组成的联席会议认为其他需要查究通报的。

三、查究通报的行使机构

由市综治委、纪检委、组织部、人事局、监察局对镇乡、市级部门和市属内部单位行使查究通报。

四、查究通报的程序和方式

1. 公安、检察、法院、司法、劳动等部门按第二条"应当查究通报的重大案(事)件"规定的范围,按月向综治委报送发案情况。

2. 对认为应当查究通报的案件,由综治委同有关部门或责成某一部门组织调查,查明责任和性质。

3. 由综治委牵头,原则上每季召开一次由纪检、监察、组织、人事、公安、检察、法院、司法、劳动等有关部门参加的联席会议,对影响特别大、后果特别严重的案件可及时组织召集,听取发生的重大案件情况通报,研究确定查究意见。

4. 重大案件责任查究通报会,由综治委牵头召集。五部委和主管部门、新闻单位、发案单位第一责任人参加,分析发案原因和责任,有关职能部门宣布对责任人的处理决定。发案单位和主管部门要就如何整改、加强防范作表态发言。

5. 视情对典型案例通过新闻媒介公开曝光或在一定范围内予以通报。

6. 被查究通报单位要定期向综治委报告整改情况。综治委要对被查究通报单位的整改情况进行检查,督促整改,落实防范措施。

五、实行查究通报制度的几点要求

1. 首先必须对被查究通报单位所发案件查明原因,分清责任,提出处理意见。

2. 对应给予党纪、政纪处分的,提出建议,报送纪检、监察部门按干部管理权限,由有关职能部门办理;对应给予经济处罚的,由有关执法部门依法确定赔偿和罚款数额;对应给予治安处罚或追究刑事责任的,依照法定程序办理。

3. 被查究通报的单位,其主管部门要积极配合市综治委,督促下属单位自觉服从检查监督,不得阻碍、干扰查究通报工作。市综治委对发案单位的查究通报,应事先向主管部门通报。

4. 按绍兴市《关于社会治安综合治理一票否决权制试行办法》的规定,对被查究通报的单位,当年实行一票否决。

5. 查究通报制度对领导人员的适用条件按照绍兴市委办〔1994〕9号《关于实行社会治安综合治理领导责任制的实施办法》执行。

6. 本意见从发文之日起执行。

4.2 推进平安创建,形成多元主体参与社会治理合力

4.2.1 绍兴市综治办开展"平安社区"创建活动的意见

提要:《意见》分为指导思想和工作目标、创建重点、工作要求等3个方面,将企业和学校安全纳入创建重点。要通过深化企地共建安全社区活动,巩固对企业周边治安环境的整治成果,为国企的改革发展创造良好的治安环境;要深化"安全文明校园"创建活动,扩大"安全文明校园"创建的覆盖面,巩固校园治安秩序整治成果。动员全社会力量建设平安社区,宣传、教育、工商、劳动、工青妇等部门都要立足本职,积极参与和大力支持创建活动。具体方法上,抓好已建成单位的巩固提高,对尚未建成的单位要加强督促、指导,要组织动员广大在职党员干部参与所在地的"平安社区"创建活动。

关于2000年度开展"平安社区"创建活动的意见[1]

各县(市、区)综治委(协调小组)、公安局、市直各有关部门:

近几年来,我市根据中央、省综治委的要求,深入开展创建"平安社区"活动,取得了明显的成效,推进了社会治安综合治理的基层基础建设,有效地促进了社区稳定。根据中央、省综治委的部署,今年将继续深入开展基层安全创建活动。现结合我市实际,就今年开展"平安社区"创建活动提出如下意见:

一、指导思想和工作目标

认真贯彻党的十五大和十五届四中全会精神,坚持"打防结合,以防为主"的方针,深化学习推广"枫桥经验",结合创建文明城市竞赛活动,加大创建力度,进一步提高社区预防、发现和控制违法犯罪的能力,保障人民群众安居乐业,提高我市社会治安综合治理的层次和水平,维护全市政治和社会治安的持续稳定,以优良的实绩迎接全省综治大检查。

具体工作目标:

1. 政治稳定,不发生影响稳定的重大群体性事件。

2. 刑事发案和"八类"刑事案件上升幅度有所下降,入室盗窃案件发案率低于本县(市、区)平均数。

3. 不发生重大恶性治安灾害事故。

4. 案件高发、多发、治安问题较多的村居和单位得到及时有效的整治。

5. 落实"四前"工作法,做到小事不出村、大事不出镇、矛盾不上交,民间纠纷调处成功率达95%,无"两转"案件。

6. 80%的居民小区、60%的村能根据地区和季节特点,组织力量进行治安巡逻,有效遏制多发性案件。

---

[1] 绍市综治〔2000〕8号。

7. 外来人口管理措施落实,制度完善,外来人口违法犯罪得到控制。

二、创建重点

今年要在巩固成果的基础上,推动创建活动向深度和广度发展。要通过切实抓好基础薄弱、治安问题较多、工作难度较大的地区和单位的创建工作;要通过加强人防、技防、物防,有效控制入室盗窃、盗窃自行车等多发性案件,切实解决群众关注的热点难点问题;要通过深化企地共建安全社区活动,巩固对企业周边治安环境的整治成果,为国企的改革发展创造良好的治安环境;要深化"安全文明校园"创建活动,扩大"安全文明校园"创建的覆盖面,巩固校园治安秩序整治成果,今年全市初中以上学校"安全文明校园",创建面要达到80%,同时要丰富创建内容,继续开展安全航道、安全矿队(船队)、安全景区以及平安大道等创建活动,开展创建"无毒社区"活动。

三、工作要求

1. 加强领导,落实责任。创建活动要在各级党委、政府的统一领导下进行,各地、各部门党政领导要把深化创建活动作为学习推广深化"枫桥经验"重要内容,进一步推进综治的基层基础建设;要切实加强领导,明确目标和要求,落实责任。公安机关要继续发挥主力军作用,充分利用基层组织健全、情况熟悉的优势,积极抓好基层创建活动的组织、指导;民政部门要加强基层政权组织和群众自治组织建设;司法行政部门要加强人民调解工作,广泛开展依法治理,深入开展法制宣传教育;建设部门要加强对房屋租赁的管理,抓好住宅小区的物业管理。宣传、教育、工商、劳动、工青妇等部门都要立足本职,积极参与和大力支持创建活动。综治委可组织成员单位及县(市)直部门与村居、单位开展联建活动。市直各有关部门要加强对本系统"创安"工作的组织领导,抓好已建成单位的巩固提高,对尚未建成的单位要加强督促、指导,要组织动员广大在职党员干部参与所在地的"平安社区"创建活动。

2. 树立典型,加强指导。要加强分类指导,大力推广各类典型,根据不同地区、不同行业的特点,因地制宜地开展创建工作,市综治委将再组织开展评选一批创建活动示范点。各地、各部门也要大力推广创建典型,以典型引路,整体推进创建活动。

3. 突出重点,攻坚克难。今年创建工作的重点,一方面要突出抓巩固、完善、健全工作机制,提高已建成单位的档次和质量;另一方面要加大攻坚克难的力度,各县(市、区)要确定若干个基础薄弱、治安问题多难度大的地区和单位,由县(市、区)综治委牵头,公安机关为主,直接抓一镇(乡)、一村、一居、一小区的创建,集中力量、时间进行重点攻坚,解决一批创建"老大难"单位。同时对已建成单位要进行一次回头看,对治安问题突出的单位要发出限期整改通知书,未达要求的要取消安全单位称号。

主题词:2000年平安社区创建活动意见

报:市委、市人大、市政府、省综治委

送:市综治委成员

4.2.2 中共诸暨市委、诸暨市人民政府"关于创新'枫桥经验',创建'平安诸暨'的实施意见"

提要:《意见》提出了营造稳定、和谐社会环境,保障和促进经济社会持续、快速、协调、健康发展的目标,进行"双创":创新"枫桥经验",创建"平安诸暨"(其中包含创建"枫桥式平安镇乡[街道]")。夯实基层基础工作,健全完善稳定工作机制,落实社会治安综合治理措施,为改革发展和现代化建设创造和谐稳定的社会环境和工作高效的法治环境。"双创"工作的总体目标是:全力维护社会稳定,促进经济社会快速协调发展,使人民群众安居乐业。到2004年底,全市30%的镇乡、街道达到市级"枫桥式平安镇乡(街道)"标准,其中25%的镇乡、街道达到绍兴市级"枫桥式平安镇乡(街道)"标准。人民群众对社会治安工作满意率达85%以上,人民群众的安全感达95%以上。其中,新时期"枫桥经验"在全市各镇乡、街道、部门、企事业单位、农村、社区、学校进一步推行运用,形成一批各具特色的典型,做到理论上有新突破,实践上有硬基石,工作上有新举措。工作措施是健全完善五大机制:正确处理新时期人民内部矛盾疏导化解机制、打防控一体化工作机制、基层教育管理服务机制、规范化基层组织建设机制、维护社会稳定的领导责任机制。附件是考核评分标准。

在全省率先开展枫桥式平安乡镇创建
——枫桥经验花开诸暨[1]

浙江日报见习记者高驰弘、孙良

本报记者翁均飞、通讯员吴飞坚

本报讯　近年来,诸暨不断坚持和发展"枫桥经验",在建设"平安中国示范区"过程中,打造"枫桥经验"升级版,并让这一经验在诸暨全市"开花结果"。

"实现基层治理体系和治理能力现代化,是当前传承和发扬'枫桥经验'的重中之重。"绍兴市委常委、诸暨市委书记张晓强说,面对新形势,诸暨探索共治、法治、德治、自治、善治"五治合一"的社会治理新模式,并在全省范围内率先开展枫桥式平安乡镇创建,争当全国基层社会治理排头兵。坚持走群众路线,是"枫桥经验"的核心内容,近年来,诸暨通过激发社会力量参与社会治理,构建起政府、企业、社会、群众多元共治的全新格局。在袜业重镇大唐,外来流动人口远超本地人口。在原有管理措施基础上,当地创新推出"以房管人"模式——让出租房房东及时记录人员出入情况,实行有效管理。

依法调解,是"枫桥经验"的重要法宝。近年来,诸暨在全市纵深推进"四张清单一张网",全面建立法律顾问制度。如今,诸暨公共法律服务网已经投入使

---

[1]《诸暨日报》2017年9月12日。

用,市、镇、村三级公共法律服务实体平台全面建成运行,"半小时法律服务圈"基本覆盖诸暨城乡。崇德向善,以文化人,提升柔性治理能力,是诸暨为"枫桥经验"注入的全新内涵。今年,通过开展"最美店口人"和"身边的道德典型"等评选活动,诸暨邀请乡贤主讲道德讲堂,举办"荣誉市民"巡回演讲,一种向善、崇善、行善的新风尚正在形成。

在诸暨各地的村、社区,村民的事务村民拍板、群众间的矛盾自己化解,正成为新的"时尚"。"枫桥大妈"、次坞镇"老娘舅"、店口镇"红帽子"等社会组织,已成为诸暨基层社会自治的重要力量。截至6月底,全市已登记社会组织654家,备案社区社会组织为1 221家,志愿者人数达到6.02万人。

既充满活力又秩序井然,这是基层社会治理的目标之一。为了实现这种良性循环,诸暨还提出了"善治"的理念。到5月底,诸暨27个乡镇(街道)已完成"四个平台"建设工作,综合执法、国土、司法、人力社保、建设、环保等6个部门派驻机构纳入乡镇(街道)日常管理,226名相关派驻人员已实现属地管理。在"五治合一"新模式的推动下,"枫桥经验"花开诸暨。今年1月至6月,全市规上工业产值增长12.3%,固定资产投资增长12.2%;与此同时,全市刑事、治安警情分别同比下降29.1%和16.5%,群众安全感、满意度分别达到98.85%、97.8%。

附件:

中共诸暨市委　诸暨市人民政府

关于创新"枫桥经验"　创建"平安诸暨"的实施意见[1]

为加速实现我市"三个提前""两个率先"目标,营造稳定和谐的社会环境,保障和促进经济社会持续、快速、协调、健康发展,经研究,决定在全市开展创新"枫桥经验"、创建"平安诸暨"活动(以下简称"双创"活动)。现对"双创"活动提出如下意见:

1　市委〔2004〕18号。

一、指导思想

以"三个代表"重要思想和党的十六大精神为指导,全面贯彻落实市委十三届六次全会精神,紧紧围绕"三个提前""两个率先"奋斗目标,以创新发展"枫桥经验"为总抓手,以创建"枫桥式平安镇乡(街道)"为主载体,以着力打造"平安诸暨"为总目标,夯实基层基础工作,健全完善稳定工作机制,落实社会治安综合治理各项措施,努力开创具有诸暨特色的社会稳定工作新局面,为改革发展和现代化建设创造和谐稳定的社会环境和公正高效的法治环境。

二、工作目标

总体目标是:全力维护社会稳定,促进经济社会快速协调发展,使人民群众安居乐业。到年底,全市30%的镇乡、街道达到市级"枫桥式平安镇乡(街道)"标准,其中25%的镇乡、街道达到绍兴市级"枫桥式平安镇乡(街道)"标准。人民群众对社会治安工作满意率达85%以上,人民群众的安全感达90%以上。

具体目标是:

(一)社会政治稳定。全市不发生有重大影响的政治性事件和群体性事件;突发事件得到及时妥善处置;"法轮功"等邪教组织的非法活动得到有效打击、控制,不发生本地"法轮功"分子进京、滋事、插播等事件;国家安全人民防线建设坚强。

(二)治安秩序良好。严重暴力犯罪和多发性犯罪得到及时有力打击,案件上升幅度低于绍兴市平均数,五类案件破案率达到85%以上,杀人、伤害致死案件破案率达到90%以上;刑事立案数控制在60起/万人以下。黄、赌、毒等社会丑恶现象得到有效控制,社会风气良好。不发生震动全市、影响全省的特大安全生产事故,减少群死群伤等重大火灾、交通事故的发生。

(三)化解矛盾有效。最大限度地就地预防和控制矛盾纠纷。集体访、越级访、重复访上升幅度得到有效遏制,"三访"案件增幅低于上年,10人以上集体访案件总量下降,实现非信访重点地区矛盾纠纷调处率达到100%,调处成功率达到92%以上,80%以上的矛盾纠纷在村一级得到化解;有效防止和减少因民间纠纷引起的非正常死亡和民间纠纷转化的刑事案件。

（四）教育管理到位。外来人口管理体制、管理制度和组织网络进一步健全，实行综合管理。暂住人口登记发证率达到95%以上，出租房登记率达95%以上。外来人口犯罪率控制在登记总数的0.4%以下；完善归正人员回籍接管工作，安置帮教工作实行"三帮三延伸"，安置率达到95%以上，帮教率达到98%以上，重新犯罪率控制在4%以下，当年回归的无重新犯罪；轻微违法青少年的思想教育和行为矫治工作有针对性，青少年犯罪率控制在犯罪总数的35%以内，其中未成年人犯罪率低于5%。

（五）组织保障有力。进一步健全综治领导机构和办事机构，市综治办下设指导协调室，人员编制配备不少于2人。按中央综治委、中央编委文件要求，镇乡、街道由党委书记担任综治委主任，党委副书记担任综治办主任，并按绍兴市划定的甲、乙、丙类镇乡、街道分别配备8至12名、6至10名、4至6名综治办事机构人员，于今年6月底前配备到位。到年底，全市综治办规范化建设达标率达到30%以上。以基层党支部为核心的配套组织建设得到加强，群防群治组织落实、形成网络。基层政法组织进一步健全，装备、经费、办公用房等保障条件进一步改善。社区警务建设扎实推进。综治经费列入同级财政预算。

（六）法制环境优化。社会政治、经济、文化事业和社会事务的管理法治化、规范化，地方、行业和基层的依法治理全面推进。各级行政和政法机关严格执法、公正司法。普法教育进一步深化，全体公民特别是各级领导干部的法律素质不断提高。全社会的依法办事意识、行政机关的依法行政水平进一步增强，形成民主、公正、健康的社会法治环境。

（七）"枫桥经验"创新发展。全市干部群众创新"枫桥经验"的责任性自觉性增强，新时期"枫桥经验"在全市各镇乡、街道、部门、企事业单位、农村、社区、学校进一步推行运用，形成一批各具特色的典型，做到理论上有新突破，实践上有硬基石，工作上有新举措，"墙里墙外一样红"。

三、组织领导

为加强对"双创"工作的领导,市委、市政府成立"双创"工作领导小组,下设办公室。各地各部门要结合实际,建立相应的领导小组和办事机构,切实加强领导,认真制订规划,精心组织实施。

四、工作措施

开展"双创"活动是营造长期和谐稳定的社会环境,确保人民群众安居乐业,促进经济社会协调快速发展的重要举措。各镇乡、街道和部门要切实加强领导,精心组织实施,健全创建机制,落实工作措施,认真抓好"双创"工作,努力提高"双创"活动的质量和水平。

(一)健全完善正确处理新时期人民内部矛盾疏导化解机制

1. 开展讨论活动。在全市上下广泛深入地开展"全国学诸暨,诸暨怎么办"大讨论活动,通过集中学习、座谈讨论、开展调研、征集意见建议、撰写研讨文章等多种形式,进一步把思想统一到中央、省委领导对创新发展"枫桥经验"的要求上来,切实增强创新发展"枫桥经验"的责任感使命感。坚持与时俱进,注重在综合、融合、结合上下功夫,找准着力点,把握关节点,挖掘新亮点,把用足、用活、用好"枫桥经验"基本精神与本地本单位的具体实践结合起来,与研究解决当前信访和稳定工作的突出问题结合起来,积极探索新形势下具有诸暨特色的社会稳定工作新路子,不断赋予"枫桥经验"在率先全面建成小康社会、率先基本实现现代化新阶段中以新的内涵,使"枫桥经验"常抓常新,更富成效。

2. 完善组织网络。形成市、镇乡(街道)、村联动的工作网络。市建立由分管领导负责,综治委牵头,国土、劳动保障、人口计生、建设、公安、法院、检察、司法、信访、经贸、民政等部门参加的维稳联席会议制度;镇乡、街道建立由主要领导挂帅,综治办、司法所、信访办、派出所、人民法庭、国土所、城建办、民政办等参加的维稳中心;村(居)建立由联村(居)干部、两委班子主要成员、治保调解干部、村(居)民代表参加的维稳工作组。大力加强以村(居)党支部为核心的基层组织建设,充分发挥治保会、调解会在维护基层稳定中的作用。

3. 创新工作机制。全面落实"四前"工作法、"四先四早"工作机制和领导干部下访等行之有效的制度,进一步构建具有诸暨特色的预防化解矛盾纠纷工作的新机制。(1)完善源头治理机制。通过加快经济社会发展,加强道德法制教育,推进基层依法治理,认真解决土地征用、城市拆迁、企业改制、社会保障、就业再就业、涉法涉讼等涉及群众切身利益的问题,从根本上预防、减少和化解矛盾纠纷。(2)完善信息预警机制。健全信息网络,加强对信息情报的分析研究,及早掌握、及早预防、及早解决带有倾向性、苗头性问题,把握工作主动权。定期组织矛盾纠纷集中排查调处活动,及时解决影响社会稳定的突出问题。(3)完善分级负责、归口调处、领导包案、督查督办等工作机制。村级维稳工作组要及时受理、调处本村(居)范围内的各类矛盾纠纷,努力把矛盾解决在当地、化解在萌芽状态。对比较复杂的或跨区域自身无法解决的矛盾纠纷,须在3个工作日内移送镇乡(街道)维稳中心,并说明理由;镇乡(街道)维稳中心每月分析、通报稳定工作情况,受理、协调、指导、督查辖区内的各类矛盾纠纷,充分发挥镇乡、街道人民调解委员会的作用,及时依法调处各类矛盾。对自身无法化解的重大、疑难纠纷,须在7个工作日内移送市级维稳联席会议;市级维稳联席会议要坚持每月一次例会,通报当月矛盾纠纷排查调处工作情况。市综治办和信访局对镇乡、街道维稳中心移送的矛盾纠纷,要落实责任部门及时予以解决,对重大或跨区域、跨部门的矛盾纠纷,实行领导包案调处,联席会议进行通报和检查督办。(4)完善群体性事件处置机制。建立健全统一指挥、反应灵敏、协调有序、运转高效的应急机制,把处置工作纳入规范化、制度化、法制化轨道,全面提高处置群体性事件、突发事件和重大灾害事故的能力。(5)完善激励机制。全面开展"示范调委会""五星级"治调工作竞赛活动,鼓励治调组织和人员勤调多解矛盾纠纷。充分运用"四环指导法",全面提高调解的质量和效果。

4. 强化信访工作。进一步完善信访工作机制,落实信访"一把手"责任,优化信访工作"五个一"制度。认真落实信访排查、约访下访、领导包案、督办督查、协调、考核等制度,积极开展创"三无"活动,畅通信息渠道,创新工作方法,变群众上访为领导下访,提高初信初访一次性处理的成功率,认真解决特殊访和老上访户问题,切实化解信访热点难点,努力减少信访总量和信访存量。政法综治部门要大力支持信访部门的工作,积极参与信访综合治理,认真对待每一件涉法涉诉来信来访,做到件件有着落。

(二)健全完善打防控一体化工作机制

1. 提高"严打"实效。建立健全"严打"经常性工作机制,依法严厉打击杀人、爆炸、伤害、绑架等严重暴力犯罪,黑恶势力犯罪,暴力恐怖犯罪,盗窃、抢夺、抢劫等侵财型犯罪和毒品犯罪、流窜犯罪。依法严厉打击阻碍经济社会发展的流氓地痞。适时组织开展"打黑除恶"、打击"街面犯罪""破案追逃"等专项行动,真正做到什么犯罪突出就重点打击什么犯罪,什么打击方式有效就选择什么方式。政法部门之间要加强协调,形成合力,切实提高攻坚克难水平,提高破案率和追逃率,提高办案质量和效果,做到依法快捕、快审、快判和从重、从严、从快,有效震慑各类刑事违法犯罪活动。建立健全滚动排查、重点整治的长效工作机制,对治安重点地区实行重点整治,解决突出治安问题。加强治安管理,坚决扫除"黄赌毒"等丑恶现象,净化社会风气。依法严惩经济犯罪和职务犯罪,维护社会主义市场经济秩序,促进廉洁从政。

2. 严密防控体系。继续完善网格化巡防、电子化监控、社会化防范的治安防控工程。深入开展平安志愿者活动,充分调动人民群众参与社会治安的积极性。大力实施科技强警战略,继续推进电子防控系统建设,今年要在完成市区和牌头镇电子监控系统建设的基础上,着力抓好草塔、安华、次坞、山下湖镇等镇乡、街道的电子防控系统规划设计,力争明年建成,以不断提高科技在治安防控中的作用。积极探索警力下沉、警力整合新路子,努力构建现代警务运行机制,不断完善"三台合一""四警联动"工作机制,切实建好社区"一区三室",不断提高社区自防协防能力。进一步加强公共场所、特种行业和重点物品的治安管理,消除治安隐患,及时发现犯罪线索,预防、打击犯罪。健全国家安全人民防线建设机制。

3. 深化"创安"活动。继续按照市委〔2003〕50号、市委办〔2003〕153号文件要求,深入开展创建"枫桥式平安镇乡(街道)"活动,尤其要重点抓好经济比较发达、治安比较复杂、工作难度大的地方的创建工作,不断提高创建活动的质量和水平。把安全小区(社区)、治安安全村(居)、治安安全单位、安全文明铁道线、"安全路段"和"无毒社区"等基层"创安"系列活动和信访工作"三无"镇乡、街道创建活动纳入"枫桥式平安镇乡(街道)"创建之中,真正做到以村(居)、企业、单位的平安来保镇乡、街道的平安,以镇乡、街道的平安来确保全市的平安。

(三)健全完善基层教育管理服务机制

1. 推进"四五"普法。加强以领导干部、企业经营管理者、外来人员、青少年特别是在校生为重点的全民法制教育,切实提高干部依法行政、企业依法经营、公民依法办事的素质。积极探索社会闲散青年的管理教育,形成有效的教育管理机制,预防和控制违法犯罪。深入推进"民主法治村(社区)"建设,到年底有20%以上的村(社区)达到"民主法治村(社区)"标准。全面实施"农民素质教育工程",不断提高农民素质,提高基层依法治理水平。

2. 优化管理服务。坚持教育、服务、维权、管理并重,推进外来人口管理社会化、市场化、信息化、人性化,既努力使外来人员安居乐业,又严密防范、严厉打击外来流动人口中的不法分子,有效遏制流动人口犯罪的高发势头。全面推行流动人口网络化管理,逐步实现市、镇乡(街道)、村(社区)三级联网。加快推进外来人口公寓式管理,解决外来人口子女入学问题。建立健全镇级培训点,加强外来人口的思想政治教育、公民道德教育、法制教育和职业技术培训。健全困难人员救助服务机构,建立外来人口维权服务中心,保护其合法权益。坚持和完善家庭、学校、社会三位一体工作机制,整体联动,加强对青少年的教育管理。坚持和完善"三帮三延伸"帮教机制,切实做好归正人员的安置帮教工作,努力减少重新违法犯罪。

积极开展社区矫正试点工作,充分运用社会力量教育改造人。

3. 加强社区管理。夯实基层特别是农村民主法制基础。推行镇乡、街道干部驻村制、民警联村制、定期巡访制,切实做到警力下沉、管理前移。依托社区警务,进一步加强护村队、护厂队、物业保安队等群防群治队伍建设,有效整合社区资源,严密社区防范。推行治安信息社会化,全面实行治安情况定期预报制度。切实加强对工业园区企业安全防范工作的指导和服务,帮助企业建立内部治安保卫组织,完善治安保卫制度,落实安全保卫措施。按照市场化运作模式,逐步推行保安人员派驻制。整合各种治安力量,建立统一规范的护园队,加强园区治安防控。建立综治等部门与重点企业联系制度,加强指导,增强其自我防范能力。

4. 严格安全管理。建立健全安全生产规章制度,进一步提高安全生产管理水平。深化城市"畅通工程"和"平安大道"创建活动,进一步抓好交通安全整治和管理,加强市民交通安全知识教育,抓好工程车辆管理,切实维护交通安全,减少交通事故。集中整治火险隐患突出的公共聚集场所、娱乐服务场所、专业市场、轻纺行业、消防重点单位、家庭式作坊和"三合一"企业,消除火险隐患,防止重特大火灾事故的发生。

(四)健全完善规范化基层组织建设机制

1. 配强配好人员。按照中央综治委、中央编办有关文件要求,统筹考虑,配齐配强镇乡、街道政法综治副职和基层综治专职工作人员,确保人员到位。按重心下移,警力下沉,加强"两所一庭"(公安派出所、司法所和人民法庭)等基层政法组织建设。镇乡、街道维稳中心要按要求配齐人员,健全制度,规范运作。

2. 规范基层建设。着力抓好基层综治委、综治办(维稳中心、调委会、司法所、信访办)、公安派出所、人民法庭的规范化建设,进一步健全管理制度,规范工作程序,改善基础设施,提高整体素质,充分发挥基层政法综治组织在维护稳定中的骨干作用。

3. 抓好教育培训。加强基层政法综治组织的思想政治建设,深入开展"三个代表"重要思想教育,开展作风纪律教育、忠诚敬业教育活动,牢固树立正确的世界观、人生观和价值观,确立正确的权力观、地位观和利益观,坚定执政为民、执法为民思想。按照紧贴实际、着眼长远、讲求实效的原则,大力加强业务培训和岗位练兵,不断提高业务素质和执法、办事水平。

(五)健全完善维护社会稳定的领导责任机制

1. 落实领导责任。各级党政领导干部必须树立正确的政绩观,用抓改革发展的精神来抓稳定,用抓改革发展的力度来抓稳定,切实把维护社会稳定工作作为一项突出的政治任务来抓。党政"一把手"要对本地区维护稳定工作负总责,切实承担起第一责任人的责任。把各级党政领导抓稳定工作的实绩列入干部考核的重要内容,同晋职晋级和奖惩直接挂钩,真正从思想上行动上把"保一方平安"的工作落到实处。不断增强法治意识,支持、监督和保障政法综治信访部门依法行使职权,为政法综治信访部门公正执法、顺利工作创造良好的环境。各部门要按照"谁主管、谁负责"的原则,进一步落实工作责任,预防、化解、处置各类矛盾纠纷。

2. 落实经费保障。根据中央和省委有关文件要求,政法机关及各镇乡、街道政法综治经费要列入财政预算,保证足额到位,并按财政增长比率逐年增加。综治经费由同级财政予以安排,市级按常住人口年每人0.5元核拨,镇乡、街道按甲、乙、丙类分别按常住人口年每人1元、0.8元、0.5元核拨。外来人口专项管理经费列入公安机关年度预算,按登记在册外来人口人均20元核拨。涉及农民工的治安管理、计划生育、社区管理等有关经费,纳入流入地正常的财政预算支出范围。对市区、重要集镇的电子监控设施等装备,要按照全省先进县(市)的一流标准配备,列出计划,逐步到位。增加对治安辅助力量的经费投入,提高有关工作人员的经济待遇。

3. 强化工作考评。修订和完善社会治安综合治理、信访工作岗位目标管理责任制和考评细则,做到责任硬化、工作量化、考核细化,一级抓一级,层层抓落实。建立定期分析研究和评估社会治安形势制度,加大检查考核力度,指导督促各级各部门认真做好维护社会稳定各项工作。严格实行责任追究制和"一票否决制",对责任不落实、工作不力造成重大社会影响的,坚决实行"一票否决"和责任追究,确保社会治安综合治理各项措施落到实处。

4. 加大督查力度。各级党委、政府要加强定期指导督查,狠抓措施落实,切实加强"双创"的组织推动工作;有关部门要切实发挥各自职能作用,积极协助党委、政府抓好相应工作;综治、政法部门要按照各自职责,认真做好对"双创"活动的督促、检查、指导和具体工作;宣传舆论部门要发挥舆论监督作用,大力宣传"双创"活动的意义和各种典型经验,深入开展政法综治工作宣传,对"双创"活动组织不力、措施不实、造成重大后果的予以曝光,努力营造良好氛围,进一步提高广大干部群众参与"双创"活动、合力维护社会稳定的自觉性。

五、方法步骤

"双创"工作总体分三个阶段进行:

(一)准备动员阶段(至3月底)。主要任务是:镇乡、街道以及有关部门,根据市委、市政府下发的关于创新"枫桥经验"、创建"平安诸暨"的实施意见,制定符合本地区本部门的实施细则或方案;成立"双创"活动领导小组和办公室,落实分管领导和专职人员;召开"双创"活动动员大会,组织发动村(居)、企事业单位和广大人民群众积极参与"双创"活动。充分运用各种宣传阵地和媒体,大造"双创"声势,营造"双创"氛围。

(二)具体实施阶段(4月初至11月底)。主要任务是:落实领导责任,加强组织领导;完善治安防控体系,提高社会治安防范水平;加大打击整治力度,遏止刑事发案;健全疏导化解机制,遏止"三访案件";加强基层基础建设,落实综合治理责任,确保"双创"各项措施、任务落实到位,确保工作目标的实现。

(三)检查考评阶段(12月)。主要任务是:检查考评,查漏补缺,整改提高,总结表彰,巩固"双创"成果。

六、考核奖惩

创新"枫桥经验"、创建"平安诸暨"活动纳入市委、市政府对镇乡(街道)党委、政府(办事处)的年度工作考核,作为衡量镇乡、街道和部门工作实绩和干部政绩的重要依据之一。综治、信访、安全生产等工作作为"双创"活动的主要内容,纳入社会发展环境考评。"枫桥式平安镇乡(街道)"创建活动,实行专项考核,镇乡、街道于12月初自查自评并提出申报,市"双创"活动领导小组办公室考核验收,市委、市政府审核命名。对"双创"活动成绩突出的镇乡、街道,市委、市政府将予以表彰奖励。对评为省级、绍兴市级、诸暨市级"枫桥式平安镇乡(街道)"的,各发奖金8万元、5万元、2万元(不重复计奖,以最高奖为准)。对列为省、绍兴市、诸暨市治安重点整治地区(单位)的镇乡、街道和部门、单位,如果不如期整改摘帽,治安问题突出,或发生影响全市社会稳定的政治性事件和群体性事件的,实行一票否决,并责令限期整改。

附:诸暨市"枫桥式平安镇乡(街道)"创建活动考核评分标准

中共诸暨市委　诸暨市人民政府

2004年2月17日

诸暨市"枫桥式平安镇乡(街道)"创建活动考核评分标准

分类		创建内容	分值	评分办法
社会政治稳定(10分)	1	党委政府重视社会稳定工作,经常分析维稳工作形势,部署工作任务,解决实际问题	1分	按检查了解情况以0.5分档次酌情扣分
		村(居)适时制定稳定工作计划,有针对性地提出防范工作意见和建议,积极做好稳定工作	1分	按检查了解情况以0.5分档次酌情扣分
		不发生重大政治性、群体性事件	4分	发生1起不得分
		无"法轮功"等邪教组织串联、聚会、集体练功等非法活动	2分	发生1起不得分
		不发生危及国家安全的事件	2分	发生1起不得分(积极主动提供情况的除外)

续表

分类		创建内容	分值	评分办法
治安秩序良好（25分）	2	网格化巡防、口袋式管理、电子化监控、社区化防范的治安防控体系完善，人防物防技防等防范措施落实，重点要害部位无失控现象	3分	按检查了解情况以0.5分档次酌情扣分
		无流氓恶势力犯罪团伙	4分	发现1个，"甲类"镇乡（街道）扣2分；"乙类"镇乡（街道）扣3分；"丙类"镇乡（街道）不得分
		无爆炸、杀人、绑架、放火等重大恶性案件	4分	发生1起，"甲类"镇乡（街道）扣0.5分；"乙类"镇乡（街道）扣1分；"丙类"镇乡（街道）扣2分
		无重大毒品犯罪案件	3分	发生1起不得分
		盗窃、抢劫、抢夺等多发性侵财案件得到有效控制，发案数低于全市平均值	3分	持平的得3分，每上升2个百分点"甲类"镇乡（街道）扣0.5分；"乙类"镇乡（街道）扣1分；"丙类"镇乡（街道）扣1.5分
		每万人口刑事立案数低于全市平均值	2分	持平的得2分，每上升2个百分点"甲类"镇乡（街道）扣0.2分；"乙类"镇乡（街道）扣0.5分；"丙类"镇乡（街道）扣0.8分
		每万人口治安案件立案数低于全市平均值	2分	持平的得2分，每上升2个百分点"甲类"镇乡（街道）扣0.2分；"乙类"镇乡（街道）扣0.5分；"丙类"镇乡（街道）扣0.8分
		聚众斗殴、赌博、吸毒和制作、贩卖淫秽物品等重大治安案件，低于全市平均数	2分	持平的得2分，每上升1个百分点"甲类"镇乡（街道）扣0.4分；"乙类"镇乡（街道）扣0.6分；"丙类"镇乡（街道）扣0.8分
		火灾、交通、安全生产等重大安全事故得到控制	2分	发生1起，"甲类"镇乡（街道）扣0.5分；"乙类"镇乡（街道）扣1分；"丙类"镇乡（街道）扣1.5分

续表

分类		创建内容	分值	评分办法
化解矛盾有效（20分）	3	镇乡（街道）建立由党委政府统一领导，有关部门共同参与的维稳中心	2分	建立机构、运作顺畅得2分，作用发挥不够以0.5分档次酌情扣分
		村（居）、企事业单位建立维稳工作组，落实信息员，工作流程明确	3分	少一个环节扣1分
		到绍兴市以上的"三访"案件得到有效遏制	10分	发生1起，"甲类"镇乡（街道）扣1分；"乙类"镇乡（街道）扣1.5分；"丙类"镇乡（街道）扣2分（对已发案件，若工作到位，措施有力的则酌情扣分）
		矛盾纠纷调处率达100%	1分	每低5个百分点扣1分
		调处成功率不低于92%	2分	每低5个百分点扣1分
		无"民转刑"案件	2分	发生1起，"甲类"镇乡（街道）扣0.5分；"乙类"镇乡（街道）扣0.8分；"丙类"镇乡（街道）扣1分
教育管理规范（10分）	4	重点人群教育管理措施落实，机制完善	1分	按检查了解情况以0.5分档次酌情扣分
		暂住人口底数清、情况明，登记发证率不低于95%，流动人口违法犯罪人数占流动人口总数的比例低于0.4%	3分	前项每低5个百分点扣1分，后项每高2个千分点扣1分
		归正人员帮教率不低于98%，安置率不低于95%，重新犯罪率低于4%	2分	前两项每低5个百分点扣1分，后项每高2个百分点扣1分
		青少年犯罪率低于犯罪总数的35%	2分	每上升1个百分点扣0.2分
		未成年人犯罪占犯罪总数比例低于5%	2分	每高1个百分点"甲类"镇乡（街道）扣0.2分；"乙类"镇乡（街道）扣0.4分；"丙类"镇乡（街道）扣0.8分

续表

分类		创建内容	分值	评分办法
组织保障有力（20分）	5	社会治安综合治理委员会及其办事机构健全	1分	不健全不得分
		配备综治工作副职	2分	"甲类""乙类"镇乡(街道)不配综治工作副职；"丙类"镇乡(街道)没有明确分管领导不得分
		配备综治工作专职人员	3分	"甲类"镇乡(街道)8—12人；"乙类"镇乡(街道)6—10人；"丙类"镇乡(街道)4—6人。低于下限的每少1名扣1分
		公安派出所、人民法庭、司法所、国家安全人民防线等政法基层组织主动参与社会治安综合治理并发挥主力军作用	2分	按检查了解情况以0.5分档次酌情扣分
		村(居)委会有专人负责社会治安综合治理工作，治保会、调解会等群防群治组织健全，作用发挥好	1分	按组织健全、责任落实情况以0.5分档次酌情扣分
		镇乡(街道)与村(居)及辖区单位每年签订社会治安综合治理目标管理责任书	1分	签订率每下降5个百分点扣0.5分
		综治工作列入党政主要领导和分管领导岗位目标责任制考核内容	1分	未列入不得分
		认真开展综治工作检查考核，落实奖惩措施	2分	按措施落实情况以1分档次酌情扣分
		社会治安综合治理经费列入同级财政预算	4分	按常住人口数，"甲类"镇乡(街道)按年人均1元；"乙类"镇乡(街道)按0.8元；"丙类"镇乡(街道)按0.5元核拨。低于规定的酌情扣分，未列入的不得分
		群防群治队伍和流动人口管理工作机制健全，经费保障到位	2分	按经费保障情况以0.5分档次酌情扣分
		企业创安经费有保障	1分	按保障程度以0.5分档次酌情扣分

续表

分类		创建内容	分值	评分办法
法制环境优化（15分）	6	市场经济秩序良好,无重大经济犯罪案件	2分	发生1起不得分
		积极开展各项安全创建活动,保持良好社会秩序	3分	社区创建面100%,建成率90%;农村创建面85%,建成率75%。每下降1个百分点扣0.5分
		群众对当地治安状况的满意率和安全感	6分	满意率和安全感分别达到:"甲类"镇乡（街道）85%、88%；"乙类"镇乡（街道）88%、90%；"丙类"镇乡（街道）90%、92%。每低1个百分点扣1分
		群众对居住地、工作单位的安全防范工作表示满意	2分	满意率"甲类"镇乡（街道）92%；"乙类"镇乡（街道）90%；"丙类"镇乡（街道）88%。每下降5个百分点扣1分
		社区、村（居）及各类公共场所社会风气良好	2分	按检查了解情况以0.5分档次酌情扣分
备注		85分以上为达标镇乡（街道）,90分以上为二级达标镇乡（街道）,95分以上为一级达标镇乡（街道）;甲、乙、丙类镇乡、街道按绍兴市确定的为准		

4.2.3　中共枫桥镇委员会开展平安"八创建"的意见

提要:《意见》从指导思想、工作目标、创建范围、创建责任、创建内容、考核评比、工作要求等7个方面对平安创建工作进行了规范。"八创建"包括村庄、社区、企业、校园、医院、市场、矿山、路段等,涉及社会治理的各个领域。平安创建中重视加强相互协调、齐抓共管、整体推进。通过创建活动,真正解决影响基层社会和谐稳定的突出问题,体现标本兼治的要求。加强对"八创建"的宣传,引导广大干部群众积极配合和参与,真正使"八创建"活动深入人心,形成浓厚的创建氛围。

中共枫桥镇委　枫桥镇人民政府关于开展平安"八创建"活动的意见[1]

各村、社区、企事业单位：

为认真贯彻落实《市委、市政府关于深化创新"枫桥经验"、创建"平安诸暨"的实施意见》，进一步把平安创建各项工作落到实处，营造和谐稳定的社会环境，决定在全镇开展以"平安村""平安社区""平安企业""平安校园""平安医院""平安市场""平安矿山"和"平安路段"等为内容的"八创建"活动，现提出如下意见：

一、指导思想

以邓小平理论、"三个代表"重要思想和党的十六大和十六届四中全会精神为指导，坚持创新发展"枫桥经验"，广泛深入地开展"八创建"活动，构建和谐稳定的基层环境，积小安为大安，确保"平安枫桥"创建再次成功。

二、工作目标

争取通过2—3年的创建，全镇95%以上的村、社区达到"平安村""平安社区"标准；90%以上的企业达到"平安企业"标准；95%以上的学校达到"平安校园"标准；95%以上的医疗卫生机构达到"平安医院"标准；90%以上的专业市场达到"平安市场"标准；90%以上的矿山达到"平安矿山"标准；90%以上的县级以上道路达到"平安路段"标准。到今年底，力争"平安村""平安社区""平安企业""平安校园""平安医院""平安市场""平安矿山""平安路段"均达到80%以上，以基层的稳定确保全镇的稳定。

三、创建范围

"平安村"创建范围为全镇所有的行政村；"平安社区"创建范围为全镇所有的居委会；"平安企业"创建范围为全镇职工人数50人以上的企业；"平安校园"创建范围为全镇各级各类学校（幼儿园）；"平安医院"创建范围为全镇所有医疗

---

[1] 枫委〔2005〕51号。

机构;"平安市场"创建范围为全镇所有专业市场;"平安矿山"创建范围为全镇所有的矿山企业;"平安路段"创建范围为全镇境内所有的县道以上道路。

四、创建责任

(一)"平安村""平安社区"创建由镇平安办、综治办牵头组织实施,派出所、司法所、法庭和医院、工商所、工贸办、社会事业办、劳管所等站办所配合。

(二)"平安企业"创建由派出所组织实施。

(三)"平安校园"创建由镇教办组织实施,派出所、工商所、医院、城建办、社会事业办等站办所配合。

(四)"平安医院"创建由市第二人民医院组织实施,社会事业办、工商所等站办所配合。

(五)"平安市场"创建由镇工贸办牵头组织实施,工商所、城建办、医院等站办所配合。

(六)"平安矿山"创建由镇工贸办组织实施,派出所配合。

(七)"平安路段"创建由枫桥交警中队组织实施,派出所、城建办、农办及沿线各村(居)齐抓共管。

五、创建内容

(一)"平安村"和"平安社区"创建

重点是深化"八进村(社区)"(具体内容见枫委〔2005〕50号文件)。

(二)"平安企业"创建

重点是抓好"四个强化":一是强化治安保卫。落实"五统一"保安派驻制度,加强治安巡逻和内部保卫工作,及时排查化解矛盾纠纷,确保企业内部不发生刑事案件和群体性事件。二是强化安全生产。严格落实安全生产责任制,不断提高安全生产管理水平,不发生安全生产事故。三是强化依法经营。无生产销售假冒伪劣产品、偷税漏税等违法犯罪行为。四是强化教育维权。严格执行各项劳动用工管理制度,及时签订劳动合同,不发生无故拖欠和克扣职工工资行为。定期对员工进行法律、安全、技能等方面的教育培训,提高员工的综合素质。

(三)"平安校园"创建

重点是优化"五个环境":一是优化治安环境。整治学校及周边地区治安秩序,经常性开展校内建筑安全、消防安全检查,加强实验室、机房等重点部位防卫,严格外来人员出入登记制度和剧毒品、易爆易燃品管理,建立突发性事件快速反应机制,开展校地联防,确保校园平安。二是优化法制环境。进一步完善"法制副校长""法制辅导员"和"青少年法制学校"等做法,充分发挥课堂教育主渠道作用,并运用校内局域网、广播电视、校报、宣传窗等载体,定期对师生进行法制宣传教育,提高广大师生的法律素质。加强心理健康指导服务,增强师生心理调节和适应社会生活的能力。三是优化饮食环境。严把食堂、师生服务部的食品及饮用水质量关,严把从业人员准入关和健康体检关,落实食品48小时留样制度,加强传染性疾病防治,严防群体性中毒事件和投毒事件的发生,严防传染性疾病流行。进一步对学校及周边地区的餐饮业进行整顿规范,保障师生的合法权益和消费安全。四是优化文化环境。加强思想道德建设,清除低级庸俗的口袋书,开展网络安全教育,增强学生对社会不良现象的免疫力。进一步深化校园及周边环境,消除低级庸俗文化。采取有力措施,防范邪教和非法宗教对校园的渗透。五是优化交通环境,搞好校园周边尤其是校门出入口的交通秩序管理,设立交通警示标志,落实路队和护送等措施。严禁使用不合格车辆接送学生,杜绝超载和违规驾驶现象,定期对学生用车进行安全检查,保持良好车况。加强对学生的交通法规、交通安全教育,有效预防和减少学生交通事故。

(四)"平安医院"创建

重点是做到"四提高四有效":一是提高内保水平,有效预防和减少盗窃案等刑事案件;二是提高消防水平,有效预防火灾事故的发生;三是提高医疗质量,有效预防和减少各类医疗事故;四是提高服务质量,有效预防和减少医患纠纷。

(五)"平安市场"创建

重点是加强"三防一规范"工作:一是防火灾事故。消防制度健全,灭火器、消防栓等设施配备齐全,专兼职消防人员配齐配强,日常检查严格规范,对经营户和管理人员的消防知识、技能的教育培训到位,不发生火灾事故。二是防治安案件。治保、调解组织健全,配备专业保安人员,实行昼夜值班巡逻,监控设施能发挥作用,摸排调处矛盾纠纷及时有效,治安、刑事案件得到有效控制。三是防消费纠纷。加强对经营人员的职业道德教育和法制教育,提高经营人员依法经营、文明经营的自觉性,无欺行霸市现象。开展"文明经营户"评选活动,不断提高服务质量。及时调处消费纠纷,维护消费者合法权益。四是规范经营秩序。做到经营主体合法、证照齐全,重要商品实行准入制度,食用农产品实行检测。加强商品监管,及时查处销售假冒伪劣商品行为,不发生销售假冒伪劣商品造成恶劣影响、被县级以上主要新闻媒体曝光并查证属实的事件。

(六)"平安矿山"创建

重点是做到"三严三杜绝":一是严密爆炸物品管理,严格执行当日领用、当日清退制度,杜绝发生爆炸物品丢失、被盗案。二是严格安全操作程序,严格执行专业人员持证上岗规定,加强对违规操作的监管,杜绝发生违规操作行为。三是严查安全事故隐患,切实健全和落实安全检查、职业病预防、事故管理、重大危险源监控和隐患整改、安全设施配备及管理、应急救援等制度和措施,确保作业安全,杜绝矿山安全事故发生。

(七)"平安路段"创建

重点是做到"三强化一完善":一是强化安全教育。落实宣传员,广泛开展交通安全宣传活动,加强交通法律法规教育,不断提高公民遵守交通法律法规的自觉性和安全自护能力。二是强化路面管理。加强路面巡逻,从严查处各类交通违法行为,妥善处置交通事故。完善救援应急预案。深入开展道路运输危险化学品整治,坚决杜绝危险化学品运输恶性事故的发生。三是加强重点整治。定期排查、全面整治公路事故多发点、段,消除安全隐患,扭转事故多发状况。四是完善基础设施。加强技术改造,加大对交通安全设施的资金投入,做好各村庄路口的"亮化工程"和减速带安装,做好各危险路段安全防护设施的安装和维护,不断完善安全设施,创造良好的交通环境,道路交通事故明显下降。

六、考核评比

"平安村""平安社区"考核评比由镇乡、街道组织实施。镇确定的"平安村""平安社区"名单报市委建设"平安诸暨"领导小组审议同意后,以镇党委、政府名义公布;"平安企业""平安校园""平安医院""平安市场""平安矿山""平安路段"考核评比根据市委办〔2005〕66号文件执行。

七、工作要求

(一)领导重视,齐抓共管。平安"八创建"活动是"平安枫桥"创建的基础和重要内容,直接关系到"平安诸暨"创建是否成功。各村、社区、企事业单位和站、办、所要高度重视这项活动,摆上议事日程,精心部署,落实专门力量负责创建工作,做到计划全面、措施扎实、指导到位、检查严格。要加强相互协调、齐抓共管,整体推进。要加强保障,确保"八创建"活动顺利进行。

(二)强化监督,务求实效。各村、社区、企事业单位和站、办、所要对"八创建"活动进行经常性检查、指导,及时发现和解决创建中的问题,及时总结和推广创建中的成功做法和经验,推动创建工作深入开展。要务求创建实效,通过创建活动,真正解决基层影响社会和谐稳定的突出问题,确保基层和谐稳定,为建设"平安枫桥"、打造"和谐诸暨"夯实基础。

(三)加强宣传,营造氛围。各村、社区、企事业单位和站办所要有针对性地制订宣传计划,落实宣传措施,通过广播、电视、报纸等多种载体开辟专题专栏和各种宣传阵地,加强对"八创建"的宣传,引导广大干部群众积极配合和参与,真正使"八创建"活动深入人心,形成浓厚的创建氛围。

中共枫桥镇委　枫桥镇人民政府
二〇〇五年六月四日

主题词:平安枫桥"八创建"意见

报送:市委办、市府办、市平安办

枫桥镇党政办公室

2005年6月4日印发

4.2.4　诸暨市坚持发展"枫桥经验"深化落实系统平安创建的通知

提要:《通知》包括总体目标、创建职责和任务、工作要求等3个方面的内容,创建活动旨在构建条块结合、横向到边、纵向到底的立体化创建格局,做到平安办成员相关部门、系统、行业内参与平安创建活动全面覆盖。坚持"条块结合、以条为主"和"谁主管、谁负责"的原则,切实履行系统平安职责。制定活动实施方案,落实创建对象、工作举措和创建标准,确保应创尽创。开展督促检查和考核评比,对达标和评选出的系统平安创建示范单位,由各系统平安创建活动领导小组发文命名和表彰。平安创建活动与部门工作同部署、同落实、同检查、同考核、同推进,加强协作配合,齐抓共管、合力推进,确保取得成效。

关于坚持发展"枫桥经验"深化落实系统平安创建的通知[1]

各镇乡党委、政府,街道党(工)委、办事处,市级机关各部门:

根据省委建设"平安浙江"领导小组《关于深入开展系统平安创建活动的指

---

[1] 诸平安〔2013〕3号。

导意见》(浙平安〔2011〕1号)、《2013年浙江省平安市、县(市、区)考核评审条件》(浙平安〔2013〕5号)第21条要求和《〈浙江省平安市、县(市、区)考核办法〉若干问题的解释》(浙平安办〔2013〕4号)考核重点,现就全市深入开展系统平安创建活动提出如下意见:

一、总体目标

紧紧围绕"平安诸暨"创建"九连冠"和平安县市提质升位总体目标,积极构建条块结合、横向到边、纵向到底的立体化创建格局,市平安办成员相关部门、系统、行业内参与平安创建活动覆盖面达到100%,并涌现出一批系统平安创建示范单位。

二、创建职责和任务

在关于开展平安"八创建"和"平安四区"创建活动的基础上,系统平安创建所涉部门、单位15项创建活动的牵头部门要结合"网格化管理、组团式服务"工作要求,全面深入开展系统平安创建,职责任务明确如下:

1. 具体职责:"平安校园""和谐劳动关系创建""平安交通""平安家庭""卫生平安创建""平安林区""药品安全(示范)创建""餐饮服务食品安全示范创建""平安(和谐)寺观教堂""平安边界""平安监管场所""平安景区""军地平安创建""青少年平安行动"和"平安铁道线"分别由教育局、人社局、交通局、妇联、卫生局、林业局、药监局(食安办)、民宗局、民政局、公安局、旅游局、人武部和团市委、铁路诸暨站派出所牵头组织实施。"平安村(社区)""平安医院""平安市场""平安矿山""平安路段""平安小区""平安工区(工地)""平安园区"等创建活动分别由各乡镇街道、卫生局、工商局、安监局、公安局、建设局、建管局、开发委牵头组织实施。

2. 工作任务:上述各牵头部门要按照"条块结合、以条为主"和"谁主管、谁负责"的原则,切实履行系统平安职责。一要建立主要领导担任组长,各成员单位分管领导任成员的系统平安创建活动领导小组及办公室。二要认真制定活动实施方案，落实创建对象、工作举措和创建标准，确保应创尽创。三要注重活动文本、图片、工作记录等台账资料的收集整理，及时总结行之有效的创建做法。四要牵头组织开展督促检查和考核评比，对达标和评选出的系统平安创建示范单位，由各系统平安创建活动领导小组发文命名和表彰。五要对照平安建设部门责任分解，检查落实日常工作，做到源头防范少失分，特别对上级平安创建明察暗访，涉及相关内容和历年失分薄弱环节整改落实。

三、工作要求

系统平安创建各部门、各系统是历年上级平安考核抽检必查内容，也是往年部门存在失分的项目。各创建牵头部门要高度重视系统平安创建活动，对照考核标准抓紧落实省、绍兴市平安考核迎检准备工作，做到与部门工作同部署、同落实、同检查、同考核、同推进，加强协作配合，齐抓共管，合力推进，确保系统创建活动顺利进行。各相关责任部门系统平安创建工作落实情况和工作成效将纳入年底平安建设工作目标责任制考核。

系统平安创建牵头部门于12月10日前将本部门、本系统平安创建活动组织机构、实施方案、考核办法、年终考评结果等内容报市平安办。

中共诸暨市委建设"平安诸暨"领导小组
2013年11月25日

主题词：系统平安创建通知

报：市委建设"平安诸暨"领导小组组长、副组长，市综治委主任、副主任

诸暨市平安办

2013年11月25日印发

4.2.5 中共诸暨市委、市人民政府：强化中心功能，构建联创机制，夯实平安基础工程

提要：综治中心是平安建设的平台，也是承上启下的桥梁。只有强化

综治中心功能,建立平安建设的联创机制,实现部门、区域的有效协作,才能夯实平安基础工作,取得最佳成效。诸暨市的主要做法是:"以中心为轴,强化组织辐射功能",实现网络向基层延伸,职责向联创延伸,功能向部门延伸,力量向社会延伸,发挥政府的主导作用、群众的主体作用。"以'八创建'为抓手,拓展创建外延",深入开展以"平安村""平安社区""平安企业""平安校园""平安医院""平安市场""平安矿山""平安路段"为主要形式的"八创建"活动,使联创工作横向到边、纵向到底。"以'八进'为载体,丰富联创内涵",将调解、治安防控、流动人口管理服务、法律服务、安置帮教、社会保障、公共安全和平安宣传,纳入"八创建"内容,并明确主体、责任和措施。"以'五五'活动为动力,强化联创保障",推进"五个一"创建,开展"五个一"评选,即编写一个平安宣传小册子、演出一台平安戏、摄制一部平安创建专题片、组织一次平安笔会、《诸暨日报》开设平安宣传专栏;评选"十佳平安创建基层单位""十佳平安创建示范村居""十佳村居治调干部""十佳协警""十佳政法综治(信访)干部"。通过这些方式,平安工作成为全社会广泛关注、全民参与的活动。

强化中心功能　构建联创机制　夯实平安基础工程[1]

中共诸暨市委　诸暨市人民政府

纪念毛泽东同志批示"枫桥经验"40周年活动后,如何落实中央、省委领导的指示精神,进一步创新发展"枫桥经验",这是时代和历史赋予我们的重任。去年年初,市委及时提出了创新"枫桥经验"、创建"平安诸暨"的工作思路。省委"余杭会议"后,我们把强化综治工作中心功能、构建联创机制、推进平安基础

---

[1] 诸暨市纪念枫桥经验45周年领导小组办公室:《构建和谐社会的新篇章——五年创新发展枫桥经验成果汇编》,内部资料,2008年,第40页。

工程建设,作为我市创新"枫桥经验"、创建"平安诸暨"的立足点,并不断延伸网络、健全机制、拓展功能,使综治工作中心成为综治工作和基层平安创建的重要枢纽,把工作落实到村居(社区)一级,延伸到全市角角落落。联创工作实现"组织、形式、内容与保障"四位一体,形成"党政领导、中心牵头、条块结合、上下联动"的工作格局,唱响了大综治,维护了大平安,实现了大发展。

去年,我市矛盾纠纷调处成功率达到95.9%,80%以上的矛盾纠纷在村一级得到解决;群众上访同比下降30.8%,信访考核排位全省第34,是近些年来信访工作成效最明显的一年。全市没有发生影响"平安县市"创建一票否决的重大事项,刑事发案率低于绍兴市平均增幅17.75个百分点;根据省统计局社会抽样调查,我市群众安全感满意率达到98%,被省委、省政府授予"平安创建先进县(市、区)"称号。今年6月,绍兴市平安创建基层基础规范化建设现场会在我市召开。我们的做法是:

一、以中心为主轴,强化组织辐射功能

综治工作中心是基层平安联创的平台,也是承上启下的桥梁。实践中,我们切实强化综治工作中心功能,努力实现联创网络、功能、职责和力量的全辐射。

1. 网络向基层延伸。在完善镇乡、街道综治工作中心的基础上,进一步把创建网络延伸到管理处、村(社区居委会)。在管理处建立综治工作分中心,内设警务室、司法工作室和综合调解室。分中心主任由管理处主任担任;村、社区居委会建立综治工作组,整合原有的治保会、调解会、流动人口服务管理站等力量,由党支部书记任组长,治保会、调解会主任为成员;50人以上或产值100万元以上企业建立综治工作组,由企业党组织负责人任组长,切实加强企业综治工作。

2. 职责向联创延伸。根据联创工作的总体要求,分别制定镇乡(街道)综治工作中心、管理处综治工作分中心、村(社区居委会)综治工作组和平安创建成员单位的工作职责。综治工作中心和分中心的主要职责是:指导协调、督促检查、排查化解、管理防范。村(社区居委会)综治工作组的主要职责是:掌握社情民意、落实治安防范、开展宣传教育、化解矛盾纠纷。平安创建成员单位的主要职责是：分线实施、分类指导、协调配合、齐抓共管,使平安创建职责明了、责任明确、任务明白。

3. 功能向部门延伸。把基层平安创建纳入综治工作中心的工作范畴,各组及部门齐抓共管,镇乡(街道)内设其他部门各尽其责,市级机关驻镇站所由主管部门明确创建职能,主动参与基层平安创建。

4. 力量向社会延伸。综治工作中心以六支队伍为骨干,将工作力量延伸到全社会。即集镇有专业巡防队、社区有平安志愿者、村有护村队、单位有保安队、街面有"电子警察"、入城口治安岗亭有协警把守,实行专业巡防队全天候巡防、平安志愿者义务巡防、党员干部带头巡防,实现了政府主导与群众主体的有效结合。

二、以"八创建"为抓手,拓展联创外延

实现职能部门、综治工作中心和基层单位工作的有效对接及全社会条块结合、上下联动的平安创建机制,是联创工作的坚实基础。为此,我们组织开展了以"平安村""平安社区""平安企业""平安校园""平安医院""平安市场""平安矿山"和"平安路段"为主要形式的"八创建"活动,使联创工作横向到边,纵向到底。主要实行"四个统一"。

1. 统一组织领导。市委建设"平安诸暨"领导小组加强对"八创建"工作的领导,建立"八创建"责任部门联席会议制度,定期交流"八创建"工作。各职能部门和镇乡、街道成立"八创建"领导小组,将平安办纳入综治工作中心,建立联合创建办公室,综合综治办、维权办、外来建设者服务站、法律援助中心等办事机构,指导督促基层单位开展创建工作。

2. 统一创建范围。"平安村"创建范围是全市所有行政村;"平安社区"创建范围是全市所有社区居委会和集镇居委会;"平安企业"创建范围是全市职工人数50人以上的企业;"平安校园"创建范围是全市各级各类学校(幼儿园);"平安医院"创建范围是全市所有医疗机构;"平安市场"创建范围是全市所有专业市场;"平安矿山"创建范围是全市所有矿山企业;"平安路段"创建范围是全市境内所有县级以上道路。

3. 统一部门职能。"平安村""平安社区"创建以镇乡、街道组织实施、考核命名;"平安企业""平安校园""平安医院""平安市场""平安矿山"和"平安路段"创建分别确定市公安局、教育局、卫生局、工商局、安监局为责任部门,制定实施方案,牵头抓好落实,所在镇乡、街道积极配合。责任部门负责考评验收,由市委建设"平安诸暨"领导小组命名。

4. 统一考核体系。考核按单位申报、检查评分、审定公布三个环节进行,实行百分制,得分85分以上为合格。经过镇乡、街道考核认定的"平安村""平安社区"合格名单报市委建设"平安诸暨"领导小组审定后,以镇乡街道党委、政府(办事处)名义公布;"平安企业""平安校园""平安医院""平安市场""平安矿山"和"平安路段"的初步合格名单由市委建设"平安诸暨"领导小组审定公布。凡考核未合格的单位,各创建组织实施部门采取措施对其认真整改。

三、以"八进"为载体,丰富联创内涵

"八创建"的基石在于落实"八进"活动,即将调解、治安防控、流动人口管理服务、法律服务、安置帮教、社会保障、公共安全和平安宣传纳入"八创建"的主要内容,使联创工作既有活动载体,又有实质内容,具体工作中做到主体、职责和措施的"三落实"。

1. 落实主体。"八进"关键是部门工作的深入和深化。治安防控、外来流动人口管理服务工作由公安部门为主组织实施;调解工作、法律服务和安置帮教工作由司法行政部门为主组织实施;社会保障工作由民政和劳动保障部门为主抓好落实;公共安全工作分别由安全生产监督管理、卫生、工商、药品食品监督管理等部门为主抓好落实。

2. 落实内容。"八进"要的是部门转变作风,贴近基层,实行工作阵地的前移,更好地服务群众,实现人与社会的和谐。按照"谁主管谁负责"的原则,由主管部门制定实施细则、完善工作制度、落实服务内容和提供各类保障,特别是对"八进"的内容作了具体的明确,努力为社区群众提供各方面服务。

3. 落实措施。重在健全"五大机制",确保"八进"工作取得实效。一是建立社区共建制,由市级机关党组织和机关党员双进社区、村居,做好结对联创;二是建立机关部门结对制,每个市级机关联系一个镇乡,结对2至3个行政村,做好帮扶联创;三是建立企业评部门制,每季度由全市企业对市级机关各部门深入社区、服务群众的情况开展评议;四是建立联创考核制,由市委建设"平安诸暨"领导小组制定考核办法,以"八进"为主要内容对部门联创进行考核,考核结果与政府年度考核挂钩;五是建立效能督查制,定期或不定期对"八进"工作进行督查落实,真正使"八进"工作深入到全社会方方面面。

四、以"五五"活动为动力,强化联创保障

我们以开展"五个一"和"五个十佳"活动为保障,集各方之策,聚全市之力,使创建工作深入人心、人尽其责。

1. 用足宣传阵地。为营造创建氛围,组织开展平安创建"五个一"活动,即编写一本平安宣传小册子,演出一台平安戏,摄制一部平安创建专题片,组织一次平安笔会,《诸暨日报》开辟一个平安宣传专栏。全市每个社区建有2—3个平安宣传栏,每个居民小区都有平安宣传黑板报,"诸暨在线"网站开办《平安论坛》。由群众自编自演的第一台平安戏,已在诸暨电视台播出;6月份开始,16台以"平安社区"创建为主要内容的文艺晚会,在城市广场相继演出,平安创建时时有声音、处处有画面、常常有活动,创建热潮一浪高过一浪。

2. 用活激励机制。为激发广大干部群众的创建热情,全市上下广泛开展"五十佳"评选活动,即"十佳平安创建基层单位""十佳平安创建示范村居""十佳村居治调干部""十佳协警"和"十佳政法综治(信访)干部"评选。同时,把推进平安创建基层基础规范化建设,作为衡量镇乡(街道)、部门工作实绩和干部政绩的重要依据。凡被评为省级、绍兴市级、诸暨市级平安创建先进集体的,分别给予8万、5万、2万元奖励;被评为省级和绍兴市级、诸暨市级综治工作先进集体的,分别给予3万、2万、1万元奖励;被评为绍兴市信访工作"三无"镇乡(街道)的,给予5万元奖励。对综治工作中心人员给予每月不低于60元的特岗津贴。去年底,6名镇乡分管综治的副书记被提拔为镇长、4名分管综治的副书记上调市级机关担任副局级领导,充分发挥了机制的导向作用。

3. 用好督查手段。为更有效地开展创建工作,市委、市政府领导亲自参与平安创建基层基础规范化建设的调研、决策和督查;市人大、政协对平安创建工作进行审议,组织人大代表、政协委员视察指导;市平安办对全市各镇乡(街道)、部门的创建工作进行经常性指导,对工作不力之处加强督促检查,促进平安创建各项工作措施落到实处,做到考评更科学、督查有实效、追究有结果。

(本文是2005年8月,时任中共诸暨市委副书记、政法委书记孟法明在全省加强乡镇[街道]综治工作中心建设会议上的发言。)

4.3 丰富治理方式,为多元主体参与社会治理创造条件

4.3.1 "枫桥经验""五有"内容和"四前工作法"

提要:"枫桥经验"在形成发展过程中,创造出一系列独特有效的工作方法,进行标准化治理,"五有"内容和"四前工作法"是其中重要的内容。"五有"指的是:有一个党政动手、各负其责,确保一方平安的领导责任制;有一个镇村为主、上下协调,实施综合治理的组织网络;有一个依靠群众、立足预防,就地化解矛盾纠纷的工作机制;有一个加强教育、扩大民主,营造群众自觉守法、社会公平公正的人本观念;有一个围绕中心、壮大经济,以改革、发展保稳定的治本意识。"四前工作法"指的是:组织建设走在工作前,预测工作走在预防前,预防工作走在调解前,调解工作走在激化前。

"枫桥经验""五有"内容和"四前工作法"[1]

一、"枫桥经验""五有"内容

"枫桥经验"随着形势的变化不断完善和发展,形成了鲜明的时代特色,成为维护稳定、加快发展的成功经验:党政动手,各负其责,依靠群众,化解矛盾,维护稳定,促进发展,做到小事不出村、大事不出镇、矛盾不上交。概括地说,新"枫桥经验"的基本内容包括五个方面:

有一个党政动手、各负其责,确保一方平安的领导责任制。镇乡党委、政府认真履行保一方平安的职责,把维护稳定列入干部岗位目标责任制,与政治荣誉、经济利益挂钩,严格考核和奖惩;统一领导和协调基层庭、所等部门各司其职,齐抓共管,使各种苗头性、倾向性问题解决在基层。

有一个镇村为主、上下协调,实施综合治理的组织网络。镇乡牵头,形成以党支部为核心,村委会为依托,治保会、调解会、共青团、妇联、民兵等组织相配套,群众自发组织的"三会一队"为基础,治安信息员队伍为补充的预防化解矛盾的组织网络,有一支善于做群众工作、在群众中享有较高威望的干部队伍。目前,枫桥有治调组织199个,治调人员653名,治安信息员283名。全市有治调组织2 916个,治调人员7 990名。

有一个依靠群众、立足预防、就地化解矛盾纠纷的工作机制。组织建设走在工作前,预测工作走在预防前,预防工作走在调解前,调解工作走在激化前,不仅有人抓、有人管,而且反应灵敏、化解及时。镇乡、村及村民小组都有明确的调解工作职责,有一整套规范的工作制度和办事程序。1995年以来,枫桥法庭下辖的两镇一乡(赵家镇、枫桥镇、东和乡)共发生纠纷3 715起,调处3 705起,调处率为99.7%,其中有80%在村一级得到及时化解,没有一起矛盾激化。

有一个加强教育、扩大民主,营造群众自觉守法、社会公平公正的人本观

---

[1] 诸暨市社会治安综合治理委员会:《枫桥经验工作手册》,内部资料,2000年,第11—15页。

念。舍得在文化设施上投入,创文明村(户),做文明人,83%的村达到了文明村标准;对轻微违法犯罪和"两劳"回籍人员落实帮教,对外来人员教育、管理加强,五年来帮教的失足青年转好率达95.1%,"两劳"回籍人员重新犯罪率仅为1.4%,三年来外来人员违法犯罪仅8人;政务公开,村务公开,群众民主法制意识和干部依法办事自觉性增强。治调干部都有一本小册子,矛盾纠纷登记在册,调处时做好笔录,调处后签好协议、建好档案。对调处有困难的说明理由,写出书面报告,及时移交政法机关,做到合法、合情、合理。

有一个围绕中心、壮大经济,以改革、发展保稳定的治本意识。加快集体企业改革,鼓励个私经济发展,合力兴工,繁荣经济,以衬衫和轻纺为特色的块状经济迅速崛起。"枫桥衬衫"拥有32家生产企业、106条生产线、10 000多名从业人员,已具年产3 500万件的生产能力,枫桥成为"中国名品衬衫之乡"。4.5万余名农业富余劳动力就地转移,8 700多名外来人员在枫桥务工经商,形成了"人人有工做,户户奔富裕,共同迈向现代化"的新局面。

二、"枫桥经验""四前"工作法

在现阶段,影响农村稳定的突出因素是由人民内部矛盾引发的各种纠纷。枫桥的党政领导清醒地认识到,这些矛盾是改革、发展过程中产生的,可预见、可调节、可疏导,只要主动预防、及时化解,一般不会酿成大的事端。为此,他们把正确处理人民内部矛盾,预防、化解纠纷作为维护社会稳定的基础性工作和重点环节来抓,采取"四前"工作法,即"组织建设走在工作前,预测工作走在预防前,预防工作走在调解前,调解工作走在激化前",逐步建立了有效的预防和化解矛盾的工作机制。

组织建设走在工作前,保证预防化解工作有人抓、有人管。建立健全镇乡综治办机构,两镇一乡都有一名政府副职专抓综治工作。重视村(居)、企业治保调解组织建设,做到了网络健全、力量精干,解决了有人管事的问题。枫桥有治调组织199个,治调人员653名。还建立了一支由283人组成的横向到边、纵向到底的治安信息员队伍。在加强治保调解组织建设中,主要采取三条措施:一是实行兼职制。治保、调解主任一般由村党支部书记或村长兼任。既可以树立他们的工作权威,又可以减轻集体负担。经过调整、充实,与1995年相比,治调干部的年龄从平均47.6岁下降到43.2岁,文化程度由小学提高到初中至高中。二是业务上加强指导。每年都要对治调干部集中进行业务培训,公安、司法、法庭等部门针对农村矛盾纠纷的特点,开展经常性的业务指导和法律辅导,不断提高治调干部的业务素质和调解水平。制定了一整套规范的工作制度和办事程序。镇乡、司法所、村"两委"及村民小组都有明确的调解工作职责和任务分工,层层建立了调解工作责任制,避免了因推诿、拖沓导致矛盾激化。三是生活上给予关心。为提高治调干部的积极性,镇乡政府规定对连续担任治调干部10年以上的发给荣誉证书,由镇、村投保养老保险,解除他们的后顾之忧。每年都要表彰先进,增强治调干部的自豪感,激发他们的工作热情。

预测工作走在预防前,建立一个反应灵敏、能及时发现矛盾纠纷的预警体系。镇乡党委、政府每月召开一次综治联席会议,通报情况,分析预测社会治安、不安定因素和矛盾纠纷的特点规律,以提高预防工作的针对性。每年开年后,组织各部门力量,开展大规模的不安定因素排查工作,搞清底数、摸清社情。重视群众来信来访,建立镇乡领导干部信访接待日,及时了解民情。公安派出所发挥工作优势,将触角延伸到每个自然村、厂矿企事业单位的车间班组、要害部位和重点人群,使大量的矛盾纠纷苗头得到了及时反馈传递。每年通过各种渠道收集的信息有200余条,为预防和化解矛盾,超前做好工作提供了依据。

预防工作走在调解前,努力减少矛盾,尽可能避免纠纷。坚持抓早、抓小、抓苗头,突出抓好与农民生活生产密切相关的重点事的预防工作。织机遍布千家万户后,用电量猛增,村民对保证用电和电价问题十分关心,党委、政府和电管部门及时对农村电网建设作出规划,扩充了一批变压器容量,定期、不定期对用量情况进行检查,整顿村级电工队伍,纳入镇乡统一管理,有效地减少了用电纠纷。为减少农村集镇建设和企业规模扩大需征用土地可能产生的矛盾,在征用土地时,做到合理使用土地与宣传教育并重,取得村民的理解。为减少宅基地和农民翻建新房过程中的矛盾,土管城建部门和各村完善了建房审批"四公开四到场"制度,即土地审批计划、审批手续、地点户名和结果四公开;审批前、地基定桩、墙体砌砖和建成后验收到场,既严格依照政策办事,又充分考虑左邻右舍的利益,防止房屋建成后产生纠纷。同时,注意抓好重点季节预防纠纷工作。多年来已形成了一条不成文的规矩,"双抢"大忙来临之前,村里几套班子成员都要集体检查一遍电线、沟渠、机耕路和山塘水库,该修补的及早修补,该抢建的及早抢建,防止村民因争水、争电、争路发生矛盾和冲突。由于预防工作注意把握规律,针对性强,近几年发生的纠纷稳中有降。

调解工作走在激化前,力争把矛盾解决在萌芽状态。枫桥的干部认为,农民矛盾纠纷难以避免,但有事不要怕事,关键是要及时疏导,调解得法,理清纠葛,就可以把纠纷解决在初发阶段,解决在基层。他们在开展调解工作中,突出"快",注重"细"。"快"就是一旦发生矛盾纠纷,不拖不推,立即受理,立即调处,真正做到了闻风而动,雷厉风行。"细"就是做过细的教育说服工作,理顺情绪,消除隔阂。重视调解协议的执行,强化效果。调解一事,和睦一方,没有一起矛盾激化,基本实现了小事不出村,大事不出镇,矛盾不上交。

4.3.2 枫桥镇加强与政法部门协调配合的五项制度

提要:枫桥镇党委政府为了更好履行综合治理职能,从5个方面加强与政法部门的协调配合:建立综治联席会议和政法部门联席会议制度,研究、解决综合治理的重大、疑难等问题;案件移送制度,各部门严格履行职责,处理移送案件;重大疑难纠纷联调制度,联合调处,增强工作力度,提高工作效率;统计月报制度,针对性地采取措施;政法部门负责人联片制度,加强调查研究,密切各政法部门与治调干部的关系,调动治调干部的积极性。

枫桥镇关于进一步加强与政法部门协调配合的五项制度[1]

1. 综治联席会议和政法部门联席会议制度。综治联席会议由各政法部门及其他经济社会管理部门和企业代表组成,一般每年召开四次会议,主要研究综治工作和较大的、倾向性的问题。政法部门联席会议由各政法部门正副职负责人组成,一般每月十日召开会议,遇特殊情况随时召开,主要职责是:(1)研究政法综治的具体工作;(2)通报交流各部门工作情况和打算;(3)分析治安形势,排查不安定因素;(4)解决重大疑难案件。

2. 案件移送制度。按照镇综治委《关于处理民间纠纷和案件的工作程序和方法》,各部门按第一责任单位的认定,对管辖范围内的案件,立即受理,及时解决;凡不属管辖范围的案件,必须通过书面的工作联系单(样式附后),连同有关档案资料立即移送主管部门,同时书面通知(样式附后)当事人及时同主管部门联系。主管部门应按规定受理并立即着手解决。

3. 重大疑难纠纷联调制度。各部门遇到较大疑难案件,单凭一个部门的力量比较难以解决的,可立即报告综治办,由综治办召集相关政法部门负责人会议,分析案情,研究解决方案。重大案件必要时抽调有关部门人员,组成调处小组,联合调处,增强工作力度,提高工作效率。

4. 统计月报制度。各政法部门要把枫桥镇辖区内的发案情况、纠纷情况、审理情况、交通事故情况、处理情况等综合治理工作情况及时统计整理,每月十日前用报表形式报镇综治办,综治办进行汇总分析,整理成简报,送镇党政班子成员、各政法部门负责人。对综治工作存在问题较多的村(单位),针对性地采取措施,督促其整改,以推动全镇综治工作。

---

[1] 枫综治〔2000〕1号文件。

5. 政法部门负责人联片制度。为加强调查研究,密切各政法部门与治调干部的关系,调动治调干部的积极性,实行联片工作制度。政法各部门负责人在做好面上工作的同时,分别联系一个办事处。其主要职责是:(1)指导办事处加强综治工作;(2)指导治调干部开展治调工作;(3)指导协助解决办事处内较大疑难案件;(4)深入调查研究。每年至少二次走访治调干部,参加治调干部分片活动。

4.3.3 马剑镇党委、政府:毗邻治安联防,区域平安共创

提要:马剑镇与富阳、桐庐、浦江三县交界,地理位置特殊,一定程度上影响经济社会发展与社会和谐稳定。为了解决这一问题,镇党委、政府根据"平安诸暨"建设要求,从2005年开始着力解决毗邻地区治安环境复杂、矛盾纠纷明显增多、边界群体性冲突存在隐患等问题,提出了毗邻治安联防联治、区域平安共创共建的思路,较好解决了经济发展和社会治安面临的问题,主要做法如下:"形成'三个共识',切实履行维稳职责,推动区域平安共创共建",镇党委、政府把维护周边治安稳定,营造安定和谐的毗邻关系,作为重要议题,形成了"平安促进经济建设,平安促进社会发展,平安促进精神文明"三个共识,合力把矛盾纠纷化解在基层,消除在萌芽状态。"着眼'五个有利于',建立跨区域维稳机制,探索周边联防联调协作新路子",本着有利于信息共享、打击犯罪、有效化解纠纷、经济发展、群众安居乐业,通过协商,与相邻的四个乡镇形成联防区域,建立了"五联工作机制"。"落实'三个到位',着力管好自己的人,办好自己的事",组织建设、宣传教育、领导责任到位,确保取得实效。"推进'三个深化',做好'联'字文章,共同维护周边地区社会稳定",治安联防、纠纷联调、打防联动,追求平安建设的整体效果。

毗邻治安联防联治　区域平安共创共建[1]

马剑镇党委政府

马剑镇地处诸暨市西部的边缘山区,距县城30公里,与富阳、桐庐、浦江三县市交界。全镇区域面积118.8平方公里,辖15个行政村,常住人口19 446人。由于地理位置特殊,加上近年来人员流动性越来越大,毗邻地区的治安环境日趋复杂,各种矛盾纠纷明显增多,边界群体性冲突苗头仍然存在,在一定程度上影响了我镇经济社会发展和和谐社会建设。近些年来,镇党委、政府紧紧围绕市委提出的建设"平安诸暨"的战略部署,以毗邻治安联防联治、区域平安共创共建为抓手,全力打造"平安马剑"。通过全镇干部群众的共同努力和兄弟县市毗邻镇乡的协作,基本实现了"区域平安共创,经济发展联动"目标。

一、形成"三个共识",切实履行维稳职责,推进区域平安共创共建工作

前些年,毗邻镇乡间因山林纠纷、环境污染、偷窃盗伐等问题引发的打架斗殴日益增多,群体性冲突情况时有发生,偏远村庄成为聚众赌博等违法活动的三不管地带,地势复杂的山区变成了犯罪分子逃遁落脚的"避风港"。这些问题不仅影响了社会治安秩序稳定和睦邻友好关系,而且直接影响群众的切身利益和马剑经济社会的发展。因此,镇党委、政府始终高度重视社会稳定、平安创建工作,把维护周边的治安稳定,营造安定和谐的毗邻关系,作为镇经济社会又好又快发展的前提条件和基础工作,摆上重要议事日程,常议常抓,形成了"平安促进经济建设、平安促进社会发展、平安促进精神文明"三个共识,从讲政治的高度,把解决涉及人民群众切身利益的实际问题作为平安创建的出发点和落脚点,认真履行维护社会稳定的职责,进一步深化周边地区治安联防,打击各种危害群众生命财产安全的违法犯罪活动,整治各种突出的治安问题,不断优化社

---

[1] 诸暨市纪念枫桥经验45周年领导小组办公室:《构建和谐社会的新篇章——五年创新发展枫桥经验成果汇编》,内部资料,2008年,第268—272页。

会治安秩序。坚持"预防为主、教育疏导、依法处理、防止激化"的原则,切实解决影响边界安定团结的矛盾纠纷,合力把矛盾纠纷化解在基层,消除在萌芽状态,真正实现区域平安共建、经济发展联动的良性互动。

二、着眼"五个有利于",建立跨区域维稳机制,探索周边联防联调协作新路子

为达到有利于毗邻镇乡组织的联系沟通和群众友好往来,有利于信息资源共享和防范工作的互通,有利于及时准确地打击各类违法犯罪活动,有利于及时有效地解决周边地区的各种矛盾纠纷,有利于区域经济健康发展和马剑人民安居乐业的"五个有利于"的目标,我镇以深化周边地区治安联防联调为突破口,积极探索维护社会稳定工作新路子。通过协商,确定我镇和桐庐县新合乡、浦江县檀溪镇、富阳市湖源乡四个毗邻乡镇为联防协作区域,制定落实工作互相通报、治安联合防控、纠纷联合调解、经济共同发展的联防联调协作会议制度,建立了单位部门互访联谊、情报信息联通共享、矛盾纠纷联合调处、刑事发案联合防控、公共安全联合防范的"五联工作机制",组建了跨地区周边联防联调协作组织,实行一季度轮流召开一次周边治安联调协作情况通报交流例会,彻底改变了"你管我不管、我管你不管"的现象,逐步形成了"你管我护、我管你护"的良好局面。

三、落实"三个到位",着力管好自己的人,办好自己的事

一是组织建设到位。党委专门确定两名班子成员联系周边村工作。专门成立了由镇综治工作中心(综治办)、经济发展办、社会事业办等业务部门参与的周边事务协调领导小组,具体负责毗邻治安联防联治的日常工作。加强以村党支部为核心的基层组织建设,配齐配强两委领导班子,充实调整治保会、调委会成员,落实待遇,充分发挥其在维护社会稳定中第一道防线作用。不断充实壮大村(企业、学校)群防群治队伍,组织护村队因地制宜开展经常性或季节性的治安巡防,组织周边地区村民开展形式多样的自防自治活动。积极改善村综治工作站办公条件,建好调解工作室、宣传栏和"五簿一册"等资料档案,为创建

"平安马剑"提供工作平台。

二是宣传教育到位。以周边村为重点,采取举办法制讲座、召开平安村创建工作座谈会、放映安全教育宣传片等形式,大力开展法制宣传教育活动,不断提高村干部和村民对搞好毗邻治安联防、创建平安区域、得益马剑百姓活动的认识;邀请市司法局等上级部门同志,对村综治工作站全体成员进行业务培训,明确职责任务,提升整体素质,提高解决实际问题的能力和水平;深入开展"五五"普法宣传教育,结合马剑"过小年"、校园"小手牵大手"活动带法回家,丰富法制宣传教育内涵,营造浓厚的法制氛围。

三是领导责任到位。每年初,镇政府都要与各村签订"社会治安综合治理管理目标责任书"等三个责任状,把"深化周边联防、创建平安马剑"作为年终考评各村的重要内容,明确各村书记作为维护社会稳定第一负责人,对涉边稳定事务负全责。坚持实行一票否决制,若周边出现影响治安稳定的情况得不到有效控制和及时解决,发生地的村和村负责人当年不得评为各类先进;社会影响大,后果严重的,坚决按有关规定严肃处理。

四、推进"三个深化",做好"联"字文章,共同维护周边地区社会稳定

一是深化治安联防,实现治安稳定和经济发展双赢。在抓好常年性周边治安联防协作,及时解决各种治安纠纷问题的基础上,注重突出季节性的治安联防,把茶叶生产季节的治安联防作为重点,不断丰富区域联防内容,使联防工作向经济建设协作方向发展。我镇是茶叶特色农业镇,茶叶生产是我镇农业主导产业之一,也是周边地区茶农增收的重要渠道。以往每到茶叶采摘,除了出现偷摘青叶的治安问题外,常因青叶收购价格等问题引起周边四镇乡茶农与茶叶加工企业之间的矛盾纠纷。建立了联防联调机制后,发挥信息网络优势,实现信息互通共享,对打架斗殴等治安问题做到了早发现、早介入、早化解。每到茶叶生产季节,联防协调组织及时召集四方协商,商定基本价格,安排人员维护收购秩序,及时处理相关矛盾纠纷,打击哄抬价格、扰乱收购秩序的违法行为,较好地保护了茶农的经济利益,稳定了周边地区治安秩序,有力地促进了地区间经济互动和繁荣发展。

二是深化矛盾联调,妥善化解各类不稳定因素。为增进毗邻地区群众的团结和睦,按照联调制度"调处不分边界,责任不推对方,大事不出协作区域"的"三不"规定,发挥协作力量优势,着力做好本镇群众的稳定工作,依法、公正、及时地化解边界不稳定因素,避免群体性冲突事件发生。我镇湖源江上游毗邻乡的某工业园区的一些企业不注重环境保护,经常将一些工业污水直接排入江中,严重影响我镇部分村民的生产生活用水。为此,我镇沿江一些村民集体到该工业园区,引起对立局面,极有可能引发群体性冲突事件。在得到信息员的情况报告后,我镇立即组织综治中心工作人员赶到现场,会同当地政府,开展耐心细致的劝说工作,缓解对立情绪,控制了事态扩大。尔后,镇综治中心与当地综治办及时组织协调,商讨解决方案,最后双方达成了协议,一场一触即发的群体性事件得到了妥善解决。通过行之有效的联防联调工作,到目前,区域内未发生影响重大的群体性突发事件苗头,周边地区社会稳定,群众和睦相处,共谋发展,同奔小康。

三是深化打防联动,合力打击各种违法犯罪活动。我镇与毗邻乡镇地处崇山峻岭,往往成为违法犯罪隐蔽之地和犯罪分子逃遁的首选。为了妥善解决这个问题,我们在政法公安部门的指导下,通过深化联防机制建设,加大整治和防范力度。坚持"一方发案,多方合作",毗邻乡镇定期不定期地互相通报治安形势和发案情况,配合公安机关搞好治安清查和打击违法犯罪活动,多次协助破获刑事案件,有效地压缩了犯罪空间。马剑毗邻地区曾是一些赌博分子利用山区隐蔽聚众豪赌的地方,社会影响很大,群众反响强烈。为了彻底解决这个问题,我镇会同壶源乡,加强情报信息收集,配合两地公安派出所,联合冲击赌场,打掉了一批聚赌团伙,赌博犯罪嚣张气焰受到沉重打击。

4.3.4 浬浦镇:关于深化"枫桥经验",落实综合治理责任制的实施意见

提要: 浬浦镇综合治理责任制通过5个重要措施,促进两个文明建设同步推进,协同发展。主要内容包括:建立包村干部治安责任制,使其成为稳定的前沿阵地;落实民间纠纷逐级调解制度,把矛盾解决在基层;完善联席会议制度,预测治安趋势和突出问题,探索预防和解决办法;建立联合接访制度,并督促各项信访事宜的解决;实施治保调解工作量化考核制度,增强村干部的工作责任心,提高工作积极性。综合治理责任制通过明确职责、量化考核,发挥激励惩戒作用,取得了良好的效果。附件为《治保调解工作量化考核办法》。

关于深化"枫桥经验",落实综合治理责任制的实施意见[1]

各村、企事业单位:

为进一步贯彻落实中央关于加强社会治安综合治理的两个决定,深化发展"枫桥经验",推动社会治安综合治理各项措施落实,切实维护我镇政治稳定和社会安定,促进两个文明建设同步推进,协同发展,经镇政府研究决定,对全镇的社会治安综合治理工作实施量化考核,具体责任如下:

一、建立包村干部治安责任制,使其成为稳定的前沿阵地。做好稳定工作是包村干部的一项重要基础工作,要树立抓稳定就是抓经济的思想,通过做好稳定工作,创造良好环境,从而促进经济发展。要制定《包村干部工作职责及考核办法》,落实治安包村责任制,把做好稳定工作与干部职责、干部工作机制结合起来,促使包村干部担负起"保一方平安"的政治责任,使之成为维护稳定的

---

[1] 浬政〔1999〕23号。

前沿阵地。

二、落实民间纠纷逐级调解制度，把矛盾解决在基层。民间纠纷发生后，一般应由村级组织先行调解，调解不成的，写出书面报告说明原因，报包村干部调处。包村干部调处不成的，报政法办或派出所、法庭处理。重大疑难纠纷视情形由政法办、派出所、法庭会同有关村和单位实行联合调解。通过实施逐级调解制度，及时有效地把各种矛盾纠纷解决在基层，解决在萌芽状态，实现"小事不出村，大事不出镇(乡)"。

三、完善联席会议制度。由镇综治委牵头，每季度召开一次由政法办、派出所、法庭、司法所等单位负责人参加的综合治理联席会议，分析一季度以来的治安形势，交流工作情况，预测治安趋势和突出问题，探索预防和解决办法。同时，对需要重点解决的案件、问题确定解决方案，进行具体部署。

四、建立联合接访制度。每月10号，由政府班子成员，召集政法办、派出所、法庭、土管所等信访事由较多的单位和部门负责人，在镇政府联合接待群众来访，并督促各项信访事宜的解决，制止或减少群众去市上访。

五、实施治保调解工作量化考核制度。村级治保调解工作是社会治安的第一道防线。要通过治保调解工作量化考核，增强村干部的工作责任心，提高工作积极性，为维护社会稳定尽职尽心尽力。

浬浦镇人民政府

一九九九年四月五日

附件：

治保调解工作量化考核办法

一、考核组织

镇党委政府成立考核委员会，由镇长孙保良任主任，党委副书记徐亚萍，党委委员、武装部长蔡光火任副主任，政法办、派出所等单位领导为成员，具体由政法办、派出所组织实施,考核办公室设在政法办。

二、考核标准

(一)组织领导方面(20分)

1. 村两委会重视治调工作,一年分析研究部署治调工作不少于4次得5分,少一次扣1分,不重视的视情扣分。

2. 治调组织人员、制度、培训、报酬"四落实"得5分,不符规定的每项扣1分。

3. 各种簿、表、册等档案资料积累完整、装订整齐规范得10分,缺一项扣2分。

(二)工作措施方面(50分)

1. 经常开展治安巡逻和安全检查,每月检查不少于一次得10分,少一次扣1分。

2. 积极调解民间纠纷,纠纷受理调解率达100%得10分,不受理民间纠纷或不经调解直接将矛盾上交,或对政法办、派出所等交办的纠纷案件不受理调解,或因工作不力而导致矛盾激化的,每起扣5分,扣分不封顶。

3. 积极搜集治安信息和违法犯罪线索,每月向派出所报告情况一次以上(有事报事,无事报平安)得10分,少一次扣1分。上报的信息和线索被派出所录用的,每条加2分。

4. 法制宣传经常化,通过出黑板报、张贴宣传资料等办法每月宣传二次以上得5分,少一次扣0.5分。

5. 协助做好暂住人口、出租房屋的登记管理工作得3分,底数不清、情况不明的,每例扣0.5分。

6. 对劳释解教回籍人员和违法青少年落实人员、措施进行帮教得3分,人员、措施不落实的每人扣2分,重新违法犯罪的每人扣3分。

7. 协助做好猎民和爆破作业人员的安全守法教育及猎枪、爆炸物品等管理工作得 3 分,发生违反枪支、爆炸物品管理规定的事件,每人每次扣 2 分。

8. 积极开展"安全文明户"创建活动得 3 分,工作不力的视情扣分。

9. 按照政法办、派出所的要求做好其他有关工作得 3 分,扣分视情。

(三)实绩效果方面(30 分)

1. 刑事发案率在万分之十以下得 4 分。

2. 重大刑事发案率在万分之一点五以下得 4 分。

3. 犯罪率在万分之四以下得 4 分。

4. 违法率控制在万分之三十以下得 4 分。

(以上四项扣分公式标准×总人口=每超一起[人]应扣分数)

5. 纠纷调处率达 95% 得 10 分,每下降一个百分点扣 0.5 分。

6. 不发生村民集体上访、闹事事件得 2 分。

7. 不发生重大治安灾害事故得 2 分。

注:上述扣分除注明的以外,均至该项总分扣完为止。

三、奖励办法

1. 年终考核得分前三名的评为先进集体,发给奖状和奖金,其中第一名奖金 800 元,第二名 500 元,第三名 300 元。

2. 评选治调工作先进个人三名,发给荣誉证书和奖金各 200 元,并由市公安局发给三等荣誉奖章(即三等功),成绩突出的,报绍兴市公安局授奖。

4.3.5 诸暨市人民法院:创新运用"四环指导法",积极构筑指导民间调解新体系

提要:诸暨市人民法院十分重视对人民调解的指导,认真贯彻 2002 年 9 月中共中央办公厅、国务院办公厅下发的最高法院、司法部《关于进一步加强新时期人民调解工作的意见》,进一步增强指导、支持人民调解工作的自觉性、主动性,确立新思路,建立新制度,落实新措施,大胆探索建立了

"四环指导法"工作体系。主要做法是:强化领导,建立健全相关组织,营造良好调解氛围;立足审判,延伸触角,紧紧抓住民间纠纷诉前、诉时、诉中、诉后四个环节,制定针对性制度,提高调解效能;调解工作中依法依规,力争实现多赢。通过积极努力,推进了人民调解工作的规范化和法治化,充分发挥了人民调解组织简便、及时、规范、高效和"化早、化小、化苗头"的作用,使大量民间矛盾纠纷化解在基层,方便了群众,有力维护了社会稳定。

创新运用"四环指导法" 积极构筑指导民间调解工作新体系[1]

诸暨市人民法院

近年来,诸暨法院十分重视对人民调解的指导,特别是2002年9月,中共中央办公厅和国务院办公厅下发最高法院和司法部《关于进一步加强新时期人民调解工作的意见》以来,诸暨法院以认真贯彻落实《意见》精神,以枫桥人民法庭荣获全国法院系统指导人民调解工作先进集体为契机,进一步增强指导、支持人民调解工作的自觉性、主动性,确立新思路,建立新制度,落实新措施,大胆探索建立以"四环指导法"为核心的指导人民调解工作体系。通过积极的实施,推进了人民调解工作的规范化和法治化,使大量的民间纠纷化解在基层,有力维护了社会稳定,为"枫桥经验"增添了新的内涵。今年1至6月,该市人民调解组织共受理纠纷1 470件,调处成功1 380起。该院的做法得到省委政法委、省高院等的充分肯定。省高院张启楣院长专门作出批示,要求在全省法院学习推广该院做法。

一、强化领导,营造良好氛围

长期以来,法院指导人民调解工作虽取得一定成绩,但仍存在一些不规范、不完善之处,其工作效能尚没有得到最大限度的发挥。诸暨法院地处经济发达

---

[1] 中共诸暨市委、诸暨市人民政府编:《与时俱进的枫桥经验》,内部资料,2003年,第59—65页。

地区,随着经济发展,各类矛盾纠纷也增势迅猛,同时由于当地民风民俗等影响,滋生了大量损害赔偿、相邻关系、土征费、劳动用工争议等民间纠纷,新类型案件不断出现,审判难度也在增大,案多人少矛盾突出。面对困难,该院党委经过充分调研,确立了充分挖掘现有资源,积极开拓诉外纠纷解决机制,充分利用人民调解化解矛盾时间短、投入少、成本低、灵活性强的优势,及时有效化解矛盾,减轻诉讼压力,提高工作效率的工作新思路,把指导人民调解工作作为一项基础工作和特色性工作来抓。具体落实了"三个抓":一是领导重视抓。今年以来,该院主要领导专程走访了全市28个乡镇(街道),对人民调解工作的现状、困难等进行了充分调研,多次召开党委会对这项工作进行专题研究,反复研究工作方案,及时出台了《关于加强对人民调解组织进行业务指导的实施意见》,还成立了全院指导人民调解工作领导小组,由院长任组长,分管副院长为副组长,民庭庭长、法庭庭长及相关部门负责人为组员,具体负责对这项工作的领导协调。同时,将指导调解工作作为审判工作的一项重要内容,作为年终对相关部门评先评优的考核指标之一,并两次在法庭工作例会上进行研究、探讨,充分调动全院干警对这项工作的积极性、主动性。二是市委支持抓。及时将指导工作的部署、思路向市委、市人大汇报,争取得到市委、人大的大力支持。市委还专门发出介绍该院工作做法的信息增刊,要求全市各部门学习借鉴法院的创新方法。三是内外配合抓。积极处理好与司法局(所)、当地乡镇、基层人民调解组织等部门单位的关系,争取其他部门的支持配合。特别是加强密切与司法局的工作联系,协助司法局开展设立调委会工作试点,健全乡镇人民调解委员会设置,完善人民调解的组织网络,还与司法局联合下发了《关于加强镇乡(街道)人民调解委员会工作的实施意见》,同时通过广泛宣传,积极营造一个上下一心、内外配合的指导调解工作氛围。

二、立足审判,探索有效机制

指导人民调解工作各地做法不一,上级法院规定也较笼统,该院大胆探索,积极创新,在具体指导工作中,立足审判,延伸触角,紧紧抓住民间纠纷诉前、诉时、诉中、诉后四个环节,制定针对性工作制度,提高指导工作的效能。

一是"诉前"环节普遍指导。建立法律指导员工作制度,强化对人民调解组织的指导,力求使民间纠纷能更好地解决在人民调解这一环节。在民庭和各基层人民法庭专门确定33名审判人员为法律指导员,分片联系指导全市各个镇乡(街道)、村民(居民)委员会及企事业单位、市场的人民调解组织。其职责为:业务知识培训、典型案件宣讲、接受法律咨询、分析疑难案例、提供调解建议、帮助建章立制,并要求每月一次巡查,每季一次汇报,半年一次培训,一年一次总结。通过履行职责,提高基层调解人员的业务水平及调解技能,使他们能大胆、积极、依法开展工作,把更多的民间纠纷消除在萌芽状态。今年以来,和司法局一起对100余名镇乡人民调解员进行了3天封闭式培训,各法律指导员到联系点培训、指导1 000余人次,各调解委员会和法院之间建立起了业务指导的绿色通道。

二是"诉时"环节跟踪指导。建立纠纷告诉引导制度,及时妥善地进行引导,力求使民间纠纷能更好地进入人民调解环节而解决。对一些因家庭邻里纠纷、伤害赔偿以及群体性等民间纠纷而来院、来庭咨询或来信来访的,由专人进行及时、妥善的引导,向其讲明人民调解的优点、调解协议的效力,以及诉讼的风险等内容,妥善引导他们选择人民调解方式解决纠纷,并向其发送诉讼风险告知书、调解劝导书,如当事人愿意由调解委员会调处纠纷的,则由法院开具人民调解委员会联系跟踪单,由其持单向调委会联系解决。调委会在调解过程中,由法院分片联系的法律指导员提供法律咨询和跟踪指导,以尽力促使纠纷在调解委员会的调解下解决。如今年6月份,草塔镇五泉庵村村民戚某在受雇建房时,从脚手架跌落致死,受害人家属带着激动情绪来法庭咨询起诉,草塔法庭考虑到当事人情绪较为激动,心情较为急迫,接待人员遂认真细致地分析了诉讼与人民调解处理在时间、费用等各方面利弊,开具纠纷联系跟踪单,引导他们到镇调委会调处。并及时为调解人员理清调解思路,明确法律关系,致使当天达成协议,赔偿款91 000元也于次日及时交付,避免了纠纷激化升级。

三是"诉中"环节个别指导。建立特邀陪审、旁听制度,实现法院诉讼与人民调解的有机衔接,对受理的案件中,如果涉及经过人民调解委员会处理过或较为典型的民间纠纷,则有的放矢地邀请相关调解员参加旁听,通过审判人员在庭审中的说理讲法,特别是对调解协议有效、无效的认定和存在问题的分析,提高调解人员的法律业务水平和调解技巧。同时,把15名政治素质较高、具有一定法律知识、熟悉社情民意的调解员,聘请为特邀陪审员,参加民间纠纷案件的审理,不但使审判人员和调解人员之间能互相学习,取长补短,而且有利于查明案件事实,开展多层次、多角度调解,提高案件调解率和服判息诉率,取得办案的最佳效果。今年以来已有29人次被邀请参加了旁听,30人次被邀请参加审理。通过旁听和审理,更加增添了他们对调解工作的信心。

四是"诉后"环节案例指导。建立人民调解委员会调解协议审理结果反馈制度,对人民调解组织进行具体的案例指导,以扩大办案的社会效果。涉及经人民调解委员会处理过的民事案件审结后,应将处理结果口头或书面反馈给调处过该纠纷的调解委,对有典型指导意义的案件,则由审判庭整理成书面材料,反馈到全市各镇乡(街道)等调委会。反馈情况应包括四方面内容:一是协议的效力;二是协议的优点及缺点;三是分析原因和说明理由;四是提出建议,落实改进措施。如枫桥法庭在判决一起邻里纠纷案后,审判人员及时将处理过程、结果问题和建议告知村调解委员会,并把判决书寄给镇及村相关调解员,为调解员今后调处类似纠纷提供借鉴,扩大了办案的社会效果。今年以来,已向有关调委会寄送判决书及其他材料100余次。

三、依法规范,力争实现多赢

由于抓得准、抓得及时,这项工作在实践中已取得明显成效,社会各界反响十分强烈,也得到了各级领导的关注。今年6月,省委副书记周国富来诸暨调研时,在听取该院汇报后,对该院创新完善指导人民调解工作给予了充分肯定。

节约了成本,和睦了关系。大量民间矛盾纠纷通过人民调解方式解决,较诉讼而言,大大减少了各种费用支出,节约了成本,也缩短了时间,使纠纷双方尽快从中脱身,投入到生产、生活中去。同时,通过法院引导,使矛盾通过人民调解组织以和解方式解决,一定程度上使当事人双方继续保持了和睦关系,特别对邻里纠纷等而言,修复了关系,有利于社会成员之间今后的和睦相处,更有利于社会的长治久安。

分流了纠纷,减轻了压力。把一部分损害赔偿、离婚、相邻关系等法院处理起来费时费力的民间纠纷引导到诉外解纷机制解决,大大减轻了法院诉讼压力。据统计,今年1—6月,诸暨法院受理案件数比去年同期下降15.2%,使法院能有更多精力投入到各种刑事、经济、行政纠纷及疑难复杂的民事案件的处理中去,缓解了案多人少的矛盾,提高了案件办理的质量、效率,有利于促进司法公正,也推动了法官职业化进程。

规范了调解,推动了发展。过去人民调解委员会开展调解,偏重于感情的融合,调解依法性程度不高,出现了"和稀泥"式的调解。法院加强对人民调解工作的指导后,使人民调解更加符合法治的要求,使过去的不规范不完善得到极大改进,人民调解逐步走上法治化的轨道,有力推动了工作的发展、规范、完善,从而使化解矛盾的第一道防线更加稳固。

维护了稳定,树立了威信。人民调解工作的有效开展,对政府而言也获益匪浅。政府可以通过积极的组织和引导,使大量纠纷在第一时间得到化解,一些社会不安定因素及时得到排解,今年1—6月份,枫桥镇的社区与镇两级调解组织共受理并调处各类民间纠纷108起,调处成功103起,没有出现因调处不力而引发信访和"两转"(民事转刑事、民事转非正常死亡)案件,也没有一起调解后反悔起诉到法院的,对当地社会稳定起到积极的作用。由于调解的简便、及时、规范、高效和"化小、化早、化苗头",人民群众更愿意选择到调委会解决纠纷,政府和各级调解组织的公信力大大提高。

4.3.6 枫桥派出所工作方法四种

提要:枫桥派出所形成了四种卓有成效的工作方法,包括枫桥派出所民警群众工作法、枫桥派出所治保工作指导法、枫桥派出所外来人口管理工作法、枫桥派出所帮教工作法等。这些工作方法,加强了枫桥派出所与社会组织、基层群众的联系,优化了派出所工作的效果,形成了诸多在全国有影响力的品牌。枫桥派出所工作方法推动了"枫桥经验"的标准化发展,对"枫桥经验"的学习、推广具有积极的意义。

枫桥派出所工作方法四种[1]

一、枫桥派出所民警群众工作法

群众工作是"枫桥经验"的精髓。"跨入派出所大门槛,先过群众工作这一关",枫桥派出所在几十年坚持和发展"枫桥经验"中,形成了显示自身特色的群众工作法,即:坚持扎根基层,把工作面向群众;推行警务公开,把明白还给群众;改革工作方法,把方便让给群众;实行群防群治,把平安留给群众;实施"五一"工程,把爱心献给群众;严格公正执法,把放心送给群众;公示满意标准,把尺子交给群众。

坚持扎根基层,把工作面向群众。做到"五勤",实现五项指标。即勤下村、勤走访、勤记录、勤宣传、勤服务,民警每月至少有15天时间下村工作,每月走访群众不少于30户,责任区民警在责任区内当年群众熟悉率达到30%,第二年达50%,第三年达到80%,真正体现"群众在我心中,我在群众身旁"。

推行警务公开,把明白还给群众。做到"四公开一监督"。即在派出所门口

---

[1] 诸暨市社会治安综合治理委员会:《枫桥经验工作手册》,内部资料,2000年,第128—134页。

设警务公开栏,在警务点和各行政村设明白墙,公开各种办事制度、办事程序、办事结果和案件查处结果,让群众了解。建立群众执法监督小组,征求群众意见,接受群众监督。

改革工作方法,把方便让给群众。"实行三项改革,做到四个办",即改革警务制度,设民警警务工作点,主要接受群众报警、提供法律咨询、代办各类证件等,把"派出所建在群众家门口";改革服务方式,建立警民联系卡、警民联系箱、群众留言簿,想方设法方便群众;改革窗口服务办法,延长工作时间,印送服务卡片,实行一次办不成,两次送上门。接待群众办事做到"着急事情及时办,疑难事情帮着办,干部群众一样办,大小事情认真办"。

实行群防群治,把平安留给群众。主要落实"五个抓",即以治保会为主体,抓组织配套建设;以村法制宣传队为骨干,抓群众普法教育;以推行"四前工作法"为基础,抓预防化解矛盾工作;以"四创建"为载体,抓创建平安社区活动;以加强企业保卫组织为重点,抓安全防范网络,切实维护社会稳定。

实施"五一"工程,把爱心献给群众。即把爱心活动融化为"五个一";联系一个敬老院,长年为孤寡老人做好事,让他们安度晚年;创办一所少年警校,从娃娃教起,培养品学兼优、热心治安的有用之人;由团支部负责,警民共建一条街,既维护治安秩序,又倡导文明新风;党支部结对助学一名贫困学生;民警每日记一篇民警日记,对群众关心的乡情民意,民警每天所做的工作,处理的事件、程序、结果有明确的记载,并列入考核。

严格公正执法,把放心送给群众。在民警中开展"三懂三会"教育,即懂理论、懂法律、懂业务,会办事、会办案、会做群众工作,提高干警素质。健全四项制度:办案负责制、执法责任制、办案评判制、群众执法监督制,规范执法行为。办案中做到四个一样:干部与群众一个样、老板与职工一个样、本地人与外地人一个样、自然人与法人一个样。以公开、公平、公正的执法风范取信于民。

公示满意标准,把尺子交给群众。"治安秩序、执法形象、服务态度、办事效率、为警清廉、警务公开、接受监督、案件查办、助难救险、内务管理"十项 35 个方面的量化标准向社会公示,把评判权交给群众。

二、枫桥派出所治保工作指导法

"枫桥经验"之所以具有坚强不息的生命力,其中很重要的一条是得益于有一支能干善战、乐于奉献的基层治保队伍。枫桥派出所在长期的实践中,继承发扬传统,不断改革创新,加强对治保会的指导,使这支队伍始终保持顽强的战斗力。指导工作的主要方法为以下六条:

1. 组织领导,实行两兼职。即:治保主任由村党支部书记、村主任等主要干部兼任;治保、调解两会主任实行交叉兼职,做到一副班子、两块牌子。

2. 硬件建设,做到五个有。即:有专门办公房子,有牌子,有印章,有各类登记簿册,有一套完整的工作制度。

3. 群防群治,抓好"四队""三会""两员""一小组"。"四队":护村、护厂、护楼、义务消防队。"三会":老年协会、禁赌协会、计生协会。"两员":治安信息员、法制宣传员。"一小组":暂住人口管理小组。

4. 换届调整,坚持两及时。即:及时考察、了解,选择好优秀人选;及时向党委、政府提出建议,推荐落实好治保干部。

5. 提高素质,采取三种形式:

(1) 每年集中组织几次业务培训;

(2) 定期组织治保干部到辖区治保工作先进单位或外地学习取经;

(3) 责任区民警现场调处纠纷、组织治安巡逻,传经验、教方法,进行面对面指导。

6. 激励斗志,落实六项措施:

(1) 对连续担任治保干部满 10 年以上的发给荣誉证书,落实养老保险;

(2) 凡治保干部生病、有特殊困难,派出所民警要上门看望;

(3) 治保干部因工作遇报复打击的,坚决及时查处;

（4）凡逢年过节，民警必须上门慰问；

（5）治保干部的子女在入学、招工等方面有实际困难，尽力提供帮助；

（6）治保干部做出显著成绩，派出所及时建议党委、政府或上级公安机关给予表彰和奖励。

三、枫桥派出所外来人口管理工作法

枫桥派出所针对辖区经济迅速发展，外来务工经商人员大量涌入，违法犯罪较为突出的实际情况，在当地党委、政府的领导下，充分发挥基层管理组织作用，对外来人口坚持实行五个"以"的管理办法，有效地预防和控制犯罪，确保辖区的稳定。

1. 以房管人。对企业内部的外来人口建立职工之家，实行集中住宿、公寓化管理；对散居在出租房内的外来人，以强化出租房管理为突破口，对各类出租房采取及时登记、发证、钉牌，与房东签治安责任书，建立一户一档，实行微机化动态管理，以加强对居住人员的管理和控制。

2. 以外管外。派出所积极引导企业，坚持在外来人员中选择素质好、有技术、有威信的骨干分子担任车间、班组领导，全力协助企业做好对外来人口的管理工作，做到自我管理、自我制约。同时，派出所责任区民警在外来人口中广泛组建隐蔽力量，加强对外来人口的控制。

3. 以情感人。派出所以外来人口管理办公室为阵地，外来人口协管员为骨干，在辖区广泛开展"我为外来人口做件事，外来人口是我们的一分子"活动。全心全意为外来人员做好事，做到生活上关心帮助，融洽关系；工作要求、待遇上与当地人一视同仁，实行情感式管理。

4. 以教育人。外来人口较集中的企业，开办职业培训学校，组织外来人口学法律、学文化、教技术，从提高素质上下功夫。枫桥镇团委与企业定期联合举办外乡务工青年培训班，进行法制、计生等方面的培训教育，努力提高外来人员遵纪守法自觉性。

5. 以查促管。为切实掌握外来人口底数,落实措施,促进管理,派出所对外来人口注重三个"查"字。即:年初适时开展地毯式大排查;定期组织突击清查;加强日常性检查,始终做到辖区外来人口底数清、情况明。

四、枫桥派出所帮教工作法

帮教违法青少年是"枫桥经验"的一项重要内容。枫桥派出所在多年的实践中成功地总结出了"帮人要帮心,帮人要帮富,帮人帮到底"的帮教工作法。

帮人要帮心。"浇花要浇根,帮人要帮心",在帮教工作中,做到"一交""二谈""三找""四矫"。"一交":就是与帮教对象交朋友,建立感情基础。"二谈":经常同帮教对象谈话、谈心,以真心换真情。"三找":帮助帮教对象找"病症",找违法的思想原因,找出路。"四矫":矫正错误认识,矫正错误感情,矫正薄弱意志,矫正错误行为,告别昨天,改邪归正。

帮人要帮富。对帮教对象,既加强思想教育,又帮助引导勤劳致富。主要突出"四帮助",即帮助改掉好吃懒做恶习,走上自食其力、勤劳致富道路;帮助安排单位务工就业,使无业人员生活有保障;帮助提高文化水平,掌握专业技术,运用一技之长赚钱致富;帮助有一定经济条件和管理能力的帮教对象,从事经商、办企业、做生意,尽早发家致富。

帮人帮到底。坚持做到"不是帮一时,而是帮一世"。主要抓好三个环节:就是当帮教对象经过帮教出现稳定时,一鼓作气,及时表扬,在政治上关心,帮助鼓励其成为先进,甚至入团入党;当帮教对象出现反复时不泄气,"不能推一把,而要拉一把",继续满腔热情地帮助、教育、挽救,直至稳定才放心;当已经稳定的对象碰到生活困难时,要有勇气,树立恒心,尽力帮助其解决存在的"房子""妻子""孩子"等各种实际困难。

参考文献

一、党政文件

中共诸暨市委、诸暨市人民政府:《关于进一步深化事业单位改革的意见》,2002年4月8日印发,市委〔2002〕6号。

中共诸暨市委办公室、诸暨市人民政府办公室:《关于开展"双百结对、共建新家园"活动的实施意见》,2006年7月21日印发,市委办〔2006〕139号。

中共诸暨市委办公室、诸暨市人民政府办公室:《关于培育发展社会组织和建立现代社会组织体制的实施意见》,2015年10月9日印发,市委办〔2015〕114号。

中共诸暨市委办公室:《关于进一步加强社会组织党建工作的通知》,2016年10月8日印发,市委办〔2016〕87号。

中共诸暨市委办公室、诸暨市人民政府办公室:《关于创新发展新时代"枫桥经验"加强和改进社会组织建设管理推进社会组织参与社会治理的实施意见》,2018年8月6日印发,市委办〔2018〕62号。

中共诸暨市委政法委员会、诸暨市供电局:《诸暨市供电系统"践行'枫桥经验'优化发展环境"行动方案》,2017年9月7日印发,诸电印〔2017〕92号。

诸暨市人民政府办公室:《关于进一步促进"个转企""下升上"工作实施意见》,2013年9月16日印发,诸政办发〔2013〕162号。

诸暨市人民政府办公室、诸暨市民政局:《关于印发〈政府向社会力量购买服务实施办法（试行）〉的通知》,2015 年 7 月 1 日印发,诸政办发〔2015〕80 号。

诸暨市人民政府办公室:《关于推进医疗联合体建设工作的意见》,2017 年 7 月 31 日印发,诸政办发〔2017〕63 号。

诸暨市民政局:《关于诸暨市社区社会组织备案管理暂行办法的通知》,2013 年 11 月 25 日印发,诸民〔2013〕97 号。

诸暨市民政局:《诸暨市社会组织诚信管理暂行办法》,2015 年 11 月 2 日印发,诸民〔2015〕86 号。

诸暨市民政局:《关于诸暨市社会组织评估工作规程的通知》,2015 年 12 月 10 日印发,诸民〔2015〕108 号。

诸暨市民政局、诸暨市财政局:《关于印发诸暨市公益创投项目管理办法（试行）的通知》,2017 年 4 月 24 日印发,诸民〔2017〕21 号。

二、档案资料

中共诸暨市委办公室、诸暨市人民政府办公室、中共诸暨市委政研室:《文件资料选编》。

诸暨市档案馆:《"枫桥经验"专卷》。

诸暨市档案馆:《诸暨市本级关于社会主义新农村建设的文件汇编》。

三、方志

汪木伦主编:《诸暨民政志》,中华书局 2002 年版。

浙江征天集团有限公司编:《征天水库·集团志（1988—2020）》,方志出版社 2020 年版。

诸暨市工商行政管理志编纂委员会:《诸暨市工商行政管理志》,方志出版社

2019年版。

诸暨市国土资源局编:《诸暨市国土资源志(1988—2017)》,浙江人民出版社2019年版。

诸暨县供销合作联合社编:《诸暨县供销合作社志》,浙江人民出版社1991年版。

四、内部资料

《枫桥经验三十年》,内部资料,1993年。

中共诸暨市委、诸暨市人民政府编:《与时俱进的枫桥经验》,内部资料,2003年。

诸暨市地方志编纂委员会编:《诸暨年鉴》,内部资料,2003年。

诸暨市工会志编纂委员会编:《诸暨市工会志》,内部资料,1995年。

诸暨市纪念枫桥经验45周年领导小组办公室:《构建和谐社会的新篇章——五年创新发展枫桥经验成果汇编》,内部资料,2008年。

诸暨市商业局编:《诸暨商业志》,内部资料,1992年。

诸暨市社会治安综合治理委员会:《枫桥经验工作手册》,内部资料,2000年。

诸暨行政管理志编纂委员会:《诸暨行政管理志》,内部资料,1992年。

五、著作

汪世荣主编:《"枫桥经验":基层社会治理的实践》(第2版),法律出版社2018年版。

赵林中、周增辉(执行)主编:《诸暨孝德文化年鉴(2015—2019)》,中国文艺出版有限公司2019年版。

政协诸暨市文史资料委员会、诸暨市公安局编:《枫桥经验实录》,中共党史出版社2000年版。

编写说明

本书收录了企业、事业单位和社会组织参与社会治理的"枫桥经验"文献，从政策规定、主要内容、实践效果等方面，展现基层社会治理中多元主体共治的综合治理方法及其取得的成效。主要内容包括四个方面：企业参与社会治理的"枫桥经验"、事业单位参与社会治理的"枫桥经验"、社会组织参与社会治理的"枫桥经验"、多元主体合作共治的"枫桥经验"。选取的资料包括地方党务政府政策文件、部门工作规定、单位总结、调研报告等，也包括对于重大事件、重要改革的媒体报道等。除各章提要外，对所有文献资料编制了提要，方便读者阅读。在"枫桥经验"60年的发展历程中，形成了丰富的多元主体合作治理的内容，其中，企事业单位和社会组织是重要的组成部分。编写过程中，浙江大学光华法学院博士研究生林昕杰、杨家华、肖羽沁、仇塍迪，西北政法大学博士研究生罗爱军，硕士研究生赵雪松、李露、王超群、徐江菲，以及本科生金聿晨等同学参与了资料收集和整理等工作。

图书在版编目（CIP）数据

"枫桥经验"企事业单位和社会组织参与治理史料与研究/汪世荣编著.——北京：商务印书馆，2025
（"枫桥经验"史料整理与研究）
ISBN 978-7-100-23060-5

Ⅰ.①枫… Ⅱ.①汪… Ⅲ.①企事业单位—参与管理—社会管理—史料—研究—诸暨②社会组织—参与管理—社会管理—史料—研究—诸暨 Ⅳ.①D669.3

中国国家版本馆CIP数据核字（2023）第181562号

权利保留，侵权必究。

"枫桥经验"史料整理与研究
第九卷
"枫桥经验"企事业单位和社会组织
参与治理史料与研究
汪世荣　编著

商 务 印 书 馆 出 版
（北京王府井大街36号　邮政编码100710）
商 务 印 书 馆 发 行
南京爱德印刷有限公司印刷
ISBN 978-7-100-23060-5

2025年8月第1版　　开本 720×1000　1/16
2025年8月第1次印刷　印张 24¼
定价：138.00元